徐苹芳文集

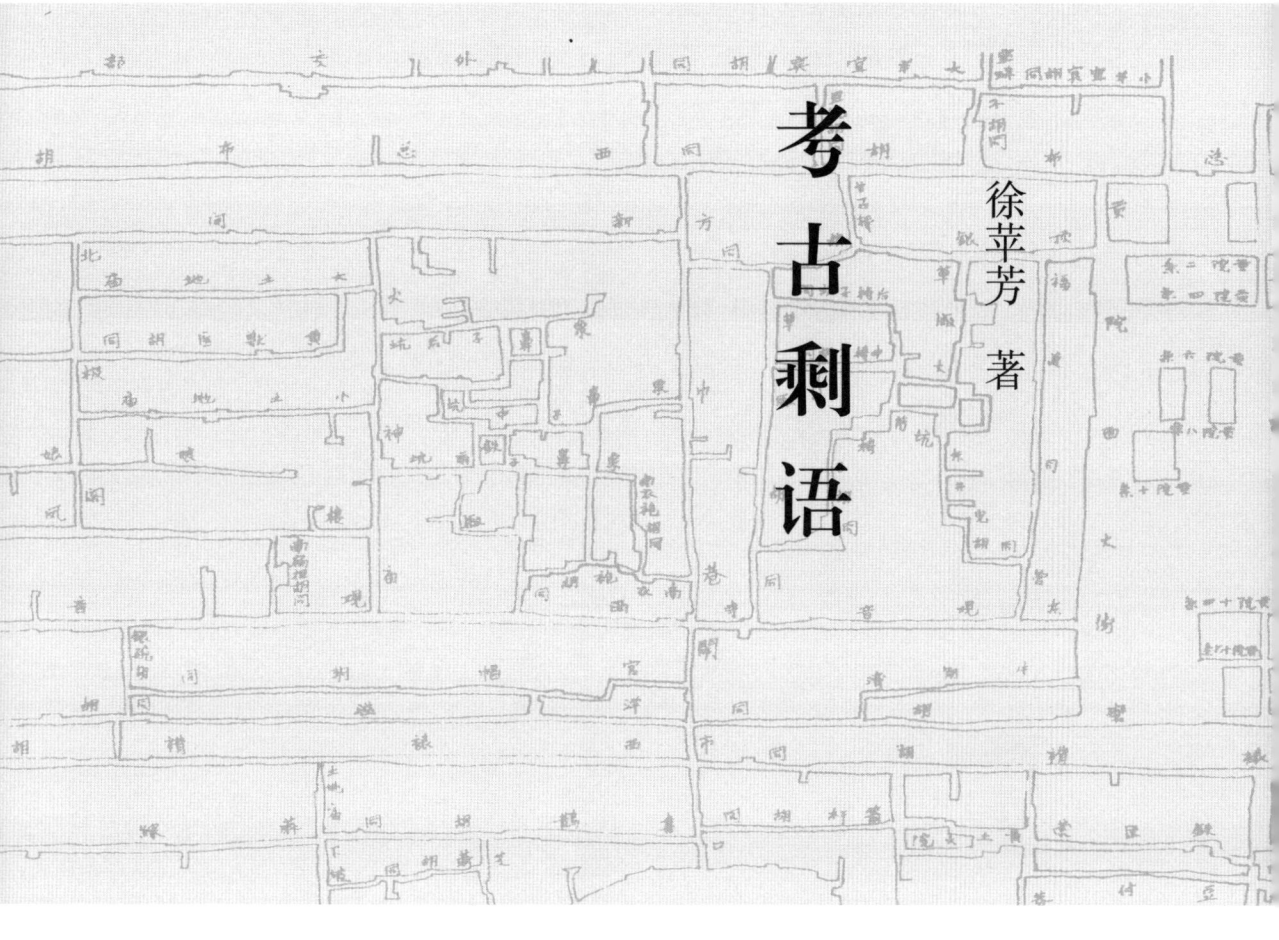

考古剩语

徐苹芳 著

上海古籍出版社

图书在版编目(CIP)数据

考古剩语 / 徐苹芳著. —上海: 上海古籍出版社,
2019.12
(徐苹芳文集)
ISBN 978-7-5325-9431-3

Ⅰ. ①考⋯ Ⅱ. ①徐⋯ Ⅲ. ①考古学—中国—文集
Ⅳ. ①K870.4-53

中国版本图书馆CIP数据核字(2019)第264947号

责任编辑: 宋　佳
装帧设计: 严克勤
技术编辑: 耿莹祎

徐苹芳文集

考古剩语

徐苹芳　著

上海古籍出版社出版发行

(上海瑞金二路272号　邮政编码200020)
(1) 网址: www.guji.com.cn
(2) E-mail: guji1@guji.com.cn
(3) 易文网网址: www.ewen.co
上海中华商务联合印刷有限公司印刷

开本787×1092　1/16　印张29.75　插页5　字数486,000
2019年12月第1版　2019年12月第1次印刷
ISBN 978-7-5325-9431-3
K·2743　定价: 168.00元
如有质量问题,请与承印公司联系

序

今年是江西省博物馆建馆五十周年，标志着江西省的文物考古事业已经渡过了五十年，这是很值得纪念的事。以《手铲下的文明》为标题，用五十年来江西省九项重大考古发现，以飨读者的手法，谱写江西文物考古事业的篇章，这是一种非常好的纪念方式。这九项重大考古发现，基本上概括了江西文物考古事业的成就。

江西的旧石器遗迹发现较少。在万年仙人洞和吊桶环却发现了我国新石器时代早期的遗址，并发现有从旧石器时代末期的文化层堆积，叠压序列清晰，上层距今约14000至9000年，下层距今约20000至15000年，其中有距今12000年的原始陶器残片，有距今约14000—10000年之间的野生稻和栽培稻（Oryza nivara）植硅石共出的遗迹。说明江西在中华民族文化形成的历史上，并不落后于中原地区，长江中下游与黄河流域一样，都是中华民族文化的摇篮。栽培稻和原始陶器的发现，在世界文化史上具有重要的意义。

《〈手铲下的文明：江西重大考古发现〉序》手稿

序

二○○二年初，罗丰先生自银川来告其近年论文将结集出版。三月间北京"非典"肆虐，正闭门家居，罗先生快递来专著《胡汉之间——"丝绸之路"与西北历史考古》校样稿。凡五章十九节，大部分在报刊书中已读过，然亦有新著和未见之论著。拜读之余，获益良多。

我与罗先生初识是在上个世纪的九十年代，他已在故乡固原情勤工作。那是我第一次去宁夏，先到银川，再乘汽车南下到固原。固原是宁夏南部的重镇，古镇原州。固原诚如罗先生所说是一座安宁恬静的小城，我很喜欢它。罗先生曾陪我去寻找旧城的遗迹，当然经过文化大革命的"洗礼"，已所剩无几了。

《〈胡汉之间："丝绸之路"与西北历史考古〉序》手稿

序

金陵是中国历代帝王陵墓考古上一个缺环。致缺之因，主要是历史上遭人为破坏。金太祖死于天辅七年(1123)死于部诸泺西行宫，葬于上京宫城西南，建宁神殿，无陵号。金太宗卒于天会十三年(1135)正月死于明德宫，二月建和陵，将太祖迁和陵，太宗亦于三月下葬和陵。金熙宗皇统四年(1144)撤和陵称号，以太祖陵为睿陵，以太宗陵为恭陵。这两座陵都在上京附近，太祖陵在宫城西部，今所存的券土台基，传为神宇殿故基；和陵生阿城县老母猪顶子山南麓，尚未经考古发掘所证实。另有金始祖以下十帝之陵地在上京附近，亦未见遗迹。当初贞元三海陵王迁都时都遭到毁，再求原貌，恐非易事。何况金初草创，制度未备，上京诸陵是否能全面反映金代陵制，尚有疑问。

贞元三年(1155)三月金海陵王迁都燕京七都，命以大房山云峰山为山陵，建行宫。五月，营建

《〈北京金代皇陵〉序》手稿

序

徐蘋芳

公秉學兄去年冬天本來是要回加拿大過冬的，因為等這本書的校樣能在北京校，所以便推遲了返加拿大的日期。不幸於2004年10月13日凌晨突發肺血栓病逝於北京協和醫院。他九月間因腿骨折作了手術，很成功，就要出院了，逝世前兩日我去看他，恢復得很健康，精神也好。但病情突變，竟致不治。現在我看完了本書的三校，書在人去，不禁掩卷歎唏，傷感之至。

本書是作者的自選集，從收文到目次都是他自己親定的，大體上是按論文內容的年代和文體類別排定的。如依論文內容分類，大約是三個方面：一、屬商周考古學研究的一篇，即《士喪禮·既夕禮中所記載的喪葬制度》，發表於1956年4期《考古學報》上，利用《儀禮》所記周代喪葬制度與周代墓葬考古發現的實例相印證，考釋棺槨、隨葬品和殮葬衣飾的名物制度，同時推定《儀禮·士喪·既夕》兩篇的成書年代（約在戰國中期），在當時是很有名的一篇考古學論文，開考古學資料與古文獻相結合的中國歷史時期考古學研究風氣之先，時距公秉學兄自燕京大學歷史系畢業進中國科學院考古研究所工作才五年。第二個方面自《曾姬無卹壺》銘

《〈先秦兩漢考古學論叢〉序》手稿

《北齐东安王娄叡墓》序

娄叡墓于1979年4月至1981年1月发掘，历时近两年，@墓主人 论是政治地位之高，墓室规模之大，壁画之精美，以及墓内出土遗物之丰富，都是前所未见的。可以说是继库狄迴洛和高润墓之后发现的最重要的北齐高级贵族墓，引起了考古学界的关注。并在1983年10期《文物》上举行笔谈。宿白先生的那篇《太原北齐娄叡墓参观记》最为重要，从墓葬形制、墓室壁画的内容题材和布局、黄釉陶瓷的烧造和墓仿金银器装饰纹样等方面，都作了详尽的论述。

二十二年以来，又陆续发现了更多的北齐贵族墓葬，其中最为重要的有两座墓，一座是磁县湾漳大墓（约乾明元年560），发掘者认为可能是北齐文宣帝高洋的陵墓，全长52米，墓室7.56×7.4米，长37米的斜坡墓道两壁满画出行仪仗壁画，场面宏大，画法精良；出土各类仪仗、仪俾和镇墓俑1865件，模雕彩绘，制作之精可与洛阳北魏永宁寺遗基影塑像相媲美，为此期人物造型艺术中之精品。另一座墓为太原武平二年（571）徐显秀墓，其规模小于湾漳墓，但墓室内墓主人宴饮等生活场面的壁画，保存完好，绚丽如新，可补湾漳墓壁画之缺。目前已发现的北齐贵族墓，包括娄叡墓在内，其壁

《〈北齐东安王娄睿墓〉序》手稿

序

最近几年，国家文物局督促全国文物考古研究单位，包括各地的文物考古研究所和博物馆，以及中央和高校所属研究机构，陆续出版积压多年的考古报告，取得了很好的成绩。这些报告多半是经过发掘的大型遗址和墓地的报告，还有是配合建设的零星发掘，特别是像故意隐藏埋藏珍贵物品的窖藏，有时是墓葬居址，还零星存在，往往是偶然发现，大部分是以消息和简讯的形式在报刊上发表，语焉不详，图像资料不全，难窥全貌。有些根本没有发表过，一直积压在库房之内，外人很难知晓。但是，窖藏的遗物保存完整，多是当时之精品，如何把这些零散的、被人遗忘的重要文物，重新显露于世，是与整理出版考古报告同样有意义的事。

2006年，湖南省博物馆很具慧眼，以《湖南宋元窖藏金银器的发现与研究》为课题，拟向湖南省社科基金立项，由陈建明、袁建长、喻燕姣等同志负责，并邀请中国社会科学院考古研究所研究员扬之水

《〈湖南宋元窖藏金银器的发现与研究〉序》手稿

序

扬州隋唐城的考古工作始于1976年唐扬州罗城西南隅的手工业作坊和寺庙遗址的发掘。引起考古学界关注的是1984年唐宋扬州南门遗址的发掘。这两次工作都由南京博物院和扬州博物馆主持，分别由罗宗真同志和纪仲庆同志向夏鼐先生汇报，得到了他的支持。他认为隋唐扬州城在中国古代城市史上，特别是地方城市发展上占有重要地位，应当是中国城市考古的重点工作（参阅罗宗真《夏鼐先生的三封信》，收入《夏鼐先生纪念文集》页111—113，科学出版社2009年12月）。这个意见被有关方面采纳，唐宋扬州城考古被纳入全国性重点考古规划，公布为全国历史文化名城，扬州城的历史文化价值得到了充分地认同。

中国现代考古学1928年诞生时发掘的第一个大遗址是商代都城——安阳殷墟，视城市考古为重中之重的研究课题。新中国建国后，1950年成立的中国社会科

《〈扬州城——1987～1998年考古发掘报告〉序》手稿

《鲁中南汉墓》序

1998—2000年间，山东省文物考古所为配合北京至福州高速公路和日照至菏泽间的铁路工程，先后在济宁市辖区的曲阜、兖州、嘉祥和枣庄市辖区的滕州，发掘了八处汉代墓地。考古领队兼项目主持人王守功同志在田野工作结束后，认为这批汉代中小型墓葬有很重要的学术价值，又向国家文物局申请并获准为社科研究的重点课题，2000—2005年间完成研究任务，《鲁中南汉墓》考古报告是其主要的科研成果，体现了由配合基建和科研工作相结合而获双赢，再次证实这是中国现代考古学发展中可行的田野考古的工作方式。

汉代墓葬除帝陵之外，可分为两大类：一是以诸侯王、列侯和贵族为主的大型汉墓葬，另一类为中小型墓葬。汉代诸侯王、列侯墓，不断发现，到上个世纪末，已发现诸侯王墓41座（指包括合葬、陪葬的墓地），列侯墓17座（见赵化成、高崇文《秦汉考古》页64），贵族墓未作统计，数量更多。这类墓葬规模大，随葬品多，内容丰富，成为汉墓研究讨论的热点，诸如墓葬形制、棺椁敛葬、黄肠题凑、随葬衣物、画象壁画，以及车马陪葬等方面，都有很多成果。而涉及到各个专题的中心议题，则全集中在诸侯王丧葬礼仪制度上，严格的等

（以上）

《〈鲁中南汉墓〉序》手稿

《中国古代都城资料选刊》评议

中华书局编辑的《中国古代都城资料选刊》已经出版了五种：《东京梦华录注》(1982/1)、《历代宅京记》(1984/2)、《唐西京城坊考》(1985/8)、《宋东京考》(1988/8)、《类编长安志》(1990/8)，即将出版的还有《永乐大典本河南志》。这套丛书刊出时没没有发表过缘起和编例之类的说明性文字。记得当年我曾经主持这项工作的总编赵守俨同志交换过对这套丛书的意见，原来的选题计划是比较系统全面的，后来遇到了与其它出版社重复出版的问题，不得不变更选题计划。凡属北京城的者由北京古籍出版社印行，如《日下旧闻考》、《宸垣识略》、《京师五城坊巷胡同集·京师坊巷志稿》、《析津志辑佚》、《故宫遗录》、等；《武

他山之石，可以为错
——读《技术史》第1—3卷

上海科技教育出版社去年12月翻译出版了(英)查尔斯·辛格等主编的七卷本《技术史》七册，引起了中国科学技术学界的关注，好评如潮。我是研究中国考古学的。考古学是利用人类从事生产、政治、文化活动和科学实验时所遗留下来的遗迹遗物，来研究人类历史的，而技术史正是以人类的生产活动和科学实验为主要内容的，所以，我特别选择了《技术史》第1—3卷来作些评论。这三卷的内容包括远古至古代帝国、地中海文明与中世纪、文艺复兴至工业革命，大约起史前到公元1750年。这三卷在取材上最大特点是大量应用了考古学材料，尤其是第1、2卷，考古学材料的分量最重。这是当代史学研究的特色，也是欧洲考古学已臻成熟的具体表现。前三卷分别出版于1954、1956、1957年，距今已近半个世纪。

第1卷第2章"社会的早期形态"由著名考古学家柴尔德(V. G. Childe)执笔，他是当时历史文化学派的代表人物，被誉为是马克思主义考古学家，以研究考古学文化著称，创立了用考古学研究文明起源的模式。他在这一章中开宗明义地说明"技术是什么：

《他山之石，可以为错——读〈技术史〉第1~3卷》手稿

《李济文集》出版的学术意义

今年是李济先生诞辰110周年。上海人民出版社出版了五卷本《李济文集》，这是改革开放以来大陆出版的李先生最全的文集评诉。今天有幸参加座谈会，想就《李济文集》出版的学术意义谈一点感想。

（即文集中的代序二：对李济先生考古学研究的一些浅论）

十六年前（1990）出版《李济考古学论文选集》时，张光直先生在《编者后记》中阐述了李济先生的学术贡献，归纳为四个方面：(1) 中国古代史研究一个入门途径；(2) 现代科学考古学在中国的建立与初期发展方向；(3) 殷墟发掘与中国古史；(4) 中国古器物学的新基石。李济先生是中国现代考古学的开创者和奠基人之一，而中国现代考古的创建作了明晰地分析，极其精湛。和发展奋斗终生。李济先生学术博大精深，对中国现代考古学产生了巨大的影响，特别在中国现代考古学的研究方向上，和引进欧洲考古学的理论和方法时思考中国化上，更有深远的现实意义。

《〈李济文集〉出版的学术意义》手稿

考古發掘與文物保護

2000/12/16.

徐苹芳

考古學研究的對象是古代人類活動留存下來的遺迹和遺物（它的研究目的是）通過科學的田野考古調查和發掘，獲取有関人類古代社會、經濟和文化的信息，以恢復人類古代的歷史。文物保护的對象也是古代人類活動留存下來的遺迹和遺物，遺迹屬於不可移動文物，遺物包括考古發掘出土的和傳世的无數歷史文物。考古發掘與文物保护有着直接的密不可分的関係。在一般情況下，考古發掘是前因，文物保护是後果，前因後果是一個事物發展的兩個階段。為了考古學研究和文物保护的持續發展，這兩者必须密切结合，貫徹始终，做到既獲取了古代人類社會歷史的信息，又極大限度地保护了古代文物。這是我们中國考古學家責無旁貸的職責。

不可否認，考古發掘也是對古代遺迹埋藏在地下相对稳定的平衡保存狀態的一種破壞。平衡读"幻园琐忆"

徐颖萍

守徽逝世已十週年。一九九八年四月我在"书品"上写过一篇怀念守徽的短文。八月间，赵守徽文存"出版，最後一篇题曰"幻园琐忆"，是他在一九八九年夏天写成的。据赵珩君说："父亲最後的几年，常常沉浸在少年时代的记忆之中。"

这次翻检他的著作，偶然发现一篇题为"幻园琐忆"的文章，这篇小文很美但很伤感。我後来没有看到过他写散文，但读完之後，我深信这是他用心和泪写成的。

这才是真实的他。他的"幻园"也是我出生之地。离然我离开那裏只有两岁，毫无记忆，但读完之後，却彷彿看到了那個园子，那裏的一草一木。我想此时他一定回到了那裡，那裡永遠留住了春天，永遠留住了爱。我收到"文存"後首先捧读的便是这篇感人肺腑的灵魂之旅。我读了这篇散文之後，覺得此时才感到我與真實

"玉石斋日记"出版感言

今年年初,邓瑞学兄自南京来函云:上海人民出版社正在影印出版文如先生的"玉石斋日记",并嘱我作序。我是文如先生晚年的学生,不敢为老师的书作序,何况对"玉石斋日记"我并未仔细拜读,更不敢妄加评论。惶恐之余,念及明年是文如先生诞辰一二〇周年,值此有纪念意义的良机,我则愿藉"玉石斋日记"出版之时,谈一点我对文如先生治学做人足为后世楷模的体会。

文如先生治学,可以"博大精深"四字概之。治史要求真求通,他编纂"中华二千年史",正体现了这种精神,从秦汉至明清西千余年贯通古今,从宏观上控制了历史发展之大势,选材皆以正史为准,求真求信,训练学生掌握原始史料之能力。一九三四年

目 录

书 序

《中国陶瓷文献指南》序(1988年) ... 3

《金中都》序(1989年) ... 5

《江西出土墓志选编》序(1991年) ... 7

《先秦考古学》序(1991年) ... 9

《内蒙古中南部汉代墓葬》序(1998年) ... 12

《彬县大佛寺造像艺术》序(1998年) ... 14

《图说北京史》序(1999年) ... 17

《北京考古集成》序(2000年) ... 20

《先秦城市考古学研究》序(2000年) ... 22

《王㐨与纺织考古——纪念王㐨先生逝世三周年》序(2001年) ... 25

《7~14世纪中日文化交流的考古学研究》序(2001年) ... 28

《丝绸之路河南道》序(2002年) ... 30

《北京龙泉务窑发掘报告》序(2002年) ... 32

《秦文化：从封国到帝国的考古学观察》序(2002年) ... 34

《四川彭州宋代金银器窖藏》序(2003年) ... 36

《亚洲考古学》序(2003年) ... 37

《辽代陶瓷的考古学研究》序(2003年) ... 38

《手铲下的文明：江西重大考古发现》序(2004年) ... 40

《胡汉之间："丝绸之路"与西北历史考古》序(2004年) ... 43

《先秦两汉考古学论丛》序(2005年) ... 45

《中国丝绸通史》序(2005年) ... 48

《再现昔日的文明——东方大港宁波考古研究》序(2005年) ... 50

《中国年度十大考古新发现》总序(2005年) …… 52
《河洛文化论丛(第三辑)》序(2006年) …… 54
《北齐东安王娄睿墓》序(2006年) …… 56
《中国长城史》序(2006年) …… 59
《北京金代皇陵》序(2006年) …… 60
《洛阳考古集成·秦汉魏晋南北朝卷》序(2007年) …… 62
《昭化寺》序(2007年) …… 64
《日照香炉——中华古瓷香炉文化记忆》序(2009年) …… 67
《湖南宋元窖藏金银器的发现与研究》序(2009年) …… 70
《首都博物馆馆藏纺织品保护研究报告》序(2009年) …… 72
《北宋临城王氏家族墓志》序(2009年) …… 74
《鲁中南汉墓》序(2009年) …… 76
《扬州城——1987～1998年考古发掘报告》序(2010年) …… 79
《从宗法封建制到皇帝郡县制的演变——以血缘解纽为脉络》序(2010年) …… 81
《老北京民居宅院》序(2012年) …… 84
《永丰库元代仓储遗址发掘报告》序(2013年) …… 87

书评读后

《真腊风土记校注》简介(1981年) …… 93
石窟考古的新成果
　　——评《中国石窟》新疆和龙门卷(1989年) …… 96
读五石斋所藏稀见书(1991年) …… 101
《中国古代都城资料选刊》评议(1992年) …… 105
一处被人遗忘了的故都
　　——评介王剑英著《明中都》(1993年) …… 111
评《居延新简——甲渠候官》(1995年) …… 117
中国石窟寺考古学的创建历程
　　——读宿白先生《中国石窟寺研究》(1998年) …… 120
重读《白沙宋墓》(2002年) …… 134
评《苏秉琦先生纪念集》
　　——苏秉琦先生逝世五周年的追思(2002年) …… 142

《城记》座谈会讨论纪要（节录）(2004 年) ……………………… 148
读《六朝风采》有感(2005 年) ……………………………………… 150
他山之石，可以为错
　　——读《技术史》第 1～3 卷(2006 年) ……………………… 155
《李济文集》出版的学术意义(2006 年) …………………………… 160
读《病榻杂记》有感(2007 年) ……………………………………… 164
《奢华之色》新书恳谈会会议记录（摘录）(2011 年) ……………… 166

考古剩语

考古学简史(1958 年) ………………………………………………… 171
汉代诸侯王国的兴衰(2005 年) ……………………………………… 182
看"河北古代墓葬壁画精粹展"札记(1996 年) …………………… 185
隋唐五代两宋辽金元明考古(1961 年) …………………………… 188
五代十国的墓葬(1984 年) …………………………………………… 238
宋代墓葬和窖藏的发掘(1984 年) ………………………………… 243
白瓷·青瓷·黑瓷·青白瓷
　　——宋代瓷器略说(1983 年) …………………………………… 253
辽墓的发掘和契丹文墓志的新发现(1984 年) …………………… 258
宣化辽墓考古剩语(2001 年) ………………………………………… 266
金元墓葬的发掘(1984 年) …………………………………………… 271
西夏陵墓的发掘(1984 年) …………………………………………… 281
南诏大理的考古发现(1984 年) ……………………………………… 285
明代陵墓的发掘(1984 年) …………………………………………… 289
宋辽金元明时代考古(1999 年) ……………………………………… 297
燕京旧闻录五则(1999 年) …………………………………………… 307

中国考古学展望(1992 年) …………………………………………… 311
迎接二十一世纪的中国汉唐考古学(1998 年) …………………… 314
新中国考古学的回顾(1989 年) ……………………………………… 318
20 世纪末的中国考古发现(2002 年) ……………………………… 323

21 世纪初中国考古新发现(2005 年) ⋯⋯⋯⋯⋯⋯⋯⋯⋯⋯⋯⋯⋯⋯⋯⋯⋯⋯⋯ 332

现代科学技术在考古学中的重要作用(2001 年) ⋯⋯⋯⋯⋯⋯⋯⋯⋯⋯⋯⋯⋯⋯ 341
考古工作与文物保护(2000 年) ⋯⋯⋯⋯⋯⋯⋯⋯⋯⋯⋯⋯⋯⋯⋯⋯⋯⋯⋯⋯⋯ 343
考古发掘与文物保护(2004 年) ⋯⋯⋯⋯⋯⋯⋯⋯⋯⋯⋯⋯⋯⋯⋯⋯⋯⋯⋯⋯⋯ 347
关于新《文物保护法》的几点想法(2002 年) ⋯⋯⋯⋯⋯⋯⋯⋯⋯⋯⋯⋯⋯⋯⋯ 349
北京历史文化名城和什刹海的整体保护(2004 年) ⋯⋯⋯⋯⋯⋯⋯⋯⋯⋯⋯⋯ 351

师友杂识

忆邓文如先生(1981 年) ⋯⋯⋯⋯⋯⋯⋯⋯⋯⋯⋯⋯⋯⋯⋯⋯⋯⋯⋯⋯⋯⋯⋯⋯ 359
宿白(1986 年) ⋯⋯⋯⋯⋯⋯⋯⋯⋯⋯⋯⋯⋯⋯⋯⋯⋯⋯⋯⋯⋯⋯⋯⋯⋯⋯⋯⋯ 365
王仲殊(1986 年) ⋯⋯⋯⋯⋯⋯⋯⋯⋯⋯⋯⋯⋯⋯⋯⋯⋯⋯⋯⋯⋯⋯⋯⋯⋯⋯⋯ 367
记郑毅生先生论史料学(1991 年) ⋯⋯⋯⋯⋯⋯⋯⋯⋯⋯⋯⋯⋯⋯⋯⋯⋯⋯⋯⋯ 369
悼念玉书先生(1995 年) ⋯⋯⋯⋯⋯⋯⋯⋯⋯⋯⋯⋯⋯⋯⋯⋯⋯⋯⋯⋯⋯⋯⋯⋯ 376
怀念挚友赵守俨(1998 年) ⋯⋯⋯⋯⋯⋯⋯⋯⋯⋯⋯⋯⋯⋯⋯⋯⋯⋯⋯⋯⋯⋯⋯ 378
悼念苏秉琦先生(1998 年) ⋯⋯⋯⋯⋯⋯⋯⋯⋯⋯⋯⋯⋯⋯⋯⋯⋯⋯⋯⋯⋯⋯⋯ 380
我所知道的夏鼐先生(2000 年) ⋯⋯⋯⋯⋯⋯⋯⋯⋯⋯⋯⋯⋯⋯⋯⋯⋯⋯⋯⋯⋯ 382
周一良的学术传承(2002 年) ⋯⋯⋯⋯⋯⋯⋯⋯⋯⋯⋯⋯⋯⋯⋯⋯⋯⋯⋯⋯⋯⋯ 391
悼念张光直(2002 年) ⋯⋯⋯⋯⋯⋯⋯⋯⋯⋯⋯⋯⋯⋯⋯⋯⋯⋯⋯⋯⋯⋯⋯⋯⋯ 394
我与中华书局的友谊和学谊(2002 年) ⋯⋯⋯⋯⋯⋯⋯⋯⋯⋯⋯⋯⋯⋯⋯⋯⋯⋯ 402
裴文中先生与中国现代考古学(2004 年) ⋯⋯⋯⋯⋯⋯⋯⋯⋯⋯⋯⋯⋯⋯⋯⋯⋯ 405
悼念关野雄先生(2004 年) ⋯⋯⋯⋯⋯⋯⋯⋯⋯⋯⋯⋯⋯⋯⋯⋯⋯⋯⋯⋯⋯⋯⋯ 408
读《幻园琐忆》(2004 年) ⋯⋯⋯⋯⋯⋯⋯⋯⋯⋯⋯⋯⋯⋯⋯⋯⋯⋯⋯⋯⋯⋯⋯⋯ 410
《邓之诚日记(外五种)》出版感言(2007 年) ⋯⋯⋯⋯⋯⋯⋯⋯⋯⋯⋯⋯⋯⋯⋯ 412
我愿意执锹铲以从之(2008 年) ⋯⋯⋯⋯⋯⋯⋯⋯⋯⋯⋯⋯⋯⋯⋯⋯⋯⋯⋯⋯⋯ 415

我和中国历史考古学(1999 年) ⋯⋯⋯⋯⋯⋯⋯⋯⋯⋯⋯⋯⋯⋯⋯⋯⋯⋯⋯⋯⋯ 416

徐苹芳先生学术事迹编年稿(1949~2011 年) ⋯⋯⋯⋯⋯⋯⋯⋯⋯⋯⋯⋯⋯⋯⋯ 421

后　记 ⋯⋯⋯⋯⋯⋯⋯⋯⋯⋯⋯⋯⋯⋯⋯⋯⋯⋯⋯⋯⋯⋯⋯⋯⋯⋯⋯⋯⋯⋯⋯ 458

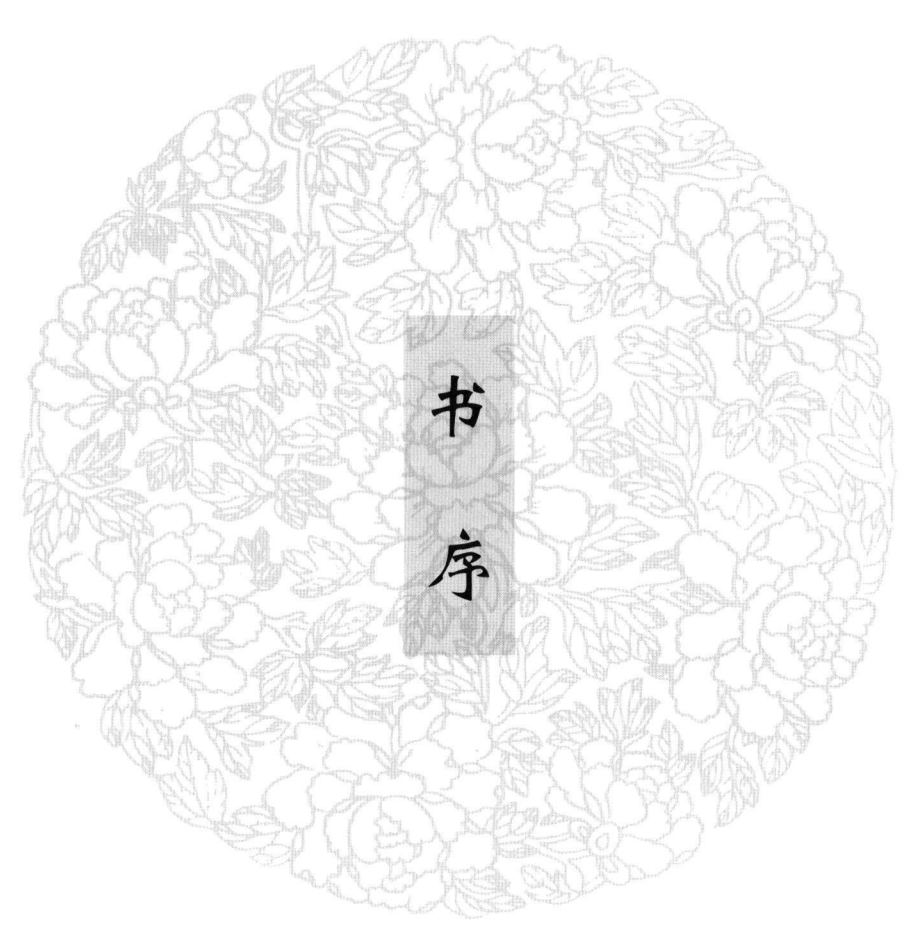

综览全书,贯穿于各篇论文、书评之中隐有两条学术线脉,一是坚持考古学研究方向,最终要升华为历史学研究;二是根据不同的研究课题探索考古学研究的方法。方向不对则命题有误,会导致全局失败;方法不对则事倍功半,难达目的。这两条线脉是学术研究中的生命线,公柔学兄毕生都在思考,随学术之发展而改进。

——摘自《〈先秦两汉考古学论丛〉序》

在隋唐统一以前,中国文化艺术史上的人物造型,南朝与北朝两地已被张僧繇画派和健壮丰腴风格所统领,这是中国文化艺术发展史上的大事,娄睿墓提供了极为重要的实物证据。

——摘自《〈北齐东安王娄睿墓〉序》

在古建筑保护中除了古建筑本体的保护维修,还要注意古建筑群的整体保存状况。现存的单体古建筑都属于某寺庙、衙署、住宅等建置的一部分,要保护好地面上的单体建筑,必须了解它在建置整体中所处的位置,以及与其他邻近建筑的关系,特别是在全国重点文物保护单位的保护方案中,必须包括这些内容,才能更准确地划定其保护范围。

——摘自《〈昭化寺〉序》

论证之细密,史学依据之精当,辅以长段的考订性注释,犹如密织的锦缎,经纬分明,丝丝入扣,逻辑性极强,充分显示了管先生在方法论和学风上的严密纯正,在学风浮躁不良的今日,可谓是难得的学术佳作。

——摘自《〈从宗法封建制到皇帝郡县制的演变——以血缘解纽为脉络〉序》

《中国陶瓷文献指南》序

瓷器是中国古代的伟大发明之一。瓷器的发明不仅对中国的文化有很大的影响，在世界文化史上也是很重要的事情。由于瓷器的发明和广泛使用，在某些方面改变了人们的生活条件和习惯，改善了人们饮食卫生的条件。直到今天为止，瓷器仍是人们不可缺少的日用器皿。因此，对中国陶瓷的研究，不只是考古学家的事情，也是陶瓷工艺学家所关心注目的课题，它可以为现代陶瓷工艺提供某些工艺上的借鉴，所以，对中国陶瓷的研究是有很重要的现实意义的。

工欲善其事，必先利其器。在从事中国陶瓷的研究工作中，全面收集中国陶瓷的文献资料，是第一步的基础性工作。那么，有关这些文献资料，将给这项工作提供极为便利的条件，从这个意义上来说，《中国陶瓷文献指南》一书，是从事中国陶瓷研究者的必备的利器，实非夸张之辞。

《中国陶瓷文献指南》与其他目录索引相比较，我认为有以下三个特点。

第一，这是一本专题目录索引，它与一般非专题性的目录索引的不同处，是要求收录的文献资料更为全面和深入，要做到这一点并非易事。本书的编者曾参考过三十余种目录索引，尽量做到收录较全，当然，仍不能无所遗漏，这是因为在某些图书馆中仍有少量冷僻的有关书籍，又未出版过藏书目录，不为人知；另一方面，近年出版的期刊很多，有些发行面很窄，也不可能全都收齐。至于外国的有关文献，限于目前的条件，只能部分地收录。这些情况，我想读者是可以谅解的。虽然如此，我认为这本书在目前来说，收录的中国陶瓷文献，仍是最全面的。

作为一本专题目录索引，除了全面性之外，尤其重要的是它的深入性。所谓深入性，即不仅停留在篇题目录上，而是要深入到书籍和文章之内，把一些与陶瓷有关的材料选择出来,阐微探幽,使读者能直接掌握具体材料。这要求编者一方面要详细阅读所收录的文献,另一方面还要有足够的专业知识,在花费了巨大的劳动之后才能做到。本书正是这么做了,这是非常难能可贵的。

第二,本书是篇题目录和材料索引的合编。按照一般的惯例,篇题目录和索引(Index,引得)是两种不同的编排方式,把这两种不同的编排方式合于一本书中,这当然是有利于读者检索的,但是,在全书的体例编排上却增加了难度,只能用不同的符号和字体来加以区别。编者在这一方面费了一些心思,尽量使读者易查易用。

第三,本书在遇到内容丰富、章节子目多的书籍文章时,或者是篇题意义不能明显表达内容时,编者都加注了提示性的按语,这实际上是给书籍文章作了简略的提要。提要的体裁也不属于目录索引的范围,但是,编者为了使读者能更详明地了解论著的内容,又把类似提要的提示性按语插入目录索引中,大大增加了本书的使用价值。

我以上所举的这三个特点,总括起来说,《中国陶瓷文献指南》一书是一本比较全面和深入的专题目录索引,它不仅是一般的目录,而且是有论著内容提示和具体材料索引的一部有实用价值的工具书。

本书的编者徐荣同志,我与他在中国社会科学院考古研究所共事二十余年。徐荣同志毕业于北京大学图书馆学系,学有专长,对编辑目录索引工作有丰富的经验,编有《中国社会科学院考古研究所藏地方志目录》等书。考古研究所图书室是个专业性很强的图书馆,所藏的中外考古图书在全国都是著名的,徐荣同志充分利用了这些藏书,近年来一直潜心编辑这本专题文献索引,经过数年辛勤劳作,现在终于完成了。我作为本书的第一个读者,把读后的一些感想陈述于上,并借此机会郑重地向读者推荐这本有关中国陶瓷的工具书。

一九八六年八月三十日于北京

原载徐荣编著《中国陶瓷文献指南》,轻工业出版社,1988年。

《金中都》序

近代关于金中都的研究,从1929年奉宽发表《燕京故城考》(见《燕京学报》第五期)开始,迄今已过了半个世纪。在这半个世纪之内,金中都的研究工作除考古学的勘查之外,大体上可以分为两个方面。一是关于金中都平面布局的研究,以文献记载为主,同时结合地面调查,主要是奉宽、周耿、朱偰和阎文儒的研究。周耿的《金中都考》(见《光明日报》1953年4月18日)利用考古发现的材料,比较全面地叙述了金中都的遗迹。朱偰则偏重于金中都宫城布局的研究,他在《八百年前的北京伟大建筑——金中都宫殿图考》(见《文物参考资料》1955年7期)一文中,利用了《事林广记》中所绘的金中都宫殿图。阎文儒先生通过详细的地面遗迹考察,首次发表了金中都的正式平面图,他的《金中都》(见《文物》1959年9期)一文,可以说是从30年代以来关于金中都平面布局研究的总结。第二个方面是关于金中都水系的地理学研究,这主要是侯仁之先生的研究,他发表了一系列研究北京古代水系的论文,其中较多地论述金中都水系的是《北京都市发展过程中的水源问题》(见《北京大学学报》1955年1期)一文,精辟地论证了莲花池宫苑用水和中都北郊金口河漕运用水的历史发展过程。于杰同志和于光度同志的《金中都》就是在上述研究的基础上撰写的,但是,所涉及的范围已远远超过了上述的研究方面,不仅限于金中都平面布局和水系等问题,凡属与金中都有关的历史、政治、经济、文化和重大的军事活动,都包括在内,同时还对金中都自然环境、近郊的园林和房山金陵等也作了论述。由于书中依据的主要是文献材料,所以,这部书是关于金中都的比较全面和系统的历史著作。

我与于杰同志是同班同学,三十多年的挚友。他毕业后一直在北京从事文物考古工作,对北京的历史文物有很深的研究,尤长于北京文献的搜集。我每遇到北京史上的疑难问题时，必去请教他，不仅是文献史料，特别是关于北京的风俗传说，文物掌故，他都能如数家珍，细说原委。对北京史料的谙练，为他编写《金中都》奠立了坚实的基础。

当然，对《金中都》一书中所涉及的某些论点，譬如"四子城"的问题，金中都北城垣是否即辽南京北城垣的问题，金中都大城外郭的问题，我与于杰同志不止讨论过一次，他认为对这些问题应当采取慎重的态度。我完全同意他的意见，并愿与之共勉，希望在今后的研究工作中能逐步把这些问题澄清。

《金中都》书稿即将付排，于杰同志命我为书写序，诚惶诚恐，我实在是没有资格来写这篇序，辞之再三而不获准，乃简述金中都研究史和本书在金中都研究中所占的地位及其特点如上，是为序。

一九八五年九月九日

原载于杰等著《金中都》，北京出版社，1989年。

《江西出土墓志选编》序

中国历代墓志,数量多,内容丰富,在史料学和铭刻学上有很高的价值。

墓志属传记体。传记体的史学著作在中国有悠久的传统。司马迁《史记》创立纪传体史学,其后官私所修正史,皆遵《史记》体例,以帝纪编年史为纲,辅以记典章政绩的各类专志和人物列传,纵横交织,相当完善。传记体的史学著作与编年、专志体的史学著作,构成了中国史学体裁的三大系统。当然,墓志的出现比传记体史学著作要晚,一般说,墓志滥觞于东汉,魏晋时期有了进一步发展,至南北朝而逐渐形成了固定的文体和形制。埋在墓圹内的墓志和立在墓前地面上的墓碑(神道碑),从内容上来说是十分相似的,统称为碑志,撰写碑志的材料多本于行状家传。重要人物的行状碑志要上报国史馆,以备修史之用。唐宋以后,正史列传的材料主要来自行状碑志。从史料学的角度说,墓志无疑是第一手资料,历来为史家所重视。南宋杜大珪将北宋建隆至南宋绍兴间的名臣碑志别传,汇集为《名臣碑传琬琰集》一百零七卷,这是现存较早的一部碑志集,元苏天爵的《国朝名臣事略》十五卷,则汇集元初至延祐间四十七人的碑志行状家传,为明初修《元史》列传所本。清钱仪吉纂《碑传集》一百六十卷,缪荃孙纂《续碑传集》八十六卷,闵尔昌辑《碑传集补》六十卷,收录清代数千人碑传,史料价值与《清史列传》相比,有过之而无不及,成为研究清史和近代史的基本史料。

近代考古发现出土的墓志,都是前所未见的新资料,为收藏家和学者争相搜集传拓,河南新安千唐志斋所藏是最著名的。而在学术上有影响的关于历代墓志的著作,前有罗振玉唐风楼所集各地冢墓遗文,后有赵万里《汉魏南北朝墓志集释》十一卷。特别是赵先生的著作,可以说是集汉魏南北朝至隋墓志之大成,收录新旧拓本 609 通;他所作的集释,实际上是研究魏晋南北朝史的专著,有很高的学术价值。研究中国历史,目前想再发现什么秘本孤籍,恐怕是不大可能的,然而考古学的发现,诸如甲骨金文,帛书简牍,卷子文书,以及碑刻墓志等的发现,却能提供崭新的史料,推动历史学研究,开辟新的研究领域。因此,对考古发现的历代墓志的收录和研究,便是一项十分有意义的工作了。

陈柏泉同志从事江西考古工作多年,特别注意江西出土历代墓志的收集和研究,已陆续在《文史》、《中华文史论丛》、《文物》和《文献》等学术性刊物上发表过一小部分,获得了学术界的好评。今将结集单行,全书收录江西出土墓志220通,从时代上看,则以宋元明三代为主。魏晋隋唐以来,士家大族重门阀谱系,墓志之作,骈体对偶,词藻华丽,往往囿于典故而隐晦事实。宋元以后,文风丕变,墓志以叙述死者事迹为主,史料价值增加。如本编所收的刘涣墓志、熊本墓志、辛次膺墓志、周必大墓志、文天祥墓志、张宗演圹记、况钟墓志,以及明宁献王朱权、淮靖王朱瞻墺、益端王朱祐槟家族墓志等,都是很重要的历史文献。

我与陈柏泉同志相识已三十五年,他致力于学术研究,严肃认真的学风,孜孜不倦的精神,令我十分钦佩。在他编著的这本书即将出版的时候,我的感触是很深的。这本书不仅是作者的研究成果,也是他向历史考古学界提供的一分珍贵资料,从这个意义上来说,这本书的出版便不是他个人的事情,而是对学术界有益的事情。但是,学术著作的出版是相当困难的,学者个人无力支付出版费用。幸亏江西教育出版社慨然承担了出版任务,才使这本有学术价值的书得以问世。据我所知,目前北京、河南、陕西都有出土墓志汇编的编纂工作,如果全国三十一个省市自治区都能编辑出版本地区的出土墓志汇编,这将是一件非常有意义的工作。陈柏泉同志和江西教育出版社率先编辑出版本省出土墓志选编,为学术界作了一件大好事,我特向他们表示崇高的敬意。

一九九〇年五月于北京

原载陈柏泉编著《江西出土墓志选编》,江西教育出版社,1991年。

《先秦考古学》序

寿晋逝世已两年多了。王人聪先生函告寿晋的《先秦考古学》已看过初校，让我在书前写几句话。提起笔来，思绪万端，不知从何说起。

我与寿晋相交四十年，他长我一岁，入大学的年份比我早，应是我的学兄。我 1950 年入燕京大学，1951 年寿晋复学转入历史系，我们是同班同学。三校合并以后，又同入北京大学历史系考古专业。1954 年他毕业后先进中国科学院考古研究所。我 1956 年从南开大学也调入考古所，同事二十余年。后来他迁居香港，任教于香港中文大学。我最后一次与他相聚是在 1987 年夏天。我从美国回国时途经香港，承香港中文大学新亚学院与崇基学院之邀，在学校逗留一周。寿晋夫妇热情款待，促膝畅谈数次。他教学任务繁重，有时一学期同时开几门课，应酬活动也不少，还在奋力治学，我看他太紧张，劝他注意身体。他说尚可应付。当时他精神气色均好，我暗自很羡慰。1988 年 8 月 17 日晚间，寿晋从香港打电话给我，商谈召开国际会议事，并告诉我他已买了新房，以便退休后居住。谈了近半个钟头，这是我与他最后的一次谈话。过了不久，便传来噩耗，我不敢相信，希望是误传。后来，葵珍夫人告诉我发病的情形，是那么急促，寿晋自己也毫无警觉，连一句话也没有留下，遽然溘逝，令人痛心！

寿晋 1929 年 7 月 19 日出生于广东海康县的一个诗书之家，自幼便受到良好的教育，1947 年入燕京大学。他聪敏过人，特别是有极强的分析综合能力。他的天资成为他在学术上获得成就的先决条件。他的文章也写得好，文风明快，条理清晰，逻辑性极强，在我们同辈中是佼佼者。他在学校时专攻魏晋南北朝史，发表的第一篇学术论文便是《东晋南北朝时期矿冶铸造业的恢复与发展》(《历史研究》1955年6期)。

寿晋到考古研究所以后则专攻商周考古学。其主要学术活动如下：

1954~1955年　参加洛阳中州路西工段周代墓葬的发掘。

1956年8月　随夏鼐先生前往新疆乌鲁木齐，协助新疆维吾尔自治区文化厅举办首次文物训练班，讲授考古学课程，并辅导吐鲁番古墓的考古发掘。

1956年12月　在考古所举办的见习员训练班上讲授东周考古学。

1956~1957年　主持河南陕县上村岭虢国墓地的发掘。

1957~1958年　曾任考古所安阳队队长，并参与山西侯马考古队的工作。

1959年　《洛阳中州路(西工段)》出版，寿晋撰写其中的陶器和玉器部分。同年年底，寿晋编写的《上村岭虢国墓地》出版。

1959~1961年　参加编辑《新中国的考古收获》，并撰写东周考古部分。

1961~1963年　先后发表《上村岭的屈肢葬及其渊源》(《考古》1961年11期)、《东周式铜剑初论》(《考古学报》1962年2期)、《论周代铜剑的渊源》(《文物》1963年11期)等论文。

寿晋在中国考古学上的贡献有两项：第一，发掘洛阳中州路西工段东周墓葬，并整理编写墓中出土的陶器。这批墓葬的发掘整理在商周考古学上有重要意义，它成为中原地区东周墓分期的标尺。在苏秉琦先生主持指导下，寿晋完成了最关键的陶器部分的整理研究。第二，主持上村岭虢国墓地的发掘并编写报告。虢国墓地的发掘是成功的，充分显示了发掘的科学性。1820号墓成组串饰的清理，1727号车马坑的清理，说明中国考古学的发掘技术之高超水平。寿晋所进行的虢国墓地的研究，是以科学的考古发掘为基础的东周国别史的研究，这个新的尝试为以后的同类研究提供了例参。

寿晋的商周考古学研究还涉及了东周铜剑的型式和渊源；战国细木工榫卯接合工艺的研究，后者已以专著的形式在香港出版。

寿晋是个极有才华的学者，到香港后虽然主要精力放在教学上，但他仍有周密的计划做商周考古学研究。六年前他曾与我讨论过研究商周城市的计划，不知进行到何种程度？他匆匆离去，对中国考古学界是一个损失。

《先秦考古学》是寿晋生前自己编定的。中国社会科学院考古研究所资料室为书中的考古材料提供了插图照片。书能出版最重要的是得到了香港中文大学中国文化研究所的资助，特别是陈方正所长和王人聪先生的协助，尤其令人感动。寿晋在九泉之下，亦当瞑目矣。

一九九一年元旦徐苹芳序于北京

原载林寿晋著《先秦考古学》，香港中文大学出版社，1991年。

《内蒙古中南部汉代墓葬》序

1997年夏,去内蒙古考察元上都遗址,内蒙古文物考古研究所魏坚同志陪同指引。我是第一次到元上都,获益良多。参观之际,魏坚同志告我内蒙古发现之汉墓报告已杀青,主要是河套和呼和浩特地区的汉墓,出版在即,让我先睹为快。我慨然允之。仲秋之时,魏坚同志送报告材料到北京。拜读之后,我深感此报告对研究汉代政府与匈奴间之关系,特别是汉代对河套地区的开发有极其重要的意义。

这个考古报告包括乌兰布和的磴口、包头南郊、乌海新地、鄂托克前旗、准格尔旗、呼和浩特八拜、托克托县古城附近、和林格尔、察右前旗等地的汉代墓葬。以古代地理的分布而言,皆在秦汉长城之内。这些汉墓的时代,据发掘的结果认定,大部分属西汉元帝至东汉光武帝时期,也就是西汉元帝初元元年(公元前48年)至东汉建武十六年(公元40年)之间。

在这个地区发现这么多汉墓,令人注意。我认为它反映着三个历史问题。第一,自秦始皇开始便对这个地区极其重视,但是,我们迄今为止并未发现秦墓,说明秦对这个地区的开发,虽有开创之功,然而,真正控制这个地区是在汉武帝以后。第二,自汉武帝以后,特别是昭帝、宣帝和元帝时期,此地设朔方郡十县,移民屯垦;这些汉墓的发现便是汉代在朔方移民屯垦的见证。第三,这个地区到公元40年即东汉建武十六年以后,汉墓骤然减少,盖因建武二十六年(公元50年)东汉王朝撤回河套地区之移民。所以,在这个地区发现的东汉墓较少,是符合历史实际的。

这个地区的汉墓,不论在墓葬形制,还是在随葬器物上,都与中原地区的汉墓相同。这说明中原地区的移民把其家乡的葬俗带到了北方。

这个报告中所发表的汉墓，如果放在中原地区是无足轻重的。但是，它是发现在内蒙古河套和呼和浩特地区的西汉中期至东汉时期的墓葬，其历史意义则非同小可。它直接反映了两汉时期汉王朝与匈奴的历史关系，也反映着汉王朝对河套地区移民屯垦的史实。

　　这个考古报告的历史价值是不言而喻的。这是我读这个考古报告后的最深刻的体会。魏坚同志嘱我为报告作序，因略陈敝见如上，以为序。

一九九七年十月廿四日于北京

原载魏坚编著《内蒙古中南部汉代墓葬》，中国大百科全书出版社，1998年。

《彬县大佛寺造像艺术》序

陕西彬县大佛寺石窟位于西安西北方100多公里处，唐长安通往西域的交通要道之上（图一）。唐代长安通西域皆通过河西走廊的凉州（武威）、甘州（张掖）、肃州（酒泉）、瓜州（安西）和沙州（敦煌），出玉门关。但从长安至凉州间却有南北两路，南路走咸阳、扶风、凤翔、陇县（陇州）、天水（泰州）、甘谷（伏羌）、陇西（渭州）、临洮（临州）、兰州（金城）、永登（广武）、古浪（昌松）而至武威。北路则从咸阳、乾县、彬县（邠州）、泾川（泾州）、平凉、固原（原州）、靖远（会州）而至武威。南路平易，北路捷便。彬县正处于北路上出京师的第一站，它是唐代京师之门户，在军事上具有极重要的地位。

唐高祖武德元年（公元618年），李世民为了纪念平定薛举之战而死难的将士，特意修建了豳州应福寺石窟，也就是今天的彬县大佛寺。这处石窟群保存着典型初唐时期的大像窟、中心柱窟、佛殿窟、僧房窟等，以及大量的石刻造像作品，也有不少是属于盛、中、晚唐时期的造像，还有近二百处历朝造像记、重修记与题记，是中国现存唐代的一处珍贵佛教石窟造像艺术宝库。

唐代长安是当时世界上的著名大都会，也是中西文化交流荟萃的中心。佛教文化艺术从印度传入中国后，又以新的面貌向东亚各地传播。唐长安的佛教文化艺术是具有世界意义的，可惜它的遗迹遗物保存很少，那么，彬县大佛寺的文化艺术，无疑是唐长安佛教艺术的再现，也影响着当时全国各地乃至后代佛教文化艺术。这就是彬县大佛寺石窟造像遗存的重要意义。

今年四月，我应李家振先生的邀请，与周绍良先生一同前往乐天发展股份有限公司"佛教文化信息中心"，参观了他们建立的"佛教艺术信息系统"。这是一个大型的佛教艺术电脑多媒体信息库。通过两年的努力，他们不仅设计完成了

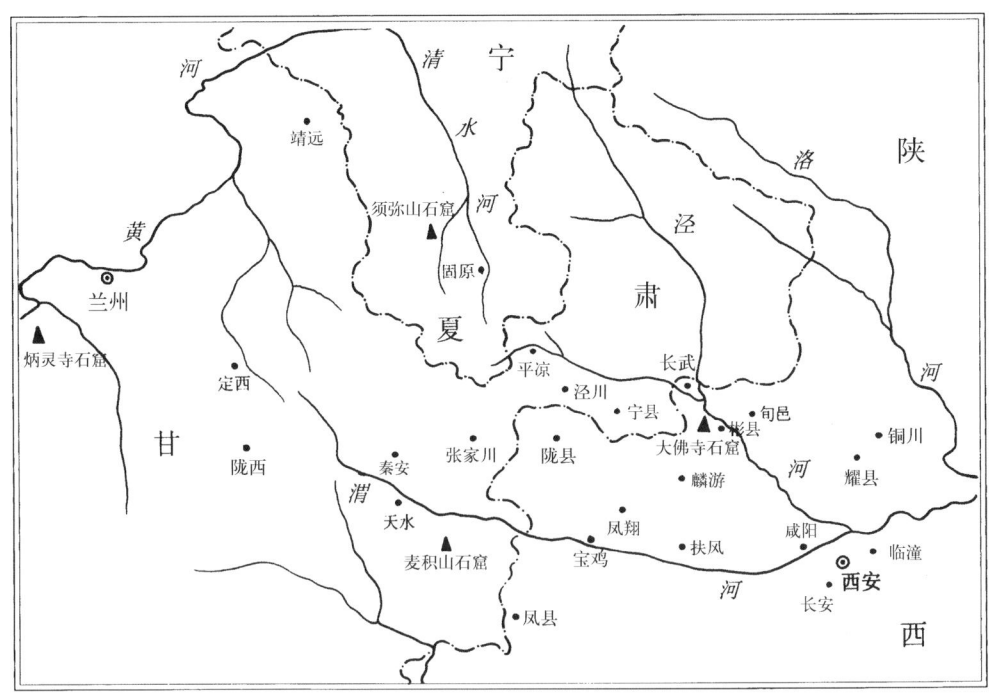

图一　丝绸之路上的彬县大佛寺石窟

多项系统软件,而且已经存入了两万余幅彩色照片、几百万字的说明文字,初步具备了供学者查询的功能。这是一项史无前例的创举,也是一个了不起的伟大工程!我衷心希望他们能够坚持做下去,建成一个名副其实的集各种丰富资料于一体的信息中心,为学者们的研究提供便利,为弘扬佛教文化作出重大贡献!在系统化地长期输入图像与文字资料的同时,利用信息中心现有的资料,做出阶段性的科研成果,也是他们的重要工作。《彬县大佛寺造像艺术》就是这个信息中心的第一项成果,也是一个非常好的开端。

中国古代的石窟寺,是佛教僧侣们的修行场所,佛教僧俗信众的礼佛基地。它们以建筑、雕塑、绘画的艺术形式,向人们宣传着佛教的思想与理论。它们的外在形式是艺术的。研究这些艺术形式的源流,以及它们所反映的佛教思想与社会内容,自然是石窟寺研究的最重要的项目。但是,石窟寺又是古代的实物遗存,全面、系统、深入地调查记录石窟寺的现状,用考古学方法取得第一手完整资料,是研究石窟寺艺术的前提。运用完整的第一手资料去做洞窟与造像的断代分期,以及形制、组合、题材与历史背景方面的分析与比较研究,才能作出对佛教石窟寺遗迹的科学研究,才能进一步去谈论它们的艺术形式,及其不同群体艺术风格之间的相互影响关系和展示在我们面前的艺术魅力所在。换句话说,就是考古学作为包括佛教石窟在内的一切人类实物遗存的研究基础,可以向其他各项学科提供翔实的第一手资料和相对正确的断代与分类结论,为包括艺术在内的其他学科进一步研究创造十分必要的前提条件。因此,我们应该首先做好石窟寺的考古工作,写好石窟寺的考古报告。

中国石窟寺考古的调查与研究,在新中国建立以前主要是外国人的工作。新中国建立以后,北京大学考古系宿白先生建立了中国石窟寺考古学。常青先生在北京大学受过中国石窟寺考古学的科学训练,由他来主持调查测绘的彬县大佛寺石窟,在文字配录、洞窟实测和图片拍摄方面,都作到了相当好的程度。

我衷心地希望今后能看到类似的作品不断出版,也祝愿"佛教文化信息中心"为佛教界、学术界奉献出更多的研究成果。

一九九七年六月于北京

原载常青著《彬县大佛寺造像艺术》,现代出版社,1998年。

《图说北京史》序

《图说北京史》即将付印出版，我作为该书初稿的一个读者感到十分高兴，这是北京史研究上的一件大事。

北京史虽然是中国的一部地方历史，但是，由于北京在中国历史上的特殊地位，特别是公元11世纪初辽定幽州为南京后，北京的历史便密切地与全国的历史相结合，北京成为近千年来中国历史的一个重要舞台，这恐怕没有第二个中国城市能够与北京相比。北京在中国历史上的重要地位之形成绝非偶然，而是有其自身的历史条件和发展规律的。从50万年前的北京人开始，北京便以中国远古人类的故乡而闻名于世界。北京地处燕山南麓，西有太行，东濒渤海，是中原与北方草原和东北平原交通之咽喉，自1万年以来的新石器时代至商周时期，北京是中原和北方文化交汇融合的地带，这个形势一直延续到汉唐时期，北京既是中原王朝的重镇，又是北方各族人民贸易交流的中心。1956年北京八宝山发现的西晋永嘉元年（公元307年）幽州刺史王浚妻华芳墓中出土了一件波斯萨珊玻璃碗，这是我国发现的年代最早的萨珊玻璃器，同时出土的还有一件中亚或西亚制作的镶宝石的掐丝胡伎银铃，说明公元4世纪初北京不但与北方有贸易文化交流，同时与中亚和西亚也有往来关系。唐代的幽州经济发达，这与隋开通南北大运河有密切之关系。房山云居寺唐代刻经题记中便记有三十余种手工业行业在那里刻经，这在全国都是罕见的。幽州经济的实力直接支持了改变唐代历史的"安史之乱"，这对中国历史的发展也有很大的影响。辽代的南京在唐幽州的基础上进一步发展，成为辽代经济和文化的中心，近年的考古发现充分证明了这一点。1974年山西应县佛宫寺辽代木塔中发现辽末入藏的《契丹藏》和其他刻本书籍，都是刻于燕京的，1988～1992年内蒙古巴林右旗辽庆州白塔中发现的重熙十八年(公元1049年)入藏的刻经和丝织品,也是燕京印造的。前几年发现的辽太平年间(1021~1031年)供奉辽文忠王府大殿(文忠王即韩德让,后赐名耶律隆运,与辽景宗后萧绰私通,景宗死后,德让立圣宗耶律隆绪为帝,隆绪事德让如父。文忠王府大殿是专祀萧绰皇太后的)的几十件带铭文的金银祭器,都是张俭和萧术哲在燕京制造的。凡此种种,皆证实辽之燕京是当时先进的南院统治区(即燕云十六州地区)的中心,是辽代政权的经济根本所在,所以,辽天祚帝自燕京败走后辽王朝也就灭亡了。北京成为全国都城之前,在中国历史上的重要性已十分显著。

北京历史的核心是北京城的历史。北京最早的城是房山琉璃河董家林西周城址。燕上都很可能在今广安门内外一带,战国至汉代陶井圈和燕式饕餮纹半瓦当的发现,说明这个区域自东周以来至金中都一直是北京古城之所在。今日北京城的前身是元大都,元大都是元朝结束南北分治,全国统一后新设计规划的都城,它废除了隋唐都城封闭式里坊制的规划,继承了北宋汴梁(今河南开封)的传统,是一种全新的开放式街巷制的规划。考古学的发现和研究证明,今天北京内城东西长安街以北至北城墙内的街道布局,基本上都是元大都街道的旧迹,也就是我们今天仍看得到的南北向大街两旁平行排列的等距离的东西向胡同的街道布局,以东西城垣上两城门之间,如东垣之朝阳门(元齐化门)至东直门(元崇仁门)之间来计算,平列胡同二十二条,胡同之间距77米。明清两代主要是改建宫城、皇城,对全城的街道规划未作改变。一个现代化的城市中尚保留着700年前城市规划的街道布局,这在世界上也是很少见的,何况完成于公元13世纪中叶的元大都城市规划是中国古代都城规划最后的经典之作。元大都也是当时世界上著名的大都会(汗八里),这样一座具有世界意义的大都会,街道遗迹尚保留在现代北京市之中心,是值得我们珍视和骄傲的,在今后的北京市城市规划中,我们不仅要保护好世界文化遗产故宫和许多重点文物保护单位,也要努力保护好700年前元大都的街道旧迹。

《图说北京史》的最大特点是以图(包括照片、拓片、测绘图等)为主,用图把历史形象化,展现在读者面前的将是看得见、找得到、很具体的北京历史。半个世纪前,我在燕京大学上学的时候,跟着我的北京史启蒙老师侯仁之先生学北京历史地理,侯先生从学校租上烧木炭的小汽车,载着我们去广安门外金中都宫殿遗址,捡回很多黄绿釉的建筑琉璃饰件。在遗址废墟上,我有很多浮想,其中之一便是希望历史能够形象化,这是我后来去学了考古的一个原因。但是,历史的形象化是很不容易的,首先是必须有足够的图像史料,这在很大程度上要靠考古学的新发现,经过半个世纪中国考古学界的努力,现在终于有了这个条件,这是《图说北京史》编辑出版的前提,也是北京地区考古学成果的充分反映。当然,考古学的新发现日新月异,过些年后,《图说北京史》会重新增订出版新的版本,这是学术发展的必然规律,但是,现在出版的第一版具有开创之功,尤其难能可贵。《图说北京史》还有一个"立此存照"的作用,书中所刊登的许多图片,特别是许多文物遗迹的现状照片,都是近年所摄,若干年后,人们可以此为据,检验这些文物遗迹保存的情况,这是把北京历史文物遗迹保存的情况,把北京历史文物遗迹现状公之于众,交到社会上监督保护的好方式。

承《图说北京史》主编齐心先生和北京燕山出版社总编辑赵珩先生之邀,为书作序,因略述对《图说北京史》的几点读后感,恐不足以为序也。

一九九九年六月十三日

原载齐心主编《图说北京史》,北京燕山出版社,1999年。

《北京考古集成》序

《中国考古集成》已出版了东北卷和华北卷。现在出版的《北京考古集成》是在前两卷编辑的基础上，汲取经验，重新改进而编辑的。因《中国考古集成·华北卷》只收一些北京地区的重点论文和报告，因此，北京地区决定单独出版《北京考古集成》。主持编辑工作的苏天钧先生，把他们所收录的北京地区考古发现和研究的资料论著目录交给我，让我作出评论并为之作序。

我与苏天钧先生是北京大学历史系考古专业的同班同学。天钧毕业后便在北京市人民政府教育委员会文物调查研究组工作，50年代至70年代北京市的田野考古主要是他做的。我毕业后的第二年便进入中国科学院考古研究所工作，1964年承担了关于金中都和元大都的考古工作，当时天钧在北京市文物工作队（即原北京市文物调查研究组）现改名为北京市文物研究所工作，我们两人代表两个单位合作配合北京环城地铁基建考古，发掘元大都遗址。天钧从事北京考古工作已逾四十五年。80年代后又协助侯仁之先生编辑《北京历史地图集》和《北京环境变迁研究》的工作。发表有关北京的考古报告和研究论文多篇，对北京文物考古素有研究。他亲身经历过许多北京考古的事例，亲眼目睹过若干北京文物的变迁，对北京文物考古界的遗闻逸事十分熟悉，听说他正在写这方面的回忆录。这些不见经传的"野史"，有时候却能从另一个侧面反映真实的史实。所以，我认为如果要编《北京考古集成》，天钧无疑是最好的和最有资格的主编。

北京地区的考古在现代中国考古学史上占有重要地位。周口店北京人的发现震惊国际学术界，有人主张以北京人头盖骨的发现作为中国现代考古学诞生之始。北京地处中原地区与北方草原和东北平原交汇之处，是中国古代诸民族交汇融合的枢纽。北京的镇江营上宅、北埝头、雪山和夏家店下层诸文化之发现,都说明了北京地区史前诸文化之关系。商周以后如刘家河商代墓地、琉璃河西周燕文化遗迹,以及葫芦沟墓地、西梁垙墓地和玉皇庙墓地的发掘,都为研究商周时代北京地区古文化提供了十分重要的考古资料。汉唐以后,北京地区逐渐形成了以幽燕为主的中国古代北京政治、经济、文化中心,这在中国历史上是一件影响了中国全局的大事。辽(契丹)、金(女真)、元(蒙古)、清(满)诸少数民族先后在中国历史舞台上占据了重要地位。因此,北京地区考古资料在中国历史考古学上毫无疑问是具有极重要的意义的。所以,编辑《北京考古集成》的学术价值也是不言而喻的。

《北京考古集成》收录的资料以原始的考古报告最为重要,把《镇江营与塔照》、《琉璃河墓葬发掘报告》、《大葆台汉墓》和《定陵》等长达几十万字的大型考古报告,全文收入,大大增强了《北京考古集成》的学术分量,关于综合研究和专题研究方面,《北京考古集成》也尽量收入,如新出版的《图说北京史》是一部以考古文物材料为主的北京史专著,虽然在内容上尚有可补充之处,但它在全国地方史研究中是第一部以"图说"的方式来编写的,这也可以说是《北京考古集成》的一个特色。

《北京考古集成》的编辑体例是将中华人民共和国成立之后的北京考古文物资料全部收入。严格地说,在已收录的资料中有许多是通俗应景之作,是可收可不收的资料。但是,一部资料书的编辑,最重要的是编辑体例,体例确定后,虽有不合理之处,也无可奈何。

以上评论皆为个人之浅见,我的老同学苏天钧先生盛情约序,却之不恭,勉力为之,得罪之处,尚祈原宥。

一九九九年十一月十六日于北京

原载苏天钧主编《北京考古集成》第 1 卷《综述》,北京出版社,2000 年。

《先秦城市考古学研究》序

　　许宏同志的《先秦城市考古学研究》即将付印，希望我给这本书写篇序。这本书是在他的博士论文的基础上完成的，我是他的指导教师，很清楚他写书的缘起和经过。这个选题是中国考古学研究中很重要的课题，也是中国古代城市考古学最难的一部分，绝大部分资料皆来自考古学，内容是崭新的，却又有许多缺环和争议。其中的甘苦和在学术上的成就与不足，我是十分了解的。我想，我应当对这本书作出评论，也许有些话由我来说更方便些。这就是我写这篇序的意思。

　　根据最近的考古学研究，中国古代城市史大体上可以分为两个大阶段，这两个阶段之分界在公元前221年秦始皇统一中国。秦以前可称之为先秦阶段，秦以后直到清代则是另一个阶段。这两个阶段由于社会历史发展阶段的不同，反映在城市形态和规划原则上也截然不同。这两个阶段的区分，是中国古代城市史研究上的一个新认识。许宏的中国古代城市考古研究重点在先秦阶段，因为他原来在山东大学时是从事新石器和商周考古学研究的，曾参加过丁公遗址的发掘，在确定他的研究方向和课题时，充分考虑了他的业务专长。

　　先秦城市的上限，也就是中国古代城市产生的年代，根据考古学的发现，可以推至公元前2000年以上。湖南澧县城头山古城（已接近公元前4000年）和河南郑州西山仰韶时代晚期古城之发现，都说明作为中国文明社会要素之一的城市，起源是很早的。目前考古学界判断是否为城市是以聚落周围是否有城垣为准的，这个标准在中国城市起源上是否能够成立，是有争议的。一种意见认为既然是城市，必然有城垣。另一种意见则认为城垣是一种防御工事，史前聚落四周已有濠沟，也是一种防御工程；从城市功能上来看，城垣与濠沟的作用是相同的，因此，原始聚落与文明社会的本质区别，并不在于是否有城垣和濠沟，而在于其主体建置的功能及布局。许宏书中所论述的便是这种意见。城市的定义及其形态标准确定之后，在考察城市起源和初期城市形态时，给田野考古工作提出了更高的要求，不能只见城垣而不顾城内之遗迹，要把原始聚落和初期城市区分开来，必须在原始聚落和初期城市遗址内作细致的田野考古工作。我曾经提醒许宏，要仔细分析初期城市是从原始聚落中逐渐演化出来的呢，还是离开原始聚落而另建新城呢？根据他的研究和统计，目前尚未发现有初期城市从原始中心聚落中直接演化出来的例子。我们所说的这种演化，是指初期城市直接从原始聚落衍生出来的，而不是在同一地点上经过若干年后重建的。这两者之间的区别，非同小可，它涉及文明社会产生时，在社会制度出现变化时，哪些社会结构和制度是可以继承的，哪些是不能继承的。许宏研究的这个结论，是非常重要的意见。不过，考古学上的发现会随时修正原来的观点，这在考古学界已是很平常的事。如果将来发现有不同的例子，我们只能尊重史实。但是，我认为许宏的意见是合理的。

许宏将先秦城市分为三个时期：第一期是城市肇始期，从仰韶时代后期到龙山时代，约在公元前3500～前2100年；第二期为夏、商、西周时期，从公元前2000年前后～前771年；第三期为东周时期，从公元前770～前221年。在这三千余年中，中国古史上发生过许多重大的事件，首先，经历了中国文明社会起源和诞生的过程，还有夏、商、周王朝的更替，特别是东周社会的剧变，不论在社会组织、政治结构、经济制度和文化意识各方面，都有很大的变化发展。与其相应的古代城市发展历史，在形制和规划上也都反映着当时的历史特点。许宏从宏观上抓住了社会历史发展的总趋势，把先秦城市发展的阶段性与历史发展的特点相结合，这种方法是中国历史考古学的基本方法之一。

中国古代城市的特点中最主要的是它的政治性。具体到先秦城市阶段，城市的主体建置则是宫庙杂处、以庙为主的形制。许宏在本书中对这个特点作了充分的论证，尤其是在先秦城市宫庙遗址上，祭祀遗迹随处可见，这就更增强了他论证先秦城市特点的依据。古典文献上所记的先秦城市特点与考古所发现的是相符的：

> 国之大事，在祀与戎（《左传》）。

昔者虞夏商周,三代之圣王,其始建国营都,日必择国之正坛,置以为宗庙(《墨子·明鬼篇》)。

　　人君之居,前有朝,后有寝;终则前制庙以象朝,后制寝以象寝;庙以藏主,列昭穆;寝有衣冠几杖象生之具。总谓之宫(东汉·蔡邕《独断》)。

　　许宏同志在先秦城市考古学研究中,既把握了宏观上历史发展的总趋势,又从微观上作了具体的分析。他的研究结论是可以相信的。

　　我深切了解,许宏在从事这项研究工作中遇到的最大困惑是,许多古代城市遗址的田野考古工作不彻底,研究工作最需要的资料提供不出来。譬如,史前初期城市遗址多半只知有城垣,城内遗址情况却知之甚少,很难再作深入的研究。这种情形多半是因工作体制上的问题造成的,给科研工作带来很大的损失。本书在对城市遗址的个案研究上,有很多地方皆因资料不足而缺乏分析,并影响了综合研究的深度。这是作者个人很难克服的明显的缺点。

　　本书所收田野考古的资料截止于1998年,是目前所见关于先秦城市考古学的第一本最完备的学术著作。但是,就这个专题研究来说,却还是刚刚开始,只能说是一本写得很优秀的阶段性研究专著。先秦城市考古的许多田野工作正在进行,许宏自己正在作偃师二里头的考古。我相信新的田野考古成果会不断涌现,或许过不了很久将会出版本书的修订本。

　　希望许宏同志把先秦城市考古学这个专题继续作下去,坚持严谨求实的学风,虚怀若谷,刻苦钻研,取得更大的学术成就。

序于二〇〇〇年八月三日北京西城兵马司胡同

原载许宏著《先秦城市考古学研究》,北京燕山出版社,2000年。删改后又见《先秦城市考古学第一本完备著作》,《中国文物报》2001年7月4日第8版;《寻找中国早期城市轨迹》,《中国新闻出版报》2001年8月21日第3版。

《王㐨与纺织考古——纪念王㐨先生逝世三周年》序

王㐨先生的文集由赵丰先生整理完毕,即将付排,赵丰来邀为书作序。王㐨逝世后,我一直想写篇文章来悼念他,今适逢其文集出版,因先叙我与王㐨之私交,再记王㐨先生在中国现代考古学上和文物保护方面的贡献。

我和王㐨是同龄、同乡,又是同事,都生于1930年,都是山东招远人,又都是中国社会科学院考古研究所的工作人员。王㐨早年参军,曾参加过抗美援朝志愿军,在部队作舞台美术工作,复员后来考古所技术室工作,任室副主任。有一次,王㐨告诉我,他小时候曾跟随他祖父到济南我家中去过,我父亲曾援助过他祖父。此事在王㐨少年的记忆中有很深的印象,他尚记得我家的居设情况,我对他祖父的音容笑貌也有印象。那时,我与王㐨却未见过面,我们第一次见面还是在他到考古所以后。我与王㐨之间的友谊,并非是因我们两家有通家之好,而是通过我们两人互相了解后才建立起来的。

王㐨温文尔雅,十分朴实。他一到考古所便是基层领导,主持技术室工作,没有一点"官气",看上去似乎有些柔弱。但是,遇到原则性的问题,特别是处理公私之间的事情,却很认真,十分刚强。他在人际关系上有很浓的人情味,这在五六十年代以"阶级斗争为纲"的时期,是十分难能可贵的。"文化大革命"期间,他是领导,只能接受群众的批判,默默地度过了"史无前例"的日子。王㐨为人是十分正派的,对工作的态度是一丝不苟的,正是因为他有这样的气质,才能在考古学研究和文物保护方面作出贡献。

王㐨到考古所以后,他的全部精力便都投放在考古学研究和文物保护方面。60年代初的困难时期,他为了证实唐代缬染工艺的操作程序,节衣缩食,自费实验。当他把各种缬染样品展示在我面前时,我为之感叹!"文化大革命"尚未结束时,为阿尔巴尼亚修复羊皮书的任务下达到考古所,实际操作全在王㐨手中,他十分完满地完成了这项带有政治性的国际文物保护工作。后来,长沙发现了马王堆汉墓,发掘工作由夏鼐先生主持,在考古现场王㐨承担了主要的田野考古技术工作,特别是丝织衣物的剥取和保护,王㐨完全按照考古操作规程,科学地记录了考古现象,完好地保护了丝织衣物,这是一项十分成功的田野考古工作。但是,王㐨感到遗憾的是墓中出土的一部分帛书、帛画,如"导引图"和"城邑图"等,却因在场官员的不当指挥,一定要把它们送回北京保护,一路颠簸,到了北京时则基本解体,难以恢复原状,经修复后才勉强保存下来。

众所周知,现代考古学的田野工作,犹如自然科学的实验室工作,它是现代考古学研究的基础。如果从保护地下文物的角度来说,考古发掘实际上是破坏了地下文物保存状态的平衡,对文物本身会造成不良影响。因此,考古发掘不仅仅是获取古代遗迹遗物的科学资料,而且是要尽一切可能保护被发掘出来的遗迹遗物的原状,这是一个相当困难的任务。从王㐨发掘马王堆汉墓的结果来看,可以说是基本上达到了既取得了考古的科学资料,又保护了出土文物这双重任务。王㐨以此为起点,精益求精,在湖北江陵东周秦汉墓出土丝织品的保护中,在陕西扶风唐法门寺塔地宫出土丝织品残迹的保护中,在黑龙江阿城金代齐国王墓丝织品的修复保护中,都作出了成绩。在他逝世前一年,为保护新疆尼雅汉晋墓中的丝毛织品和衣物,他虽然未到现场,仍通过电话指导王亚蓉同志,取得了在西北干燥地区剥取和保护丝毛织品的田野考古技术经验。

王㐨从80年代中期离开考古所,到沈从文先生主持的中国古代服饰研究室去工作,协助沈先生从事中国古代服饰史的研究。夏鼐先生为挽留王㐨不离开考古所,还亲自去沈先生家缓转,但王㐨去意已定,不久,夏先生逝世,王㐨则正式到了历史所。后来,王㐨又接受了去英国伦敦拍摄大英博物馆所藏敦煌文献的任务,他在工作休息期间去了巴黎,我也正好因联合国教科文"丝绸之路"计划在巴黎开会,我们一块去游览了凡尔赛宫,并在我的住所做了一顿十分丰盛的中国饭菜。我才知道他为了赶时间,在伦敦日以继夜地工作,致使他的肾脏功能衰竭,病情加重,终成不治之症。

王㐨的工作不仅限于丝织品保护。70年代末,他曾去云南调查卡佤族、傣族、布依族等族的原始制陶工艺和纺织工艺,拍摄有详细的纪录影片,这应当是中国社会人类学中绝无仅有的资料,也是研究中国考古学原始技术的绝好资料。王㐨曾经给我讲过很有趣的少数民族地区的风俗和风光。我感到他的广博的知识对他专业的精深起到了决定性的作用。

王㐨在考古所技术室时,凡经他手的修复工作,都有十分详细的记录,包括文字的和图像的。他一生所作的各类文物的修复记录,以及他的研究和读书笔记,满箱满箧,是极为宝贵的科研财富。王㐨在科学研究和文物保护工作中十分注重实践经验,设计多种保护方案,反复实验,选择最佳方案,减少损伤到最低限度,使用的各种防护品也尽量采用可逆性的,以防万一。在文集中收录了赵丰所记的王㐨的谈话记录,这是他实践的精华,是任何书所没有的。

王㐨是中国社会科学院历史所的研究员,是很早便获得政府特殊津贴的专家。他在晚年以无比的毅力克服着病痛的折磨,始终坚持工作,可以说是"鞠躬尽瘁,死而后已",他最后是倒在工作岗位上的。他临终之前,我赶到医院,他已经昏迷,我握着他的手呼唤他,他什么也不知道了。我一直守候到他心脏停止了跳动才离去。

王㐨走了,他遗留下来的他所从事了将近半个世纪的工作,还是后继有人的,虽然人不是很多。在北京、湖北、湖南、江苏、浙江、陕西、新疆、内蒙古和东北,都有他培养起来的人继续工作。特别是最近在杭州中国丝绸博物馆中国纺织品鉴定保护中心成立座谈会上,许多人都在怀念王㐨的业绩。他的文集也即将出版。王㐨是不寂寞的,如果真是在天有灵的话,我想他一定是会感到十分欣慰的。

二〇〇〇年十月三十一日,北京

原载赵丰编《王㐨与纺织考古——纪念王㐨先生逝世三周年》,香港艺纱堂/服饰工作队,2001年。

《7～14世纪中日文化交流的考古学研究》序

中外关系和文化交流的考古学研究，是中国考古学研究中的一个很重要的专题，它比研究中国考古学的其他专题更为复杂和困难一些，除了掌握中国的考古资料外，还要掌握与中国在文化上有交流关系的国家和地区的考古资料。其研究的内容可分为两方面：一是研究中国境内发现的外国遗物；二是研究在国外发现的中国遗物。这两方面合起来才能构成中外关系和文化交流的考古学研究的全部内容。一般来说，研究中国境内发现的外国遗物在搜集资料上稍方便些，但在判断外国遗物的国别和地区、年代，以及它的内涵和意义时，对中国学者来说并非易事。在研究国外发现的中国遗物时，其情形却恰恰相反，搜集资料很困难，判断中国遗物的年代和内涵时则比较容易。芇岚所作的博士论文正是属于研究国外发现的中国遗物的范畴。

中日两国一衣带水，自古以来便有很深的文化关系，中日两国史学界在这方面已有很好的研究基础，但是，从考古学上研究中日古代文化交流的历史，却起步很晚。1957年日本考古学家原田淑人在北京作"从考古学上观察中日文化关系"的讲演，第一次论述这个问题。80年代以后，中日考古学家和历史学家讨论了关于在日本发现的三角缘神兽镜的问题，引起了日本历史学界和考古学界的极大震动。其后，又讨论了中国古代都城制度对日本飞鸟、奈良和平安期都城规划的影响问题。稻作如何从中国传入日本的问题也展开了热烈的讨论。芇岚的博士论文便是在这种学术背景下产生的。当时我想，一个刚刚进入学术界的青年学子不必要介入那些热门课题，特别是尚有争议的课题；更不要选择那些资料尚不具备作专题研究的课题。因此，我给她规定了在她的论文中不涉及中日两国古代都城制度的渊源问题，也不涉及佛教传入日本和日本佛寺平面布局的渊源问题。仅限定于从近年日本各地出土的公元 7～14 世纪的中国遗物,如陶瓷器、漆器、铜镜、铜钱,以及日本经冢中出土的中国遗物。这些研究的内容,直接与这个时期中日两国之间的贸易和文化交流有关,考古学的发现是最能反映当时历史实况的。

考古学研究重在实证。芇岚的论文能否成立,关键在于她所掌握的日本发现的这个时期的中国遗物,能否在客观上说明当时中日关系和文化交流的历史实况。为此,我要衷心地感谢日本驹泽大学饭岛武次先生,没有他的指导和协助,芇岚不可能完成她的论文。日本考古学界的各位先生和有关单位,都毫无保留地提供了芇岚论文所需要的资料。书中有很多资料是第一次在中国披露。芇岚根据这些资料在前人研究的基础上,论证了公元 7～14 世纪中日之间交流关系的三个阶段,即遣唐使阶段、鸿胪馆阶段和博多阶段;对这三个阶段中日之间的交通路线也作了研究;还对中国商品影响某些日本产业的情况和在博多居留的宋朝商人的情况作了论述。

芇岚在论文答辩通过以后,又根据答辩委员所提出的意见,作了全面的修改和补充。现在这本书即将正式出版了,我作为她的指导教师有责任在书前说几句话。我觉得芇岚的这篇论文,是把公元 7～14 世纪中日关系和文化交流的考古学资料,作了一个阶段性的总结,进行了初步研究,填补了这方面的研究空白,对我们今后研究中日古代关系史是一本很有参考价值的著作。

二〇〇一年三月十三日
序于北京东四九条新屋

原载芇岚著《7～14 世纪中日文化交流的考古学研究》,中国社会科学出版社,2001 年。

《丝绸之路河南道》序

"丝绸之路"河南道乃指公元4至6世纪南北朝时期,东晋南朝在陆路上与西域交通的一条路线,它从益州(四川成都)经川北通过茂县、松潘至甘南的临潭、青海的同仁、贵德,抵青海湖伏俟城。这个时期统治甘肃地区的是吐谷浑。吐谷浑是鲜卑的一支,公元4世纪初从东北迁移至今甘肃、青海之间,南朝宋初封为河南王,故从益州北上通过吐谷浑统治的区域交通路线,便称之为河南道。河南道南从益州抵吐谷浑伏俟城,再接"丝绸之路"青海道才能抵达西域。

"丝绸之路"青海道的开通,是因河西走廊路线受阻而形成的。当时从兰州(金城)不走武威(凉州),而西去西宁(鄯城)至伏俟城,北穿祁连山扁都口至张掖(甘州);或沿青海湖北岸和柴达木盆地北缘,经大小柴旦北上,穿当金山口至阳关、敦煌;或从伏俟城、都兰西去格尔木、茫崖镇,穿阿尔金山至若羌。史实证明连接青海道和河南道的交点便是伏俟城和都兰。

关于河南道,唐长孺先生《南北朝期间西域与南朝的陆道交通》(见《魏晋南北朝史论拾遗》页168~195,中华书局,1983年)已有详细论述。严耕望先生《唐代交通图考》(中研院史语所专刊八十三,1985年)第二卷《河陇碛西区》和第三卷《秦岭仇池区》,对青海道和河南道也都作过论述,虽然是侧重于唐代的交通路线,但对唐以前的青海道和河南道的路线,也有颇多的追述。

从考古学上研究这两条"丝绸之路"支道的,最早是夏鼐先生。1956年西宁城内隍庙街发现76枚波斯萨珊朝卑路斯(公元457~483年)银币,同出有"开元通宝",埋藏年代已晚至初唐,但银币输入青海道的年代仍有可能是公元5世纪末。1958年夏鼐先生在《考古学报》发表《青海西宁出土的波斯萨珊朝银币》(已收入《夏鼐文集》下册页34,社会科学文献出版社,2000年),首次从考古上指出青海道的重要性，并列举法显等名僧行经青海道和河南道的情况。其后，陆续发表了关于伏俟城的考察简报，关于都兰热水吐蕃墓地的发掘及其出土的大批"粟特锦"的报道。河南道的起点成都，近年也屡有犍陀罗风格的佛教造像发现。凡此种种，皆已说明河南道的重要性。

河南道北连青海道、河西走廊西端和敦煌、若羌，再西走中亚和西亚。河南道从成都南下至宜宾、昭通、曲靖、昆明、晋宁、江川、开远至越南的老街和河内；另一条从成都西南行，经西昌、大理、腾冲至缅甸的八莫。还有从伏俟城、都兰南经玉树入藏，自拉萨至吉隆或聂拉木到尼泊尔加德满都的吐蕃—泥婆罗·北印度道，以及从南疆和阗或于阗经克里雅山口入藏，经日土、噶尔穿冈底斯山和喜马拉雅山之间的山谷，抵吉隆或聂拉木达加德满都的路线。说明中国境内"丝绸之路"从沙漠路线，通过河西走廊、青海道、河南道与西南丝绸之路相联接，构成了从西亚、中亚至南亚的陆路交通路线，而河南道便是联接沙漠路线和西南丝路的关键通道。这是近年中国境内"丝绸之路"考古学研究的一项重要成果。

1991年陈良伟同志自新疆来中国社会科学院研究生院读考古学博士学位，他是新疆大学历史学硕士，对新疆的历史和"丝绸之路"沙漠路线比较熟悉。考古学与历史学的关系密切，特别是历史时期的考古学更是水乳交融，密不可分。我根据他的学历，扬长避短，确定其论文题目，让他去探索"丝绸之路"河南道的历史遗迹和遗物。我聘请了王仁湘、叶茂林和赵永红同志作他的考古田野实习的辅导教师，全面调查了自成都以北至甘南、青海地区有关河南道的遗迹，他们的成果已发表在《考古学集刊》第13集（2000年12月）上，题为《丝绸之路河南道沿线的重要城址》。

1994年5月，陈良伟撰写的《"丝绸之路"河南道考古调查与研究》通过了论文答辩，获得考古学博士学位。参加陈良伟博士答辩的先生有：宿白先生（答辩委员会主席）、侯仁之先生、田余庆先生和卢兆荫先生，王去非先生提出了书面评审意见。陈良伟现在出版的这本书，便是遵照着各位先生评审的意见修改完成的，这是我要特别感谢的。

陈良伟关于"丝绸之路"河南道的研究，是目前所见在文献学和考古学两方面资料最全的论著。但这还是一个开端，尚待更深入的研讨，特别是考古学上的新发现尤其重要，希望陈良伟能在这个基础上更上一层楼，取得更好的成绩。

二〇〇一年十月二十二日于北京

原载陈良伟著《丝绸之路河南道》，中国社会科学出版社，2002年。

《北京龙泉务窑发掘报告》序

北京门头沟区龙泉务窑址发现于1958年,1975年复查后确认为辽代窑址。1984年在窑址中发现寿昌五年(公元1099年)琉璃釉器残件,1991年至1994年正式进行考古发掘。

龙泉务窑的考古发掘证明,其产品有精、粗两类,大量的是日用粗瓷,亦有少量高档精品白瓷。高档精品白瓷的工艺,是从定窑烧造工艺传来的。在这个窑址中还发现有三彩器。辽三彩是辽代陶瓷工艺中有代表性的产品。经化验分析得知,龙泉务窑址中的三彩器是含碱钙的硼酸盐釉,证实我国在一千年前已使用无毒的硼釉,这在世界上应属创举。但是,我国使用硼釉的技术却如昙花一现,除在北京辽代龙泉务窑址中发现,并没有继承下来。造成这种情况的原因还需要作进一步的研究。

辽代制瓷工艺基本上是继承了五代和北宋的传统。从目前考古发现的情况来看,契丹贵族消费的高档瓷器,几乎都是来自五代和北宋诸名窑的产品。在已发现的契丹贵族墓葬和塔基中出土的瓷器,早期有越窑和定窑,其后有景德镇窑。这一发现一方面说明,契丹贵族和笃信佛教的信徒们一致认为,当时的高档瓷器是五代和北宋一些名窑的产品;另一方面也反映辽国境内烧造的瓷器工艺水平远远不如中原地区。所以,契丹贵族便采用掠夺的方式,或是迫使吴越和北宋进贡以获取南方和中原的高档瓷器。辽国境内所生产的陶瓷器只能是满足广大民众日常生活所需的粗瓷器,因而,北京龙泉务窑所生产的陶瓷产品只能是以粗瓷为主,精品高档瓷器为辅。这是辽代制瓷工艺技术水平和当时社会经济状况所决定的历史事实。

北宋龙泉务窑址的发现还说明了辽南京(燕京)地区的经济发展水平。辽代瓷窑遗址从20世纪以来便发现得很少,最著名的有辽上京皇城西侧窑址,辽上京南山窑址,林东白音戈勒窑址,辽宁江官屯窑和赤峰缸瓦窑(主要是金元时期)。北京龙泉务窑则是辽国境内发现的唯一具有一定规模的窑场。这一点是极其重要的。它之所以出现在燕京地区,是有其历史背景的。这个背景便是契丹从北方草原进入华北的燕云十六州并建立辽国之后,仍然保持了这个地区的社会经济制度,在政治上特别建立以汉法统治的官僚体制;而北院则以契丹游牧经济为主,并建立相应的政治统治官僚体制。正是在契丹贵族这种分而制之的政策之下,燕京附近才能出现像龙泉务窑这样规模的辽代窑场。因此,北京龙泉务窑址的发现,在阐述中国辽代社会经济和历史的发展上具有十分重要的价值,它的价值丝毫不比其在中国陶瓷史上的价值逊色。

我与《报告》主编黄秀纯先生是多年的同事,20世纪70年代初,我们曾一块儿发掘北京元大都遗址。黄先生在北京从事考古工作逾四十年,他所主持的北京龙泉务窑址的发掘,是辽代考古的重要工作。《报告》即将出版,应黄先生之邀,略述北京龙泉务窑在中国历史考古学和陶瓷史上的价值,并以此为序。

二〇〇二年九月二日于北京

原载北京市文物研究所编《北京龙泉务窑发掘报告》,文物出版社,2002年。

《秦文化：从封国到帝国的考古学观察》序

1995年承张忠培先生之邀，我与他共同招收吉林大学考古系教师滕铭予同志为在职博士生。滕铭予拟研究秦统一中国以前的秦文化的考古学诸问题。为什么要研究秦文化？众所周知，秦在中国历史上是承前启后的关键环节，是在中国古代文明形成史上最具影响力的王朝。世界历史上的文明社会的形成，一般是指从史前氏族社会过渡到有阶级的社会的转变的历史过程，这个历史转变的过程是很长的。在中国历史上文明社会的形成和确立，大概从夏商时期开始，经过周代（西周和东周）到秦汉而完成。因此，在中国古代历史上秦王朝是一个十分重要又具有划时代意义的历史时期，它影响了中国两千年的历史发展进程。滕铭予选定秦文化研究为其博士论文的主题是颇具学术眼光的。

当前，我们研究秦汉史的首要学术任务是，探明两千年来在中国历史上所发生的那些具有历史意义的事件，诸如以血缘关系为主的封建制如何向以地缘为主的郡县制过渡；在经过了政治势力反复较量之后，中国古代政体又如何产生了以血缘封建制和地缘郡县制双轨式的政治统治体制；以及这种政治统治体制在中国古代社会历史中的作用。这些问题发生的根源，不仅要在秦汉历史上探求，还应上溯到秦统一中国以前的历史阶段。所以，我想为滕铭予将论文重点放在秦统一以前是正确的。

考古学研究的对象是以中国古代社会遗留下来的遗迹和遗物为主的，我们通称之谓"考古学文化"。滕铭予的论文名曰《秦文化：从封国到帝国的考古学观察》，则更加贴近其研究主题。

论文主要是以陇东、关中的六个地区发现的中、小型秦墓资料为依据，从西周早期至秦统一分为十期四个阶段。第一是秦文化的起源与形成阶段，可上溯至商代晚期,包括整个西周时代,是西周文化的一个地区类型。第二是秦文化的确立阶段,在春秋早、中期,出现了因军功而获得爵位的军事新贵和新拓地区原住民中的统治首领。第三是秦文化稳定发展阶段,在春秋晚期至战国中期,秦国之内不论来自何方的居民都表露出受秦文化的明显影响。第四是秦文化的"转型"阶段,所谓"转型"是指在政治和社会结构上的变化,即因军功而获得爵位的新贵族已成为秦国的主体,以血缘聚族而居、聚族而葬的人群在政治上衰落了,一个以地缘政治和新的社会组织结构为基础的历史时代形成了,这是战国晚期至西汉初年的事情。滕铭予所论述的关于秦文化的发展,以高屋建瓴之势,抓住了中国历史和中国考古学研究中的重大课题,具有很高的学术价值。

另外,关于秦人和秦文化的起源,一直有东来说和西来说两种不同意见,滕铭予认为东来说比较符合历史实际,这个结论是目前学术界可以认同的意见。

滕铭予论文的不足之处有两点:第一,她所依据的中小型秦墓资料,不能完全反映秦文化的全部内容,譬如陇东大墓、秦公大墓皆被盗掘一空,雍城考古也有很大的局限性,这些都已非人力所能补救了。因此,滕铭予的论文没有办法在这方面再作什么充实。但从学术研究上来说,这毕竟是十分遗憾的事。第二,滕铭予对秦文化发展的第四个阶段,并未展开深入的研讨,特别是关于秦代简牍和铜器铭文等新出土的材料,几乎没有涉及。这与指导教师将滕铭予的论文定位在秦统一中国以前的历史时期有关。

我认为滕铭予现在完成的博士论文是一部完整的《秦文化研究》的上篇。我们希望滕铭予在未来的研究工作中,继续把《秦文化研究》的下篇,也就是对秦文化发展的第四阶段的内容,重新进行扩充和增补,特别是在中国古代文明社会形成的诸多问题上,作出全面的阐述,它将比上篇更为精彩。

二〇〇二年九月十日于北京

原载滕铭予著《秦文化:从封国到帝国的考古学观察》,学苑出版社,2002年。

《四川彭州宋代金银器窖藏》序

1993年11月，在四川彭州西大街路南建设工程中发现古代砖砌窖藏，内藏金银器350多件，可辨器形者343件，其中一件有明确纪年，为南宋"绍熙改元"（亦即绍熙元年，公元1190年）。这个年代并不是窖藏入埋的年代，其入埋年代肯定是在公元1190年以后。这种埋藏金银财宝的风气，应当发生在战乱的年代。根据彭州历史考察，南宋绍熙元年以后，彭州地区能够足以令当地富人仓促出走、埋藏珍宝的事变，恐怕只有南宋端平三年（公元1236年）蒙古占领四川成都附近的事变，这个事变才能是造成这个窖藏入埋的原因。作者正是这样推断的。

300余件宋代金银器发现于一个窖藏之内，这在中国考古学史上是一次重大发现。发现以后，我曾在成都一个出土文物展览上看过一部分彭州的金银器。成都市文物考古所的谢涛同志，亦曾将彭州宋代窖藏金银器的材料交我阅览。后来谢涛同志来北京大学考古文博学院进修，在齐东方教授的指导下编写彭州宋代金银器窖藏报告。

这本报告严格区分田野考古和作者研究的界限，这是齐东方教授在指导中所坚持的意见，我觉得这个意见是十分正确的。因此，作者把自己的研究列入附录之中，保证田野考古报告的客观科学性。它无疑是研究宋代金银器手工业、宋代小商品生产和宋元考古学的重要资料。

二〇〇二年十二月于北京

原载成都市文物考古研究所等编著《四川彭州宋代金银器窖藏》，科学出版社，2003年。

《亚洲考古学》序

亚洲考古学是世界考古学的一个部分。从世界文化发展地域分布上看,西亚的巴比伦、南亚的印度和亚洲大陆的中国,都是世界古文化的发祥地。这已充分说明了亚洲考古学的重要性。从考古学的发现来说,西亚考古学始于19世纪中叶;其次,是南亚的印度考古;东北亚的日本考古学始于1877年大森贝冢的发掘。作为世界四大文明古国之一的中国,现代考古学的兴起却最迟,要到20世纪20年代。后来者居上,中国考古学的发现和研究,是20世纪下半叶世界考古学上继欧洲考古学之后最为重要的时期。

亚洲考古学的重点是东北亚考古学。东北亚考古学以中国北方和东北地区、俄国的远东地区、朝鲜半岛和日本为主。它与蒙古草原、西伯利亚、中亚和西亚有着密切的关系,这是一条横贯欧亚大陆的文化带。它是东西文化交流的孔道,也是21世纪世界考古学研究的热门课题。

菅谷文则先生创刊《亚洲考古学》,宏观亚洲考古学在世界考古学上的地位及其发展前途,毅然顺应世界考古学发展之规律,可谓是识时务之俊杰。因略陈对亚洲考古之管见,以贺《亚洲考古学》创刊,并颂亚洲考古学之兴盛。

二〇〇二年四月二十八日于北京

原载(日本)亚洲考古学研究会编《亚洲考古学》第1号,(彦根)亚洲考古学研究会,2003年。

《辽代陶瓷的考古学研究》序

彭善国同志的《辽代陶瓷的考古学研究》是在他的博士论文的基础上增订而成的。辽(契丹)代考古学在20世纪中国考古学兴起之后，有着空前的发展，可以说是从无到有，对辽代社会历史的研究作用很大。在原始史料的积累上，考古学的成果尤为明显，大量的铭刻史料(包括契丹大小字的铭刻)的出土，城市遗址和陵墓的发掘，以及各种辽代遗物的发现，极大地丰富了辽史的史料，为元人所修的"阙略伪误"的《辽史》增添了不少新史料。关于辽代陶瓷的研究，同样也是在近五十年以来大规模地开展田野考古工作后才取得了丰硕的成果。

中国现代考古学的古代陶瓷研究，是以调查发掘历代陶瓷手工业遗迹和遗物为基础的，辽代陶瓷考古也是以这种方法进行工作的。但是，辽代陶瓷考古有一种特殊情况。我们现在所称的辽代陶瓷实际上是指在辽境内发现的陶瓷，它有两个来源，一是在辽境内的陶瓷手工业窑场烧造的，这是名副其实的辽产陶瓷；另一种是在辽境内的遗址、陵墓、塔基、窖藏等处发现的来自南方唐宋各窑场所产的陶瓷，是输入辽境的陶瓷。本书研究的重点是辽产陶瓷，占全书五分之四的篇幅；输入陶瓷也很重要，它是研究宋辽交聘、贸易关系的实物。

据我所知，彭善国同志在他写作博士论文的时候，由于是在职学习，既担负着繁重的教学工作，又得抓紧时间从事论文资料的搜集和排比研究；论文初稿写出后，反复修改，勤奋认真，在学风上体现了十分严谨的态度。我认为本书有几个显著的特点：第一，彭善国同志严格遵循学术研究的规范，从自己所做课题的研究史入手，充分掌握以往不同阶段的研究状况，给自己的研究起点定出正确位置，总结经验和教训，特别注意在方法论上保持清醒的思维方式。这是论文成败的关键问题。第二，在搜集资料方面花了很大的力气，从书中引用的文献来看，作者把已发表的有关辽代陶瓷的主要材料都收到了,这便给他的论文奠立了牢固的基础。第三,彭善国同志的研究方法是考古学的方法,对辽产陶瓷做类型学和分期的研究,并注意窑址发掘中所见的辽瓷烧造工艺的遗痕;对唐宋输入瓷器则依窑口及时代特点进行分析,探讨不同历史时期输入的窑口比例及其与当时宋辽间的政治、经济关系问题。

从陶瓷器的生产和形态功能上来探讨与当时社会历史有关的事物,无疑是研究中国陶瓷考古的一个很重要的方面。作者在这方面作了一些阐述。但是,对契丹早期尚处于游牧生活阶段的那种印纹陶器,本书中没有涉及,作为探索契丹早期文化的陶器,似乎也应予以注意。

本书在研究辽代陶瓷考古方面,是我所见到的最新的成果。我希望彭善国同志能继续在辽代考古学上作出更好的成绩。

二〇〇三年六月于北京

原载彭善国著《辽代陶瓷的考古学研究》,吉林大学出版社,2003年。

《手铲下的文明：江西重大考古发现》序

以"手铲下的文明"为标题，用半个多世纪以来江西九项重大考古发现，谱写江西文物考古事业的篇章，是一种非常好的形式。这九项重大考古发现，基本上已概括了江西文物考古事业的成就。

江西的旧石器时代遗迹发现较少。在万年仙人洞和吊桶环却发现了从旧石器时代晚期、末期到新石器时代早期的文化层堆积，叠压序列清晰，上层距今约14 000～9 000年，下层距今约20 000～15 000年。其中，有距今13 000年的原始陶器残片，有距今约15 000～12 000年之间的野生稻和栽培稻（Oryga hivaza）植硅石共出的遗迹。栽培稻和原始陶器的发现，都在世界文化史上具有重要的意义，更说明江西在中华民族文化形成的历史上，并不落后于中原地区。长江中下游与黄河流域一样，都是中华民族文化的摇篮。

中国进入文明社会之后，江西古文明呈现出了灿烂的光辉。樟树吴城商文化遗址和新干大洋洲商代大墓的发现最为重要，证明商文化到达了江西，但从新干大墓中出土的铜器看，大量的青铜器都具有浓厚的地方色彩，纯粹的商王朝的铜礼器只占少数。江西的青铜手工业制造，已形成了比较完备的系统。瑞昌铜岭商代铜矿遗址的发掘，发现竖井巷道，各种采矿工具，包括选矿用的木溜槽俱已齐备，是我国和世界上较早的矿业遗迹。江西在我国古代青铜文化史上占有重要位置。

江西地处长江中游以南，越南岭、大庾岭山脉到达珠江流域的两广，在沟通黄河、长江、珠江三大流域的经济交流和文化融合中有着重要作用。中国古代南北陆路交通主要有三条，东道自河淮平原至吴越，西道逾秦岭至巴蜀滇黔，中道最为重要，以荆襄为枢纽，分两路南下。商文化南下与吴城、新干的青铜文化接触,可能是从中道的东路进行的。当时穿大庾岭到两广的通道没有开通,商文化只到赣南而止。秦汉时期,中道的西路是以北方的长安(西安)为起点,东南走商山路到荆襄,渡江至临湘(长沙),南至郴州,穿五岭至曲江达番禺(广州),西汉南越王墓随葬品的浓厚的楚文化因素,正是这条交通路线所产生的影响,它是汉唐以来的旧路,也是中道的主干路线。中道的东路自商代以后稍嫌沉寂,三国吴时鄂州兴起,东路自襄阳东南至鄂经蕲黄,抵江州(九江),南下至洪州(南昌),沿赣江至吉州(吉安)、虔州(赣州),穿大庾岭达韶关(曲江),特别是唐开元四年(公元716年),张九龄凿通大庾岭新路后,"坦坦而方五轨,阗阗而走四通,转输以之化劳,高深为之失险"(张九龄《开凿大庾岭路序》,见《曲江张先生文集》卷十七),大大改善了路况,较中道西路郴州至韶关段更为通畅。交通路线的兴衰,与经济文化的发展有密切关系。

北宋国都东迁汴梁(开封),中原与南方交通为之改变,长安东南的商山荆襄路骤然衰落。从汴梁至岭南主要走颍南(许昌)、信阳至鄂州转江州,或东南走惠民河经陈(淮阳)、颍(阜阳)、寿、庐(合肥)至江州。江西赣州大庾岭通道还承担了浙西往岭南的运输。江西经济得到进一步发展,尤以制瓷手工业最为突出。江西制瓷手工业从唐代开始,逐渐取代浙江。洪州窑从东汉晚期开始,东晋南朝至盛唐是洪州窑的兴盛期,中唐以后衰落。代之而起的是吉州窑和景德镇窑。吉州窑包括永和镇窑场和临江窑,唐代末年已有烧造,但其兴盛期应在南宋,它继承了北宋以来北方诸窑的工艺,并逐渐形成吉州窑的独特风格。永和镇窑场的规模很大,在沿江镇街上有许多"前店后场"的制瓷手工业窑场遗址,是保存最好、年代最早的以手工业为特征的古代城镇。景德镇窑场也是一座以制瓷为中心的城镇,是名副其实的"瓷都",自宋代以来便成为全国制瓷中心,元明清三代在此设立御窑厂,把景德镇制瓷手工业推向了中国古代制瓷工艺的高峰。五十年来,考古调查发掘工作不断,近年在以珠山为中心的御窑厂地区发掘了不同时期的窑址,出土了数千件元明清各种类型的官窑瓷器。江西制瓷手工业考古的学术成就,震惊世界。

德安南宋咸淳十年(公元1274年)周氏墓出土的329件丝织品、衣饰,包括纱、绉纱、绮、绫、绢、罗等品种,集中反映着宋代纺织工艺的高超水平,是目前所见少数最为丰富的古代丝织品考古的发现之一。进贤县李渡镇无形堂发现的烧酒作坊遗址,地层清楚,年代明确,尤其是发现了一批元代采用地缸发酵生产蒸馏酒的酒窖,酒窖所打破的地层及酒窖内出土的瓷片,均为宋元遗物,因此,可以认定李渡无形堂烧酒作坊是目前发现时代最早的生产蒸馏酒的作坊遗址。

江西考古还有一项令人注目的发现,即明代藩王墓的发掘。已发掘的有南昌的宁献王朱权、宁康王朱觐钧和冯妃、宁靖王朱奠培吴妃墓;南城的益端王朱祐槟和彭妃,益庄王朱厚烨和王妃、万妃,益宣王朱翊鈏和李妃、孙妃,益定王朱由木和黄妃、王妃墓。明代藩王虽然在政治上没有实权,但他们在财物上却贪婪无厌,墓室豪华,随葬品颇多金银宝器,是研究明代服饰和工艺品的主要资料。

本书的主编和作者,或为江西文物部门的领导,或为长期工作在文物考古战线上的专门家,都是业绩有成者。许多篇幅的执笔人,本身就是该考古项目的直接发掘、整理、研究者。十多位热心人同心协力,在较短时间内编撰出既具学术价值,又具可读性的著作,文图并茂,雅俗共赏,令人十分可喜。

中国考古学已取得了很大的成就,为世界考古界所瞩目,人们认为21世纪的世界考古学仍是中国的世纪,当然也包括江西考古学在内。我衷心地祝愿江西考古学在21世纪取得更大的成就。

二〇〇三年十月一日于北京

原载孙家骅、詹开逊主编《手铲下的文明:江西重大考古发现》,江西人民出版社,2004年。又见《中国文物报》2004年11月10日第4版;《江西日报》2004年7月19日,有删改。

《胡汉之间:"丝绸之路"与西北历史考古》序

2003年初,罗丰自银川来告其近年的论文将结集出版。5月间北京"非典"肆虐,乃闭门家居。欣得罗丰寄来其专著《胡汉之间:"丝绸之路"与西北历史考古》校样,凡五部十九节,大部分在初发表时已读过,然亦有新著和未见之作。拜读之后,获益良多。

我与罗丰相识是在20世纪80年代,他正在故乡固原博物馆工作。90年代初,我第一次去宁夏,先到银川,再乘汽车南下至固原。固原是宁夏南部的重镇,古称原州。诚如罗丰所说,固原是一座安宁恬静的小城,我很喜欢它。罗丰陪我去寻找旧城的遗迹,当然是经过"文化大革命"的"洗礼",已所剩无几了。在短短几天中,罗丰给我留下的印象是一位朴朴实实的学人。他是学文学出身,参加工作后改行从事文物考古工作。他幼承家教,羡慕文史之学,勤奋之至,才取得了今日之学术成果。

罗丰既已决计献身文物考古事业,便必须从悠久的中国历史文化(也就是宁夏历史文化)中选择他要从事的学术研究的重点。

1949年以来,宁夏文物考古工作取得了很大的成果。宁夏东南接周秦汉唐中原文化,北通蒙古草原文化,西接汉唐"丝绸之路"。地理位置决定了它自始至终都是处于东西文化交流的中间枢纽地带。旧石器时代灵武水洞沟遗址和青铜峡鸽子山遗址的发掘,揭开了宁夏考古的大幕。新石器时代的宁夏则以其南部的菜园遗址最为重要,它是陕、甘、宁交界地区新石器文化的源头,并与齐家文化有密切的关系。商周时期,宁夏南部的固原等地有西周文化遗址,也有北方草原青铜文化遗物发现。两汉时期,由于宁夏东北的内蒙古河套地区(五原郡)和宁夏西北的额济纳地区(居延),皆处于抗击匈奴的前线,宁夏正在其中间被掩护起来，不是防御匈奴的前沿。所以，宁夏的两汉遗迹较少。北方突厥、回纥兴起后，灵武（灵州）和固原（高平原州）的地位日益重要，成为北通丰州（高阙）、鸊鹈泉（碛口）至回纥牙帐（和林）的要道。中唐以后，这里又成为自长安至河西的"丝绸之路"北道。固原发现的北朝至隋唐时期的许多墓葬，如李贤墓、田弘墓和史氏家族墓地等，皆极具学术价值。公元12世纪以后，党项以银州（今宁夏银川）为中心，建立了西夏王朝。以西夏王陵遗址为代表的西夏文物遗迹，也是宁夏历史文化遗产的精华。

面对宁夏文物考古工作的实际情况，罗丰根据自己在历史文献学方面的优势，并结合在固原工作的有利条件，选择了公元3~10世纪中国中古史及考古作为研究重点，在不太长的时间内取得了丰硕的成果。这本论文集，立足宁夏，放眼中古中国，抓住了西北在中国历史发展过程中的民族融合和东西方文化交流的内容，名之曰《胡汉之间》是极其恰当的。

这本论文集是罗丰从事中国历史考古学研究的起点，他正当壮年，我希望他在今后的学术研究中取得更为丰硕的成果。

于北京东四九条

原载罗丰著《胡汉之间："丝绸之路"与西北历史考古》，文物出版社，2004年。

《先秦两汉考古学论丛》序

公柔学兄去年冬天本来是要回加拿大过冬的,因为等这本书的校样能在北京校,所以便推迟了返加拿大的日期,不幸于2004年10月13日凌晨突发肺血栓病逝于北京协和医院。他九月间因腿骨摔折做了手术,很成功,就要出院了,逝世前两日我去看他,恢复得很健康,精神也好。但病情突变,竟致不治。现在我看完了本书的三校,书在人去,不禁掩卷叹唏,伤感之至。

本书是作者的自选集,从收文到目次都是他自己亲定的,大体上是按论文内容的年代和文体类别排定的。如依论文内容分类,大约是三个方面:一、属商周考古学研究的一篇,即《士丧礼、既夕礼中所记载的丧葬制度》,发表于1956年4期《考古学报》上,利用《仪礼》所记周代丧葬制度与周代墓葬考古发现的实例相印证,考释棺椁、随葬品和殓葬衣饰的名物制度,同时推定《仪礼》士丧、既夕两篇的成书年代(约在战国中期)。在当时是很有名的一篇考古学论文,开考古学资料与古文献相结合的中国历史时期考古学研究风气之先,时距公柔学兄自燕京大学历史系毕业进中国科学院考古研究所工作才五年。第二个方面自《〈曾伯霥簠〉铭中的"金道锡行"及相关问题》至《西周金文中的法制文书述例》十篇论文,属商周青铜器及其铭文的研究范围。最早的一篇《记几父壶、柞钟及其同出铜器》发表于1962年,有七篇是研究各地发现的西周以来诸侯王国青铜器的,其中关于徐国青铜器是从形制、花纹做考古类型学的研究,既区分国别,又要分期断代,指出徐器基本上保存了不同于吴越、楚等国的特点,东南诸国的青铜器是徐盛于前,吴越兴于后,而楚国青铜器终于集大成而覆盖于大江南北的广大地区。1993年以后集中研究西周金文中所载《约剂》、诉讼辞语和法制文书的内容,这三篇论文另辟蹊径,自成系统。第三个方面是秦汉简牍研究论文四篇,有两篇是研究云梦秦简《法律问答》和《封诊式》的,还有一篇是《居延出土汉律散简释义》,与前述西周金文法制史的研究一脉相承,从考古学资料中阐释中国早期法制史的问题,颇见开创之力。《瓦因托尼出土廪食简的整理与研究》是用考古学方法来做古文书学的整理,使散乱的简牍恢复成为近似原来的簿册档案,以西汉烽燧遗址中发现的第一手资料,研讨西汉边塞屯戍实况和推行代田法的效果,确凿史料的应用使结论最为逼近于史实。

  书中收有三篇书评一篇序。1984 年 8 月写了《评介〈中国文明之起源〉》,评的是 1984 年 4 月日本广播协会出版的该书日文本。当时公柔学兄正在翻译此书为中文本,他和夏鼐先生都住在干面胡同宿舍,为译书而过往极密。夏先生作了许多补充修订,特别是在日本学者所作注释中又加了很多补注,有些补注很重要,如中文本页 33 注(18)关于"岳石文化"的补注,页 101 注(1A)关于"文明"的解释,页 106 注(9C)关于夏王朝探索的问题。夏先生做学问一贯严谨缜密,从这本书的补充修改中可以充分体现出来。这是夏先生生前最后出版的一本书,1985 年 6 月 19 日夏先生病逝,7 月《中国文明的起源》中文本出版,夏先生没有看到。公柔学兄收此书评入集,无疑是为了纪念他与夏先生这段译书文缘的。1984 年 8 月夏先生发表《殷周金文集成·前言》,详细阐述了考古学与金石学、铭刻学和古文字学的关系及其整理研究方法,给中国历史时期考古学的研究指明了途径。在此文发表前后,夏先生不止一次向公柔学兄讲解编纂《殷周金文集成》的宗旨和方法,对公柔学兄的治学影响极大,同时也为保证《殷周金文集成》圆满成书起了决定性的作用。写书评序跋在学术研究中是一项不可忽视的工作,一篇好的书评可以起到指导学术方向和端正研究方法的重要作用。《蒋若是〈秦汉钱币研究·序〉》提倡不要仅用已知年代的钱币来为古墓葬断代,还要用墓葬形制、共出器物来推断钱币的具体铸造年代,这也是考古学的方法,并举徐州西汉楚襄王刘注墓出土的武帝三官五铢为例。至于《评介〈尚书文字合编〉》则是讲先秦古文献整理的,从整理编纂汉唐以来《尚书》的石经本、古写本说起,进而讲到利用殷墟卜辞和西周金文相互比较研究,因为它与汉代以后古文献整理侧重于版本校勘不同,认单体字和解释词汇语法占极大比重,必须依赖于商周考古学的研究。公柔学兄从 50 年代整理马衡《汉石经集存》时即已注意《尚书》的问题,近年专心致力于《尚书》的整理研究,搜集了大量的资料,书稿溢满箱箧,已在《燕京学报》先后发表《〈尚书·酒诰〉——兼论周初禁酒之政治意义》(新十六期,

2004年5月)、《〈尚书·金縢篇〉考述》(新十八期,2005年5月)两篇,能在继承前人的研究成果中,利用考古学资料推陈出新,他对《尚书》的研究是厚积而薄发的,遗稿的整理亟待安排。

收在本书中的那篇怀念于省吾先生的散文,是本书唯一的抒情作品。于先生是公柔学兄在燕京大学的业师,淡淡的几笔便勾勒出了学生对老师的崇敬之情,描写他送于先生穿垂花门,从白皮松旁过里院出角门时,用"秋天的斜阳"、"空庭阒寂"、"先生的背影"、"如闻謦欬",宁静地衬托出了当时的感人情景,如见其景,如闻其声。公柔学兄确是散文高手。

综览全书,贯穿于各篇论文、书评之中隐有两条学术线脉,一是坚持考古学研究方向,最终要升华为历史学研究;二是根据不同的研究课题探索考古学研究的方法。方向不对则命题有误,会导致全局失败;方法不对则事倍功半,难达目的。这两条线脉是学术研究中的生命线,公柔学兄毕生都在思考,随学术之发展而改进。我与他相识在1950年燕京大学,他长我十岁,是我的学长。特别是我们共事于考古研究所以后,在洛阳工作站、编辑室和资料室,朝夕相处,讨论研究工作中的考古学方向和方法问题,成了我们论学的主题,我在这方面受公柔学兄的启发尤多。所以,在阅读本书时我建议:不妨在这些方面也作点思考,虽然已超出了本书的内容范围,或许会有另外的新收获。

二〇〇五年三月十五日于九条枣窗

原载陈公柔著《先秦两汉考古学论丛》,文物出版社,2005年。

《中国丝绸通史》序

中国是丝绸的发源地,是世界丝绸大国。从考古发现的情况来看,中国丝绸的渊源可以追溯到遥远的新石器时代晚期,栽桑、养蚕和利用蚕丝织造丝绸,是中国古代劳动人民的伟大发明。蚕丝的应用,对于丰富人类物质文明起了重要的作用,因此在世界文明史上写下了光辉的一页。丝绸发展的历史告诉我们,中国无可争议地是世界丝绸的故乡。中国丝绸不仅起源最早,传播面最广,在丝绸的花色品种和工艺技术等方面具有自己独特的民族风格,而且在一个相当长的时期里,生产技术一直处在世界的前列。

丝绸在中国漫长的历史中不仅是强国富民的"国宝",而且还通过"丝绸之路"密切联系着希腊文化和波斯文化。五千多年的中国丝绸文化为人类文明的发展作出了重大贡献,至今仍然饮誉全世界。早在公元前5世纪前后,中国丝绸就开始流传海外,其生产经验和技术也随之传播四方,东经朝鲜半岛至日本,北越阿尔泰山脉至俄罗斯腹地,西经中亚到西亚,再传至欧洲,西南则输入印度,尔后通过海路传遍东南亚,并远及欧洲、非洲、拉丁美洲,有力地促进了世界文明和科技的发展。几千年来,"丝绸之路"成为我国人民与世界各国人民友好交往的纽带,中国也赢得了"Seres"(丝国)的美称。

丝绸在我国国民经济建设中起着重要的作用,我们应该加强对丝绸技术的研究,同时也应该加强对丝绸历史的研究。中国丝绸的历史亟待我们去发掘、去整理、去研究,这不仅是因为中国丝绸在那辉煌的篇章中有着许许多多炎黄子孙值得自豪、值得借鉴、值得深入研究、值得重新开发的内涵,而且其中也有许多历史的教训需要我们后人去认真总结,引为以戒。在欧美、日本,他们对于丝绸的研究,无论是丝绸技术的研究,还是丝绸历史的研究,都做了很多有益的工作。

我国作为有着"丝国"之称的丝绸发源地,应该认真总结历史经验,继承祖国丝绸这一珍贵遗产,重振丝绸文化的雄风。

今天,苏州大学出版社组织编写出版了《中国丝绸通史》这样一部巨著,填补了我国在丝绸历史研究中的空白,这对于我国的丝绸界与学术界不啻是一件大好事,对中国丝绸事业也是一大支持。我想,《中国丝绸通史》出版的日子应该成为我们丝绸界与历史学界值得纪念和庆贺的日子。

是以为序。

二〇〇五年四月十二日于北京

原载赵丰主编《中国丝绸通史》,苏州大学出版社,2005年。又见《中国新闻出版报》2006年1月4日第4版。

《再现昔日的文明——东方大港宁波考古研究》序

我国有很长的海岸线,自古以来又有精良的造船航海技术,但始终是一个内陆国家,没有发展成为海洋国家。造成这个结果的原因,学者们从各个方面作了分析,既有政治、经济和文化上的人文因素,也有地理和环境上的自然因素。在这种历史和地理的背景下,在漫长的海岸线上形成了若干有中国特色的港口城市,它们出现于秦汉时期,至唐宋而增多,自南向北如广州、泉州、福州、明州(今宁波)、扬州和登州等,其特点是:

第一,由于中国海岸主要是沙滩,很少出现崖石岸边上的近海港口城市,一般都在距沙滩海岸较远的地方兴建城市。

第二,这些城市在形成过程中都选择建在一条通海的大江河之滨,如广州建于珠江北岸;泉州建于晋江北岸;福州建于闽江北岸;明州建于余姚江之南、奉化江(鄞江)之北,东接甬江的"三江口"上;扬州在长江之北,与南北运河相交,元代以后通海港口东移太仓刘家港。在入海口外的海域多有岛屿形成港湾,如泉州之三湾十二港,明州之定海和舟山诸港。

第三,这些城市在形成港口以前,已经作为地方城市而存在。中国地方城市郡州县城都是地方行政衙署治所,为该地的政治中心,其城市布局皆以衙署(子城)为中心。如广州城始自秦汉之番禺城,西汉初年南越王宫署遗址已被发掘出来,即今广州旧城的中央。泉州城初建于唐,呈长方形,四门十字街,衙署在西北;五代王审知以此为子城,扩建罗城,宋初又扩建东、西门外关厢和北城之地,泉州城呈不规则的"鲤鱼状";南宋时又在城南"蕃坊"增筑翼城,濒临晋江岸边。始建于西汉闽越王之东冶城,在今福州旧城内之屏山南麓;晚唐在此建子城为衙署,五代王审知建罗城,两次向南扩展,福州城直逼闽江。明州城先于唐长庆建子城,唐末景福年间再筑罗城,子城为州衙,位于全城北部稍偏西,鄞县衙则在其东,东门外沿江筑码头。汉广陵城建于扬州蜀冈上;隋在此建江都宫,唐为子城,唐中期以后在子城南扩建罗城,开坊市,规整的方格网状街道尚遵唐式;运河经城内,晚唐时改道南、东城垣外;汉唐之间,长江北岸自蜀冈下逐向南移至瓜州渡与运河接航,扬州终于失去作为海港城市的条件,而回归为地方城市、江北运河上的水运枢纽。

山东半岛的登州城(今蓬莱)与上述诸港口城市不同,汉武帝时筑小城于海边。今城为明代所建,四门十字街,有钟鼓楼,城北建有水城,城中可泊海船。历来为军事要塞。登州也是通往朝鲜和日本的主要港口。

中国古代诸港口城市的对外航线,南面的广州、泉州主要对东南亚和南亚,北面的扬州、登州主要对朝鲜和日本;而明州港适在其中,则兼顾南北两面的航运,特别引人注目。明代海禁,中国沿海航运业全面衰落。

中国古代著名的港口城市,都作过考古工作,而宁波城市考古是较多的,发掘过唐代以来的明州罗城城门、城垣,子城遗迹也作了大面积的勘查,在罗城内月湖附近发掘过宋都酒务、高丽使馆和"则水碑"及碑亭遗址,在东门口发掘过宋代不同时期的码头和宋代海船遗迹,还在城东发掘过元、明、清三个时期的天后宫遗址。这些考古工作都是林士民先生主持或参与的。记得我第一次与士民先生见面,是在20世纪80年代初,那时他正在发掘整理宁波天封塔塔基出土的文物。宁波考古能够取得这么丰硕的研究成果,与士民先生长年不懈的辛勤敬业工作是分不开的。他的这本新著正是他在实际的田野考古基础上,绽开的学术之花。

2005年春夏之交,士民先生寄来《再现昔日的文明——东方大港宁波考古研究》书稿,约我写序。全书的主要内容,以前刊物上多有披露,考古学界很尊重信任第一发掘者的论述;所以,我首先向读者推荐士民先生的新著,也借写序的机会略陈中国古代港口城市和海运的特点,以附骥尾。

谨序于二〇〇五年九月一日

原载林士民著《再现昔日的文明——东方大港宁波考古研究》,上海三联书店,2005年。

《中国年度十大考古新发现》总序

从1990年开始,国家文物局委托中国文物报社和中国考古学会(2000年起参与)举行每个年度的全国十大考古新发现评选,这个活动对全国的文物保护工作和考古学研究都起到了很好的作用。2002年曾汇集1990～1999年间的百项考古新发现,由文物出版社出版。自2000年开始,每年的全国十大考古新发现则由三联书店按年度出版发行。

评选全国十大考古新发现的标准有三项:

一、我们要遵照《中华人民共和国文物保护法》和《中华人民共和国文物保护法实施条例》,每项考古发掘必须履行报批手续,取得国家文物局批准。在发掘过程中,必须依照国家文物局颁布的《田野考古工作规程》进行考古发掘,保证考古发掘的科学质量。

二、考古新发现的内容评选标准,是《中华人民共和国文物保护法》第二条所规定的,要具有历史、艺术、科学价值。

三、所谓新发现,是指这项考古发现除具有历史、艺术、科学价值之外,还要在中国考古学的学科发展上具有新的内容信息和新的认识。

事实证明,通过每年全国十大考古新发现的评选活动,可增强文物考古工作者在以后考古发掘中的责任感,提高田野考古的科学性,端正学风,树立正气,又可唤起民众对保护文物的关怀和热情,提高人民的文化素质。这是一项考古学术研究和民众保护文物相结合的群众文化活动,其意义之重要,影响之深远,是显而易见的。

我衷心祝愿全国十大考古新发现的评选活动,在透明、公平、科学的原则下,在新闻媒体和出版界的支持下,顺利地开展下去。

二〇〇四年一月于北京

原载中国文物报社、中国考古学会编《中国年度十大考古新发现(2000年卷)》,生活·读书·新知三联书店,2005年。

《河洛文化论丛（第三辑）》序

最近,洛阳历史文物考古研究所所长韦娜同志送来他们新编的河洛文化研究论文集的清样,让我谈谈对河洛文化这个研究课题的意见。

河洛文化是指存在于黄河中游洛河流域以伊洛盆地为中心的区域性古代文化。河洛文化研究应属洛阳及其周边地区的区域考古学研究。区域考古学研究是根据考古学资料,研究不同时期、不同地区文化的形成、发展和互相融合的过程,是考古文化类型学的研究,为中华文化多元一统和中华民族共同体的形成,提供可信的史实。区域考古学研究的古文化的分布,往往要超越现在省、市行政区划,需要不同省、市间的合作研究,是考古学综合研究阶段必经的一种方式。20世纪80年代开始,考古学界已经感到区域考古学研究的必要性,在苏秉琦先生的倡导下,陆续召开过苏、鲁、豫、皖四省交界地区考古研讨会、环渤海考古学国际会议,还研讨过燕山南北、长城内外农牧交会区的考古文化,都收到了很好的效果。全国哲学社会科学规划办公室发布的国家社会科学基金课题指南,在2004～2005年度连续三次公布"中国区域考古学研究"为立项课题,表示这类课题在学科建设上是很重要的。因此,河洛文化研究不仅是洛阳一个地区的考古课题,而是直接影响到中国考古学整体研究的课题,它在中国考古学研究上具有重大的学术意义。

洛阳地区考古在中国考古学上的重要地位,从1928年中国现代考古学建立伊始,便显露于世。傅斯年在《历史语言研究所工作之旨趣》一文中说,史语所的考古工作"第一步想沿京汉路,安阳至易州,安阳殷墟以前盗出之物并非彻底发掘,易州邯郸又是燕赵故都,这一带又是卫邺故域。这些地方我们既颇知其富有,又容易达到的,现在已着手调查及布置,河南军事少静止,便结队前去。第二步是洛阳一带,将来一步一步的西去,到中央亚细亚各地,就脱了纯中国材料之范围了。为这一些工作及随时搜集之方便,我们想在洛阳或西安、敦煌或吐鲁番、疏勒,设几个工作站"(见《中研院史语所集刊》第一本第一分,1928年)。史语所只做了第一步计划中的殷墟发掘,还有山东历城城子崖的发掘;第二步计划因日寇入侵而中止。1950年中国科学院建立考古研究所后,才由梁思永和夏鼐先生实现了在安阳、洛阳、西安建考古工作站,全面铺开中国现代考古学的田野考古工作。洛阳成为全国考古工作的重镇,河南省也特别在洛阳设直属省级文物工作队(称为二队)。50年代,烧沟汉墓的发掘建立了中原汉墓分期的标准;中州路的发掘为中原东周墓葬形制的研究奠立了基础;蒋若是先生主编的《洛阳烧沟汉墓》和苏秉琦先生主编的《洛阳中州路》这两本考古报告,影响很大,被誉为经典性的报告。洛阳汉魏城遗址和洛阳隋唐城遗址的勘查发掘陆续开展。50年代末徐旭生先生调查"夏墟"时发现了偃师二里头遗址。80年代中叶,在偃师又发现了商城遗址。这一系列重要大型遗址考古工作的不断深化,为改写中国古史提供了大量的翔实史料。河洛文化研究的重要性愈益彰显。

洛阳与我的考古生涯有特殊的关系,我的第一次田野考古实习就在洛阳,跟随郭宝钧先生发掘中州路,当时我还是北京大学的学生。到中科院考古所工作以后,曾短期勘测过洛阳隋唐城外廓城遗迹。50年代的洛阳给我留下了难忘的回忆,老城里古旧街巷犹存,涧河之滨、洛河以南还都是农田,夕阳西下的余晖映着深秋田边红透了的扫帚苗,一片绚丽之色,西工镇上的甜醪糟和卤胗肝,小屯村的炊烟袅袅,别有风味,令人神往。如今的洛阳已起了翻天覆地的变化,特别是洛阳的文物考古工作也有了突飞猛进的发展,虽然已取得了巨大的成果,但还是任重道远,尚有许多待研究的课题。我作为曾在洛阳工作过的一员,衷心地祝愿继续做好河洛文化研究,取得更大成绩。

二〇〇五年十二月十四日

原载洛阳历史文物考古研究所编《河洛文化论丛(第三辑)》,中州古籍出版社,2006年。

《北齐东安王娄睿墓》序

娄睿墓于1979年4月至1981年1月发掘，历时近两年，墓主人政治地位之高，墓室规模之大，壁画之精美，以及墓内出土遗物之丰富，都是前所未见的，可以说是继河清元年（公元562年）寿阳厍狄迴洛墓和武平七年（公元576年）磁县高润墓之后发现的最重要的北齐高级贵族墓，引起了考古学界的关注，并在《文物》1983年10期上举行笔谈。宿白先生的那篇《太原北齐娄睿墓参观记》最为重要，从墓葬形制，墓室壁画的内容题材和布局，黄釉陶器的烧造和摹仿金银器装饰纹样等方面，都作了详尽的论述。

二十二年以来，又陆续发现了更多的北齐贵族墓葬，其中最为重要的有两座墓，一座是约乾明元年（公元560年）的河北磁县湾漳大墓，发掘者认为可能是北齐文宣帝高洋的陵墓，全长52米，墓室7.56×7.4米，长37米的斜坡墓道壁满画出行仪仗壁画，场面宏大，画法精良；出土各类仪仗、仆侍和镇墓俑1805件，模雕彩绘，制作之精可与洛阳北魏永宁寺塔基影塑像相媲美，为北朝人物造型艺术中之精品。另一座墓为太原武平二年（公元571年）徐显秀墓，其规模小于湾漳墓，但墓室内墓主人宴饮等生活场面的壁画，保存完好，绚丽如新，可补湾漳墓墓室壁画之缺。目前已发现的北齐贵族墓，包括娄睿墓在内，其壁画和仪仗侍俑之情况，大体上可见其概貌。考古学的发现和北朝石窟造像的研究，提示出北朝造型艺术中人物形象变化的规律。宿白先生从20世纪70年代便注意这个问题，他在1989年发表的《北朝造型艺术中人物形象的变化》一文中便明确指出：

"公元5世纪末和6世纪中叶，中原北方地区在造型艺术中有两次变化，表现在人物形象上尤其明显。这两次变化和中原北方统治集团锐意汉化，摹拟南朝制度风尚有直接关系，因此，变化的源头要追踪到东晋（公元317～420年）、刘宋

（公元 420～479 年）和萧梁（公元 502～557 年）。"①

宿白先生所说的第一次变化发生在北魏孝文帝在平城推行汉化改制的时期，具体表现在云冈石窟佛像造型的变化上。太和十三年（公元 489 年）以后，云冈石窟佛像造型从昙曜五窟深目高鼻、通肩右袒的西域影响的造型，转变为摹仿南朝士大夫形体清瘦、褒衣博带的汉式服装造型。太和十八年（公元 494 年）迁洛以后，这种形式的佛像也在洛阳地区龙门、巩县诸石窟中流行，实乃东晋刘宋时期顾恺之和陆探微"秀骨清像"之画风在北朝石窟佛像造型上之表现。此次变化发生在前，与娄睿墓关系不大，不必赘述。

宿白先生所说的第二次变化，发生在南朝萧梁时期，相当于北朝的北魏末年和东魏时期，完成于北齐时期。这次北朝造型艺术中人物形象的变化，与娄睿墓的关系极大，但在本报告中却未专门论述，特节录宿白先生所论如下：

"萧衍建梁（公元 502～549 年在位），裁革齐制，'五十年中江表无事'，南朝风尚乃一变化，反映在造型艺术上，即是张僧繇画派的流行。""僧繇之所以'骨气奇伟'者，主要之点应是变重神骨为'得其肉'，即变清瘦为丰壮。这种'得其肉'的丰壮形象，在四川茂县所出齐永明元年（公元 483 年）无量寿、弥勒两像石雕中，已见端倪，而成都万佛寺发现刻有普通四年（公元 523 年）、中大通元年（公元 529 年）、大同三年（公元 537 年）、中大同三年（公元 548 年）等梁武纪年铭的石刻造像和江苏常州戚家村南朝晚期画像砖墓所雕造的侍女形象，都清晰地具有丰腴健壮的特点，同时表现服饰也一反前此之繁缛而盛行简洁。""以张僧繇为代表的南朝新风，大约在梁武帝中期，其影响已及于北魏新都洛阳。当时，中原人士似又掀起一次南方热。""在这种情况下，摹拟南朝新式样，自然又成为北朝艺坛的时尚，于是，北魏皇室营建的永宁寺塔内，在神龟二年（公元 519 年）八月以后不久，兴造了头部长 7 厘米、身高 15 厘米等与萧梁人物形象极为接近的一批塑像，时代略迟一些的巩县大力山石窟第 1、4、3 窟的供养人像，向简洁丰壮发展的趋势日益明显。魏末以来，这种趋势愈形强烈。""这样的历史背景，可以估计东魏、北齐文物制度楷模南朝，实势所必然，所以河北邯郸鼓山石窟（即南北响堂山石窟），水浴寺石窟造像和近年河南、河北、山西等地东魏、北齐墓所出陶俑都是丰壮造型，山西太原北齐武平元年（公元 570 年）东安王娄睿墓壁画中大量的鞍马人物

---

① 见《中国石窟寺研究》页 349～354，文物出版社，1996 年 8 月。以下所引皆据此文，不另注。

更突出了这个体形特征。娄睿墓壁画迹简而笔健,生气益然,结合娄睿当时的贵威权势,很多同志认为有可能出自北齐宫廷画家杨子华之手,杨子华名重高齐……娄睿墓壁画虽不敢必为杨作,但视之为盛行于北齐的杨派作品,或无大误。张彦远论齐梁迄陈周为下古(《历代名画记》卷二)……张僧繇、杨子华并列,犹如前引中古可齐上古之顾陆同举。当是由于他们画风相似而又在时间上前后相续的缘故。""可见'得其肉'的僧繇特点,对自齐周以后的中原影响之深远;而现存遗迹如甘肃天水麦积崖、敦煌莫高窟、宁夏固原须弥山等地的周、隋画塑,陕西渭北盛唐以前诸陵石雕、乾陵陪葬墓壁画、线雕,以及传世宋摹初唐人绘《历代帝王图》等,皆沿袭丰腴形象;至若盛唐大家吴道子所创人物之洒落丰姿,据《历代名画记》所记亦源于僧繇……是僧繇影响又可下及玄宗时期。"

上引宿白先生的论文发表于十六年前,其后,陆续又有新材料发现公布,最重要的便是前举磁县湾漳大墓和太原北齐徐显秀墓,都保存着内容丰富的人物壁画和大量的各类陶俑,这些北齐时期人物造型艺术的风格,再一次证实宿先生所论北朝造型艺术中的第二次变化,即张僧繇画派和南朝新风尽吹北朝艺坛,不论壁画中的人物或陶俑的造型都以丰壮简洁为最显著的特征,不仅东魏、北齐如此,西魏、北周在人物造型艺术上亦同样受南朝张僧繇画派的影响,除宿先生已指出的麦积山、敦煌和须弥山诸石窟的西魏、北周造像外,在西安发现的建德三年(公元574年)叱罗协墓、建德五年(公元576年)王德衡墓、宣政元年(公元578年)若干云墓和独孤藏墓、大象元年(公元579年)尉迟运墓,以及在宁夏固原发现的天和四年(公元569年)李贤墓和建德四年(公元575年)田弘墓,北周的陶俑虽然不及北齐贵族墓中精美,但基本的造型风格仍是以丰壮为准。由此可见,在隋唐统一以前,中国文化艺术史上的人物造型,南朝与北朝两地已被张僧繇画派和健壮丰腴风格所统领,这是中国文化艺术发展史上的大事,娄睿墓提供了极为重要的实物证据。

承陶正刚先生在娄睿墓考古报告出版前征序,予与正刚先生相识半个世纪,盛情难却,因录宿白先生宏文,以阐明娄睿墓的历史艺术价值。是为序。

二〇〇五年八月十五日于北京

原载山西省考古研究所等编《北齐东安王娄睿墓》,文物出版社,2006年。

《中国长城史》序

中国长城史的研究在20世纪50年代以前,几乎都是历史学家或历史地理学家根据文献资料进行研究,在没有作实地调查的情况下,从文献记载落到地图上,长城的走向只能是示意的和推测的,很难达到精确的程度,尤其是研究明代以前的长城,地面上保存的遗迹很少,连示意图都画不出来。至于从建筑或军事工程学的角度来研究长城的,更是凤毛麟角了。50年代以后,由于中国现代考古学的发达,文物保护事业的兴起对历代长城遗迹的考古调查试掘,对明代长城及其关城建筑的勘测修复,都作了很多工作,特别是航空测量和遥感技术的发展,提高了长城调查和测绘工作的科学性。陆续出版了有关长城的考古调查报告集和论文集,但是,长城的研究仍停留在有关省市各自为战,多就不同时期、不同地段的长城历史和分布走向作个案研究,对历代长城作整体综合性论述的著作还不多见。

2006年7月,景爱先生寄来他即将在上海人民出版社出版的《中国长城史》的清样,这本书从长城的起源开始,包括战国齐、楚、魏、赵、中山、燕、秦长城,秦汉长城,北魏、北齐、北周、隋唐长城,辽金边壕,一直到明代长城和清代柳条边,是目前所见较系统和全面的有关中国长城的专著。在中国长城被联合国教科文组织公布为世界文化遗产之后,人们对长城遗迹的保护极为关心,这本书的出版非常及时,可以分别满足专业研究者和业余爱好者的不同需要。就上海人民出版社来说,也是一本很成功的出版选题。

二〇〇六年七月二十九日于北京

原载景爱著《中国长城史》,上海人民出版社,2006年。又见《中国文物报》2007年1月17日第4版。

《北京金代皇陵》序

金陵在中国历代帝王陵墓考古上是一个缺环。致缺之因,主要是历史上遭到人为破坏。金太祖在天辅七年(公元1123年)死于部堵泺西行宫,葬于上京宫城西南,建宁神殿,无陵号。金太宗在天会十三年(公元1135年)正月死于明德宫,二月建和陵,将太祖迁和陵,太宗亦于三月下葬和陵。金熙宗皇统四年(公元1144年)撤和陵称号,以太祖陵为睿陵,以太宗陵为恭陵。这两座陵都在上京附近,太祖陵在宫城西南,今所在的夯土台基,传为宁神殿故基,和陵传在阿城县老母猪顶子山南麓,皆未经考古发掘所证实。另有金始祖以下十帝之陵也在上京附近,亦未见遗迹。它们肯定都在海陵王迁陵时遭到平毁,再求原貌,恐非易事。何况金初草创,制度未备,上京诸陵是否能全面反映金代陵制,尚有疑问。

贞元三年(公元1155年)三月金海陵王迁都燕京中都,命以大房山云峰寺为山陵,建行宫。五月,营建大房山山陵;自上京迁太祖、太宗梓宫,十月至中都;大房山行宫成,名曰磐宁。十一月改葬太祖、太宗陵寝于中都大房山,太祖仍号睿陵,太宗仍号恭陵。正隆元年(公元1156年)七月,迁上京金始祖以下梓宫,十月抵中都,改葬始祖以下十帝于大房山。海陵王葬熙宗于大房山蓼香甸,与诸王同兆域。大定初号曰思陵,大定二十八年(公元1188年)改葬于峨眉谷,仍号思陵,恢复帝陵规制。海陵死于扬州,先葬于大房山鹿门谷诸王兆域中,降为庶人后改葬于山陵西南四十里。世宗于大定二十九年(公元1189年)葬兴陵。章宗于泰和八年(公元1208年)葬道陵。北京房山金陵共葬始祖以下十帝、太祖以下五帝,有行宫,有两处诸王兆域,具有相当的规模。但仅从文献上的记载,我们对陵园的布局、行宫的形制等陵寝制度并不清楚,这必须经现代考古学科学勘测和发掘才能获得其真貌。

金朝灭亡(公元1234年)以后的三百八十七年,即明天启元年(公元1621年),

明朝罢金陵祭祀，天启二年(公元1622年)拆毁山陵，剧断地脉，天启三年(公元1623年)又在陵上建关帝庙，为厌胜之术。明朝对金陵的破坏是非常彻底的，不但拆毁陵上地面建筑，而且挖开地宫，剖棺弃尸，从已发掘的金太祖迁葬的地宫破坏情况，已见当年毁陵之严重程度。另外，清朝入关后，恢复春秋两季祭陵，修复金陵，重建享殿，现在地面上的许多建筑遗迹多有清朝重建痕迹，从保存金陵遗址的角度说，重建也是一种对原遗址的破坏。所以，北京房山金陵遗址经过明朝的破坏和清朝的重建，原貌顿失，为今后北京房山金陵的考古工作带来了许多困难。我们要从地下叠压的遗迹中，区分出清人的重建、明人的破坏部分，才能厘清金陵的原貌。

中国历代帝陵从秦始皇陵开始，陵园制度在发展过程中大体上经历了三个阶段的变化。秦汉魏晋南北朝为第一阶段，第二阶段是唐宋时期，第三阶段为明清时期。自北宋至明，经历了南宋、辽、金、西夏和元代四百余年，它们的陵园制度各有传承，各有特点。北宋帝陵延唐陵之旧，规模缩小。南宋偏安江南，都称"行在"，不建正规陵园，只在绍兴建攒宫藏子，厝灵柩于密闭的石椁内，上建殿堂，以待归葬中原祖陵，所以，攒宫陵制与北宋帝陵制度是两种不同的葬制；蒙元陷临安后，拆皇城宫殿，改建寺塔，平毁绍兴攒宫，遗迹荡然无存；石藏子之制幸有苏州发掘的吴王张士诚母墓，尚用此葬，仅此孤例而已。辽陵多承唐代依山为陵之制，建奉陵邑。西夏陵在仿北宋陵的同时，突出陵前建塔的特色。元人根本不建陵墓。金陵制度正如上述，尚待进一步考古工作的证实，它在唐宋帝陵和明清帝陵之间究竟起了什么传承作用，也亟待澄清。这就是北京房山金陵考古的学术价值所在。

北京房山金陵考古开始于1986年，这本报告是自2001～2003年之间的阶段性考古报告，它透露给我们许多重要的历史信息。为了做好北京房山金陵的保护工作，更有计划地从事金陵的考古勘测发掘工作，应尽快制定北京房山金陵保护和考古工作的长远规划。我建议：要全面勘测金陵的范围；探明各陵的布局；对部分重要的地面建筑遗存作科学发掘，了解其形制；特别注重蓼香甸和鹿门谷诸王兆域的范围及诸王陵墓的保存状况的勘查，对北京房山金陵实施整体保护。

二〇〇六年八月二十四日

原载北京市文物研究所编《北京金代皇陵》，文物出版社，2006年。又见《北京文博》2006年第3期。

《洛阳考古集成·秦汉魏晋南北朝卷》序

由洛阳师范学院河洛文化国际研究中心编辑的《洛阳考古集成》,已出版《夏商周卷》、《隋唐五代宋卷》和《原始社会卷》;《秦汉魏晋南北朝卷》亦已编完,正在付印。执行主编余扶危先生来北京公干,亲临舍下,嘱为此书作序,盛情难却,只能勉为其难,妄言献丑。

洛阳师范学院河洛文化国际研究中心成立以来,一直从事河洛文化的历史考古学研究,《洛阳考古集成》是这项课题的基础性工作。近年以来,国家文物局从发展中国考古学和保护我国历史文化遗产的角度,大力督促考古报告的编写和出版工作,已取得很好的成绩,《洛阳考古集成》的编辑出版,也完全符合国家文物局的方针。它是从另一个侧面来补充国家文物局的措施,使之更为完善。

中国现代考古学在发展过程中,与全国各地的基本建设工程结下了不解之缘,同步进行。对考古学来说,遇到基本建设工程,既是一种机遇,更是一个严重的挑战,在大规模的基本建设工程中到处都会发现新的遗址,新的考古学资料以空前的速度增加,有些是极有历史、科学和艺术价值的,在短短的几十年中,初步构建了中国现代考古学的体系。同时也不可讳言,在基本建设的施工中也确实破坏了一些古代遗址,造成了不可弥补的损失。幸亏,我国政府在20世纪80年代初便制定公布了《中华人民共和国文物保护法》,从根本上改变了无法可依的局面,抢救保护了一大批我国的物质文化遗产。它们的正式考古报告正在陆续出版,这是中国现代考古学研究的基础资料,犹如研究历史的原始档案一样,没有它们也就没有了中国现代考古学。

但是,在遍及全国范围内作过正式考古发掘工作的遗址毕竟是一少部分,大部分是在基本建设施工的范围内作局部发掘,很难构成一部稍完整的正式考古报告,只能作成考古简报或简讯来报道。由于这些资料只能反映片段的情况,在完整性上不能与正式报告的内容相比,然而它们分布的空间却相当广泛,在全面研究地区性文化的面貌,研究不同地区不同文化类型的关系时,这些星罗棋布的考古发现地点所构成的历史信息,则是大型遗址报告所缺失的,从研究古文化分布的角度来看,这些简报或简讯的重要性又凸显出来。因此,《洛阳考古集成》把已发表的洛阳地区的考古简报或简讯,按时代分卷,重新印行,使散处各刊物上的不易寻找的文章集于一编,实在是为考古研究和文物保护工作做了一件善事。

二〇〇七年二月二十日于北京

原载洛阳师范学院河洛文化国际研究中心编《洛阳考古集成·秦汉魏晋南北朝卷》,北京图书馆出版社,2007年。

《昭化寺》序

　　1997年7月，从宿白先生应河北省文物局之邀，游怀安昭化寺。关于该寺的建筑特色，宿先生在《宣化考古三题》(《文物》1998年1期)的注释中有明确的揭释。行程匆匆，对大雄宝殿中的满壁壁画，未能仔细观看，且殿中光照不明，只能掠影而过，知其大概而已。2007年1月，在河北沧州参加大运河考古调查研讨会，遇谢飞同志，告我《昭化寺》要出版专刊，并嘱为之作序。回北京后，文物出版社的责任编辑李莉同志送来该书的打样，始得窥见昭化寺全貌，以及为保护昭化寺现存建筑和整个寺院遗址所作的考古勘查发掘工作。

　　首先，我要说的是在古建筑保护中除了古建筑本体的保护维修，还要注意古建筑群的整体保存状况。现存的单体古建筑都属于某寺庙、衙署、住宅等建置的一部分，要保护好地面上的单体建筑，必须了解它在建置整体中所处的位置，以及与其他邻近建筑的关系，特别是在全国重点文物保护单位的保护方案中，必须包括这些内容，才能更准确地划定其保护范围。在以前制定保护方案时，往往对这个方面注意不够。昭化寺的保护，除对现存建筑维修外。还勘探了昭化寺原来寺院的范围和已圮毁的建筑基址，并发掘了碑楼和钟楼基址，为全面保护昭化寺做了准备工作。这显示了我国的文物保护事业对古代文化遗产的保护向整体性和真实性贴近，文物保护工作向更高的层次提升，方向正确。这是一个非常好的发展势态，值得推广。对已发掘的建筑基址作原状展示是可以的，但对碑楼、钟楼和鼓楼进行复建，则要慎重，要履行报批手续。

　　本书通过对昭化寺内现存的山门、天王殿、大雄宝殿、三大士殿四座正统原建，作了仔细的考察，总结出九条建筑上的风格和特点。诚如宿白先生所指出的："宣化地区明代建筑多异于官式。1997年7月过宣化西北的怀安又获一例。

怀安县城西大街昭化寺……山门庑殿顶,未施斗栱。天王殿歇山顶,用单昂斗栱。大雄宝殿歇山顶,用单翘重昂斗栱(翘头出跳短促,颇为特殊),此殿与天王殿厢栱两端皆斫出抹斜面;大雄宝殿最惹人注目处是纵向构架的梁柱结构。三大士殿悬山顶,斗栱用斗口跳。以上四座建筑平板枋出头俱作出海棠曲线,额枋出头皆垂直截去。上述情况,似可说明山后州县在建筑规制上,至少在明代前期仍保留有浓厚的地区特点;而建筑物本身的等级标志,清晰明确,尤为难得的佳例。"

昭化寺最令人注目的是大雄宝殿的壁画,绘 47 幅水陆道场壁画,面积 93.566 平方米,共画人物 610 多个。从面积和画幅数目上论,是属小水陆画,但从所画人物的密度来说却是很高的,而且有明确的纪年和画工的题记,在南壁西稍间金刚力士像左上方题:"时大明嘉靖肆拾壹年岁在壬戌冬拾月初拾日吉时谨志,画工匠人任朝相,信士高虎、王安才、张永、宋正道……"这是很少见的画工题名。当时在晋冀地区佛寺大殿中很流行绘满堂的水陆道场壁画,现存者尚有十余处,除怀安昭化寺之外,还有山西稷山青龙寺腰殿、浑源永安寺、新绛东岳稷益庙、灵石资寿寺和河北石家庄毗卢寺的水陆道场壁画,它们反映了明代民间绘画的时代特色,在题材上表现佛、道、儒三教合一,佛教进一步世俗化,对诸种神祇的多元崇拜,是水陆道场画的主要内容。在艺术上仍继承民间画工自唐宋以来武宗元《朝元仙仗图》的传统,以白描勾勒为底图,然后再重彩敷色,一丝不苟,释道鬼神人物,极具程式化之格式,以遒劲的笔力来补救法古拘谨之不足。水陆道场画中有许多表现社会底层受苦难的各类人物的画面,这给民间画工留下了发挥个人才艺的机会,他们不受程式化的束缚,自由地根据他们所见到的生活情景,把社会上的众生相从不同的视角,如实地呈现出来,成为明代水陆道场画中最有社会历史价值和艺术魅力的画面。当时,把这种写实的画法称作"写照",清·徐沁《明画录》卷一专记"道释"画的两名画工,都长于"写照",一名是"萧伯公,泰和人,善写照。……初有画师寓邑寺,公伯往事之,尽得其法。一日,汲水迟归,师诘其故,曰:适见二鬼相搏,因忘返。随以水画地作状,师大惊服,遂有名"。另一名是"蔡世新,号少壑,赣县人。工写照。时王文成公镇虔,召众史多不当意,盖两颧棱峭,正面难肖。世新幼,随师进,独从旁作一侧相,得其神似,名大起"(《读画斋丛书》本,见《续修四库全书》第 1065 册)。民间画工人数众多,是游离于农业生产之外的一个专门从事画艺的群体。在壁画上题名的只是某个群体的头领。

大批的画工并未留下姓名。他们是中国绘画艺术史上，与文人卷轴画同时并存的民间画派，对他们的艺术成就亟待全面深入的研究，而散布在全国各地的历代壁画遗存的发现保护，则首先成为亟待抢救的文物，它们的保护状况甚堪忧虑，人为的和自然的破坏因素，正在损毁着这些无价之宝。这本专刊的出版，既记录了怀安昭化寺古建筑和壁画的现状，也为对它们的保护提供了一手的材料。我认为这是一项非常重要、很有意义的基础性工作，值得鼓励和提倡。

二〇〇七年四月于北京

原载河北省古代建筑保护研究所编《昭化寺》，文物出版社，2007年。又见《中国文物报》2007年11月28日第4版。

《日照香炉——中华古瓷香炉文化记忆》序

钱汉东先生继《人间瓷话》和《寻访中华名窑》之后，又完成了《日照香炉——中华古瓷香炉文化记忆》的新作。《人间瓷话》是关于古瓷的通议。《寻访中华名窑》是钱先生考察古代窑址的田野调查纪实。一个业余爱好者走过的古代窑址，比我这个专业工作者都多，他这种执着追求高雅文化的精神，令人钦佩。《日照香炉》与前两书不同，是他的研究深入到古瓷的某一个方面的专题之作，他选定了陶瓷香炉。香炉是人们为改善起居空气环境，燃烧香料用的一种器皿，与人的生活关系密切。从金属香炉、陶质香炉到瓷质香炉的出现，反映了汉魏以来熏香习俗和方式的转换，也导致金属香炉和陶瓷香炉的形态的演变。这是一个极具社会历史情趣的话题，钱先生的选择，很富人情味。

熏香始于公元前5至前3世纪的东周战国时期，燃香之具曰熏炉或香炉。西汉在上层社会阶层中流行熏香，当时还用来清洁衣服。隋·虞世南《北堂书钞》卷一三五"女史执香炉"条引《汉官典识》云：

> 汉尚书郎给端正侍女史二人，洁衣服，执香炉烧熏，从入台中，给使护衣服。

这种可执的香炉实物在考古中已有发现，是在炉侧装一个可执的把柄。带有提梁的香炉可携带行走，称为行炉。还有专熏床被的香炉。当然，最普遍的仍是为改善室内空气的盒形、豆形、奁形香炉，特别是下有托盘的博山炉最为华贵。唐·徐坚《初学记》卷二十五又引咏香炉古诗曰：

> 四座且莫喧，愿听歌一言。请说铜炉器，崔嵬像南山。上枝似松柏，下根据铜盘。雕文各异类，离娄自相连。谁能为此器，公输与鲁班。朱火然其

中,青烟飏其间。顺风入君怀,四座莫不欢。香风难久居,空令蕙草残。

河北满城汉墓出土的错金博山炉是西汉最华贵的博山炉,它与上引古诗中描述的形象符合。早期香炉是生活器皿,与祭祀无关。它的器形与原为烹饪器后为礼器的鼎也无任何直接联系。魏晋南北朝以后,佛教盛行。佛教仪规中把香、花、灯烛、宝幢、幡盖等视为佛前必备的供养之物,供香必有香炉。寺庙中几乎离不开香供,佛教石窟造像壁画和单体遗像碑中佛堂主像几案之前,正中必有博山炉。唐·欧阳询《艺文类聚》卷七十《服饰部下》"香炉"条引南朝梁孝元帝萧绎《香炉铭》曰:

苏合氤氲,非烟若云。时秾时薄,乍聚还分,火微难尽,风长易闻,孰云道力,慈悲所熏。

苏合香是当时最流行的香料,它是从南亚输入的。南方各地要比中原北方多用熏香,固然有气候的因素,货源充足也是必备条件。20世纪五六十年代在广州发掘的四百多座汉墓中,有四分之一的墓中出土铜或陶质的香炉。萧绎把烟云袅绕的苏合香,比作慈悲的佛法,藉宗教的力量将熏香风俗推向社会。瓷香炉的应用,加速了熏香普及化的过程。瓷香炉虽然很难模仿金属博山炉的华丽纤细的造型,但它产量大,造价低,特别适应宋元以后佛教世俗化的发展,解决了庶民家庭也要烧香礼拜的需求。焚烧方式和香型的改变,导致了香炉造型的变化。原来一直是在炉中直接焚烧香料本体,熏香普及化以后,则从本体香料改制为合成香料,先将香料研磨成细末,再掺合淀粉和其他有关药物,以炼蜜抟成弹丸或饼子,或用模子脱成花样。还有做成线型香者,多在寺院或祠堂内使用。线型香的使用要求炉口上方要有一定的空间,必须去掉炉盖,炉体随之改为敞口的鬲、盆或鼎形,与祭祀有关的香炉则纳入"五供"的香炉形态,专门焚烧线型香。贵族或士大夫阶层在居室所用的瓷香炉,也用鬲、盆或鼎形,釉以白、青为主,不失淡雅之气。炉内先放用茄子秸烧成的灰,灰中浅埋透烧过的香炭饼,炭饼上放银或玉(云母)质隔火,宋代隔火多用银,称为银叶。叶上置香料饼丸,叶下的热量使香味舒缓地散发,而无烟气,焚香的技艺达到一个更高境界。

我认识钱汉东先生在20世纪末。他是上海文汇新民联合报业集团的资深记者和编辑,擅长写作,以文笔清新隽永著称,《人间瓷话》和《寻访中华名窑》可为例证;他还写了一手好字,洒脱俊秀,堪称书法家。我认为他是一位极富中华文化传统的文化人,从他去年发起在浙江龙泉为我国著名的陶瓷考古先驱学者陈万里先生竖铜像之举,可以看出,只有像他这样的有资历和胸怀的文化人才能完成此事。

今秋,《日照香炉——中华古瓷香炉文化记忆》一书即将付梓,汉东先生寄来目录和摘要,嘱我作序。我未能细看他所收集的100余件原物照片,只能就我所知古代香炉的历史,略陈管见,妄充序言而已。

二〇〇八年七月十一日于北京

原载钱汉东著《日照香炉——中华古瓷香炉文化记忆》,上海文化出版社,2009年。

《湖南宋元窖藏金银器的发现与研究》序

最近几年,国家文物局督促全国文物考古研究单位,包括各地的文物考古研究所、博物馆以及中央和高校所属研究机构,整理出版积压多年的考古报告,取得了很好的成绩。这些报告多半是经多次发掘的大型遗址或墓地的报告。至于平时配合建设的零星发掘,特别是像故意隐蔽埋藏珍贵物品的窖藏,有时远离居址,孤零存在,往往是偶然发现,大部分是以简报或简讯的形式在报刊上发表,语焉不详,图像资料不全,难窥全豹。有些根本没有发表过,一直积压在库房之内,外人很难知晓。但是,窖藏遗物保存完整,多是当时之精品,如何把这些零散的、已被人遗忘的重要文物重显于世,是与整理出版考古报同样有意义的事。

2006年,湖南省博物馆独具慧眼,以"湖南宋元窖藏金银器的发现与研究"为课题,并在湖南省社科基金立项,由陈建明、龚定名、喻燕娇等同志负责,并邀请中国社会科学院文学所扬之水研究员和北京大学党宝海教授参加,共同对湖南发现的宋元窖藏金银器作了整理研究,用一年多的时间便完成了这项课题。全书分为发现编和研究编。发现编按地区排列,窖藏发现的地点,大体上在湖南省境内南北向两条交通干线附近,西路发现的地点有常德地区的石门、澧县、临澧、桃源,湘西张家界,怀北地区的麻阳,这是从荆州经澧州、常德去贵州的官道。东路发现的地点有岳阳地区的华容,益阳地区的益阳羊午领和八字哨,娄底地区涟源市,衡阳地区的衡南,株洲地区的株洲堂市和攸县,这是从武昌经长沙过郴州去广东的官道。发现的经过比较简单,可能是原始记录简略,整理者不便随意添加意见,幸亏有很翔实的器物目录,尺寸、重量明晰。

研究编由扬之水和党宝海撰写。扬之水重点研究窖藏金银首饰和酒器的类型、名称及样式工艺,并对宋元金银器在社会生活中的用途与地位作了分析。她是研究中国古典文学的，在对宋元金银器的研究中，除了对器物本身的造型纹饰工艺作了细致的观察之外，更发挥了她在古典文学方面的优势，大量引用诗词中对金银首饰的描绘，顿使这些物件熠熠生辉，更富有人情味。有些器物的定名也颇费了一些心思，如屈卮、劝杯、马杓等，还详细描述了它们的使用情况，利用考古发现的实物，证以文献记载的社会生活的细节，这样探幽剔微，复原古人生活场景的研究，是目前很不多见的例子。宏观与微观相结合，才是历史研究的必由之路。湖南出土的窖藏金银器，严格地说只是民营金银工艺的一个方面，更高水平的官营金银工艺产品才能代表当时的最高工艺，我们应加强对宋元官僚贵族墓出土的金银器的研究，为中国古代手工业的考古学研究增添新内容。党宝海《湖南宋元窖藏金银器铭文考释》专门分析了器物上刻记制造者和持有者的汉文铭和八思巴字铭，以及梵文字母的宗教含意，帮助读者更清楚地理解这些金银器的社会意义。

这本书的出版开了一个好头：考古与文史研究学者相结合，共同研究。希望有更多更好的同类书继续出版。

原载湖南省博物馆编《湖南宋元窖藏金银器的发现与研究》，文物出版社，2009年。又见《中国文物报》2009年5月6日第4版。

《首都博物馆馆藏纺织品保护研究报告》序

这本书是首都博物馆保护本馆藏品的研究报告。2005年首都博物馆新馆建成后，筹建各种不同质类文物的修复保护中心，聘请王亚蓉先生负责纺织品保护研究工作室，她指导四五位很年轻的不同专业毕业的大学生，继承新中国文物保护事业的优良传统，严肃认真，日以继夜地勤奋工作，先后修复保护了北京庆寿寺海云和尚塔基出土的云龙纹绣袱、火焰纹堆补绣僧帽和北京白塔寺（元大圣寿万安寺）塔顶华盖内清乾隆时入藏的"密封册"。在复制明定陵孝靖皇后百子衣的同时，精密地研究了它的用料、织法、堆金、蹙金和圈金技法以及剪裁成衣的工艺，并补作了缺失部分，根据同出其他衣服和元明时期类似图纹予以复原，尽量近于原貌。还收入一件最近入藏的明代云龙纹袍料，它一直被认为是缂丝彩绣，实际却是一种缠纱纳绣，缂丝为纵向缂口，通经断纬，而缠纱纳绣以横向为缂口，通纬断经，这是新发现的一种新的刺绣工艺，值得注意。

这本书的出版有三点对我们有所启示：

第一，中国文物保护修复工作必须继承中国文物保护事业的优良传统，既要汲取现代科技的新技术，又要充分利用中国传统工艺，两相结合，创造出符合中国文物保护的实际经验，这就是建国以来我们的优良传统。譬如本书所介绍的在1970～1971年间中国科学院考古研究所在修复阿尔巴尼亚珍贵古书时，创造了单根桑蚕丝叠绕网为主体，以聚乙烯醇缩丁醛（PVB）为胶粘剂和一整套丝网加固技术，用它来正面加固字书等薄质脆弱文物，既有实效，外观又不显露痕迹，作到完全保持原物的形态。其后，在修复加固长沙马王堆汉墓出土丝绸帛画上也应用了这种桑蚕单丝网·PVB加固技术，取得了成功，在国际上也得到了好评，并在故宫博物院、中国文物研究所、南京博物院、湖北省博物馆和北京大学图书馆等单位推广,用来保护加固两面字书、纸张、丝绸、皮革等文物,还应用于装潢衬裱和壁画揭取。法门寺塔基唐代丝绸的加固也是用的这种技术。三十多年间,这种加固技术是稳定的,没有发现问题,而且一旦有问题,也是可以逆转的。首都博物馆这次修复文物仍是采用这种技术。王亚蓉先生还改进了桑蚕单丝绕网机,改手动为电动,用三个不同轮径的转轮带动不同轴径,制作不同密度的丝网;改喉头喷雾器为喷笔、喷泵,使喷出来的粘合剂均匀细腻,操作方便,可随时清洗。改进后的绕网机受到了用户的欢迎。这两项保护技术,都对中国的文物保护事业作出了贡献。

第二,中国社会科学院考古研究所王㐨先生设计的桑蚕单丝网·PVB加固技术和王亚蓉先生设计的桑蚕单丝绕网机,都没有申请什么个人专利,而是在文物界广泛推广,这有利于国家文物保护事业。中国的文物保护属于政府行为,各种文物保护技术的设计发明,自始便受政府的资助,所有的技术成果都属于国家所有,在政府的主持下无偿推广。这是两个极好的事例,值得推广。比起另一些所谓的文物保护专家,怀藏秘方,待价而沽,索取高额费用,中饱私囊,真有天渊之别。我们要表彰正气,鄙视劣行。

第三,每一项文物保护工作,都应有详细的工作记录,除文字记录外,还应有记录主要过程的影像资料。重要文物的保护修复完成都应有正式的报告发表。首都博物馆的这本报告为我们作了一个很好的示范。

二〇〇八年二月十日于北京

原载首都博物馆编《首都博物馆馆藏纺织品保护研究报告》,文物出版社,2009年。

《北宋临城王氏家族墓志》序

　　谢飞先生是中国旧石器时代考古的专家。后来因工作的需要，担任了河北省文物管理和保护工作的领导职务，涉及的考古研究的范畴已超出了旧石器时代。事有凑巧，2005年以来，在河北省临城县内陆续收集到北宋墓志七方，都是王氏家族的墓志，这无疑是盗掘出土的。这便引起了谢飞的注意。北宋临城王氏是当地的望族，宋初王懿官至尚书工部侍部、知枢密院事，为朝廷重臣。其孙王蓬与苏轼、苏辙为友，有诗文酬唱，王适与王遹又是二苏的学生；王适娶苏辙女为妻，苏王两家成为姻亲。因此，临城王氏家族墓志的发现，为研究北宋新兴地主阶层参政和从事文化活动，提供了崭新的史料。在谢飞的参与督促下，河北省文物局责成邢台市和内丘县文物部门，对临城王氏家族墓地展开了调查勘探，划定保护范围，由河北省人民政府于2008年10月公布为第五批省级文物保护单位。

　　无独有偶。2008年初，在洛阳也发现了北宋名相富弼的家族墓地，收集到包括富弼在内的十四方富氏家族墓志，特别是富弼墓志，鸿篇巨制，尤为重要。洛阳市第二文物工作队对富弼家族墓地的11座墓葬进行了考古勘探发掘，有8座墓可认定墓主，所有的墓都被盗掘一空。与此相似的情况，在全国各地均有发生。这一现象暴露了我国文物保护工作尚有纰漏。文物保护部门固然要负应有的责任，但各级政府的公检法部门也有不可推卸的责任。我们应从这些事例中总结经验教训，杜绝此类事件的重复发生。

　　谢飞先生尽自己之所能，把临城王氏家族墓志这批重要的北宋史料，结集出版。除发表墓志原文之外，还把王氏家族的史料、王氏家族与苏氏家族交往的有关资料也搜集在一处，作了初步研究，目的是要把这一段北宋政治舞台和文坛上的原始史料公布于世，为中国古代社会历史和文化史的研究提供素材，是值得称道的。

这实在是一种无可奈何的做法。我们所希望的是一份完整的北宋临城王氏家族墓地的正式考古发掘报告，但现实的情况，留给我们的却只能像是宋清以来金石学范畴的材料。

我们希望 21 世纪的今天，能编写出更多的符合现代学术要求的图书。

二〇〇九年十一月三日

原载谢飞等著《北宋临城王氏家族墓志》，文物出版社，2009 年。

《鲁中南汉墓》序

　　1998～2000年间,山东省文物考古研究所为配合北京至福州高速公路和日照至菏泽间的铁路工程,先后在济宁市辖区的曲阜、兖州、嘉祥和枣庄市辖区的滕州,发掘了8处汉代墓地。考古领队兼项目主持人王守功在田野工作结束后,认为这批汉代中小型墓葬有很重要的学术价值,又向国家文物局申请并获准为社科研究的重点课题,2000～2005年间完成研究任务,《鲁中南汉墓》考古报告是其主要的科研成果,体现了配合基建和科研工作相结合而获双赢,再次证实这是中国现代考古学发展中可行的田野考古的工作方式。

　　汉代墓葬除帝陵之外,可分为两大类:一类是以诸侯王、列侯和贵族为主的大型墓葬,另一类为中小型墓葬。汉代诸侯王、列侯墓,不断发现,到20世纪末,已发现诸侯王墓41处(指包括合葬、陪葬的墓地)、列侯墓17处[1],贵族墓未作统计,数量更多。这类墓葬规模大,随葬品多,内容丰富,成为汉墓研究讨论的热点,诸如墓葬形制、棺椁殓葬、黄肠题凑、随葬衣物、画像壁画,以及车马陪葬等方面,都有很多成果。涉及以上各个专题的中心议题,则全集中在诸侯王丧葬礼仪制度上,严格的等级差别,赐葬的限定,使全国各地诸侯王墓的形制大体上趋同,淡化了地区上的差异,这个特点与大量的中小型汉墓强调的分区分期的研究,在研究方法上有显著不同,是汉墓研究中不可不注意的问题。

　　汉代中小型墓葬的发现,遍布全国,数量之多超过历史上任何一个朝代,没有作过精确的统计,20世纪80年代初,约略统计已逾万座[2],现在恐又增数倍。

---

[1] 赵化成、高崇文《秦汉考古》页69,文物出版社,2002年。
[2] 《中国大百科全书·考古学》页38,中国大百科全书出版社,1986年。

较重要的考古报告有两种,一是蒋若是主编的《洛阳烧沟汉墓》[①],二是麦英豪主编的《广州汉墓》[②],前者由于它地处畿辅,墓葬和随葬品的分期排年,在某种程度上可视为是中原北方汉墓分期的标尺;后者则是岭南地区汉墓分期的佳作。山东的汉代中小型墓葬,历年积累起来也有7000余座,尚缺乏全面的整理和研究,书中认为可分为四个地区:即以临淄为中心的鲁北区,以临沂、日照为中心的鲁东南区,以胶莱平原为中心的胶东区,以及以曲阜、兖州为中心的鲁中南区。鲁中南区的八个墓地共1676座中小型汉墓,在汉代属鲁国、东平国、泰山郡、东海郡和任城国境内,其年代自西汉早期至东汉中期,少数可晚至东汉晚期,实为山东半个多世纪以来经科学发掘和整理的第一本汉代中小型墓的正式考古报告,值得重视。

鲁中南汉墓以石椁墓为主,在石椁上刻画有简单的穿璧、树木、房屋、动物等图像,个别石椁上有车马出行、杂技、四神等画面。石椁墓上的画像是最早出现的汉代画像石。在葬式上盛行同穴与并穴葬。随葬明器用粗红陶,有仿铜礼器,如鼎、钫、盒,还有杯、盘、匜和仓、灶、厕圈等模型;殓葬用玉石口含或塞耳鼻,佩铁刀剑,有铜镜和印章,并随葬铜钱;有漆木器的痕迹,木棺上有绘漆画者,厚葬成风。鲁中南地区中小型汉墓在葬俗上受中原文化的影响,并保存了当地鲁国文化的特色。它与鲁北和胶东地区受齐国文化的影响,鲁东南地区受楚国文化的影响有显著的不同。

鲁中南汉墓发掘的另一个考古学上的新视点,是关于家族墓地的探索。从20世纪50年代洛阳烧沟汉墓发掘开始,已注意汉代家族墓地的问题,那时是从随葬陶器上的文字和印章上的姓氏来推测家族墓地的存在的。其后,又在洛阳金谷园和陕县刘家渠汉代墓地发现有不同姓氏的家族墓存在[③]。1988年在山东济宁发现西汉郑氏家族墓[④],济宁郊区潘庙西汉墓地有很多并穴葬的夫妻合葬墓[⑤],也显系家族墓。鲁中南汉墓从发掘开始便注意成组排列的墓葬关系,在发掘中仔细观察两墓之间同穴、并穴的现象,直接与墓地相联系,极具学术眼光,因

---

① 《洛阳烧沟汉墓》,科学出版社,1959年。
② 《广州汉墓》,文物出版社,1981年。
③ 见《洛阳西郊汉墓发掘报告》,《考古学报》1963年2期;《河南陕县刘家渠汉墓》,《考古学报》1965年1期。
④ 《山东济宁师专西汉墓群清理简报》,《文物》1992年9期。
⑤ 《山东济宁郊区潘庙汉代墓地》,《文物》1991年12期。

为汉代家族墓反映的是汉代基层社会的事。汉代家庭结构，从西汉初至东汉中期是以"五口之家"组成的小家庭为主的，这是秦商鞅变法以来，"民有二男以上不分异者，倍其赋"和"令民父子兄弟同室内息者为禁"（《史记·商君列传》）的法令，迫使家庭分析简化的结果；到东汉中期，世家豪族发展，小家庭在土地兼并之下又聚族而居，为大家庭所取代。曹魏时"改汉旧律不行于魏者……除异子之科，使父子无异财也"（《晋书·刑法志》）。鲁中南地区西汉至东汉中晚期中小型汉墓墓地的排列，即在大墓地中区分成若干组排列有序的不同姓氏墓群，很可能正是西汉初年至东汉中晚期的平民墓地（小家庭）的实况。

二〇〇八年五月六日

原载山东省文物考古研究所编著《鲁中南汉墓》，文物出版社，2009年。

《扬州城——1987～1998年考古发掘报告》序

扬州隋唐城的考古工作始于1976年唐扬州罗城西南隅的手工业作坊遗址和寺庙遗址的发掘。引起考古学界关注的是1984年唐宋扬州城南门遗址的发掘。这两次工作都由南京博物院和扬州博物馆主持，分别由罗宗真同志和纪仲庆同志向夏鼐先生汇报，得到了他的支持。夏先生认为唐宋扬州城在中国古代城市史上，特别是地方城市发展上占有重要地位，应当是中国城市的重点工作[①]。这个意见被有关方面采纳，唐宋扬州城考古被纳入全国社科考古学规划，扬州城被公布为全国历史文化名城，其历史文化价值得到了充分的认同。

中国现代考古学1928年诞生时发掘的第一个大遗址是商代都城——安阳殷墟，视城市考古为重中之重的研究课题。新中国成立后，1950年成立的中国科学院考古研究所继承了这个传统，除安阳殷墟外，陆续在西安、洛阳开展了夏商周秦和汉唐两京的城市考古工作；后来又在河北、北京作了邺城和元大都的考古；20世纪80年代以后，又进行了扬州唐宋城和杭州南宋临安城的考古工作，积累了中国城市考古的经验，包括城市考古的田野工作，从调查勘探发掘，到测绘复原研究。尤其是古今重叠式城市遗址的考古方法，都作了一些有益的探索。扬州唐宋城的考古正是在这种学术背景下开始的，从1986年以来，把若干配合基本建设的考古项目，纳入唐宋扬州城考古科研计划之内，既完整地保护了四座城门遗址的现场，也满足了科学研究的需要。

本书是扬州唐宋城考古一个阶段的成果报告，它是根据田野考古记录（包括文字记录、测绘线图、影像记录等）整理而成的，是考古研究的基础资料。因此，

[①] 参阅罗宗真《夏鼐先生的三封信》，载《夏鼐先生纪念文集》页111～113，科学出版社，2009年。

对考古报告的要求,一是真实,二是客观。要真实地记录考古工作的全过程,正确地描述遗迹和出土遗物,尽量避免在描述中掺入发掘者、编写者的主观推测意见。真实和客观是评论这个报告科学性的两大指标。所以,考古报告一般不采取把考古材料和个人研究的想法夹叙夹议混淆在一起的写法,这会造成真假难辨,致使整个报告毁于一旦。本报告坚持了正确的编写原则,在章节安排上层次分明,主要是发表具体材料,只在全书末尾才把有关需要作解释的问题进行了说明,严格区分,保证了报告本体的科学性。

今年春天,扬州唐宋城的考古报告杀青,蒋忠义先生送报告打印稿来阅并索序。我与扬州唐宋城考古尚有一点因缘,不揣浅陋,写了几点感想,意在阐明扬州城考古的重要性,并对从事这项工作的蒋忠义先生多年来的辛劳,严肃认真的学风,表示敬意。

二〇一〇年五月于北京

原载中国社会科学院考古研究所等编著《扬州城——1987~1998年考古发掘报告》,文物出版社,2010年。

《从宗法封建制到皇帝郡县制的演变——以血缘解纽为脉络》序

我与管东贵先生相识在1990年。那年秋天,他以所长的身份应邀率领台湾中研究院史语所学术代表团,到北京中国社会科学院访问,并赴西安、洛阳等地参观。史语所与我工作的中国社科院考古所,在学术传承上是同出一源。因此,我们在学术交流方面通畅无阻,一见如故。从此以后,管先生数次来大陆,我也数次去台湾作学术访问,友谊日益加深。

管先生从事的中国古代社会血缘解纽研究,亦即中国古代从宗法封建制到皇帝郡县制的演变过程的课题研究,我是在1998年3月海南岛海口汉学会议上才知道的。在这个会议上,管先生以"中国传统社会组织的血缘解纽"为题,宣读了他的研究成果,中国社会组织中的血缘纽带关系是中国历史文明的特点之一,它贯穿了整个中国社会历史发展的全过程,一直到近现代。当时,我正与张光直先生策划编写《中国文明的形成》一书,便特别注意管先生这个课题研究的进展,恳请他把有关这个课题的论文在《燕京学报》上发表。承他的好意,从1998年开始先后在《燕京学报》上发表了四篇论文,都已收在本论文集内。中华书局独具慧眼,很快就决定出版这本极富学术价值的史学著作。

管先生对这个课题研究的概况及其对中国历史研究的意义,在《自序》中有很简短的介绍。我觉得还是他自称为本书的基础之作的《中国传统社会组织的血缘解纽》一文,阐述得最为明晰。他说:

> 中国自古以来,以血缘为凝聚力的社会组织是宗法制度,这是中国传统社会的主轴;其特色是父系、父权、外婚(同姓不婚)、从夫居、嫡长子继承,以

及一套特别的丧服制度与行为规范。中国社会之以宗法为骨干,有长远的历史背景,至少可追溯到周代。从周代以来的历史发展上我们可以清楚地看到,以宗法为主轴的中国社会曾经历两次重大的变动而分为三个阶段。每次的变动都有显著的血缘解纽现象。

管先生认为:第一个阶段是秦汉以前的宗法封建时期(主要指周代),可称为"单血缘支配的封建社会",是指建筑在宗法制度上的封建政治制度。在宗法封建社会中,统治阶级的血缘凝聚力是强固的,其血缘支配是全面的。《诗经·小雅·谷风之什·北山》所记的"溥天之下,莫非王土;率土之滨,莫非王臣"的诗句,正是对这种政治局面的写实之颂。但是,数百年后,血缘组织受地缘化的影响,宗法制度分解,中国文明社会进入一个新的历史阶段。

第二个阶段可称为"多血缘支配的半封建社会"。始于秦始皇,成于汉武帝,终于辛亥革命。短暂的秦朝,废封建后,改行郡县单轨的皇帝制。汉代开始,则变为封建郡县双轨一体的皇帝制。周代以来的宗法制度已分解,但父系、父权、外婚、从夫居以及嫡长子继承等规制仍旧保持;宗法结构中的姓已分解为氏,秦汉以后姓氏逐渐混一。氏有很重的地缘性,宗族血缘凝聚力减弱,唐宋以后更出现了以行业为名目的行会组织或以地缘为结合的同乡会。社会结构中的基层,则以家族和家庭为实体。在政体上,皇帝的权力得到了进一步的加强集中,走向专制。

辛亥革命后,中国社会组织发展进入第三阶段——阶层式约法社会,也可称为"非血缘支配社会"。由第一阶段进入第二阶段,是由中国社会内部慢慢演化而来;而着力的方向是由社会组织的渐变,去汰换政治体制,所以经历数百年。由第二阶段进入第三阶段却是由外力影响所促成的;而着力方向则是由政治体制的急变,去改造社会组织。因此,变化特别快。这一时期的特色是社会有了更大的开放,血缘的凝聚力进一步消退,代之而起的是事业理想的凝聚力渐渐增强。这反映在政治制度上是封建制及皇帝专制的消失,也即血缘支配力在形式上被清除,而改为民主立宪制,政党取代了血缘团体。不过,过去居于优势的血缘意识所形成的各种行为模式,数千年来已深深地扩散到传统社会中血缘团体以外的各个方面,甚至渗透到了每个人的社会意识形态中。血缘意识及其凝聚力所形成的排他行为模式,却由每个人随其社会意识形态,带到了各种新的社会组织中,会产生加乘的效果,如政治文化中"人治"色彩之所以浓厚,即是源自这样的历史背景。

管先生在文章结束时说:"中国传统社会组织血缘解纽,是一个宏观的问题。这问题在我心里已有好几年了。现在,我把它'大题小做'写出来了。"这是管先生的自谦之词,他对这个大课题不是"小做"而是"细作"。论文集中的每篇文章都是这个课题不可或缺的有机组成部分,是我所见到关于这个课题研究最全面的、最新的成果。

在读这本论文集时,我的体会是,除学术内容外,还应当注意管先生是怎样设计每篇论文写作的。主题确定后,围绕主题架立整篇论文的结构,问题的前因后果,研究的来龙去脉,层层剥示,一览无余。论证之细密,史学依据之精当,辅以长段的考订性注释,犹如密织的锦缎,经纬分明,丝丝入扣,逻辑性极强,充分显示了管先生在方法论和学风上的严密纯正,在学风浮躁不良的今日,可谓是难得的学术佳作。

在论文集中还有一篇《西羌在华夏民族形成过程中的地位》的论文,看上去似乎与中国传统社会组织中的血缘关系不大,实际上,传统社会组织中的血缘关系是民族形成中的血缘关系的继续。管先生在这篇文章中,把史学研究与民族学、人类学、语言学和考古学都融合在一起,这种研究方法正是中研院史语所的学术传统。中国古史研究和中国考古学文化研究可以从这种研究方法中得到很多有益的启示。

章学诚云:"书之有序,所以明作书之旨也,非以为观美也。"(《文史通义》)我为管先生书作序,本来就是在两个不同学术行当(历史学和考古学)上的"越轨"行为。但是,老友之间,盛情难却,而我也确实有感想有话要说,才勉力为之。能否表达"作者之旨"? 早已自知学识不逮,只有敬请管先生和读者多多原谅了。

二〇〇九年十一月二十日
于北京东四九条

原载管东贵著《从宗法封建制到皇帝郡县制的演变——以血缘解纽为脉络》,中华书局,2010年。又见《书品》2010年5期。

《老北京民居宅院》序

郑希成先生画北京民居宅院是从2001年开始的。当时他被北京旧城内整片拆毁民居四合院的行动震惊了，拆毁的规模之大、速度之快是空前的。北京虽然在1983年被政府公布为第一批历史文化名城，但对北京旧城如何保护，却争论了半个世纪，陆陆续续的拆毁一直未停。也就在公布为历史文化名城之后，事情起了变化，北京旧城改造工程引进了房地产开发商，政府划拨土地，开发商出资拆迁重建。在巨额利润的驱使下，拆迁疯狂地进行着。郑先生就是在这种背景下，开始与推土机争时间，抢画北京民居宅院。

郑先生做这件事时已年近七旬。他自幼有足疾，行动不便，冒着酷暑严寒，骑着自行车，奔波于街巷胡同之间，以超人的毅力画了百多幅即将消失的北京民居宅院素描图。他生于北京，长于北京，对北京有着深厚的感情，其中包括家庭宅院之情、邻里之情，弥漫在胡同中的淳朴民风，则是令人难忘的乡情，都在他的画稿和说明中体现出来。

郑先生是画家、是雕刻艺术家，他不是以建筑师的眼光来作画的，所以，这些画不是建筑实测图；同时，他也不是从文物保护的角度来记录院落保存的实况的，所以，画中没有画出四合院中私搭乱建不堪入目的景象。他通过实地调查，根据历史照片或图像，尽量恢复院落和建筑物的原来风貌，有的就是在他记忆中很熟悉的北京四合院的固有风貌，把最美的东西奉献给了读者。郑先生曾亲眼目睹过野蛮拆迁的惨况，他不会忘记这些历史场面，但他却理智地采取怨而不愠的方式，在画稿中主要表现北京历史风貌之美。这正是本书精华所在的永恒主题。

这本画册特别注意了院落主人或居住者身份履历，人文的因素决定了院落的布局和建筑物的风格。既注意到两进、三进占地在两条胡同之间的大型院落，或占地两三条胡同的王府，也没有把两合、一合不成格局的小院子漏掉。不同阶层的人构成了北京居民的成分和居所建筑的不同。北京旧城内、外城居民成分不同，内城多住满人，达官贵族府邸、王府多，大型四合院多；外城前门大街以西（宣武区）同乡会馆多，进京的汉人官员和士大夫多；前门大街以东（崇文区）工商会馆多，小手工作坊多，居住条件狭小，出现了"奴欺主"式的窄条形四合院，但建筑物的细部往往有精致装饰，说明他们社会地位虽然不高，却不乏资财。除了阶层和地区的不同外，时代不同也在画册中显露出来，上个世纪初西式建筑出现在院落中，大街上的商铺门脸也有改用西式者，最典型的是西总布胡同协和医院的教授住宅，时代烙印极其明显。

郑先生调查作画时，也很留意院落建筑的类型和细部做法。院落建筑类型是反映城市功能的，除民居四合院外，还画了北新桥的垣兴木厂和板桥胡同的裕德粮店及其磨房，也画了不同形式的铺面房。建筑的细部做法，有些是不太被人注意的，譬如察院胡同25号后院带穿廊的"工"字形平面，尚存宋元以来之规式。新鲜胡同42号桂公府别院的"廊墙"，是唐代院落中常用的建筑。南池子灯笼库9号两厢与正房房脊的式样，类似川滇民居中"一颗印"式院落的屋顶而又有区别。凡此种种，都说明北京历史文化名城内容丰富，在长达七百余年的历史长河中，汇集沉淀了厚重的中国古代城市的物质文化遗迹，是极其宝贵的历史文化遗产。如何在保护这些历史文化名城中认清它们各自的历史价值，仍是亟待研究的课题。

本书所画的百余院落，郑先生告我59座已拆毁无存，剩下的也多残缺不全。美术馆后街22号赵紫宸故居拆的最早，2000年10月被拆，当时侯仁之、吴良镛、郑孝燮、罗哲文等多名专家呼吁抢救而无效。东直门北沟沿胡同23号梁启超故居，是在谢辰生先生的关注下保护下来的。最著名的是西河沿街222号林家大院，完整的四个院落在2006年被拆毁了三个院，剩下一个院坚持到2008年6月，才以拆迁户"民告官"的方式打赢了官司，很不容易，被称为是"打赢文物保护第一案"。官司是打赢了，被拆毁破坏了的怎么办？谁来负责？文物管理部门为什么在诉讼程序中被排斥出局？暴露了文物保护法规方面还存在漏洞。朱寿全律师曾就此指出三点（见《北京晚报》2009年1月7日），很值得有关部门重视。以上所举的三个例子的院落图画都在本书之中，读者自可参阅。后附近年拆迁现场的几张照片，以见这段历史的全貌。

郑希成先生是一位北京普通的市民，为保护北京历史文化名城做了他力所能及的事情。在他的书即将出版的时候，我能先睹为快，写了几点感想谨表敬贺之意！

二〇〇九年二月三日

原载郑希成著《老北京民居宅院》，学苑出版社，2012年。

《永丰库元代仓储遗址发掘报告》序

宁波元代庆元路永丰库遗址的考古，先后在2001年9~11月、2002年3~8月进行了两次正式发掘，这本报告便是记录这两次发掘的。我的老同学、老同事周庆南先生是主持发掘的领队，我应邀两次去宁波参观发掘现场。庆南北大毕业后，在中国社会科学院考古研究所工作，后来在安阳殷墟考古。"文化大革命"期间，考古工作停顿，我们却有一次共同工作的机会，那是在1967年，湖北黄石西樵山发现南宋窖藏，出土了数千斤古代钱币，我和庆南曾去黄石处理窖藏钱币。他在考古所一直作田野考古工作，经验丰富，由他主持的永丰库遗址的发掘工作，十分规范，把宋、元、明、清四时期叠压的层位和遗存，基本搞清，这是一项很复杂的发掘，稍有疏忽，便会失误。2006年褚晓波同志送来报告的清样，我很高兴，能够先睹为快，得到了很多新知识。写几点读后感，与宁波市文物考古研究所的同志们作一次交流吧。

中国古代仓库建筑多属于皇家官府建筑，由于是贮藏粮食财务的，所以在改朝换代等大的变乱中，它是首遭抢掠破坏的对象，有的被破坏了好几次，塌毁以后也会再遭盗掘。所以，在考古发掘中能遇到保存稍好的仓库遗址，并非易事。半个世纪以来，正式发掘的仓库遗址有：1959年在内蒙古呼和浩特市美岱古城发掘的西汉仓库遗址（《文物》1961年9期），1975~1977年发掘的西安汉长安城武库遗址（《考古》1978年4期），1980~1983年发掘的陕西华阴西汉京师仓和仓城遗址（《西汉京师仓》，1990年）。另外，1955年在洛阳汉河南县城发掘的汉代圆囷式粮仓（《考古学报》1956年4期），1971年在洛阳隋唐城内发掘的含嘉仓遗址（《文物》1972年3期），都属半地穴式的窖囷，是专贮粮食的，与永丰库和前三种仓厫式的地面仓库建筑不同，它们自古以来便同时并存，依不同功能而建。我们主要讨论永丰库类型的仓厫式建筑。

汉代仓厫式建筑的建筑平面均作窄长的长方形，以华阴的京师仓保存最好，多为两室并列的"一仓两厫"，也有四室并列的"一仓四厫"，规模最大的一号仓是一主室两侧室。仓门全都开在侧面的山墙上，其他三壁不开门。如以门向为准，汉代仓库则呈狭长的筒形平面，这是它最主要的一个特点。第二个特点是开间不分主次，间距相同，间数有偶也有奇。美岱古城除在山墙开门外，也在另外两壁开门，八开间。汉长安城武库有一仓两厫的，另一仓发掘了三厫，尚未挖完，不知道有几厫，未见山墙上开门，却在前后檐墙上有对称的门，与京师仓的形制有很大的区别。仓库一般不多开门，密闭是它的特殊要求。

元代永丰库的发掘表明这个仓是一仓四厫十二间，它的台基是宋代的旧基，很可能是依宋常平仓改建的，从墙基础石的用料看，多是用的旧料。元代仓库建筑用料有一定的标注和数量，《经世大典》有明晰的记载，《永乐大典》卷七千五百一十一仓字韵引元《经世大典》云：

> 国之有仓廪府库，所以为民也。我朝仓库之制，以北则有上都、宣德诸处，自都而南，则通州、河西务、御河，及外郡常平诸仓，以至甘（?）州有仓，盐茶有局，所以供亿京师，赈恤黎元者，其措置之方，可谓至矣。在京诸仓，隶京畿漕运司。相应仓五十八间，可贮粮十四万五千石。檐柱高一丈二尺，檩长一丈四尺，八椽，中统二年建。每十间用物：赤栝檩五百四十，赤栝方二百二十五，椽一千七百三十四，板瓦三万四千七百六十，条砖六万八千一百三十九，重唇三百三十六副，合脊连勾一千一十六副，沟七百六十七，穰子五百三十三称，箔子四百一十四，石灰二万二千六百六十四斤，麻刀六百二斤，紫胶一十斤，煤子四十斤，石础五十五，竹雀眼二十四片，五寸钉八千一百六十二，六寸钉三百五十六，三寸钉四千五百四十，七寸钉四百八，八寸镊子一百。高广工物，以下同（中华书局1986年影印本第四册3997页）。

永丰库的门向，从已发掘的遗迹中看不清楚。从山墙的厚度和它的承重功能推测，已不太可能在两面山墙上开门。中国古代仓库建筑在发展过程中，先抛弃了山墙开门、平面呈长筒式的结构，而向前檐开门的廨宇式建筑演变；开间的间距和数目也从等距偶数，逐渐向主次间差距和奇数发展，最终完成了向廨宇式建筑的转变。《经世大典》中所记"在京诸仓"的间数以偶数居多，可见元代仓库的间数仍以偶数为主流。北京旧城内的明清仓库多沿元代之旧,乾隆十五年(公元1750年)绘制的《京城全图》中的北新仓、海运仓、兴平仓、南新仓、富新仓、旧太仓、禄米仓等,尚保存有一仓二厫六间、一仓四厫十二间和一仓六厫十八间的仓房,每厫一门,都开在前檐。乾隆以后,屡经变故,保存至今的北新仓、南新仓和禄米仓的仓房,都是一厫五间,悬山或硬山搁檩式的建筑(参见《东华图志》,2005年)。永丰库建筑遗迹的发现,提供了一座难得的古代仓库建筑的实例。

宁波是我国的历史文化名城,在历史文化名城的中心地区发掘出古代仓库遗址,而且宁波市政府毅然决定就地保护,不惜拿出市区繁华的黄金地段来保护历史文化名城,是极其可贵的。宁波又是"海上丝绸之路"的名港,它北通朝鲜半岛和日本,南达东南亚群岛,宁波旧城内发现的每一处古代遗迹,都在为这座名城名港增添其历史文化上的光彩。这本考古报告,也为宋元时期的历史和考古增添了新的内容。

二〇〇七年一月十七日于北京

原载宁波市文物考古研究所编《永丰库元代仓储遗址发掘报告》,科学出版社,2013年。

书评读后

李济先生是中国现代考古学的开创者和奠基人之一,为中国现代考古的创建和发展奋斗终生。李济先生学术博大精深,对中国现代考古学产生了巨大的影响,特别在中国现代考古学的研究方向上,在引进欧洲考古学的理论和方法的同时坚持中国化上,更有深远的现实意义。

——摘自《〈李济文集〉出版的学术意义》

　　他同时还作了一件为发展中国考古学有战略意义的工作,他从1952年开始便投身于中国考古学的教育事业,创办北京大学考古教研室,培养出了新中国考古事业薪火相传的一代学人,对发展中国考古学作出了最重要的建设。可以这样说,没有这个"树人"的建设便没有中国考古学。

——摘自《评〈苏秉琦先生纪念集〉——苏秉琦先生逝世五周年的追思》

　　这组北宋晚期仿木建筑雕砖壁画墓的考古发掘,不论在墓葬的规模形制上,还是仿木建筑细部和彩画制作上,以及雕砖壁画的题材和内容上,都是空前的发现。半个世纪后,此种类型和规模的北宋晚期墓葬再也没有发现可以超过它的。白沙宋墓在中国历史考古学上占有特殊地位,它的考古报告的重要性也是不言而喻的。

——摘自《重读〈白沙宋墓〉》

　　随笔小品的体裁是最能表露作者心灵性情的,在这一点上很像巴金的《随感录》。用极其平淡的笔调,有时还略带诙谐,娓娓道来,犹如促膝谈心,让人爱不释手。所谈内容包括人生哲理,治学心得,往事忆旧,怀念故人,还有在医院治疗的经过等。谈的多是具体的事,但在言谈话语之间,却时时流露出因事而发的道理,在这些道理中往往蕴藏着极为精辟的见解,有拨云见日、顿开茅塞之功。

——摘自《读〈病榻杂记〉有感》

《真腊风土记校注》简介

《真腊风土记》是元朝周达观著的。周在元成宗元贞元年（公元1295年）奉命随使赴真腊（即今柬埔寨），返国后，根据亲身见闻，写成此书。它记载了公元13世纪末叶柬埔寨各方面的事物，既翔实，又生动；全书共四十条，约八千五百字。书中除描写国都吴哥的建筑和雕刻之外，还广泛地记述了有关经济、贸易、社会生活习俗和衣冠制度等各方面的情况，是非常难得的史料。在柬埔寨本国的文献中，也还没有这样一部详述他们中古时代文物风俗生活的书籍，因此，柬埔寨的历史学者也对它极为重视。同时，书中还记载了柬埔寨人民与我国人民的通商友好关系，也是研究元朝同真腊交通的重要参考资料。

《真腊风土记》成书以后，有许多抄本和刻本流传。19世纪初，法国的一些汉学家很注意这本书，并有译注本出版。还有不少人曾对这本书进行过研究。现在出版的夏鼐先生的校注本，可以说是对以前有关《真腊风土记》的整理和研究的一个总结，在同类的著作中，以夏鼐先生的校注本为最好。

全书共分三部分，卷首为序言和校勘、注释凡例，其次为正文，最后有附录四种：一为"有关周达观之诗文"，二为"有关《真腊风土记》之提要与题跋"，三为"《真腊风土记》版本考"，四为"本书中柬埔寨语诠释索引（地名除外）"。

校勘是以1940年商务印书馆影印的明万历间吴琯校刻的《古今逸史》本为底本，另外以百卷《说郛》本、《说海》本、《历代小史》本、明代重辑《百川学海》本、《古今图书集成》本、四库文津阁本、清道光瑞安许氏巾箱本等十四种不同的刻本和抄本进行合校，择善而从；同时还作了一部分"本校"和"理校"，结果对底本《古今通史》本改正八十余字，增百四十余字，共改正增添二百二十余字，约近全书字数的百分之三，是最彻底的一次整理。

在合校的过程中，校注者缜密地研究了各本的异同，找出了各本之间的渊源和优劣，写成了《版本考》一文。认为此书在明朝便有两种不同系统的版本，一种为甲系，即百卷《说郛》本系统；另一种为乙系，即《说海》本系统，《古今逸史》本即属于这个系统，是流传最广的本子。甲系的百卷《说郛》本，虽然流传不广，但却很重要，是更接近于祖本（元抄本）的版本，在许多地方可用以校正各本的误夺。以前的校释者对百卷《说郛》本很不注意，有人甚至贬低它的价值。夏鼐先生之所以能够把百卷《说郛》本发掘了出来，并予以正确的评价，是由于他在学术上的深厚功力和敏锐的见识。

关于注释部分，可以说是采取了集释的办法。但是这种集释又不是有闻必录的方式，而是采取总结的方式，即把对于这个问题的最正确的解释告诉读者；如有数家之说而不能定论者，则并举之；如传统说法有误，则予以辨别改正；如旧说有不足之处，则加以补充。所以，从这个意义上来说，又是校注者的一家之言。

对各家注释，在凡例中曾列举了十五种，而以法国的伯希和的注最佳。伯希和先在1902年据《说海》本译成法文，并加笺注（冯承钧有译本），以后又予以增订，但未成书，注释方面，四十则中仅写到第三则服饰。1951年作为遗著出版了他这部未完成的新注。新注不但改正了初版笺注的某些错误，而且内容更为丰赡。在尚无中译本时，读者可以从夏鼐先生的注释中看到伯氏新注的梗概。

在注释中还有一个很突出的特色，就是大量利用吴哥附近的建筑和雕刻等形象资料，来为《真腊风土记》作图注。全书共附插图十一幅，照片十六幅。有些插图是校注者从吴哥雕刻中选择出来的，都是当时真腊的衣冠服饰和舟车制度的写照，可与周达观所记的情况互相印证，使读者更加明瞭。关于吴哥的古迹，校注者引用了五种法文和英文本的考古专著，来加以解释和补充，在这一方面，夏鼐先生的解释是具有权威性的。

周达观是浙江温州人，在他所写的《真腊风土记》中，当然不可避免地要留有若干温州的方言风物。这给后来的注释者带来了麻烦，由于不谙温州风土，往往容易搞错。幸好夏鼐先生也是温州人，所以对他来说，这方面则不会成为问题。下面举两个例子。

第一个例子是"笓箕"。"笓箕一名，伯（希和）氏分译为笓（而以笓为竹笼络［?］）及簸箕。布（里格斯）氏误从之，省略去笓字不译而亦以箕为'筛箕'。但笓箕实为一物，不是二物。今日南方如温州一带，仍称笓为'笓箕'。竹木所制，齿密，常上下两边皆有齿,用以理发,尤其是妇女梳理长发时,更为需要"(页 150~151)。

第二个例子是"龟脚"。《真腊风土记》"鱼龙"条谈食用的水产品,云:"真蒲龟脚长可八九寸许。"龟脚究竟是什么?"伯氏初注及新注和布氏书译注皆误认为乌龟之脚。周达观温州人。龟脚乃温州人用以称石蜐(或作石蚝,学名 Mitella)之土名。今温州仍有出产,仍称之为龟脚"(页 157~158)。并引晚清福州人梁章巨《浪迹续谈》中"海错"条所记温州土产龟脚即石蚝为证。

可见由夏鼐先生来给《真腊风土记》作注释,是再适当不过的了。像"龟脚"之类,别人是很难作出正确的解释的。

给古籍作校注,真是如扫落叶一般,是很难作完全了的。在校勘方面,校注者自己感到"仍有多处,各本皆承讹袭谬,无从是正,姑仍其旧未改"。在注释方面,也还有些事物不甚清楚。这只有以后再另补充了。但到目前为止,夏鼐先生的校注本,是《真腊风土记》最好的一个本子,我愿意郑重地向读者推荐。

原载《学林漫录》四集,中华书局,1981 年。

石窟考古的新成果

——评《中国石窟》新疆和龙门卷

中国文物出版社和日本平凡社共同出版的多卷本《中国石窟》，自1980年出版以来，日文本已发行《敦煌莫高窟》五卷、《巩县石窟》一卷、《克孜尔石窟》三卷、《库木吐喇石窟》一卷、《炳灵寺石窟》一卷、《麦积山石窟》一卷、《龙门石窟》两卷；尚有《云冈石窟》两卷和《安西榆林窟》一卷待出。中文本只发行《敦煌莫高窟》五卷。这是一部学术研究性的中国石窟图录，图版摄影的取景和插图的选用，都有很明确的学术意图，与一般性石窟图录有所区别。每卷都有几篇学术研究论文，从内容上来说，是近年出版的中国石窟图录中学术水平最高的。印刷精良，图文并茂。

我在这篇短文中不能对《中国石窟》已出各卷作全面的评论，只想就表现石窟考古成果最突出的新疆克孜尔石窟、库木吐喇石窟和洛阳龙门石窟各卷，谈谈个人的一些看法。

《克孜尔石窟》三卷，日文本在1983年12月至1985年3月陆续出版，收入的研究论文有：宿白《克孜尔石窟的形式区分及其年代》，克孜尔文管所和许宛音《台台尔石窟调查记》，马世长《克孜尔石窟中心柱窟的主室窟顶和后室的壁画》，姚士宏《克孜尔石窟壁画的乐舞形像》，丁明夷、马世长《克孜尔石窟的佛传壁画》，金维诺《龟兹艺术的特征及其成果》，晁华山《二十世纪初德国人对克孜尔石窟的考察及后来的研究》，刘松柏、周基隆《克孜尔石窟总叙》，许宛音《龟兹关系资料集(1)(2)》。《库木吐喇石窟》一卷，日文本1985年10月出版，收入的研究论文有：晁华山《库木吐喇石窟概说》，马世长《库木吐喇汉族式石窟》，梁志祥、丁明夷《新发现的石窟》，中野照男《二十世纪初德国人对库木吐喇石窟的考察及后来的研究》，许宛音《龟兹关系资料集(3)》。

《龙门石窟》两卷，日文本分别在 1987 年 12 月和 1988 年 8 月出版，收入的研究论文有：温玉成《龙门北朝小龛的类型和分期及北朝石窟的编年》，宿白《洛阳地区北朝石窟的初步考察》，马世长《龙门皇甫公窟》，李文生《渑池鸿庆寺石窟》，李文生《龙门石窟北朝主要石窟总叙》，温玉成《龙门唐代窟龛的编年》，温玉成《唐代龙门十寺的考察》，大桥一章《奉先洞诸像的制作和白凤天平雕刻》，东山健吾《流落到欧美、日本的龙门石窟雕像》，李文生、顾彦芳《龙门石窟唐代主要石窟总叙》，李文生《龙门石窟年表》。

石窟考古是中国历史考古学的一个组成部分，它利用考古学方法，即地层(层位)学和类型学的方法，来调查、发掘、记录(包括文字的和图像的)石窟的全部内容，然后再对窟形、造像、壁画等进行类型组合关系的排比和编年分期的研究。石窟考古是一项很严肃的科学工作，是综合研究石窟寺历史、宗教和艺术的基础工作，没有这项基础工作的综合研究，在学术上很难取得突破性的进展。克孜尔石窟、库木吐喇石窟和龙门石窟，近年都作了大量的石窟考古工作，因此，在《中国石窟》中这三个石窟的编集和收入的主要研究论文，都充分表现了石窟考古的新成果，概括起来，有以下几个方面：

1. 洞窟的类型与组合研究

不同形式的洞窟，可按形制和功能分为若干类型。克孜尔石窟按形制可以分为中心柱窟、大像窟、僧房窟和方形窟四类。库木吐喇石窟按功能分为佛堂窟、罗汉窟和僧房窟三类，佛堂窟依主尊像安置方式的不同，可分为龛柱式(即克孜尔的中心柱窟)等七式，罗汉窟依洞室与龛的数量可分为三式，僧房窟按门道形状和位置的不同可分为两式。龙门北朝石窟多属佛殿式，有长方形、椭圆形、方形等不同形状；龙门北朝小龛数量众多，依龛楣的不同形状可分为六型。龙门唐代石窟，按功能可分为造像窟、禅窟和瘗窟三类。这些不同类型的窟，有的单独存在，有的原是模仿寺院建筑的，由若干窟组成一所石窟寺院，如克孜尔石窟有：中心柱窟＋僧房窟，中心柱窟＋方形窟＋僧房窟，方形窟＋僧房窟。特别是起佛堂功能的中心柱窟是石窟寺院的主窟，以数个中心柱窟组成的一组组的寺院，在洞窟分布图上可以看得很清楚。从分析单座不同类型的洞窟，进而恢复由不同类型的洞窟所组成的石窟寺院，这种分析类型组合关系的方法，便是石窟考古的基本方法，在这三个石窟的研究中得到了充分的应用。

2. 造像、壁画的题材和细部式样变化

石窟造像、壁画的题材是宗教内容的直接表现，它反映着不同时期宗教的信仰、仪式、经典等各方面的变化，对这些题材内容在石窟内的布局组合，作仔细的记录分析，尤其是对其细部的变化进行缜密的研究，也属于考古类型学的范畴，在这三个石窟的研究中都作出了成绩。例如，龙门北朝小龛的细部变化，主尊造像从一佛二菩萨，到一佛二弟子二菩萨，到力士出现；交脚菩萨从盘坐到消失；狮子位置的变化等，都作了细致的排比分析。

3. ^{14}C 确定石窟年代

石窟年代除少数有明确纪年题记的之外，大多数石窟都没有绝对年代，只有推测的相对年代，有时连相对年代也没有证据。克孜尔石窟没有明确纪年，虽然能够排出它们发展的顺序，但各阶段的具体年代却难以确定。现在完全可以用考古界所惯用的 ^{14}C 方法来加以测定，其结果与所推定的阶段顺序完全符合。克孜尔石窟的年代：

第一阶段：公元 310 ± 80～350 ± 60 年

第二阶段：公元 395 ± 65～465 ± 65 年，可至公元 6 世纪前期

第三阶段：公元 545 ± 75～685 ± 65 年及其以后

这是第一次用 ^{14}C 方法测定石窟年代，是石窟考古的新成果。

4. 石窟的分期分区研究

考古学研究中的分期分区研究，也在石窟考古中被运用。新疆石窟和龙门石窟近年在石窟分期分区研究方面，都取得了进展。

克孜尔石窟和库木吐喇石窟是龟兹佛教文化的重要遗存，这两个石窟有相当明显的地区特点，既有龟兹系统，也有汉族系统，还有龟兹和汉族混合的式样。石窟寺研究中能区分出民族的式系，并说明民族间的相互关系和时代不同的变化，如果不是运用考古类型学的方法，是很难区分出这些地区特点的。

龟兹石窟的特点之一是盛行大像窟。宿白先生在《克孜尔石窟的形式区分及其年代》一文中指出，龟兹石窟盛行大像，克孜尔石窟有六个大像窟，森木塞姆南北崖有两个大像窟，库木吐喇石窟有四个大像窟，克孜尔朵哈石窟也有四个大像窟。《大唐西域记》中亦记龟兹国有高大立佛像。新疆以东最早的大佛是北魏和平初年（公元 460 年）云冈昙曜五窟中的第 18 窟和第 16 窟，它比克孜尔石窟的早期晚一个世纪。葱岭以西大型立佛为巴米羊东、西二大佛，东大佛高 38 米，西

大佛高 55 米,其年代,近年来学者多认为在公元 4 至 6 世纪之间,如果是 4 世纪,则与克孜尔石窟早期同时,如果为 5 至 6 世纪,则比克孜尔石窟早期晚。假定二大佛中之一为 4 世纪的,巴米羊大佛的数量则远不如龟兹。如果龟兹佛教艺术是以开大像窟造大立佛为其特征的话,龟兹佛教文化中以大型立佛为中心的大像窟,对葱岭以西和新疆以东的影响,要比其他的石窟形式和壁画的影响更为重要。这一论点揭示了新疆石窟在东西佛教文化交流史上的重要性,在学术上是极有创见的。

在石窟分区研究中,宿白先生的《洛阳地区北朝石窟的初步考察》一文尤其重要。他将龙门北朝石窟分为四期,对龙门以外洛阳地区的其他八处北朝石窟的年代也作了考察,对它们的共同地区特征,从窟龛形式、造像题材和风格式样等方面,进行了分析比较,总结出了洛阳地区北朝石窟的四个不同时期的变化。宿白先生在这篇文章中,特别注意到了北魏永宁寺塔基出土的佛教塑像,并联系南朝的有关遗物,认为洛阳北朝时代造型艺术包括佛教造像在内,无疑是受了南朝的影响,洛阳地区石窟寺的窟龛造像变化的原因,也应考虑到南朝造像艺术的因素。这篇论文使石窟寺的研究与整个历史文化发展的大势紧密相连,是石窟寺分期分区研究的典范,对中国石窟寺考古学的研究有指导性的意义。

在这三个石窟的工作中,有两点值得注意。第一点是石窟类型的统一问题。中国考古中的器物名称和类型不统一成了一个大问题,同一件器物,名称各异,分类分式也自成一套,对综合研究十分不便。希望在石窟考古中从一起步便要注意克服这种不统一的弊病。如同属龟兹石窟,克孜尔石窟的窟形按形式分,库木吐喇石窟则按功能分,克孜尔石窟的中心柱窟,到库木吐喇石窟则改为龛柱式,给读者造成了许多人为的麻烦。类型名称的统一并不妨碍可以有不同的学术见解,如龙门石窟的分期,宿白先生分为四期,而温玉成同志则分为五期,这是完全可以并存的,但他们对石窟形式的划分却并无歧异。

第二点,不同类型造像的细部变化,按石窟考古学的要求,要建立在对造像的等高线测量上,科学地测出其造像比例的变化,从中探求其不同时期造像变化的规律。在《中国石窟》中曾发表过个别造像的等高线测图,但却未见有分析研究造像规律的论文。希望在将要出版的《克孜尔石窟考古报告》中有这方面的资料数据和研究论文发表。

中国石窟考古学兴起于 20 世纪 50 年代末期。从调查云冈石窟窟檐遗迹开始,到1963~1966年和1979~1980年先后两次大规模发掘敦煌莫高窟窟前殿堂遗址,取得了十分重要的考古成果(详见潘玉闪、马世长《莫高窟窟前殿堂遗址》,1985年)。北京大学考古系宿白先生主持的石窟考古的研究工作,对中国石窟考古学的建立起了决定性的作用,1962年他在敦煌文物研究所作的"敦煌七讲"的学术报告,从理论上和方法上为建立中国石窟考古学奠立了基础。三十年来,中国石窟考古做出了许多成绩,《中国石窟》中的新疆和龙门卷,正是反映中国石窟考古学的最新成果的窗口。希望有更多的中国石窟考古的新成果问世。

原载《考古》1989年1期。

读五石斋所藏稀见书

1970年至1971年间,居家养病,尝从邓珂兄处借阅五石斋藏书,今选其稀见者数种,据当时札记,整理成文,以纪念文如先生百年诞辰。

《中营五汛志书》

《中营五汛志书》一册,不分卷,五石斋藏传抄本,清中营畅春园汛把总徐际金撰。书前有自序,序后为目录,正目五十七项,附目三项,外附目两项。共六十二项。全书共二十五页。纸色暗黄,质地脆薄,字迹潦草,无一定行款格式。正文后附抄静宜汛所用呈文八篇,共四页,不见于目录,故志书正文实只有二十一页。书抄毕复校一次,校者于序下用小字注明:"内空白,俱字不全,缺。"纸因旧裂有残失,曾托衬一次,后又以白绵纸衬装,外订黑蓝色书皮,当是五石斋收藏后所重装者。文如居士题识即以蝇头小楷亲书于书皮上,云:"此书畅春园把总徐际金所撰,首有自序,称:嘉庆十九年调任中营畅春园汛,书中叙及道光十七年事,知其书约始嘉庆,成于道光,先后二十余年,官久不迁,以一粗弁而纂辑成编,其人虽不可考,亦难能可贵者矣。清制:于郊畿三山五园设中营副将,统马步兵三千人,任守卫缉捕之责,隶于步军统领。营分五汛,曰圆明园汛,曰畅春园汛,曰树村汛,曰静宜园汛,曰乐善园汛,辖堆拨二百二十三,村庄一百五十三处。此书即分述营制职守,兼及推升诸事,列目凡六十二,缺者五园点景、名胜古迹、廨宇营房凡十一事,皆有目无文,岂原未成书,有待补辑,抑流传失次,久而散佚,俱不可知。目中即列畅春园点景,则其时园尚未荒可知,乐善园今已无可踪迹矣。中有皇上幸香山躲柳絮事,他书所未及也,因存其书,以备西郊掌故。丁亥(1947

年）八月十九日，文如居士识于成府村居。"细勘书中叙事，有不止于道光者。"额设军装总数"项内记素盔甲下有小注云"咸丰三年九月出征打造腰刀使用"，则徐氏自嘉庆十九年任职中营畅春园汛后，直至咸丰三年九月间尚任畅春园汛把总，先后已达四十年（公元1814年至1853年）之久，诚如其自序中所称之"老弁耆兵"也。"咸丰三年九月出征"，盖指太平军北上，京师戒严事。咸丰三年太平军林凤祥率师北伐，由临洺关、顺德府，连克沙河、任邱、隆平、柏乡，九月初三日克赵州，初六日拔晋州，初七日占领深州，所向披靡，声势凌厉，直逼清廷。咸丰帝大惧，调桂良为直隶总督，授惠亲王绵愉为奉命大将军，命僧格林沁统兵，京师戒严。徐际金所谓之"出征"，即指此也。于时于事，皆相符合。其时中营将素盔甲九百九十七副销毁而打造腰刀。由此可知，此书之成必在咸丰三年以后，再七年咸丰庚申，五园俱被英法联军焚毁，徐氏书中不及此变，则成书又必在咸丰十年以前也。徐氏纂辑此书，旨在记录中营制度，"使后之莅斯任者，一目而睹全牛"，非有意著述者，且职微事小，书虽成亦未付梓，仅有抄本流传而已。五石斋所藏抄本，非徐氏全帙，以目录校之，缺官员兵丁承买豆石、各项新建处所、各项沿革处所、五园点景名目、附园廨宇地亩、园外苑园宅、地方名胜古迹、外附步营堆拨、外附驻防营房等十五项。官员承买豆石项，原书不缺，乃抄者所略，并注明"官员承买盛京豆石未抄"，盖凡列目者皆有文，今所缺十五项，皆为抄者删略。此抄本既删正文，却附抄静宜园汛呈文八篇，疑此抄者或系咸丰以后中营静宜园汛之官弁，抄此以备参稽营制，故字迹草率，凡与其职守无关者如五园点景名目、苑囿名胜古迹，以及外附堆拨营房诸事，皆略而不录，至于豆石承买各项，或因事已废除，亦缺而不抄，然八篇呈文，虽非志书之文，以其皆为日常必用之公文格式，故抄而附焉。此书除五石斋所藏之传抄本外，不见于各家著录。徐氏原稿已不可见，而此传抄之残帙，恐亦是人间孤本矣。

《顺治元年六月内院供给钱粮旧例》

《顺治元年六月内院供给钱粮旧例》一册，五石斋藏本系用续修四库全书总目白绵纸铅字打印，共十五页。此旧例云是："光禄寺典簿厅呈，为供应时今将内阁大学士各项每日饭食品物、折价银两数目，开列于后，应否增减，伏候上裁。"计开有内阁大学士饭食、中书官饭食、翰林院各官饭食、司礼监教书官饭食、尚宝司卿少卿寺丞六科给事中等官饭食、中书科中书饭食、提督四夷馆太常寺少卿饭食、兵部腾黄饭食、文华殿官儒饭食、武英殿中书并画官监儒饭食、圣济殿医士饭食、工部六科廊营缮司主事并副使饭食。第二页有文如先生按语云："此当是前明旧例，清初开列以备用者，中有国公及太监名目，清初所无也。"所论极是。此册为东方文化学院打印，其间有墨笔校添处，当是据原稿校改者。

《随扈日录》

此册为高名凯先生旧藏，原题《纪行随笔》。1947年丁亥冬，文如先生借观，审定为英和所撰，并为之改题目《随扈日录》。用稿纸钢笔录副，于封皮上亲题曰："随扈日录一卷，英和撰，五石斋藏本。"后有文如先生跋语云："右纪行随笔一卷，不署撰人，以《恩福堂笔记》及《啸亭杂录》证之，知英和所记也。自嘉庆十八年三月五日至二十九日，随上泰陵；又是年秋七月十八日至九月十六日，随扈滦阳。如日记体，纪侍班奏事，赓歌赐赉，行程登眺，靡不详焉。纪注之事，至明、清而衰，率皆不言温树，内廷规制，阙焉莫述，谈掌故者无可参稽，扪槃揣目之语，诬妄流传至不可究诘，今观此卷，其裨益旧闻，当非浅鲜。英和字树琴，号煦斋，索绰络氏，正白旗满洲人。乾隆五十八年进士，入词林，官至协办大学士、户部尚书、军机大臣，为嘉道名臣，以规复海运一事，为世所称。道光八年宝华峪地宫浸水，被严谴，并子孙革职籍没，戍黑龙江。居三年放归，隐居西山，理著述事，几不自给，赖门人穆彰阿集二万金资之。二十年卒，仅赠三品卿衔，知成帝褊急怀他憾，加以非罪，穆彰阿方在政地得君而不能争，则其故可知矣。英和父德保，子奎照、奎耀、孙锡祉，四世皆入翰林，至大位，门第之盛，一时罕匹。萨克达夫人介文，貌若天人，能诗，工书画，房帏之乐尤有足称，乃晚岁寂寞，盛衰之感有深慨焉。世皆称纪、阮两文达能得士，然英和门人中马瑞辰、胡承珙、严可均、焦循之经学，徐松之史学，刘开、姚莹之辞章，皆有大过人者，师固不贤于弟子哉？观其所为卜魁赋，词翰斐然，不愧作者，即此卷作字精妙，乃尔不当什袭珍之耶？丁亥腊月，名凯同学偶获此卷，借观弥月，为郑重题识以归之。"八月二十六日条记石屋云："廿六日寅正三刻，随行至哈尔玛拉哈看城，路旁有大小石狮二，地名哈里雅尔，汉言野菠菜也。……午正二刻，奉派看视石屋，距大营东六七里平坡上，南向，有石屋二，高阔不盈二尺，厚不盈尺，镌成门户，制颇工。东屋门半开，一人倚望状,周围无字;西屋门遂檐下有长方额,楷书孝敬之墓四字。两屋相距四尺许,中设小石案,高不盈尺,制亦工。迤西数丈外尚有二石案,近石屋复有石案一,均不过二尺,制皆工,若为人弃置状。未初一刻回,召见,以所见详对。"此所记之石屋,似是石室墓之雕刻,特别是东屋所刻应是宋、元墓常见之题材——"妇人启门状"。其他如记潭柘寺殿前银杏树、行宫流觞亭,以及寺后半山上之姚公祠堂、龙潭等情况,皆是一百七十年前旧貌,亦颇珍贵矣。

一九八九年一月

原载邓珂编《邓之诚学术纪念文集》,北京大学出版社,1991年。

《中国古代都城资料选刊》评议

中华书局编辑的《中国古代都城资料选刊》已经出版了五种：《东京梦华录注》（1982年1月）、《历代宅京记》（1984年2月）、《唐两京城坊考》（1985年8月）、《宋东京考》（1988年8月）、《类编长安志》（1990年8月），即将出版的还有《永乐大典本河南志》等。这套丛书刊出时没有发表过缘起和编例之类的说明性文字。记得当年我曾与主持这项工作的副总编辑赵守俨同志交换过对这套丛书的意见，原来的选题计划是比较系统全面的，后来遇到了与其他出版社重复的问题，不得不变更选题计划。凡属记北京城的书皆由北京古籍出版社印行，如《日下旧闻考》、《宸垣识略》、《京师五城坊巷胡同集·京师坊巷志稿》、《故宫遗录》、《析津志辑佚》等；《武林坊巷志》则由浙江人民出版社印行；《三辅黄图》、《汴京遗迹志》、《如梦录》等也分别印行。据我所知《选刊》中还有如《长安志》、《雍录》等数种仍要陆续出版。十几年来，我既对这套书提出过不少具体意见，也是这套书的热心读者，不揣谫陋，妄议如下。

中国古代城市的历史，与中国古代史、中国考古学、中国建筑史都有极密切的关系，由于学科不同，它们所研究的重点和视角也各不相同。城市中的都城尤其重要，它集中表现每个时代的特点，文献资料也多集中在都城方面。《选刊》中所收的资料则以专书为主，地方志、正史、政书、会要中的资料均不包括在内，这个标准是清楚的。而且即便是专书也未收全，称之为"选刊"，我想大概是这个缘故。

首先说邓之诚先生的《东京梦华录注》。此书1959年由商务印书馆出版，这是第一部给《东京梦华录》作注的书。《东京梦华录》是很难读的书，涉及礼仪制度、风俗生活、市井俚语、衣冠名物等，范围极广。邓先生在序中说："断句以伎艺饮食为最难，其它讹夺俱难强解。虽力求不误，而误者必多。""能释者未及十之三四,自恨浅薄,所知太少。"这虽是自谦之辞,但也道出了注者的甘苦,我们是很能理解的。这本书在《东京梦华录》的研究上,是筚路蓝缕、功不可没的。邓先生作注时之取材,"以宋人杂记为断,亦不多取正史,阑出此例不遇数条"。这是邓先生自己定的体例,以宋人证宋事,是极合理的。但是从学术研究的规律来看,此例似乎不利于汲取后人的研究成果,妨碍了注释的完善性,这是应在今后作补注时加以充实的。1980年收入《选刊》时曾对已校出的误字误断,作了些改正;删去了卷五"京瓦伎艺"条内"毬杖踢弄"的注释。此注引《诗话总龟》、《事林广记》、《演繁录》、《事物纪原》和《挥麈后录》,都是讲蹴球的事情,与主题不符。"毬杖踢弄"是在东京瓦子里所表演的一种杂技,与蹴球无关。朝鲜《朴通事谚解》(《奎章阁丛书》本)卷中记勾栏杂技,表演"弄棒"的便是"毬杖踢弄":

> 勾栏里看杂技去来!
> 去时怎么得入去的?
> 一个人与他五个钱时放入去。有诸般唱词的,也有弄棒的。一个高卓儿上,脱下衣裳,赤条条的仰白着卧,一托来长短、停柱来粗细的油红画金棒子,放在他脚心上转,脚背上转,指头上转,吊下来踢上去,弄得只是眼花了。

《梦华录》卷七"驾登宝津楼诸军呈百戏"条中之"彩画毬杖",与上引之"油红画金棒子"相似,故《朴通事谚解》中所说的"弄棒的",当即是《梦华录》中所说的"毬杖踢弄"。今日杂技表演中仍保留了这个节目。

《东京梦华录注》出版后,评论此书的有日本的入矢义高,中国的孔宪易《读〈东京梦华录注〉小议》(《学林漫录》四集,1981年10月),龚延明《关于〈东京梦华录注〉部分注文商榷》(《中国古都研究》四集,1989年3月)。孔宪易尚有补注之作(书未见,其后记发表在《史学月刊》1990年2期上)。日本的入矢义高和梅原郁在1983年3月出版了译注《东京梦华录》,孔宪易曾有评论(《〈东京梦华录译注〉纠误》,《中国史研究》1985年2期)。入矢和梅原是日本的著名学者,梅原只作了卷一的注释,入矢主持全书注释。但其书为了适应日本读者,有很多注释是一般性的通俗解释,当然在邓注的基础上,也不乏精彩之作。然而有些极普通的事物,入矢不能理解,如卷四"饼店"条有"捍剂"一词,这是现在中国北方人常说的话,即做饺子或包子时捍的面皮,称作"剂",做烧饼的生面也叫面剂。入矢不明白,猜想是"酵母入面发酵的意思"。这种错误是由于缺乏中国文化传统的深厚背景而发生的,这是外国学者在研究中国古文化时很难克服的弱点,他们对有些事物的理解,总给人有"隔靴搔痒"之感,同样,中国学者研究外国古文化也会有这种毛病。

《东京梦华录》一书对研究北宋汴梁城,确是一部不可多得的书,《选刊》收入是恰当的。当年邓先生还有意为《东京梦华录》作图注,现在邓注出版已过了三十三年,似乎是应该为《东京梦华录》作集注和图注的时候了。

周城《宋东京考》是乾隆初年编辑的一部有关北宋汴梁的资料书。据采摭书目统计共引用三百四十八种书,为目前所见讲汴梁的比较实用的书。周城在学界交游不广,见闻有限,有些极重要的书,如当时只有抄本流传的《三朝北盟会编》,他未见到,宋人诗文集也未涉猎。此书编成于四库开馆之前,许多重要的佚书如《宋会要辑稿》等,尚未出现,致使此书的资料性带有很大的缺陷。在点校过程中,对书中的每条文献应补注版本卷次,这本是举手之劳的事而未做,令人遗憾。

顾炎武的《历代宅京记》诚如"出版说明"中所说,"是我国第一部辑录都城历史资料的专书"。顾炎武在卷一、二总序中综述中国都城发展大势,始自伏羲都陈,止于元世祖建大都,历代都城转换更迭之脉络,兴废嬗变之轨迹,大体备于此。顾氏此书,选材严谨,以正史所记为主,辅以地志、笔记所载。如卷十二邺城全文抄录明嘉靖《彰德府志》卷八之《邺都宫室志》,此卷应出自宋《相台志》,是目前所知关于邺城的最重要的史料。卷十九记元大都宫殿,引《辍耕录》卷二十一"宫阙制度"条,此条出自元《经世大典》,文后有"史官虞集曰"可以为证,这是官方档案材料,翔实可靠,各殿长宽尺度精确,可据此作建筑复原。但《选刊》排印时有错简,页265第5行第13字后,即"寝殿五间"下应接该页第16行第29字"两夹各三间",而该页第5行第14字后"置花朱阑八十五扇"至第16行第28字"引金水河至其后,转机运斡,汲"前,应移至页266第12行第29字"前苑转"下,即"前苑转"接"置花朱阑八十五扇,转机运斡,汲"接"水至山顶"。这是《历代宅京记》原刻本的一叶两面的错简,点校时不察而出此误。王剑英同志数年前告我。望重版时能够更正。

徐松《唐两京城坊考》是集其毕生时间的力作,在中国古代都城的研究上占有重要的学术地位。《选刊》收入时,点校者利用北京大学图书馆藏徐松《唐两京城坊考》的稿本做了两件事:一、根据徐松和张穆的不同笔迹,分辨出了张穆所补的若干条;二、补录了稿本中比刻本多出的数条注文和徐松的案语。张穆补的不多,字数较多的有两条,都有错误。一是卷一"承天门街之东,宫城之南第二横

街之北"下的关于唐窖粟砖的注文(见页11),这是根据稿本辨出的。宿白先生在《隋唐长安和洛阳城》一文注⑧中有详细的考证:

> 清嘉庆二十二年(公元1817年)汤景涛于西安市上购得贞观十四年(公元640年)、廿二年(公元648年)"和籴粟窖砖"各一块。两年后,又购得大中十年(公元856年)、十一年(公元857年)"和籴粟窖砖"各一块,见录于陆耀遹《金石续编》卷四。后又出贞观八年(公元634年)"转运敖仓粟砖"一块,曾藏端方处,著录于《陶斋藏石记》卷十七。后一砖现藏北京大学考古陈列室。以上诸砖相传皆出于西安城西北隅之北,其地即当吕大防《唐宫城图》中所记的太仓附近,陆耀遹考为"乃唐太仓粟窖砖也"。张穆校《唐两京城坊考》时,不知该砖出土地点,曾据砖文拟太仓于皇城承天门街之东,盖误(张穆校文,刻本《城坊考》已与徐松原文混淆不辨,此据北京大学图书馆所藏《城坊考》稿本)(见《考古》1978年6期,页424)。

点校者亦云:"张穆不知砖出土于西安城西北隅,相当于吕大防《唐宫城图》中所记太仓之地,而以砖文之街东为承天门街东,误系于此。"

张穆补的第二条长注也在卷一,是西内苑"大安宫"的注(页28～29),全文如下:

> 穆案:《永乐大典》载大安宫图,与《唐书》、《长安志》皆不合。其图南面三门:中曰应天门,左曰左掖门,右曰右掖门。北面一门,无名。西面无门。东面一门,曰集禧门,盖通西内苑之门也。应天门之内,左右各有一井。大安殿前曰仁寿门,左曰日华门,右曰月华门。大安殿之后曰宜明门,又北曰政和门。门内为仁政殿,殿东西各有一门,无名。宜明门东首曰左嘉会门,西首曰右嘉会门。右嘉会门外为瑶池,池之南隔一垣有一门,无名,更南即右掖门也。池之东北为蓬莱阁,阁北一门,无名。左嘉会门东为承明门,与集禧门相直。承明门之北曰昭庆门,与政和门相直,承明门之南曰会通门,与大安殿相直。又南曰敷德门,与仁寿门相直。又南即左掖门矣。殿左右、门内外各写大木一章,岂即所谓山村胜景耶?穆于道光二十三年八月从《大典》摹出,附识于此。

点校者指出此注有误,但未说明误在何处。据我所知张穆所摹的《唐大安宫图》,实际上是南宋人所传的金中都宫城图。我曾在北京图书馆所藏徐松抄本的《永乐大典本河南志》书后发现此图。这显然是张穆摹出后送给徐松的。徐松在《唐两京城坊考》中根本未提到这幅图,可见他对这幅图是否为唐大安宫图是有怀疑的。张穆虽然也发现此图与唐代文献所记不合,但见有"大安殿",便误认为是《唐大安宫图》。我们把此图与日本元禄十二年(清康熙三十八年,公元1699年)翻刻元泰定二年(公元1325年)刻印的《新编群书类要事林广记》(中国科学院图书馆藏)乙集卷一《燕京图志》中的《帝京宫阙图》比较,便一目了然,不必多说了。这幅图的绘制来源及其流传情况,详见拙作《南宋人所传金中都图——兼辨〈永乐大典〉本唐大安宫图之误》(《文物》1989年9期),此不赘述。

《唐两京城坊考》出版后,有两篇文章都对两京的里坊宅第作了补充:陈久恒《唐东都洛阳坊里宅第补》,发表在《中国考古学研究》二集(科学出版社,1986年)上,张忱石《唐两京坊宅补遗》,发表在《古籍整理与研究》(1987年2期)上,主要是根据墓志材料补充的。随着考古学的发展,新出土的材料不断出现,隋唐两京城坊的研究,还将逐步深入。

骆天骧《类编长安志》是颇有名的书,之所以被人注意,首先是由于此书只有抄本,流传不广,被视为秘籍;其次,书中记录了金元时期长安及其附近的情况。骆氏对尚有的遗迹多半亲自作过调查,如卷七记汉昆明池的织女石像,"身长丈余,土埋至膝,竖发,戟手怒目。土人屋而祭之,号为石婆神庙"(页239)。此石像至今尚存,仍称石婆,为西汉著名的石雕。卷八记汉文帝霸陵,云:"至元辛卯(二十八年,公元1291年)秋,霸水冲开霸陵外羡门,吹出石板五百余片。"(页241)这是骆氏亲身经历的事,对了解霸陵极有参考价值。骆氏对长安附近的碑刻作过调查,卷十共著录碑刻142通,秦汉9、魏1、隋唐89、宋22、金6、元15通,著录这些碑刻时,尤注意其现况和所在地,为现存关中碑刻最重要的历史记录,是中国考古学史的难得的资料。

即将出版的《永乐大典本河南志》,原书藏北京图书馆,抄本,一册不分卷。外封题"河南志永乐大典本"、"均斋藏本",注明"一册全"。内封题"河南志抄一册全秘本"、"地舆"。全书共五十二页,用"全唐文"红格纸抄,每半页十一行,行二十一字,注用小字双行。前七页的中缝书口上题"全唐文"、"卷九千五百七十八"。第一页钤有"均斋秘笈"、"虞山翁同龢印"、"古潭州袁卧雪庐珍藏"印。书中个别条目曾以《水经注》、《伽蓝记》、《禁扁》、《金史》等校过,校语皆签注于上。

此书是徐松于嘉庆十四年(己巳,公元1809年)纂辑《全唐文》时从《永乐大典》卷九五七八中抄出的,未作任何删改。据《永乐大典目录》自卷九五五八至九五八九皆为"南"字韵,现存《永乐大典》"南"字韵只有卷九五六一,为《河南布政司》和《河南府图》。自卷九五六二至九五八九的内容全是《河南府》,共二十八卷。徐松所抄的卷九五七八为《河南府十七》古迹类,包括"京城门坊街隅"、"成周城阙宫殿"、"后汉城阙宫殿"、"魏城阙宫殿"、"晋城阙宫殿"、"后魏城阙宫殿"、"隋城阙宫殿"、"唐城阙"、"宋城阙"共九目,以《永乐大典》每卷的字数来计算,这九目应分为两卷,即卷九五七八和九五七九,后一卷漏抄卷次。《河南府》的编纂体例和《永乐大典》中其他各府的体例是相同的,其成书的时代亦应是在明永乐元年至六年之间(公元1403~1408年)。故徐松题为《永乐大典本河南志》是恰当的,如果再确切一点,应题为《永乐大典河南志》。

此书是研究自成周以来洛阳历代都城最重要的资料。徐松《唐两京城坊考》东都部分便是以此书为基础而作成的。它之所以重要,是因为其中保存了大量的久已佚失的宋敏求《河南志》的材料。

徐松卒后此书归袁氏卧雪庐,光绪十年(公元1884年)袁氏藏书散出,又归翁同龢,缪荃孙从翁家录副(缪抄本今藏台湾图书馆)。翁氏有意将此书刻印流传,曾托盛昱为之经营而未果。光绪三十年(公元1904年)缪荃孙始刻此书于金陵,厘为四卷,改题为《元河南志》,光绪三十四年(公元1908年)收于《藕香零拾》中印行。此书之时代,经缪氏改题后,皆以元称之,已属不妥,近竟有迳题为"(宋)宋敏求纂修"者(见《中国地方志联合目录》页599),尤令人不解。《选刊》据徐松抄本排印,还其本来面目,此书为明《永乐大典》卷九五七八、九五七九《河南府》十七、十八《古迹类》两卷,可成定论矣。

《中国古代都城资料选刊》自1982年出版第一种,至今已逾十年。我体会原来编此《选刊》的目的,是要配合关于中国古代城市史的研究,特别是都城的研究而做的。当然《选刊》由于种种原因未能充分做到这一点,但在其他出版社的配合下,许多重要的都城资料正在陆续出版,应该说我们做得还是不错的。希望在今后的选题中,能够把这方面的出版规划引向深入。我们更希望在不久的将来能有一部《中国古代城市史》问世。

一九九二年元月十二日

原载《书品》1992年1期。

一处被人遗忘了的故都

——评介王剑英著《明中都》

中华书局 1992 年 5 月出版的王剑英同志著《明中都》一书,把一处被人遗忘了的故都,重现于世。在明史研究和中国古代城市史的研究上,这本书是十分重要的。

明中都在今安徽凤阳,是朱元璋的故乡。它始建于洪武二年(公元 1369 年),罢建于洪武八年(公元 1375 年),只有六年的时间,是中国历史上历史较短的都城。但是,并不因为它历时短,便无足轻重。在中国都城发展史上它毕竟占据了一个环节,是处于明代的南京与北京之间的一个重要环节。在这篇短文中,我一方面要评介王剑英同志的《明中都》一书,另一方面,我想借这个机会,对明中都在中国都城史上的历史作用,谈点个人的意见。

一

《明中都》共分八章:一、明初营建都城的概况;二、明中都是朱元璋统一全国后悉心经营的高标准建筑;三、明中都建筑是在封建统治下全国劳动人民的血汗结晶;四、营建明中都的过程;五、劳动人民的英勇斗争迫使朱元璋停下穷侈极丽的明中都营建工程;六、明中都的设计、布局和建筑;七、明中都的利用及其对凤阳人民的影响;八、明中都建筑的变迁。全书附有 83 幅插图。前有叶圣陶先生的题词、单士元先生的序,后附参考书目。

据我所知,这本书是王剑英同志《明中都考》的一部分,《明中都考》分两篇,一为历史篇,一为考古篇。这本书是《明中都考》的历史篇,中华书局将这部分题名为《明中都》出版。考古篇有油印本,它记录了文献上没有记载的明中都的遗迹和遗物，也是很重要的。

《明中都》以文献为主，阐述朱元璋营建明中都的过程，明中都建置的规制，及其城市规划的设计布局。这些内容都见于前六章。第七、八两章则叙述明中都停建以后，明清两代对中都的改建和废毁的情况。

王剑英同志是明史专家，从他所用的文献中可以看出，是以《明实录》（主要为太祖、太宗、英宗、世宗四朝实录）、《明史》、谈迁《国榷》、《大明会典》（徐溥修李东阳校一百八十卷正德四年司礼监刻本、申时行重修二百二十八卷万历十五年内府刻本）、柳瑛《中都志》、袁文新《凤阳新书》，以及自明万历以来所修的凤阳县志、府志等书为基本史料，辅以文集笔记和其他有关的专书，可以说，《明中都》从史料上来衡量，是迄今为止最完备的著作。

从叙述的体裁上看，以讲中都沿革史实为纵线，以考订各类建置为横向而展开，并有专章讨论其城市规划。研究一个城市所涉及的大体便是如此。这样纵横交织，专题深入的写法，给读者以清晰的脉络，是很得体的。作者在构架剪裁时，是很费了一些思考的。

作者运用史料娴熟，但又不拘泥于史料，能从中撷英钩沉，发幽阐微。最突出的一个例子是关于明中都设计方案的变化修改这一史实的揭示，《明中都》第六章第一节《明中都城址和城墙的设计与修改》（页69～71），先叙述现存明中都城的范围，平面为一扁方形，西南角突出包容凤凰咀山。但洪武五年正月"定中都城基址，周围四十五里"（《明太祖实录》卷七十一，页6）的记载，与现中都城址周五十里又四百四十三步之数不合。作者清晰地作出判断：

> 最初设计的明中都城是呈正方形，皇城居中、东西对称的。但是，这样就把独山留在城外，居高临下，俯瞰全城，于防守极为不利。为了改正这个严重的缺点，经过权衡比较，最后在施工中还是放弃了以皇城为中心、东西对称的原来设计，而把中都城东城墙绕向东推移展出了将近三里。把独山包括在城内。这样，不利变成了有利，独山就成了中都城的形势要害之地。
>
> 中都城从正方形变成扁方形，皇城就不再在全城的正中了，稍呈偏西；而万岁山则恰好在中都城两条对角线的交叉点上，它不但是全城的制高点，而且又成了全城的中心点。

这段分析，精彩之至。请读者特别注意书中第70页的插图，文图对照，一目了然。这个分析抓住了明代初年,戎马一生,在群雄割据中苦战出身的朱元璋的心态,他不大考虑以皇城为中心的礼制,军事上的争战利害是第一位的,所以,他采取了把独山、凤凰咀山包入城内的设计。从军事上考虑占第一位的设计思想,同样地也体现在明初南京城的建设上。洪武十七年至十九年(公元1384～1386年)间,将处于南京宫城和原应天府城北面的富贵山、覆舟山、鸡笼山,以及沿江的五台山、清凉山、马鞍山和狮子山,全部包入城中,便形成了今日所见的南京城。实际上,当时从原应天府城向北,东为玄武湖,西则邻近长江,中间多是丘陵起伏的空旷之地,把这片地区括入城内,完全出自军事上控制山头制高点的需要。所辟之街道,也多随山势蜿蜒曲折,在城市规则上实在是毫无意义的。明中都和明南京这两座城市,都是在朱元璋直接干预下建设的,军事考虑的因素占了重要成分。

二

明中都的城市规划,在中国都城发展史上的作用,剑英同志在《明中都》第六章各节中均有阐述。由于对中都街坊未进行全面的考古勘探,详细情况,特别是街道与城中诸山如何布局,尚待进一步探明。但宫城前的布局是清楚的,这是封建城市规则的核心,有五点值得注意。

(一) 宫城前的"丁"字形街道布局

中都自洪武门至大明门的南北干街洪武街,与大明门前的东西横街云济街,形成了宫城前的"丁"字街,这是中都城内最重要的街道。在云济街北侧大明门东西,自西向东布置着历代帝王庙、功臣庙、中都城隍庙和国子监。洪武街是御街,两侧为千步庙,在中都城市规划上既是中轴线,又是象征皇帝威严的御街。云济街是贯通东西的横街。这种布局被明代北京城所继承,北京从正阳门到承天门(天安门)中间是御街,承天门前为东西长安街,御街与长安街构成了"丁"字形的街道布局。北京的宫城前的"丁"字形街道布局,盖仿自明中都城之规划。

(二) 钟鼓楼的位置

中都钟鼓楼的位置,在皇城前横街云济街上,东为鼓楼,西为钟楼,均跨街而建,鼓楼楼台尚存,钟楼已毁,在都城中安排钟鼓的制度始自元大都。元大都钟鼓楼在宫城之后(北),不在城市规划的中轴线上,而是稍偏西一些。钟楼坐落在十字街中心;鼓楼在其南,与处于都城中轴线上的大天斋万宁寺中心阁并列,元大都钟鼓楼附近为商业区,此即所谓"前朝后市"的规划,明中都钟鼓楼的位置与元大都完全不同,置于皇城前东西两侧,颇类似寺庙大殿前之钟楼与经藏之安排,是一个特例。明南京则放弃了明中都钟鼓安排在宫城前的做法,把钟鼓楼并列于新扩城之北部中央,恢复了元大都的传统。到明代北京城,钟鼓楼的位置比元大都的安排更进了一步,放在全城规划最醒目、重要的地方,成为全城中轴线的终点。

(三) 宫城前"左祖右社"

明中都宫城午门前,左为太庙,右为社稷,此即所谓"左祖右社"的规划。"左祖右社"、"前朝后市"是符合"周礼"王城制度的。明中都以前,元大都的太庙在宫城以东、齐化门内,社稷在宫城西北、和义门内,都不在宫城前,与宫城有相当之距离,但从方位上来说,仍可称是"左祖右社"。

至正二十七年(公元1367年)朱元璋在南京建吴王宫时,仍沿用了元大都的设计,太庙在皇城东北,社稷在宫城西南。洪武八年至十年间(公元1375~1377年)重建南京宫殿时,按照明中都的设计,将太庙、社稷迁建于宫城之前。朱元璋自己承认"愚昧无知",建吴王宫时对太庙、社稷的安排"未尽合礼"。《太祖实录》云:

> 洪武八年七月辛酉,"以改作太庙,躬祀后土、太岁等神,祝曰'祖宗神室,旧建皇城东北,愚昧无知。始建之时,未尝省察,是致地势稍偏。兹度地阙左,以今日集材兴工,特告神知'"(《太祖实录》卷一〇〇,页4)。

> 洪武九年正月壬平,"定王国祭祀之制。凡王国,宫城外左立宗庙,右立社稷"(《太祖实录》卷一〇三,页4)。

> 洪武十年八月癸丑,"命改建社稷坛。先是,上既建太庙于雉阙之左,而以社稷国初所建,未尽合礼,又以太社、太稷分祭配祀,皆因前代之制。欲更建之为一代之典,遂命中书下礼部详议其制,……上览奏称善,遂命改作社稷坛于午门之右"(《明太祖实录》卷一一四,页1~3)。

明北京的太庙、社稷的位置,在皇城内宫城前,一仍明中都创立的制度,太庙在东,社稷在西。"左祖右社"之制自明中都定制,明清两代皆遵其制。

(四) 中央官署的位置

明中都中央官署——中书省、大都督府和御史台,集中在宫城午门外,中书省在东,大都督府和御史台在西。改变了元大都中央官署分散于全城的规划。元大都最初的规划,中书省在宫城北,枢密院在宫城东,御史台在宫城西北肃清门内,极不方便。后来将中书省移建于皇城前,丽正门内东侧,御史台移建于宫城东南文明门内,明中都一改分散不便之弊,从城市规划上来说,是一个进步。明南京延续中都中央官署集中的设计而加以调整,宫城午门前为"左祖右社",东为太祖,西为社稷坛。将中央官署迁出皇城承天门外,东为宗人府,吏、户、礼、兵、工部,銮驾库,翰林院,詹事府,太医院;西为五军都督府,太常寺,仪礼司,通政司,锦衣卫,旗手卫,钦天监。将三法司——刑部、都察院、断事府置于宫城之北。明北京完全继承了明南京的规划,也将中央官署集中于宫城承天门外东西两侧,东为宗人府,吏、户、礼、兵、工部,鸿胪寺,钦天监,太医院,翰林院,詹事府,以及銮驾库等。西为五军都督府,太常寺,通政使司,锦衣卫。三法司——刑部、都察院、大理寺在宫城西(清代始将刑部与大理寺迁至天安门西侧明代锦衣卫旧址,明代三法司衙门改为九门提督衙门,然地名仍以旧刑部街称之)。盖明代南京、北京中央官署之布局,实滥觞于明中都。

(五) 宫城东、西华门的位置

明中都宫城东、西华门的位置,在宫城前朝正殿之前两侧,改变了自北宋汴梁宫城、西华门在宫城东西垣中央的布局,这在宫城布局上是一个很大的变化。

北宋汴梁的宫城分前朝与后宫两区,这两区之间用一条横街相隔,此横街之两端,东辟门曰东华,西辟门曰西华,大体上相当于宫城中间的部位。宫城分前后两区的这种布局,为金中都和元大都所继承,成为定制。明中都一反宫城内分两大区的布局,把后宫更加封闭起来,将前朝与后宫联为一体,把东、西华门间的横街,置于前朝五殿之前。明南京接受了中都的布局,将宫城上的东、西安门置于前朝正殿奉天殿(门)之前两侧,外与皇城东、西华门相对。明代北京一仍南京之制,宫城东、西华门在前朝皇极(奉天)殿(门)东西两侧,东华门与皇城上东安门相对应,西华门则与西苑的西苑门相对应,而皇城的西安门则沿用了元大都皇城上的旧门,并不与西华门相对应。

宫城布局的改变，体现在东、西华门位置的移动上，这种改变始自明中都。

从以上五点可以看出，明中都虽然存在的时间很短，城市建设半途而废，但在城市规划上仍起着承前启后的作用。

三

明中都自洪武八年（公元 1375 年）停建以后，至洪武十六年（公元 1383 年）拆毁宫城内殿宇，修建大龙兴寺。正统五年（公元 1440 年），大龙兴寺毁于火。天顺三年（公元 1459 年），再拆中都中书省等衙门房五百余间，重建大龙兴寺。经过这两次拆毁，中都宫殿衙署建筑基本上无存。但城垣、宫殿、衙署之基址，仍然保存着。明末战乱之后，中都残破。清康熙六年，移凤阳县于中都宫城。乾隆二十年（公元 1755 年），在中都宫城之东南，以明中都鼓楼为中心，新建凤阳府城。至此，明中都城内又建新城，城市布局为之改观。

明中都城遗址，自乾隆二十年（公元 1755 年）新建凤阳府城之后，迄今已 238 年。它的知名度远远不如明南京和北京，一直不太为人们所注意，包括历史学界和考古学界。"文革"期间，中都宫城城垣和殿宇基址中的砖被拆卖，甚至远销至上海。就在此时，王剑英同志从 1969 年到 1975 年在凤阳"五七"干校劳动，利用劳动之余，对明中都遗址进行了全面的调查，写成了《明中都城考》上、下篇。当时作这件事情是很不容易的，要承受很大的压力。这与王剑英同志一贯执着追求钻研学术的精神是分不开的。

王剑英同志是我的学长。1950 年我进燕京大学历史系时，他已是研究生，是邓之诚先生的研究生，研究明史。我第一次见邓先生，便是剑英同志带我去的。毕业后，他一直在人民教育出版社工作，很有成绩。"文革"时他受到很大的冲击，却能坦然处之，毫不介意。钻研学术的毅力，丝毫未减。1975 年我与故宫博物院单士元先生、杨伯达同志和王剑英同志受国家文物局之委托，去凤阳调查了解明中都保护中的问题，发现王剑英同志对中都的一砖一瓦、一草一木都很熟悉，那种严肃认真、一丝不苟的治学精神，令人起敬。我想，也就是凭着这种精神，他才能写出《明中都》这本书。

原载《书品》1993 年 2 期。文后原附有《明中都与南京创建大事表》，选入本书时未收入。

评《居延新简——甲渠候官》

所谓居延新简是指1972年以后新发现的居延汉简,以区别于1930年西北科学考察团所发现的居延汉简。此书所收汉简,主要是甲渠候官遗址(破城子,编号EP,原编号A8)和第四燧遗址(蒙语拼音保都格,编号EPS4,原编号P1)出土的,其中甲渠候官出7 933枚,第四燧出195枚。采集汉简281枚,其中甲渠候官采集20枚,第四燧采集67枚,卅井塞次东燧采集173枚,在居延地区采集的不明地点者21枚。共8 409枚。

敦煌和居延汉简的发现,在中国近代学术史上是很重要的事情,它与殷墟甲骨文的发现,敦煌石窟写经和文书的发现,以及北京明清内阁大库档案的发现,共称为中国近代学术四大发现。汉简的发现之所以重要,是因为它是在汉代西北烽燧遗址中出土的,它们是汉代当时的屯戍档案,是有关汉代历史的第一手资料,其史料之价值可与《史记》、《汉书》等史书相比拟。

甲渠候官遗址新出7 953枚汉简,1930年所出据贝格曼报告统计为5 216枚,《居延汉简甲乙编》著录4 422枚。如以著录者为准,则自1930年以来,在甲渠候官遗址共发现汉简12 375枚。

甲渠候官属居延都尉府。甲渠候官遗址已作了全面发掘,出土的12 000余枚汉简是从两千多年以前遗留至今的档案实物。这些档案有:

  吏卒名籍

  吏卒廪名籍

  吏受奉名籍

  病卒名籍

卒家属名籍

卒家属廪名籍

戍卒病死衣物名籍

日迹簿

作簿

守御器簿

戍卒被兵簿

钱出入簿

谷出入簿

茭出入簿

茹出入簿

受库钱财物出入簿

吏卒当食者案及谷出入簿

戍卒折伤牛车出入簿

赐劳名籍

出入关致籍

四时簿

马名籍

在归宗的书卷之中，还有：

吏病及视事书卷

士吏候长往来书

诣官□书

檄书

诏书

劾书

爰书

另外，还有邮书课、功劳簿、烽火记录簿，也还有私人的书信、日历、抄录的书籍等。内容广泛，涉及当时屯戍西北的政治、经济、社会、生活各个方面。所以，《居延新简》的史料价值对汉代史的研究是极其重要的。

但是，这些简牍出土时的原来次序皆已散乱。1930年所出，只有大地点，出土的状况不甚明了。1972年所出是科学发掘，对简的出土地点和层位都有很明确的记录，这便为我们复原简册提供了十分重要的依据。因此，我们只能把《居延新简》所发表的8 000余枚汉简，作为一宗原始资料。换言之。我们尚需对《居延新简》所提供的材料，加以分析整理，使之成为可读的案册。

实际上，在《居延新简》中已经给我们提供了许多重要的档册，如EPF22出土的建武三年（公元27年）候粟君所责寇恩事（爰书）；EPF16出土的烽火品约；EPF22出土的建武时期甲渠候官转发上级的各种禁令，如禁私铸钱、禁盗发冢中衣物并贩卖、禁作使属国秦胡卢水士民畜牧田作、禁嫁娶过令、禁伐树木、毋犯四时禁等；EPF22出土的捕斩匈奴虏反羌购偿科别；EPT68出土建武五年五月主官令史谭上报的劾状。都是极其重要的史料，应予按不同专题作进一步研究。

《居延新简》分上下两册，上册为释文，下册为图版。简文按地点、探方中出土的编号排列。释文繁体竖排，严格按简的书写格式抄录，隶定异体字。这比原来文物出版社出版的简体横排《居延新简》方便多了。释文是经过反复斟酌的，改正了简体横排本的许多误释错排。简号的著录采用分号前标地点探方号，分号后标简号，两号并录，一目了然，改正了简体横排本只标简号不标地点探方号的缺点。图版编排合理，与释文对照极为方便。美中不足的是图版的印刷较差，黑白反差小，色调灰暗，有些很模糊，类似翻版。这是一部学术资料书，第一次发表的新简图版要清晰，以利于学者作进一步研究。希望在出版肩水金关卷时，一定要改进图版的质量。另外，图版上的简是否原大，在凡例中没有交代，这一点很重要，因为书中并未注明尺寸，如是原大，则可按图量出简之长度。

作为一个读者，我还希望甲渠候官遗址的正式考古发掘报告能够尽快出版。

原载《书品》1995年1期。

中国石窟寺考古学的创建历程
——读宿白先生《中国石窟寺研究》

一

宿白先生《中国石窟寺研究》一书，1996年8月由文物出版社出版。这是一部研究中国石窟寺考古学的专著，它记录了中国历史考古学的一个分支——中国石窟寺考古学的创建历程，是当代中国考古学研究中的一项丰硕学术成果，也是近年中国考古学的重要著作。

《中国石窟寺研究》共收论文23篇，是作者自1951年迄1996年间陆续写作和发表的论文。据作者"前言"中所述，这23篇论文，除第一篇是概括性的《中国石窟寺考古》外，其他22篇依论文的内容，可分六组。

第一组两篇：《新疆拜城克孜尔石窟部分洞窟的类型与年代》（1982年撰文，1990年发表。以下凡列两个年代的均同此例，只列一个年代的则是发表年代）和《凉州石窟与"凉州模式"》（1986年），探讨我国现存两处最早的石窟遗迹问题。

第二组五篇：《〈大金西京武州山重修大石窟寺碑〉校注》（1951年、1956年）、《云冈石窟分期试论》（1978年）、《〈大金西京武州山重修大石窟寺碑〉的发现与研究》（1982年）、《平城实力的集聚和"云冈模式"的形成与发展》（1987年、1991年）、《恒安镇与恒安石窟》（1987年、1994年），都是研究大同云冈石窟的论文。对云冈石窟的修建历史、编年分期，以及云冈石窟在中国石窟寺发展上的地位，都作了缜密的研究。

第三组两篇：《洛阳地区北朝石窟的初步考察》（1990年）、《南朝龛像遗迹初探》（1989年）。研讨了云冈以后的洛阳龙门和巩县等北魏石窟，以及江苏南京栖霞山千佛岩和浙江新昌剡溪宝相寺龛像诸问题，特别是南朝石窟对北朝石窟影响的问题。

第四组九篇：《〈莫高窟记〉跋》(1955 年、1982 年)、《参观敦煌莫高窟第 285 窟札记》(1956 年)、《敦煌莫高窟早期洞窟杂考》(1978 年)、《两汉魏晋南北朝时期的敦煌》(1982 年)、《东阳王与建平公(二稿)》(1981 年、1988 年)、《建平公于义续考》(1986 年)、《〈武州圣力李君莫高窟佛龛碑〉合校》(1990 年)、《莫高窟现存早期洞窟的年代问题》(1989 年)、《敦煌莫高窟密教遗迹札记》(1989 年)，主要研讨敦煌莫高窟现存早期和晚期部分洞窟的问题。敦煌早期洞窟研究不只是编年的事，而且涉及佛教东传中的若干问题；敦煌晚期密教窟的研究，也涉及了密教传播的问题。

第五组两篇：《记西藏拉萨札拉鲁浦石窟寺》(1996 年)、《元代杭州的藏传密教及其有关遗迹》(1990 年)，都是研讨藏传密教石窟的问题。

第六组是附录，共收三篇文章：有《北朝造型艺术中人物形象的变化》(1989 年)和《〈李君莫高窟佛龛碑〉三种拓本与两种录文合抄》(1996 年)；另有刘慧达《北魏石窟与禅》(1962 年)一文，当年刘撰此文是在汤用彤先生与宿白先生指导下完成的，因与北魏石窟研究有密切关系，故收入附录，以备参考。

中国石窟寺的研究是从 20 世纪初开始的。当时中国的社会正处于半封建半殖民地的状态，中国考古学的研究多半是从外国人开始的，石窟寺研究也不例外。日本人伊东忠太在 1902 年调查了大同云冈石窟；法国人沙畹在 1907 年调查了洛阳龙门石窟；德国人勒科克在 1904 年和 1913 年从新疆拜城、库车、吐鲁番诸石窟中盗掘遗物，剥离壁画；英国人斯坦因、法国人伯希和和日本人大谷光瑞先后在 1907～1914 年间，劫夺敦煌石窟经卷文书和工艺品；1933～1934 年间日本人和美国人又对山西太原天龙山石窟和洛阳龙门石窟的造像进行肢解式的盗窃。抗日战争时期，大同沦陷，日本京都大学在云冈石窟强行调查、摄影、测绘长达六年之久，并于 50 年代陆续出版了《云冈石窟》30 册。20 世纪初期以来的外国人对中国石窟寺的调查研究是与掠夺中国石窟文物同时进行的。

中国人自己对中国石窟寺的调查研究开始于 20 世纪 30 年代。1930～1933 年西北科学考察团调查新疆石窟；1935～1936 年北平研究院和中国营造学社都对河北武安响堂山石窟作了记录。40 年代张大千、常书鸿调查敦煌石窟，并临摹壁画；冯国瑞调查甘肃麦积山和炳灵寺石窟；也有不少学者和学术机构调查了四川、云南和新疆境内的其他石窟。

中华人民共和国成立后,石窟寺的保护得到了政府的重视,成立了敦煌文物研究所(后改为研究院),全国各地的重要石窟寺皆成立了保护研究机构,为中国石窟寺的学术研究创造了良好的条件。

中国石窟寺研究大体上可以分为两个阶段:20 世纪 50 年代以前为一个阶段,50 年代以后为另一个阶段。这两个阶段的本质区别在于是否以考古学的方法来调查记录和研究中国石窟寺遗迹。

中国石窟寺是中国历史上遗留下来的佛教遗迹。对遗迹的清理和研究必须按考古学的方法来进行,这是现代考古学诞生后发展起来的唯一科学方法。20 世纪 50 年代以前中国石窟寺的研究,不论是外国人还是中国人,基本上都是从美术史的角度来研究中国石窟寺遗迹的,只能记录(主要是照相和测量)现状,临摹壁画。历史遗迹在不同的历史时期是有变化的,这种变化是历史发展实况的记录,考古学便是研究和揭示这些历史遗迹变化的学科。因此,是否把中国石窟寺纳入考古学的范畴,便成了现代中国石窟寺研究是否符合科学的唯一标准。

宿白先生在建立中国石窟寺考古学方面,作出了杰出的贡献。我认为,他对中国石窟寺的研究实际上反映着中国考古学在石窟寺考古研究方面的全部历程。我们在评论他的《中国石窟寺研究》这本学术论著时,必须从这个角度出发,否则便不能真正把握住这部著作的学术意义。我写这篇文章便是要从阐明这部学术著作的意义上来作些评论,因为,它关系到中国历史考古学研究的目的和方法,是中国考古学上的大事。

二

1950 年宿白先生参加雁北文物考察团,曾到大同云冈考察。其后,在主持考古训练班和北大历史系考古专业实习时,几乎每年都到云冈。1951 年宿白先生与清华大学建筑系赵正之先生去敦煌勘查石窟。宿白先生的中国石窟寺研究是从云冈和敦煌开始的。1957 年宿白先生带领北大考古专业学生在河北武安南北响堂山石窟实习,作了考古调查和勘测。1961~1962 年间,宿白先生带领北大考古专业学生在敦煌实习,完全按照考古学的方法,选择典型石窟进行实测、记录,并举办了实习成果展览,对这次实习,北大校方和考古学界都予以高度重视。响堂山石窟和敦煌石窟的两次实习,实际上是中国石窟寺考古学方法的两次实验。我要特别强调的是宿白先生 1962 年在敦煌文物研究所作的"敦煌七讲"学术专题讲演,正式提出中国石窟寺考古学的问题。"敦煌七讲"是宿白先生以敦煌为例,对中国石窟寺考古学比较全面的论述。这七讲的题目是:

一、敦煌两千年

二、石窟寺考古学简介

三、石窟寺研究的业务基础知识

四、有关敦煌石窟的几个问题

　　1. 索靖题壁问题

　　2. 从乐僔、法良所联想到的问题

　　3. 试论敦煌魏隋窟的性质

　　4. 唐窟性质的逐渐变化

　　5. 密宗遗迹及其他

五、敦煌研究简介

六、石窟记录与排年

七、佛像的实测和《造像量度经》

其中有些题目以后陆续写成专文发表,如"敦煌两千年"即《两汉魏晋南北朝时期的敦煌》;"有关敦煌石窟的几个问题"分别撰写为《敦煌莫高窟早期洞窟杂考》、《莫高窟现存早期洞窟的年代问题》和《敦煌莫高窟密教遗迹札记》等文章。《敦煌七讲》在当时作为讲义曾有油印本,但未正式发表。今天,我评论宿白先生关于中国石窟寺考古学的研究时,一定要提到他的《敦煌七讲》,这是他建立中国石窟寺考古学体系的开篇之讲。

　　什么是石窟寺考古学?简单地说便是用考古学的方法来研究石窟寺遗迹。考古学的方法最基本的是层位学(地层学)和类型学。但是,石窟寺遗迹属历史考古学的范畴,毕竟和史前考古学上的各类遗址不同,如何用考古学的方法来清理、记录和研究石窟寺遗迹,确实是一个新课题。宿白先生从 50 年代以来便思考和探索这个既重要而又未被学者所突破的学术领域。根据《中国石窟寺研究》和《敦煌七讲》所阐述的中国石窟寺考古学的内容和方法,有四个研究程序:考古学的清理和记录,洞窟、造像、壁画的类型组合与题材的研究,分期分区的研究,关于社会历史的、佛教史的和艺术史的综合研究。下面我分别对宿白先生论述的这四个研究程序的内容作简略的叙述。

(一) 考古学的清理和记录

宿白先生认为：中国石窟寺考古学首先要对石窟寺遗迹作忠实的、客观的和科学的清理和记录，也就是他所称的考古学的记录，不是一般的调查记录，这种记录相当于考古学的发掘记录，它要达到一旦石窟寺全部毁废后，能根据记录恢复石窟寺之原貌。这个标准是相当严格的。所以，宿先生提出要对石窟测绘连续平、立、剖面图，石窟内各壁立面和壁画实测图，窟顶实测仰视图，窟前木结构和遗址图，佛像实测和等高实测图，石窟解剖图或轴测投影图等。对佛教造像的记录，宿白先生特别强调要包括正视、左右侧视、后视和俯视图的测绘。文字记录要客观翔实地描述，凡所观察到的现象，事无巨细，全部记录。拍摄照片和录像尤其重要，它是记录石窟现状的唯一可靠的手段。考古学的壁画临摹要求百分之百地忠实于现状，包括残毁状况在内；艺术性的壁画临摹已掺入了临摹者的艺术加工，是属于艺术的再创作，别有它的价值，但不符合考古学的原则。石窟考古的清理和记录，相当于一般考古的田野工作。要特别注意石窟寺院和单体石窟的自身变化，从留存遗迹的叠压层位上找出其变化的先后关系。

近年以来，在敦煌和大同云冈都发掘了窟前遗迹，为恢复石窟寺的外观提供了依据。云冈第3窟开窟遗迹的发掘，揭示了造窟的工序，尤其重要。这都是中国石窟寺考古学极其重要的内容。

(二) 洞窟、造像和壁画的类型组合与题材的研究

在从事石窟寺考古学记录的同时，特别是在完成以后，便要对石窟寺作类型学的研究。石窟寺考古类型学的研究包括：洞窟形制，造像壁画的题材与组合布局，造像的风格技法和细部纹饰。这些内容组成了中国石窟寺考古学的类型学研究的主体。

洞窟性质决定洞窟的形制。有窟内立中心塔柱的塔庙窟，无中心塔柱的佛殿窟，主要为僧人生活起居和禅行的僧房窟，塔庙窟和佛殿窟中雕塑大型佛像的大像窟，佛殿窟内设坛置像的佛坛窟，僧房窟中专为禅行的小型禅窟（罗汉窟），以及小型禅窟成组的禅窟群七类。窟内的布局和造像壁画之题材组合皆因窟的

形制而不同。因此，窟形在中国石窟寺考古类型学研究上是基础。当然，在后世对石窟的不断改建中，也可能出现窟形与造像壁画题材有不符之处，但这只是例外的情况，一般地说，窟形是决定造像壁画题材和布局的。造像和壁画题材之间的组合，一般地说是统一的。不同时代有不同的题材组合，题材与组合上的不协调反映着时代上的或教派（宗）上的变化，这对考古学家来说是十分重要的，他们将依据这些不同的变化来分析石窟在不同时代的营造历史。

造像壁画的风格和技法，最具时代特征，是石窟寺考古类型学的重要部分。美术史家与考古学家对造像壁画的研究角度是不同的，美术史家着重艺术的分析，考古学家除了注意佛像的外貌和技法之外，还要探求雕塑绘画佛像时的模式和比例。模式是造像的人体体型依据，印度、中亚和中国都不同，中国各地区也有差异。比例则是造像时所规定的各部位的比例尺度，这是制度问题。宿白先生指出，在敦煌唐以前的壁画底面上画有作比例用的横竖线，唐以后废除了这道工序，比例横竖线的遗迹不见了，到元代西藏又有了绘制喇嘛教佛像的图样。说明造佛像不是随意为之的，佛、菩萨、弟子像各有一定的比例尺度，坐像和立像的比例尺度也不相同。但是这方面的记载没有传下来。密教重坛场，注意图样，在密教经典中有关于佛像的记录，日本僧人曾纂辑过，如《阿娑缚抄》、《觉禅抄》、《别尊杂记》和《画像要集》等（均见《大正藏·图像部》），可作为研究盛唐以后佛像的参考。宿先生认为最重要的是元代幢吉祥藏译《造像量度经》，清·工布查布有汉译本，出自藏译，并有附图。此经是释迦为舍利弗详细解说自己的尺度的记录，以指为比例的基本模数，以搩（拇指和中指相距之长度）为扩大模数。当然，它所记的比例尺并不符合现存历代石窟中的造像比例尺度，但可以参考它的比例尺度之规律，为我们从现存历代石窟造像比例中找出不同造像不同时代的规律。这项研究将使中国石窟寺造像研究走向科学化，而它的基础便是要有精确的造像实测图，也就是前面所说的石窟寺考古学记录的内容，它的重要性是不言而喻的。

细部的变化包括造像的雕刻技术，壁画的渲染技术，服饰的变化，建筑家具等事物的形式变化，以及装饰花纹图案和边饰花纹的变化等。这些细部的变化对考古学家也是十分重要的。云冈石窟造像在服饰上的变化直接反映着北魏皇室推行"褒衣博带"汉式衣冠的史实，这是太和十年（公元486年）以后的事情。汉式"褒衣博带"服饰构成了云冈第二期（孝文帝即位至迁洛，公元465～494年）后半段服饰上的新特点。事虽细微，关系却重大。

类型学中的题材与组合的研究，与考古学记录几乎是同时进行的，在深入的分析研究中，肯定还要反复对比核查，这两个研究程序是要交叉进行的。

（三）中国石窟寺分期分区的研究

分期是指对一个石窟群的若干洞窟进行排年，并区分这个石窟群在发展历史上的阶段性；扩而大之，还可对某一地区的石窟进行分期。分期的工作要建立在对每一座洞窟，或某一地区的石窟的类型学研究上，舍此而无他途。

分区是指对我国不同地区的石窟寺，根据其类型的特点，主要是洞窟形制和主体造像的差异来进行分区。宿先生将中国石窟寺分为四大区：新疆地区、中原北方地区、南方地区和西藏地区。新疆又可分为三区：古龟兹区（今库车、拜城一带），古焉耆区（今焉耆）和古高昌区（今吐鲁番附近）。中原北方区指新疆以东、淮河流域以北，以迄长城内外的广大地区。石窟众多，内容复杂，又可分为四区：河西区，甘宁黄河以东区，陕西区和晋豫及其以东区。宿先生还将中原北方区的石窟分了四期，第一期公元5至6世纪，第二期公元7至8世纪，第三期公元9至10世纪，第四期公元11世纪以后。南方地区指淮河以南地区，石窟数量不多，分布较散，主要在江浙和四川。西藏地区以摩崖龛像为主，多为公元10世纪以后藏传佛教后弘期所开凿。

中国石窟寺分期分区的研究，既是具体细致的微观研究，又是综览全局的宏观论述。宏观是建立在微观之上的，没有微观的研究，宏观无从论述。

（四）关于社会历史的、佛教史的和艺术史的综合研究

在以上三个研究程序之后，中国石窟寺考古学的研究必须升华到社会历史、佛教史和艺术史的研究上，这是中国考古学学科发展的必然规律。中国石窟寺考古学也不能例外。宿白先生在《中国石窟寺研究》中作出了范例，他对云冈、敦煌、新疆、龙门、巩县，以及中原北方地区的其他石窟，南方和西藏地区的石窟都作了社会历史和佛教史的考察和研究，我将在下面分别介绍。

艺术史研究与考古学研究是两个学科，但我觉得考古学家们从事的关于中国石窟寺的研究，是可以成为中国艺术史学家对中国石窟寺艺术研究的基础的，有没有这个基础，对艺术史研究十分重要。但是，目前中国石窟寺考古学方兴未艾，需要作的工作很多，尚远远不能满足美术史学家的研究需要。

三

云冈石窟是宿白先生研究中国石窟寺的第一处石窟。云冈石窟在中国石窟寺研究上是有举足轻重的作用的。宿先生先后写过五篇文章。

第一篇文章是根据新发现的《大金西京武州山重修大石窟寺碑》所记的十寺，考证云冈石窟诸寺的历史，宿先生特别注意云冈窟前崖面上的木建筑遗迹，成组的石窟往往是一个木构外檐装饰成的寺院，这些开窟以来的寺院是有继承性的，《金碑》中所记的十寺，基本上是辽代以来云冈诸窟的主要寺院。《金碑》的发现在云冈石窟历史的研究上是极其重要的。宿先生对《金碑》的研究十分审慎，十寺之中宿先生只推测了五个寺院之所在，即护国寺为第 7、8 窟，崇教寺为第 9、10 窟，通乐寺约在昙曜五窟（第 16～20 窟）附近，灵岩寺为第 3 窟，尼寺或在第 20 窟附近。

宿先生的第二篇文章是《云冈石窟分期试论》。他运用石窟寺考古学的方法，科学地、综合地考察云冈石窟的内容，把云冈石窟分为三期：第一期为昙曜五窟，自和平元年至六年（公元 460～465 年）；第二期自和平六年至太和十八年迁洛阳（公元 465～494 年）；第三期自太和十八年至正光五年（公元 494～524 年）。其后，宿先生又对云冈石窟分期的历史依据，作了充分的论证，写了《平城实力的集聚和"云冈模式"的形成与发展》一文，把根据考古学分析的云冈石窟三期发展阶段，与北魏社会历史的发展密切地结合，证实云冈石窟的分期是北魏历史的具体反映；宿先生提出了"云冈模式"这一概念，他说："云冈石窟是新疆以东最早出现的大型石窟群，又是当时统治北中国的北魏皇室集中全国技艺和人力、物力所兴造，……它所创造和不断发展的新模式，很自然地成为魏国领域内兴造石窟所参考的典型。所以，东自辽宁义县万佛堂石窟，西迄陕、甘、宁各地的北魏石窟，无不有云冈模式的踪迹，甚至远处河西走廊西端、开窟历史早于云冈的敦煌莫高窟亦不例外。云冈石窟影响范围之广和影响延续时间之长，都是任何其他石窟所不能比拟的。这种情况，恰好给我们石窟研究者提供了对我国淮河以北的早期石窟（公元 5 世纪后半叶到 7 世纪前叶）进行排年分期的标准尺度。因此，云冈石窟就在东方早期石窟中占有极重要的地位，对它的研究在很大程度上成了研究东方早期石窟的关键；对它研究的深入与否，直接影响一大批石窟的研究工作。"宿先生把云冈石窟的研究价值,提到如此的高度,正是他全面考察研究中国石窟寺的精髓所在。

敦煌石窟的重要性几乎与云冈石窟相等。宿先生从50年代中期开始研究敦煌石窟,他抓住了这两处石窟的研究,可以说是抓住了中国石窟寺的主体,起到提纲挈领的作用。他仍然是从研究敦煌石窟的历史入手,首先是关于敦煌开窟的年代,其次是确认现存敦煌早期洞窟。由于敦煌地处河西走廊西端,适当佛教东传的要道上,它的最早洞窟对我国早期佛教石窟的编年分期具有重要意义。根据《莫高窟记》和《李君莫高窟佛龛碑》所记,敦煌开窟应在前秦建元元年至二年(公元365～366年)。敦煌第268(包括267、269、270、271四个禅窟)、272(包括273和另一个未编号的小龛)、275三窟是公认的现存最早的一组洞窟。但它们并不是敦煌开窟时所建,宿白先生认为它们是太和八年至太和十八年(公元484～494年)间所建。此时"云冈模式"已基本形成,敦煌早期洞窟显然是受了当时北魏首都平城云冈石窟的影响。政治因素影响着文化。北魏末年东阳王元荣出任瓜州刺史时(北魏孝昌元年至西魏大统八年,公元525～542年)和北周建平公于义出任瓜州刺史时(约在北周武帝保定至天和之际,公元561～574年间),敦煌再一次受到了东方北魏洛阳和北齐、北周石窟的影响。宿先生反复论证敦煌石窟佛教文化的渊源,还直接牵涉佛教文化自中亚、西域东传的问题。

宿白先生敦煌石窟研究的第二个重点放在了密教遗迹上。敦煌密教自盛唐开始,连绵不断,直至元代的藏传密教,皆有遗迹图像。宿先生指出:"密教传承,特重身授,经法之外,多凭图像。唐武、周宗和吐蕃达磨的废佛,政权更替和教派互讦之破坏,其最易毁灭者厥为图像。因此,系统的密教形象传世甚少,就汉地唐密系统言,现存最完整的遗迹,首推敦煌莫高窟,举凡玄宗以前的密教图像,密教与佛教其他派别图像长期并列的遗迹,以及较系统的密教窟室的情况,皆以莫高窟所保存者最为丰富、完备;而且还有藏经洞所出大量与密教有关的汉藏文献和各种绢、纸本图像,可供参比研究。藏传密迹,藏地现存多公元15世纪格鲁教派兴起以后的遗迹,公元15世纪初期以前的遗迹,特别是盛于蒙元迄于明中期较为确切的萨迦、噶举两派遗迹,浅闻所及,似亦以敦煌、安西两地石窟所遗存者最称完整。因此,无论研讨汉地唐密,抑或考察藏传密教,皆应重视敦煌、安西两地的遗迹,尤其是莫高窟遗迹。"他在《敦煌莫高窟密教遗迹札记》一文中搜集了莫高窟和安西榆林窟两处的密教遗迹图像,并参考洛阳龙门的早期密教遗迹,以及四川大足、广元等地的密教遗迹，作了综合考察研究。这篇文章是迄今为止，对中国佛教密教遗迹图像最全面的论述。

宿白先生还对元代杭州的藏传密教及其有关遗迹作了调查和研究。宿先生1959年参加西藏文物调查，对西藏的佛教寺院作了考古调查，其研究成果皆已收入《藏传佛教寺院考古》一书，我将另有专文评论，此不赘述。

四

宿白先生对新疆和河西石窟的研究稍晚于云冈和敦煌。新疆石窟他重点论述了属于龟兹的克孜尔石窟，在《新疆拜城克孜尔石窟部分洞窟的类型与年代》一文中，除排比洞窟类型、确定年代之外，最重要的是论述克孜尔石窟在佛教东传中的地位。克孜尔石窟可早到公元4世纪初，"它正处在葱岭以西阿富汗巴米安石窟群和新疆以东诸石窟群之间。它所保存早期壁画的洞窟数量，远远超过了巴米安，而其第一阶段的洞窟的具体年代至少要早于新疆以东现存最早洞窟一百年左右。因此，克孜尔石窟在中亚和东方的佛教石窟中，就占有极其重要的地位"。特别是开凿大像窟和雕塑大立佛，是龟兹佛教艺术的一个特点，它向东直接影响了云冈石窟昙曜五窟中的第16和18窟，也对与它同时或晚于它的中亚阿富汗巴米安东、西大佛产生了影响。宿白先生的这个论断极其重要，它揭示了佛教自中亚东传的过程中，并不是机械地按地理位置的远近，逐次影响传递，政治经济和当地的特殊的文化关系仍起着重要作用。龟兹佛教艺术中开雕大像窟和大立佛的特点，不但向东方传播，也反馈回中亚；这与前述之敦煌石窟虽地处河西西端，却更多地接受了中原北方平城、洛阳和西安的影响，都有着类似的文化传播的曲折过程，这是历史的真实。我们一直认为，历史的现象是复杂而曲折的。简单地、草率地处理历史现象是不符合历史实际的。宿白先生正是用考古学的方法，才得出了在佛教东传历史中的科学结论。

作为中西文化交流的通道——河西走廊，在公元4到5世纪凉州（今武威）是河西的政治、经济和文化中心，同时也是早期佛教的译经中心，名僧云集，盛况空前。凉州附近的石窟，现存者有武威天梯山1、4号两窟、肃南金塔寺和酒泉文殊山前山石窟三处。包括河西附近的炳灵寺石窟第169窟龛和酒泉、敦煌、吐鲁番所出北凉石塔，构成了宿白先生所称的"凉州模式"，其内容特点是：窟形以平面方形或长方形有中心塔为主的塔庙窟为主,也有设置大像的佛殿窟;主像是释迦、交脚弥勒和思维菩萨;窟壁主要画千佛;边饰画两方连续式的化生忍冬纹;佛和菩萨面相浑圆,深目高鼻,身躯健壮,生动多姿。主要来源于新疆塔里木盆地北沿的龟兹和南沿的于阗,既有小乘图像,也有大乘图像。靠近长安的炳灵寺石窟的大乘图像或更多地接受了长安的影响。"凉州模式"是佛教自西域东传中时代最早的石窟,它也表现出了佛教文化传播中的曲折现象。

五

1986年宿白先生比较系统地考察了洛阳附近的北朝石窟,包括龙门北朝石窟、巩县石窟、渑池鸿庆寺石窟、偃师水泉石窟、新安西沃石窟、孟县万佛山石窟、孟津谢庄石窟、嵩县铺沟石窟和宜阳虎头寺石窟。在《洛阳地区北朝石窟的初步考察》一文中,将洛阳地区的北朝石窟分为四个阶段,即孝文宣武阶段(太和十八年迁洛至延昌四年,公元494～515年)、胡太后执政阶段即孝明时期(熙平元年至孝昌三年,公元516～527年)、孝昌以后的北魏末期(公元528～534年)和东西魏、北齐北周阶段(公元534～581年)。指出北魏自迁洛以后,出现了以营造洛阳城内寺塔为主、开凿石窟为辅的潮流,因此,石窟的兴建皆受地上寺院建筑之影响。1979年春发掘的北魏洛阳城内永宁寺塔基及其出土的佛教遗物,对北魏迁洛后石窟寺遗迹的研究,起到了极其重要的参考作用。永宁寺当时被视为国寺。永宁寺遗址所出的佛教雕塑遗物是当时佛教造像的模式,石窟寺的佛教雕刻皆应以永宁寺的佛教雕塑为标准。他在这篇文章中认为洛阳北朝时代造型艺术包括佛教造像在内,是受了南朝的影响,洛阳地区石窟窟龛造像变化的原因,也应考虑到南朝的因素。这篇论文使石窟寺的研究与整个历史文化发展的大势紧密相连,是石窟寺分期分区研究的典范。

宿白先生从80年代后期开始注意中国南方的佛教遗迹,对南朝龛像作了考察。南朝的佛教遗迹现存最重要的有两处:一是江苏南京栖霞山千佛岩龛像(即摄山佛教石刻),二是浙江新昌宝像寺龛像(即剡溪石城山石刻)。但是,南京栖霞山龛像为近代僧人毁改,已尽失原貌。新昌宝像寺大佛亦贴泥饰金,原状已掩。所以,从雕塑造型上来考察南朝造像已属渺茫。宿先生认为,"包括佛教形象在内的洛阳北朝时期的造型艺术受到南朝的深刻影响是无庸置疑的。其实,孝文迁洛即已决定进一步汉化之方略,举凡都城设计、舆服制度无不参考南朝,中原人士一直到北朝晚期仍视江东为衣冠礼仪之所在,洛阳窟龛造像变化的重要因素来源于南朝,只不过是当时诸事中之一端耳"。南朝盛行无量寿佛与弥勒佛信仰,北朝则以观禅开凿窟龛与雕造大佛像为主,到公元6世纪初也受到南朝无量寿信仰的影响,北齐晋阳蒙山和河南浚县大伾山两座倚坐弥勒龛像,亦皆源于南朝。南朝佛教遗迹虽远不如北朝众多,然仅以现存之遗迹,亦可论证南北朝文化传承中属于佛教文化的关系。这个问题事关中古历史发展南北文化融合的大势,宿先生敏锐地提出了这个课题,为今后的研究指出了方向。

六

由于中国近百年是处在半封建半殖民地的社会,在中国历史学和考古学的某些课题研究上,外国人利用特权,掠夺资料,垄断研究。譬如敦煌文书的研究,竟有"敦煌在中国,敦煌研究在国外"的说法。中国石窟寺的研究,也有类似的情况,云冈石窟研究便是一例。当年与京都大学水野清一共同调查云冈的长广敏雄教授,在看到宿白先生《〈大金西京武州山重修大石窟寺碑〉校注》(1956年)和《云冈石窟分期试论》(1978年)两篇文章之后,于1980年7月在日本《东方学》第六〇辑上发表《宿白氏の雲岡石窟分期論を駁す》,对中国学者关于云冈石窟的研究,作出了全面否定,极不客气地予以反驳。长广的这种心态,我们十分了解,日本学者对云冈石窟的研究经营了多年,而今轻易地便被中国学者重新论定,实在是难以接受的挑战。

长广首先否认《析津志》所载《金碑》的真实性;因而对《金碑》中所称的云冈十寺的位置及其与今云冈现存石窟之比定,也发生了怀疑。长广认为研究云冈石窟的年代与分期,不应重视《析津志》所载的《金碑》和其他历史文献,而应以石窟构造和造像的雕刻式样为依据,也就是他所称的以"式样论"为依据。

长广先生对宿白先生的驳难,实际上涉及中国历史考古学上的两个根本问题,一是中国历史考古学应如何对待历史文献;二是中国历史考古学应如何运用类型学(也就是长广所谓的"式样论")。

中国历史文献丰富是举世闻名的。中国考古学家应如何对待历史文献,是研究中国历史考古学的一个首要问题。凡属根据历史文献确定了的历史史实,是不可变更的。具体的史料则要鉴别其真伪价值，因此，研究中国历史考古的学者，应当具备史料学的知识和鉴别能力。虽然，考古学的研究对象和方法与历史学不同，但历史考古学在断定具体年代和解释内容变化时，一定要利用历史文献资料，包括考古发现的碑刻铭记资料在内，这是历史考古学所必有的内容和手段。中国历史考古学在运用类型学时也显然与史前考古学有所不同，历史时期的社会文化是极其复杂的，类型学的排比有时并不反映它们的真正内在联系，我们必须把考古发现的遗迹遗物置于大的历史环境之内。按照不同对象，分别予以解释。以中国石窟寺的研究为例，既要考虑整个历史的发展，又要从佛教史上予以特殊的分析。宿白先生通过答复长广敏雄教授的驳难，明确地阐述了这些问题。1982年他发表了《〈大金西京武州重修大石窟寺碑〉的发现与研究——与日本长广敏雄教授讨论有关云冈石窟的某些问题》一文。

宿白先生首先答复了长广关于怀疑《金碑》的问题。虽然《金碑》原石已毁，亦无拓本传世，但元人熊自得于至正二十三年（公元1363年）亲自目验《金碑》，并录文于《析津志》，后被收入《永乐大典》。宿白先生广征博引，证实《金碑》的可靠性和熊氏录文并无窜补，《金碑》所提供的资料是可信的。宿先生又探讨了《金碑》中所记的十寺的历史和十寺的位置，关于护国、崇教等寺的问题。最后，与长广讨论了"样式论"的问题。

宿白先生指出："长广先生认为研究中国石窟的方法，第一，应从石窟构造与佛像及其他一切雕像、彩画的样式出发；第二，弄清造像铭记；第三，参考可靠的历史资料、文献；第四，参照研究史。长广文章最后更明确地说：议论的根本是雕刻论，即高低、深浅的立体问题，那是基于视觉和触觉的艺术。我们认为作为历史考古学研究对象的云冈雕刻，无论'样式论'、'雕刻论'如何重要，但排比它们的年代和解释它们的变化，都有赖于第二、第三两项。第四项即前人研究成果……当然要吸取，但每当新资料发现后，必然要对以前的研究进行复查，这应是学术前进的共同道路；其实，就是仅就原有资料，提出另外的看法，也是经常出现的事，长广自己曾屡次修正他们50年代的云冈分期论，即是一例。"宿先生强调"断定第16～20窟是云冈最早的昙曜五窟，并取得公认，它的重要根据是《魏书·释老志》记载。判断褒衣博带式的服饰晚于通肩和右袒，最直接的证据是云冈有关窟龛所提供的纪年铭记和《魏书》中有关孝文帝改革仪制的记录，……考虑石窟问题，总是以第二、三两项来探索、解释第一项的"。

关于石窟寺考古类型学和分期的问题,宿先生针对长广的论点,作了阐述:"探索云冈石窟的分期,我们就是从分析石窟的类型入手的。在《试论》中,我们没有把第7、8双窟放在第一期,即没有把7、8双窟和昙曜五窟放在一期,就是因为它们在类型的主要方面差别较大,如第7、8双窟的形制、主要形象和形象组合以及装饰纹样等都与昙曜五窟有明显的不同,而与第9、10双窟等接近。至于造像的艺术处理与昙曜五窟中的第18~20等窟相似,我们认为那是次要的了。分期是手段,它的目的不仅是为了解决时间问题,更重要的是它们所反映的社会意义,因此,在《试论》中作了一些探索性的论述。这一点,大约是长广所不感兴趣的。可是,具有某些社会意义的类型与分期,不是更加强了所要解决的时间问题的确切性吗?至少我们是这样认为的。""很清楚,长广是特别重视形象的艺术造型与技法的。这一项,我们并不怀疑它的重要性,因为它的差异,同样也是根据于社会原因,所以它的时代特点也是极为显著的。"但是,宿先生也特别指出造型与技法在几年与几十年的期间,由于社会新旧形式的转换要有一个过程,不能截然区分。他指出"研究云冈造像,我们应充分估计当时云冈特定的历史背景,而不宜以'样式论'或'雕刻论'的一般情况来作硬性的规范"。

宿白先生的这些论述,清清楚楚地表达了中国考古学家对中国历史考古学的一个分支——中国石窟寺考古研究的一些基本概念和方法。这些意见的形成是宿白先生在创立中国石窟寺考古学的历程中反复思考的结果。

长广敏雄教授研究云冈所处的年代是20世纪的40年代,最迟也不超过50年代中期。中国考古学自50年代开始,有了突飞猛进的发展。中国石窟寺考古学研究也已从50年代开始,做了一系列的工作,取得了突破性的进展。宿白先生领导主持了中国石窟寺考古学的创立。宿白先生和长广教授是代表了两个不同时期研究中国石窟寺的学者。学术的发展和进步,与历史的发展有惊人的相似之处,它是不以个人的意志为转移的。"落花流水春去也",长广教授所代表的中国石窟寺研究的时代已经结束了,以宿白先生为代表的中国历史考古学所创立的中国石窟寺考古学已经建立,这是中国考古学史上一个重要的学术成果。这便是我读宿白先生《中国石窟寺研究》一书最深刻的体会。

原载《文物》1998年2期。

重读《白沙宋墓》

2002年4月，文物出版社重新出版了《白沙宋墓》。再版书调整了开本和版式，勘正了原书中的脱误，加印了经张芝联先生校订的英文提要，并把宿白先生去白沙发掘宋墓前的一篇考古调查简报《从许昌到白沙》，收入书内作为附录。

宿白先生于1951年12月至1952年1月主持发掘了河南禹县白沙镇的三座宋墓。当时这个发掘队的队长是裴文中先生，实际负责队务的是谢元璐先生，参加发掘工作的还有郑海沅、赵俊峰和刘慧达诸先生。随后，临摹壁画和拍摄彩色照片的有叶浅予、董希文、刘凌沧、林岗、杨之光、潘絜兹和彭华士诸先生，莫宗江先生为白沙1号墓绘制了墓室结构透视图，余鸣谦先生参加测绘了白沙1号墓的平面、仰视、立面和剖面图。这项考古发掘和各种记录工作在人员的组成上，可以说是集考古、艺术界之精英，在中国现代考古学史上实属罕见。

《白沙宋墓》报告的编写则由宿白先生一人承担。1952年正是中国高教系统进行院系调整的时期，宿先生从原北京大学文科研究所调整到新北京大学历史系考古教研室，并任考古教研室副主任的职务，教学、行政和研究工作集于一身。但是，他仍以研究工作为重心，处理好若干行政事务的纷扰，很快地在1954年5月完成了白沙宋墓报告的编写，1957年9月由刚刚创立的文物出版社出版了《白沙宋墓》一书。这是新中国成立后最早出版的考古报告之一。

一

在白沙发掘的这三座宋墓，是北宋中晚期在中原地区新出现的一种新型的仿木建筑雕砖壁画墓。以第1号赵大翁墓为例，分前、后两室，前室平面扁方形，后室平面六角形,中间有过道,全长 7.26 米。墓门正面有仿木建筑门楼,上砌斗栱、檐椽和瓦脊。墓室内各壁亦砌出柱枋斗栱,斗栱最复杂者为单杪单昂重栱五铺作。前室和过道作"丁"字形连通宝盖式盝顶藻井,后室作宝盖式截头六瓣攒尖顶。仿木建筑上皆绘彩画,与《营造法式》所记五彩遍装之制相同或相似,而用色则较五彩遍装为简,仅有赭、青、白三色,即《营造法式》中所谓之"解绿结华装"。彩画所用各种纹饰除卷草和两晕棱间装者外,多用当时流行的锦绫纹饰,即《法式》所称"轮奂鲜丽如组绣华饰之纹"。墓室四壁皆画彩色壁画,甬道两壁绘司阍人牵马人和致送财物者;前室墓门内左右画持骨朵的护卫;西、东两壁画墓主人夫妇"开芳宴"的场面,在西壁雕画墓主人夫妇对坐宴饮图,在与其相对的东壁画由十一个女伎乐组成的散乐图。过道东壁窗下绘有黑色粮罐和三个白色粮袋,其一有墨书"元符二年赵大翁布"字样。后室的雕砖壁画是表现墓主人内宅的生活情景,北壁砌妇女启门状,西北、东北两壁砌破子棂窗,西南壁画对镜着冠的妇女,东南壁画持物侍奉的男女仆婢。后室的棺床上置迁葬的两具人骨。有北宋元符二年(公元 1099 年)朱书买地券。随葬品很少,仅有陶瓷和瓷碗残片。第 2、3 号墓并列于 1 号墓之北,也都是仿木建筑雕砖壁画墓,皆为单室六角形平面,仿木建筑的形制和壁画内容的题材,都与 1 号墓相同而简略;棺床上皆置两具人骨,也是夫妇合葬墓,随葬品也都很少。

这组北宋晚期仿木建筑雕砖壁画墓的考古发掘,不论在墓葬的规模形制上,还是仿木建筑细部和彩画制作上,以及雕砖壁画的题材和内容上,都是空前的发现。半个世纪后,此种类型和规模的北宋晚期墓葬再也没有发现可以超过它的。白沙宋墓在中国历史考古学上占有特殊地位,它的考古报告的重要性也是不言而喻的。

二

对这样一本有颇高的学术价值的田野考古报告,应当如何编写,在当时是无例可循的。与《白沙宋墓》同时出版的中国田野考古报告有:中国科学院考古研究所夏鼐主编的《辉县发掘报告》(科学出版社,1956 年 3 月);中国科学院考古研究所夏鼐主编的《长沙发掘报告》(科学出版社,1959 年 8 月);南京博物院、山东省文管处曾昭燏主编的《沂南古画像石墓发掘报告》(文化部文物管理局,1956 年

3月);南京博物院曾昭燏主编的《南唐二陵发掘报告》(文物出版社,1957年12月)。辉县和长沙是按传统的综合性考古报告编写体例写的;沂南和南唐二陵都是单座的石室墓,虽然沂南以画像石为主,南唐二陵以仿木建筑彩画和陶俑为主,但其形制相近,报告的写法也大体上雷同。白沙宋墓的内容却与上述四本考古报告有较大的差异。其仿木建筑和彩画的内容之复杂与上述四本考古报告完全不同。白沙宋墓考古报告的编写只能参考中国营造学社所作的中国古建筑调查报告的方式来编写。从《白沙宋墓》的编写章节来看,是把三座墓分别按照发掘经过、墓的构造、墓的装饰、人骨和随葬品这四项来记录,这是客观的科学记录,用语准确,言简意赅,文字叙述与各种实测图、透视图和发掘现场所摄的原状照片皆相符合,这是考古报告的主体正文,尽量不掺入发掘者或报告编写者的主观推测和解释。报告最后列"与三墓有关的几个问题"一章,包括三墓的年代、三墓的关系和墓主人的社会身份、三墓的室内构造和布置,大体上相当于报告的结语部分。宿白先生根据考古发掘所得三墓的材料,结合已发现的宋辽金时代的考古资料和历史文献记载,论述了第2、3号墓的年代下限为宣和六年(公元1124年);确定这三座墓是赵大翁的家族墓地;墓穴的位置是依当时社会上流行的以姓氏五音所定的贯鱼昭穆葬排列;墓主人的社会身份是没有官品的兼营商业的地主。

宿先生在四十五年前编写的这本考古发掘报告,便以十分明确的编写体例,严格区分报告主体正文和编写者研究的界限。报告主体正文一定要客观地、忠实地、完整地(不能隐瞒遗漏)发表科学记录,这是一个有良知的科学家必备的学术品德。决不能像有的学者在其考古报告发表后,受到同行质疑时,在讨论过程中又拿出了在原报告中被隐瞒遗漏的材料来答辩,这是极不负责任的做法,它损害了原报告编写单位的学术声誉。这主要是发掘者和报告编写者学识不够所造成的误差,如果当时能以更谦虚的客观态度,"知之为知之,不知为不知"的态度,来对待尚不能认识的考古原始资料的话,我想是不会造成这种有制造"伪史"嫌疑的错误。令人值得警惕的是,现在考古学界这种不诚实的学风仍然存在。

三

宿白先生编写的《白沙宋墓》,体例上的另一个特点便是在正文之外作了大量的注释,注释的文字数量超过了正文很多。宿先生在《白沙宋墓·绪言》中说:"文中的大部分插图和附注,原是整理记录以前所搜集的有关参考资料,本来不拟附入,后因考虑这些材料虽然零碎,毕竟还可帮助说明许多问题,所以自(1954年)3月以后,即陆续逐条清理并核对来源,5月末,始脱全部初稿。"(再版本页17)

宿先生的意思很清楚,第一,要保证报告总体正文的客观、全面和科学性,不能把带有编者主观倾向的各种考古和文献资料混入报告主体正文,要把原始材料和引用材料加以区别。第二,编者的研究论述部分,也应当主次分明,正文中阐述主要论点,注释中说明史料的出处和尚要解释的问题,是把史料出处注和问题解释注混合编排作注的方式。不论是出处注或解释注,都是编者研究论证意见的依据,不把这些依据材料向读者交代清楚,是不符合学术研究的准则的。

考古报告本身便是一种学术研究的形式。为了达到学术研究的目的,我认为只要是符合学术研究的科学准则,有利于阐述论证意见的任何一种表达方式都是可行的。内容决定形式是一个不破的原则。以大量注释史料的方式写成的史学著作,古已有之,裴松之注《三国志》便是一例,裴松之注可以与陈寿原作相提并论。近代的法国汉学家伯希和《马可波罗行纪》注释,特别是解释性的注释的字数,大大超过原著,有时一个注释便是一篇论文,甚至可以是一本专著。问题的实质不在于注释的字数,而决定于其学术的目的和质量。宿白先生在《白沙宋墓》中所作的史料出处注和问题解释注是完全合理的,是符合学术研究的科学准则的,特别是他所作的解释性注释尤其重要,至今仍然是中国历史考古学上具有重要意义的诠释。我试将一部分注释的标题列出(页码和注号皆以再版本为准),以供参考:

　　穴·金井　　页33[33]

　　门簪数目　　页33[34]

　　幞头　　页45[36],页47[43],页77[109]

　　垂䪿骻衫·四䙆衫　　页45[38]

　　甬道壁画马　　页45[39]

　　经(京)瓶·梅瓶　　页46[40]

　　骨朵　　页46[42],页123[244]

开芳宴　页48[52]

踏床子·脚床子　页49[54]

注子·注碗　页50[56],页77[110]

托子　页50[57],页77[108]

屏心画水波纹　页51[58]

特髻　页52[60]

背子　页52[61]

唐宋间金银铤　页52[63]

衣架　页54[69],页122[235]

巾架·帨架　页54[73]

"妇人启门"　页54[75]

五彩遍装·解绿结华装·组绣华饰之文　页57[93]

压胜铁　页62[96]

入墓祭仪和买地券　页62[98]

唐内样巾子　页76[102]

柜　页77[106],页93[124]

抽替　页77[107]

叉手之法　页77[112]

没骨华　页78[117]

墓室顶心悬明镜　页79[119]

男女合葬一棺　页80[120]

皿板　页90[123]

纸明器　页94[126]

唐宋堪舆书　页107~108[168]~[179]

宋皇家选茔地　页108[181]

把头绞项造　页116[202]

桌·椅·脚床子·机等家具之演变　页119[230],页48[51],页121[231],页121[234],页122[241],页123[245]

四十五年前宿先生在《白沙宋墓》注释中所论证的事物和专题,经过这些年新的考古材料的验证，他当初的推测和结论，几乎都是正确的。如唐宋间建筑彩画制度之嬗变，由于地面上所存建筑彩画实物稀少，保存鲜丽的白沙宋墓彩画则成为研究这一课题的重要资料，宿先生在《白沙宋墓》中关于唐宋之间建筑彩画的论述，至今仍是应予重视的意见。又如关于唐宋堪舆术的研究，特别是把堪舆术与考古学上发现的家族墓地墓穴排列联系在一起，宿先生的研究开创了先例。关于唐宋之间室内家具的变化，关于"妇人启门"题材的意义，关于墓主人夫妇"开芳宴"题材的社会意义等，都被证明宿先生的论证是正确的。

然而，在1958年初的一本考古杂志上发表了一篇关于《白沙宋墓》的书评，评者很轻率地"浏览"了一下《白沙宋墓》，便对宿先生作注释的方式提出了批评，认为是"喧宾夺主"，"大可不必"，"迹近于《辞海》、《辞源》"（实际上《辞海》、《辞源》中是绝没有这些内容的），而对学术方面却只字也未涉及。现在看来，这篇书评是为配合当时的政治运动而写的。1958年初正是"反右派"运动之后批判资产阶级学术方向和方法的年代，其中资产阶级"繁琐考证"的学风被批判得最为严厉，《白沙宋墓》自然首当其冲。被批判者是不能申辩的。四十多年来再也没有人写《白沙宋墓》的书评，宿先生自己从来也未提及过这件事情，加给《白沙宋墓》的不实之辞，却一直没有得到一个公平的说法。趁《白沙宋墓》再版之际，旧事重提，目的在于要说清楚在学术研究中作注释是正常的方式，在中国历史考古学特别是汉唐以后考古学研究中，这种方式是必不可少的。在与历史文献材料有密切关系的考古报告和论著中，以注释的方式来补充和说明所要论证的问题，会起到文理清晰通顺的效果。1972年"文化大革命"尚未结束，我为中国社会科学院考古研究所洛阳工作队编写《东汉洛阳城南郊刑徒墓地》简报（发表于《考古》1972年4期）。简报正文是田野考古工作的成果，我根据原始田野记录，作简明扼要的叙述；而与东汉刑徒砖和刑徒历史有关的文献资料，作了65个注释附于简报正文之后，注释的字数比简报正文要多。我这种写法就是摹仿《白沙宋墓》的，我认为这种写法最利于说明考古简报的成果，而又不混同于简报正文的科学性。交稿时我曾向《考古》编辑部声明，如果认为注释太多不宜发表时，可以全部删去注释，并不影响简报正文。编辑部并未删去注释，全文发表。也没有听到说这篇简报是"繁琐考证"的话。这应当是中国考古学逐渐摆脱"以论代史"极"左"思潮而走向成熟的表现。

四

重读《白沙宋墓》,使我体会最深、获益最大的是对宿白先生治学方法的认识。宿先生治学方法的精髓是"小处着手,大处着眼"。所谓"小处着手"是指微观,"大处着眼"是指宏观,也就是微观和宏观的有机结合。治学要从微观做起,从搜集史料(包括考古学的和历史文献学的)、鉴别史料(史料的真伪和来源)、利用史料(指尽量利用第一手史料),并在最大程度上获得接近于史实的完整史料,去粗取精,抓住历史事物发展的规律,实事求是地研究和阐述与当时社会历史有关的重大问题,这便是宏观的研究。微观是学术研究的基础,微观研究作的愈细致愈扎实,宏观的研究也就愈可靠愈接近史实。这两者是相辅相成的关系。做微观研究很辛苦,要一丝不苟,求全求备,来不得半点马虎,稍一放松便会有所失误。作考古学的微观研究,其基础在田野考古上;历史文献对中国历史考古学来说,与田野考古同等重要,不可偏废。

以宿白先生《白沙宋墓》为例,他在作田野考古工作时,对所有的田野考古现象都作了如实的记录,雕砖仿木建筑的细部尺寸都作过精细的测量,其尺寸具体到毫米。没有这样精细的测量是不可能测绘出像《白沙宋墓》中那样准确的测图的。宿先生当时还随手勾画了若干幅建筑、彩画和壁画的速写记录图。这都属于考古学研究中的微观工作。至于历史文献史料的搜集工作,也不比田野工作轻松,与白沙宋墓有关的历史文献涉及面极宽,还有已发现的宋辽金考古资料的比较材料,也是不可缺漏的。这些工作都全面体现在《白沙宋墓》一书中。

宿先生在白沙宋墓微观研究的基础上,进一步作了宏观的研究。他把白沙宋墓定位在中国社会历史发展到唐宋之际社会大转变的背景下,公元11世纪中叶以北宋汴梁(开封)为中心的中原北方地区,社会阶级阶层关系出现了变化,汉唐以来的士家大族趋向衰落,新兴的地主阶级由科举途径参与了各级政权;工商业进一步发展,促使城市中市民阶层的兴起,汉唐以来的城市布局起了本质的变化,从封闭式的里坊制转变为开放式的街巷制;人们的起居生活习俗也发生巨变。白沙宋墓的墓主赵大翁是没有官品的兼营商业的地主,他所营建的新型墓室在墓葬制度上超过了品官的规模,并以奢华来炫耀他的财富,这都是前所未有的社会新动向。近年以来,史学界十分注意唐宋之际社会变革的课题研究。四十多年以前,宿白先生在发掘白沙宋墓时已注意到了这个课题,他从考古学上展开了我国中古社会向近世社会转变的一幅生活画卷,他在《白沙宋墓》"与三墓有关的几个问题"一章中作了充分的研究论述。宿先生之所以能够在学术上取得这么重要的成就,关键便在于治学方法,在于微观研究与宏观研究的完美结合,宏观研究的结论,言必有据,不瘟不火,既明确又含蓄,极其严谨,如果没有深厚的学力,是做不到这么恰如其分的。

五

在《白沙宋墓》的注释中还有一个细微之处,很容易被人忽略。在十条注释中,宿先生特别注明给他提供材料和情况的先生、同行,甚至包括学生在内。如陈公柔先生告白沙颍东宋墓用4枚门簪和"把头绞项造"斗栱的情况(页33[34]、页108[180]),孙楷第先生告《辽史·乐志》所记散乐史料(页48[50]),孙贯文先生告《东坡文集》和《因树屋书影》所记画水的史料(页51[58]),畅文斋先生告新绛金墓情况(页94[125]),徐苹芳告《新唐书·卫国文懿公主传》记纸明器史料(页94[126]),邓广铭先生告《资治通鉴·后梁纪》记衣锦罗的偶人史料(页95[125]),蒋赞初先生告钜鹿所出木桌桌面下有墨书"崇宁三年"铭记(页105[139]),蒋若是先生告洛阳涧西北齐天统五年墓号(页119[229])。我记得在著作中特别感谢朋友告知史料是先辈学者常有的事,如邓之诚先生在《东京梦华录注·自序》终篇时特别说明:"注中韩志和为日本人一事,郝经言铁楼李师师一事,磨喝乐即《阿弥陀经疏》罗睺罗一事,皆友人孙子书(楷第)举以告我者。附记于此。"以示不敢掠美之意。我是宿先生的学生,当时正在他的指导下作关于宋元火葬的论文,顺便抄出《新唐书》中有关纸明器的史料,他也在注中加以注明,给了我很深的印象。乍看起来似乎是一件小事,实际上却是有关学风的大事,宿先生如此严肃认真地对待他人研究成果的引用,与今日学术界有人整篇、整本书地剽窃他人的学术研究成果,形成了鲜明的对比。宿先生的做法应当成为学术品德的范例。《白沙宋墓》再版,除了繁荣学术,嘉惠后学之外,在肃整学风方面更有现实意义。

原载《文物》2002年8期。

评《苏秉琦先生纪念集》

——苏秉琦先生逝世五周年的追思

我国著名考古学家苏秉琦先生逝世已经五年了。在此期间,由宿白先生主编出版了两本纪念苏先生的文集,一本是2000年10月出版的《苏秉琦先生纪念集》,另一本是2001年10月出版的《苏秉琦与当代中国考古学》。前者是追悼文章的结集,后者则是从中国考古学学科发展的角度来评述苏秉琦先生在学术上的贡献的论文集。在纪念苏秉琦先生逝世五周年之际,我特别重视《苏秉琦先生纪念集》一书的出版,它表现了苏先生的学生们在继承他的学术传统方面所作的努力,同时,也预示着中国考古学者在21世纪要发扬中国考古学的学术传统的意愿。

学术的发展有其自身的演变规律。这种规律是不以人的意志为转移的,有时它与历史的发展规律有惊人的相似之处。杰出学人的作用也和历史人物的作用有同样的影响力。中国当代考古学上有三位具有影响力的杰出学者,一是李济,二是夏鼐,三是苏秉琦。在世纪之交的年代,苏秉琦关于中国考古学的见解尤其重要。因此,我们今天重温苏秉琦先生关于中国考古学的许多论述,是十分有益的事情。

我以评介《苏秉琦先生纪念集》一书为契机,来阐述苏秉琦先生对中国考古学所作出的学术贡献,并藉此机会评述五年以来在中国考古学界出现的一些学术动态。

一

《苏秉琦先生纪念集》(以下简称《文集》)一书,是工作在当前中国考古学第一线上的许多中国考古学家为纪念苏秉琦先生而撰写的论文集。他们都代表着某一个地区、某一个时代或者是某一个专题最杰出的和有代表性的学者。全书的内容大体上包括四个部分：一、苏秉琦学术思想综合研究；二、考古学文化区系研究；三、区系理论指导下的专题研究；四、中国文明起源研究。

第一部分是对苏秉琦先生关于中国考古学的总体论述，最为重要。我认为俞伟超所写的《20世纪中国考古学的一座里程碑》中的一段话，基本上概括了苏先生治学的经验：

> 秉琦师所以能作出一系列重要贡献，我感到，一是因为他几乎经历了中国考古学自奠基到今的全过程，还几乎一直处在核心圈内，理解不同时期推进中国考古学的客观需要；二是他独特的敏锐眼光和缜密的逻辑思维能力，在头绪众多的新发现中，善于找出当时的学科生长点和概括大量分散的材料；三是他的"有教无类"品格，同许许多多奋斗在考古工地第一线的人员，长期保持着师生般的关系，经常及时了解到各地的考古新发现和由此得到的新认识；更重要的是他是一个真正的理想主义者，终身一心为重建中国古史，为考古学的科学化和大众化，为中国考古学能更好地起到增强民族凝聚力的作用而奋斗不已。

苏先生在五六十年代是以研究中国考古学中的微观为主的。他沿着中国考古学的传统做法，一切以考古学的原始材料为主，进行地层学和类型学的基本研究，实际上是斗鸡台考古发掘和类型学研究的继续。他在1981年发表的《关于考古学文化的区系类型问题》[①]一文的学术构思，形成于这个时期。他同时还作了一件对发展中国考古学有战略意义的工作，他从1952年开始便投身于中国考古学的教育事业，创办北京大学考古教研室，培养出了新中国考古事业薪火相传的一代学人，对发展中国考古学作出了最重要的建设。可以这样说，没有这个"树人"的建设便没有中国考古学。

苏秉琦先生在80年代以后，为中国考古学奠定和设计了它的发展方向，事实证明这个方向是正确的。从五六十年代到"文化大革命"期间，极"左"思潮泛滥，就在这乱云飞渡的时刻，苏先生觉察到在中国考古学发展中，有两个怪圈，他说："一个是根深蒂固的中华大一统观念；一是把马克思主义提出的社会发展规

---

① 《关于考古学文化的区系类型问题》，《文物》1981年5期。

律看成是历史本身。"①第一个怪圈是自古以来的传统观念,是中国历代帝王"率土之滨,莫非王土"的观念。第二个怪圈是解放后学习马克思主义时产生的教条主义的思维,是"以论代史"的翻版,在五六十年代成为中国历史学界和考古学界极"左"思潮的主流。当时发表的许多考古简报和论著,都要"穿靴戴帽"便是一例。苏先生在"文化大革命"以后,以一个非常的知识分子直言不讳地挺身而出,指出这些错误倾向,是需要有很大的政治勇气的,这是十分难能可贵的。

国外学者对苏秉琦先生学术思想的研究,可以英国伦敦大学亚非学院汪涛为代表。他在《创建中国考古学派》一文中说:"苏秉琦的考古思想具有浓厚的历史学色彩。但他与正统史学的不同之处是他强调用考古资料来复原没有文字记载的史前史。他认为考古学文化区系类型理论和中国文明起源的研究就是要为历史传说与考古的结合找到一条出路。他说:'从考古学角度提出自己的观点,再去对照历史传说,就可以相互印证,这不是生搬硬套的比附,而是有机的结合,多少年来梦寐以求的历史与考古的结合终于找到了一条理想的通路。'"②

洛杉矶大学的罗泰是张光直先生的高足,他对中国历史文化和中国考古学有深刻的了解,他首先确认:"世界上没有哪个国家能像中国,把考古学紧密地融合到国家(数)千年历史的活着的传统中去。"③进而指出:"苏秉琦的理论混合了蒙特留斯、恩格斯、达尔文以及徐旭生的思想,其要旨在于总体上的历史感,这是中国历史上特定时代的产物。他并不想在国际上有什么轰动,但在中国国内而言,对他的追随者来说十分有用,可以帮助他们去理解日益增多的材料,并根据条件的变化来重新调整它们。看到苏秉琦思想如此流行,我们必须认识到他在建立中国当代考古学理论中的重要性。"④

汪涛和罗泰对苏秉琦先生学术思想的评价,基本上可以代表国际学术界的看法。

苏秉琦先生根据考古学区系类型的研究方法,把古代中国区分为六个大区,《文集》按这六个区组织文章,其中以燕山南北长城地带为重心的北方13篇,以山东为中心的东方4篇,以关中、晋南、豫西为中心的中原5篇,以环太湖流域为

---

① 《中国文明起源新探》(以下简称《新探》)页2,香港商务印书馆,1997年6月。
② 《文化与文明》,《辽海文物学刊》1990年1期,见《文集》页34。
③ Lothar von Falkenhausen:"On the Historiographical Orientation of Chinese Archaeology", *Antiquity* 67, p.839-849,1993.
④ 罗泰在 *Garland Encyclopedia of Archaeologists* 一书中所写的"苏秉琦"条目,中译见《文集》页36。

中心的东南部3篇,以洞庭湖—四川盆地为中心的西南部5篇,以环鄱阳湖—珠江三角洲为中轴的南方1篇。在区系理论指导下的专题研究9篇,最引人注目的是杨建芳《区系类型原理与中国古玉研究》和潘其风、朱泓《先秦时期我国居民种族类型的地理分布》两篇文章,都是以区系类型考古方法来分别研究中国古玉和体质人类学,并取得了成果。关于中国文明起源的研究6篇。最重要的文章是严文明的《东方文明的摇篮》,他从自然地理黄河、长江这两河流域的环境,稻、粟两种不同植物的农业起源,新石器时代诸文化的发展,龙山时代城址的出现,文明的黎明时期和早期文明的形成扩大,作了比较全面的论述。

二

苏秉琦先生在90年代初,1992年8月石家庄召开的第四次环渤海考古座谈会上,第一次提出"世界的观点",他说:"思想上再来一个大转变,把区系观点扩大为'世界的'观点,从世界的角度认识中国。提法不同,目标是一个,重建中国古史。区系观点是方法论,'世界的观点'也是方法论,思维方法要有一个大转变。"

隔了一年,1993年5月在北京大学"迎接二十一世纪的中国考古学"国际学术讨论会上所致的开幕辞中,苏先生更进一步明确提出"世界性的中国考古学":"中国考古学正经历着跨世纪(20～21世纪)期间一个重大转折。20世纪我们是为了建立中国考古学的学科体系,实质上是'中国的中国考古学体系'。21世纪的中国考古学,将是'世界性的中国考古学'。……前者立足点是中国,后者着眼点是中国。目的是把中国摆在世界当中,深入一层地再认识中国在世界村中的位置。现在我们为了中国也为了世界,正在摆正中国考古学发展导向,导向跨越国境的学科。"这是苏秉琦先生学术思想发展上的最后一个阶段。第一个阶段是区系类型的理论和实践;第二个阶段是中国古史的重建·中国文明起源·国家发展三部曲(古国·方国·帝国);第三阶段便是世界性的中国考古学阶段。

1997年上半年,他在《中国文明起源新探》一书的篇末最后一次论证"世界性的中国考古学":"就中国与世界古文化的关系而言,中国考古学文化所划分的六大区系中,广义的北方中的大西北联系着中亚和西亚,大东北联系着东北亚,东南沿海和中南、西南地区则与环太平洋和东南亚、印度次大陆有着广泛联系。源于草原文化的周秦文化都带有西方色彩,料器(琉璃器)、三棱铜箭头以及铁器、屈肢葬这些因素在中、西亚早一步,是周人和秦人把西方这些因素带到中原来的,这样就将中国与欧亚大陆连起来了。其实最迟从旧石器时代晚期起,欧亚大陆以至新大陆之间就有了交流。……中国东半部史前文化与东亚、东南亚乃至环太平洋文化圈的广泛联系突出表现为:有段石锛以及作为饕餮纹祖型的夸张——突出眼睛部位的神人兽面纹的艺术风格等因素,与环太平洋诸文化同类因素可能有源流关系,……中国中南、西南地区与印度次大陆的关系,以岭南到云贵高原的有肩石器(斧、铲)为典型,有肩石器的分布到印度河为界,在那里与印欧语系诸文化因素衔接。总之,围着地球转一圈,南北都有海陆连接点,中国是一个关键地带。"

"在社会发展与科学发展的形势下,作为中国学者,我们应有这样的认识:研究正在面向世界、面向未来的中国考古学,既要由中国学者来做,也应有世界学人来参加;中国考古学已有了自己的特色,有了自己的理论基础,有了重建中国古史的框架、脉络,我们学科的成就已为中国考古学与世界接轨,与未来接轨打下了基础,取得了发言权。我们已经找到了自己在世界历史和现实上的立足点,我们已经站在新的起跑线上,我们的目标是明确的。让我们一起迎接中国考古学新世纪的到来吧"!这是苏秉琦先生给我们留下的关于中国考古学发展到第三阶段的最后遗言。当我们重温这些教导时,深感他所嘱托的学术遗愿,任重道远,不胜惶恐,掩卷唏嘘,追思不已。

《文集》中涉及21世纪中国考古学的文章,有张忠培和李季合写的《苏秉琦与21世纪考古学》,他们是以总结"中国的中国考古学"发展的经验为根基,从可持续发展的观点展望21世纪中国考古学。这种立足于中国考古学优良传统的立场,是十分重要的,这是中国考古学立足于世界考古学之林的基础。

三

苏秉琦先生逝世已五周年,《文集》出版也已一年。在这短暂的几年之中,国际和国内形势的变化,不可避免地影响到了学术界,不论在学术思想、研究方法还是学风上,都有所表现。譬如关于现代人起源的问题,美国学者根据来自世界不同地区147位妇女胎盘细胞中线粒体DNA的分析,认为所有现代人种包括中国人在内,都是距今 20 万年前的一位非洲妇女的子孙。这种意见也得到了中国生物医学界一些学者的支持。又譬如 20 世纪 80 年代中期,美国倡导"新考古学"的那位学者,在从来未到过周口店遗址的情况下,便一口咬定北京猿人化石、灰烬和石器的分布没有人为堆积的特点,否定周口店是北京猿人遗址,尤其不承认北京人曾经用火。后来他考察周口店遗址时因未见早已被挖掉的北京人用火的地层,而否认裴文中等中外学者在正式考古报告中北京人用火的证据[1]。如以此为准,任何人都可以随意否定他没有亲眼目睹过的世界考古学史上的任何考古学资料,这是不符合人类历史文化发展研究规律的。

我上面所举的这两件事,都涉及中国旧石器时代考古学研究,外国学者从根本上否定了近一个世纪以来中国几代考古学家所作出的关于旧石器时代考古研究的成果。这对中国考古学来说是一次极其严峻的挑战。究其实质,则是在当前高科技发达的时代,如何看待历史和文化的问题,考古学界如何正确认识和应用自然科学技术的问题,即不能把正在实验阶段的自然科学技术的某些探索性的推测,当作科学的结论来炒作和发布,这是极不负责的事情。由此而引发的,便是自然科学与人文社会科学之间在对人类历史和文化发展史上,应如何共同协调同步研究的问题,这应当是在 21 世纪人类历史和文化的科学研究上最重要的国际学术研究课题。其他诸如在《中国文物报》上开展的关于中国考古学发展定位问题的讨论,俞伟超先生已经有十分严肃的批评。中国考古学界某些人似乎对中国考古学发展的前途十分迷茫,或者不甚关心,根源在于对中国考古学发展的历史不了解,弄不清楚中国考古学的学术传统是什么,不了解中国田野考古的实际,更对中国历史文化发展的特点缺乏理解,在这样的情形之下,便丧失了在学术上辨认大是大非的能力,麻木不仁,随波逐流。这是很不应该的事情。

我想我们重温苏秉琦先生关于中国考古学的一些教导是会受到益处的,同时,通过评论《苏秉琦先生纪念集》一书,也会得到很多启示。这便是我写这篇书评的初衷。

原载《中国文物报》2002 年 8 月 30 日第 8 版。

---

[1] 参见王幼平《旧石器时代考古》页 238～240,文物出版社,2001 年。

《城记》座谈会讨论纪要(节录)

《城记》的特点是充分利用有关的文献,所谓"文"是指文字记录的资料,包括档案、梁思成先生的日记、笔记和发表的文章等;所谓"献"是指人说的事,书中采访了许多当事人的回忆。这在史料上都可以称之是第一手的材料,作者遵循了历史学的基本通则,讲的都是史实,没有虚浮之辞。也没有过多地讲自己的意见,摆出史实,让读者自己判断是非,作为一个记者来写这本书,持这样的态度,我认为是很正确的。

北京旧城是明清两代的都城,从1911年辛亥革命以后,结束了北京作为帝都的历史。但是,北京旧城却仍然存在,城市的历史是一个动态变化的过程,它虽然不是帝都,作为城市它仍然在延续变动。在这九十多年里,北京旧城的变化大致可分为三个阶段。

第一个阶段是1950年以前。这个时期北京旧城最大的改动有三项:一是袁世凯开南海新华门,民国十五年(1926年)开和平门,辟新华街;二是开辟景山前街,拆除了故宫的北上门,把故宫和景山分开,修通了北京旧城东、西城之间的交通孔道;三是日伪时期于内城东、西城垣南端开建国、复兴两豁口。虽有改动,但古都风貌依旧。

第二个阶段是20世纪50年代至80年代,包括"文化大革命"。《城记》写的主要是这个阶段的北京城。一开始便记北京旧城的保护存在着两种不同意见,一种是以中南海为中央人民政府,对北京旧城进行改造,变帝王都城为人民城市,变消费城市为生产城市,建设新中国的人民首都;另一种是以梁思成、陈占祥为代表的保护北京旧城,另建新市区的城市规划。两种意见针锋相对,最后采纳了前一种意见。于是,拆牌楼、扩街道,拆除棋盘街、千步廊和天安门前的三座门,改建天安门广场,打通和拓宽建国、复兴两豁口间的东西长安街。甚至还酝酿过包括改造故宫在内的更大的改造北京旧城的计划,但由于当时经济实力所限,并没有实现。

第三个阶段是 20 世纪 80 年代改革开放以后,直到现在。北京旧城的保护出现了比以前更为严重的局面。第二个阶段中的两种意见,即《城记》中所记的史实,已清楚地显示出是对北京城市规划的不同意见,反映的是建国初期对新中国城市规划设计思想的分歧,核心问题是如何对待中国历史文化遗产的态度,这既是学术问题,也是对城市建设这个新事物的认识问题,但绝无钱利之事。这个争论是理念性的,是完全公开的,当然也伤害了许多著名学者的感情。第三个阶段的问题则完全不同,在进行大规模城市改造的同时,房地产开发商参与进来,这个新的因素构成了第三个阶段中国历史文化名城保护的特点,在利欲的驱动之下,官商勾结,惟利是图,暗中操作,恣意破坏中国政府公布的 101 个中国历史文化名城的保护。以北京为例,在北京旧城的内城之内,把公元 1267 年(元至元四年)兴建的元大都城市街道,以"推平头"的方式成片铲平。元大都的城市规划的街道系统一直延续到明清北京旧城,我们再三呼吁说明北京旧城在中国古代都城史上和世界都城史上的地位及其价值,似乎未被当局所重视。

《城记》一书在保护北京旧城上,起到了积极的作用。我建议作者要把北京历史文化名城保护的历史,补上辛亥革命(1911 年)以后至 1950 年的第一阶段,再补上 20 世纪 80 年代以后至今的第三阶段。把保护北京历史文化名城的事迹以及破坏北京历史文化名城的劣迹,都如实地写出来,传给我们的子孙后代。历史是无情的,每个人的所作所为都要向历史做个交代。

原载《读书》2004 年 9 期。

读《六朝风采》有感

南京市博物馆署名的《六朝风采》于2004年12月由文物出版社出版。这是一本总结半个世纪以来南京出土的三国魏晋南朝文物的大型图录。书前有魏正瑾执笔的《六朝风采，灿烂辉煌》长文，概述了南京数十年来六朝考古文物工作的成就，指出了从公元3世纪至6世纪末南京作为六朝政治文化中心地区的历史文化特点，进而从城市陵墓遗迹和出土遗物分析其礼仪制度；对六朝的青瓷器制作，从手工艺发展的角度予以研讨；最后还从佛教考古，包括栖霞山南朝窟龛的分期和艺术风格上来作历史性的评述。图版按生活用具（青瓷器、铜镜、金饰品、玉佩饰等）、丧葬用品（陵墓前石雕辟邪和麒麟、碑刻墓志、神道柱、青瓷堆塑魂瓶、各种陶瓷俑和模型明器、花纹墓砖、大型砖刻拼砌"竹林七贤"壁画等）、佛教石刻和建筑砖瓦饰件等类别排列，全部彩色精印。每件文物都有简短说明，记录出土年月、地点、尺寸、年代、收藏者和器形描述，是很规格化的资料档案。全书文字皆为中英文对照。

书的《后记》中说，2001年南京市博物馆举办"六朝风采"展览，宿白先生来参观展览时便建议由南京市博物馆编一本有关六朝文物的图录，书名就叫《六朝风采》。编者说："本馆同仁深感宿白先生建议之高瞻远瞩。图录的编写出版是为文化界、艺术界、教育界等社会各方面提供的精神食粮，对于传播六朝知识、借鉴民族艺术、弘扬传统文化将起到重要的作用。"作为地方上的文物单位能够编辑出版这样一本学术目的性很强的文物图录专著，我认为是已交出了一份令人满意的答卷。至于它的不足之处，则是今日的南京市只能是六朝的中心地区，在全面反映六朝的实况上是有局限的。这个缺陷是编者无论如何也克服不了的，读者不必苛求，因为南京市博物馆毕竟率先完成了它力所能及的任务，这是十分难能可贵的。

《六朝风采》中收录的312件(组)六朝文物,与两汉文物相比,有着极为明显的差异,特别是在雕塑、绘画等造型艺术方面,出现了新式样和新风格。我们用"六朝风采"来形容它是很生动的。如果把它们放在中国文化史的长河中,把它们与同时代的中原北方文化遗存作一对比的话,它们的历史文化价值便更为彰显。"六朝风采"的研究,不仅限于东晋南朝文化本身,更要研究东晋南朝文化对北朝文化的影响,要研究公元5世纪至6世纪中国文化南北融合的过程,这是中国文化发展上很重要的一个环节,它孕育了秦汉以后又一个中国文化的高峰——隋唐文化。六朝风采的历史魅力便在于此。

六十多年前,陈寅恪先生在其名著《隋唐制度渊源略论稿》叙论中有一段讲隋唐制度之渊源,分析了魏晋南北朝至隋唐制度的"全体因革要点与局部发展历程",阐释"因时间与地域参错综合之关系","决非偶然或突然所致者也"(以上所引见该书之附论)。言简意赅,对研究"六朝风采"极为重要,特整段录下:

> 隋唐之制度虽极广博纷复,然究析其因素,不出三源:一曰(北)魏、(北)齐,二曰梁、陈,三曰(西)魏、周。所谓(北)魏、(北)齐之源者,凡江左承袭汉、魏、西晋之礼乐刑政典章文物,自东晋至南齐其间所发展变迁,而为北魏孝文帝及其子孙摹仿采用,传之北齐成一大结集者是也。其在旧史往往以"汉魏"制度目之,实则其流变所及,不止限于汉魏,而东晋南朝前半期俱包括在内。旧史又或以"山东"目之者,则以山东之地指北齐言,凡北齐承袭元魏所采用东晋南朝前半期之文物制度皆属于此范围也。又西晋永嘉之乱,中原魏晋以降之文化转移保存于凉州一隅,至北魏取凉州,而河西文化遂输入于魏,其后北魏孝文、宣武两代所制定之典章制度遂深受其影响,故此(北)魏、(北)齐之源其中亦有河西之一支派,斯则前人所未深措意,而今日不可不详论者也。所谓梁陈之源者,凡梁代继承创作陈氏因袭无改之制度,迄杨隋统一中国吸收采用,而传之于李唐者,易言之,即南朝后半期内其文物制度之变迁发展乃王肃等输入之所不及,故魏孝文及其子孙未能采用,而北齐之一大结集中遂无此因素者也。旧史所称之"梁制"实可兼该陈制,盖陈之继梁,其典章制度多因仍不改,其事旧史言之详矣。所谓(西)魏、周之源者,凡西魏、北周之创作有异于山东及江左之旧制,或阴为六镇鲜卑之野

俗,或远承魏、(西)晋之遗风,若就地域言之,乃关陇区内保存之旧时汉族文化,所适应鲜卑六镇势力之环境,而产生之混合品。所有旧史中关陇之新创设及依托周官诸制度皆属此类,其影响及于隋唐制度者,实较微末。故在三源之中,此(西)魏、周之源远不如其他二源之重要。然后世史家以隋唐继承(西)魏、周之遗业,遂不能辨析名实真伪,往往于李唐之法制误认为(西)魏、周之遗物,如府兵制即其一例也。

陈先生所论,高屋建瓴,把握住历史文化发展之大势,勾勒出了魏晋南北朝至隋唐政治制度与文化传承的架构,诚为不移之论,至今仍为研究魏晋南北朝和隋唐政治文化之圭臬。

近五十年来,中国历史考古学的发现和研究,特别是中国石窟寺考古学的创立,为研究魏晋南北朝文化南北融合的历史,提供了更为具体细微的实物证据。宿白先生从20世纪70年代便注意这个问题,1989年在《北朝造型艺术中人物形象的变化》一文中指出:

> 公元5世纪末和6世纪中叶,中原北方地区在造型艺术中有两次变化,表现在人物形象上尤其明显。这两次变化和中原北方统治集团锐意汉化,摹拟南朝制度风尚有直接关系,因此,变化的源头要追踪到东晋(公元319～420年)、刘宋(公元420～479年)和萧梁(公元502～557年)[①]。

宿先生所说的第一次变化发生在北魏孝文帝在平城推行汉化改制的时期,具体表现在云冈石窟佛像造型的变化上。太和十三年(公元489年)以后,云冈石窟佛像造型从昙曜五窟深目高鼻、通肩右袒的西域影响的造型,转变为摹仿南朝士大夫形体清瘦、褒衣博带的汉式服装造型。太和十八年(公元494年)迁洛以后,这种形式的佛像也在洛阳地区龙门、巩县诸石窟中流行,实乃东晋刘宋时期顾恺之和陆探微"秀骨清像"之画风在北朝石窟佛像造型上之表现,亦即陈寅恪先生所说隋唐制度之第一渊源——江左继承汉魏旧制和东晋南朝前半期(刘宋和南齐)所发展之新制对北朝的影响。历史学的研究和考古学的发现已言之甚详。

宿白先生所说的第二次变化,发生在南朝萧梁时期。"萧衍建梁(公元502～

[①] 见《中国石窟寺研究》页349～354,文物出版社,1996年。

549 年在位),裁革齐制,五十年中江表无事,南朝风尚乃一变化,反映在造型艺术上,即是张僧繇画派的流行"。"僧繇之所以'骨气奇伟'者,主要之点应是变重神骨为'得其肉',即变清瘦为丰壮"。"服饰也一反前此之繁缛而盛行简洁"。"这种'得其肉'的丰壮形象,在四川茂县所出齐永明元年(公元 483 年)无量寿、弥勒两像石雕中,已见端倪"。而成都万佛寺发现多件刻有梁纪年铭的石刻造像,以及栖霞山梁后期(公元 529 年)石窟造像,都具有丰腴健壮的躯体和衣纹简洁的特点。"以张僧繇为代表的南朝新风,大约在梁武帝中期,其影响已及于北魏新都洛阳"(以上引号内之文皆引自《北朝造型艺术中人物形象的变化》),神龟二年(公元 519 年)八月以后塑造的永宁寺塔基影塑像,正是从"秀骨清像"向丰腴健壮造型转变过程中的作品。而真正达到张僧繇"得其肉"的风采,要到北齐以后才出现在邺都和太原附近的北齐墓葬中,以及邯郸南北响堂山等石窟中,如太原天保四年(公元 553 年)贺拔昌墓、磁县湾漳大墓(约乾明元年,公元 560 年)、寿阳河清元年(公元 562 年)库狄迴洛墓、太原河清三年(公元 564 年)狄湛墓、太原天统元年(公元 565 年)张海翼墓、太原天统三年(公元 567 年)库狄业墓、太原武平元年(公元 570 年)娄睿墓、太原武平二年(公元 571 年)徐显秀墓和磁县武平七年(公元 576 年)高润墓,不论是壁画上的人物形象或男女陶俑的造像,都把张僧繇画派的南朝新风发挥得淋漓尽致,六朝风采之新风再一次吹遍北朝艺坛。这个结论完全是依赖中国考古学的新发现而获得的,通过对魏晋南北朝历史文化遗存和遗物的研究,揭示了这段从未被人所知的史实,显示了中国历史考古学研究的新成果,说明了考古学和历史学在研究中国古史古文化上相辅相成的关系,这种模式是考古学和历史学共走的必由之路。

宿白先生所说的这个第二次变化,也就是陈寅恪先生所说的隋唐制度的第二个渊源,所谓梁陈之源者,是杨隋统一中国从南朝直接吸收而传于李唐,北齐制度中并不包含南朝后半期至梁陈制度因素。这是六十多年以前,陈先生从政治制度史的衍变和影响的角度得出的结论,制度上的变革不是一蹴而就的,要有一个过程。但是文化艺术上的衍变和传播影响,特别是与社会风气习尚有关的事物,若翕然成风时,会造成不胫而走的风靡之势。宿白先生曾引用《北齐书》卷二十七《杜弼传》中高欢对杜弼的一段讲话,说明在东魏北齐时仍视江东为衣冠礼仪之所在,仰慕南朝文化热度不减。全文抄录如下:

> 弼以文武在位,罕有廉洁,言之于高祖(高欢)。高祖曰:"弼来,我语尔。天下浊乱,习俗已久。今督将家属多在关西,黑獭(宇文泰)常相招诱,人情去留未定。江东复有一吴儿老翁萧衍者,专事衣冠礼乐,中原士大夫望之以为正朔所在。我若急作法网,不相饶借,恐督将尽投黑獭,士子悉奔萧衍,则人物流散,何以为国?尔宜少待,吾不忘之。"

高欢讲此话,《北齐书》未记年月,《资治通鉴》卷一五七《梁纪》系此事于梁大同三年即东魏天平四年(公元537年)九月,不知所出;而宿白先生则根据《北史》卷五十五《杜弼传》"及平京洛,货贿渐行"句,系此事于北魏太昌元年(公元532年)之后。高欢是主张恢复鲜卑旧俗的人,但他却清楚地认识到不能强行扼制汉化的势头,应从大局出发,顺历史潮流而已。文献记载与考古发现的史实符合。

六朝风采,内容丰富,除上举造型艺术人物形象变化的例子之外,还有新出现的六朝青瓷器;以会稽为中心的各式神兽镜;昂首挺胸的双翼辟邪;以"竹林七贤"为内容的大型拼砌砖刻壁画;以建康(南京)为中心,新出现的人面纹、兽面纹和各式莲花纹的瓦当,北播平城(大同)、洛阳和邺城等,都收录在《六朝风采》书中。

感想说完,言归正题。我向读者推荐这本内容富丽的《六朝风采》,因为它展现了历史上大千世界中的许多人间景象,是一本令人浮想联翩、探索不止的有魅力的好书。

原载《中国文物报》2005年7月27日第4版。

他山之石，可以为错

——读《技术史》第1～3卷*

此文应《科学时报》之约而写，发表在该报2005年9月22日B2版上。不知何故，把文中引用《技术史》第1卷英国考古学家柴尔德论技术和技术的社会性，以及技术史与历史的区别的原文，和我引用马克思关于科学的兴起与资本主义大工业生产关系的原文，全部删除，致使文意不通，不知所据。我所提出的正确处理和阐释技术与人文的关系，正确认识科学和技术之间的关系，不但对研究科学技术史十分重要，对利用考古发现的遗迹遗物来研究中国古代手工业的历史也是十分重要的。新出版的《中国丝绸通史》和正在编写的《中国陶瓷史》也面临同样的问题。愿借《中国文物报》之一角，公布全文，或能起到"他山之石，可以为错"之效。

上海科技教育出版社去年12月翻译出版了(英)查尔斯·辛格等主编的七卷本《技术史》，引起了中国科学技术学界的关注，好评如潮。我是研究中国考古学的。考古学是利用人类从事生产、政治、文化活动和科学实验时所遗留下来的遗迹遗物来研究人类历史的，而技术史正是以人类的生产活动和科学实验为主要内容的，所以，我特别选择了《技术史》第1～3卷来作些评论。这三卷的内容包括远古至古代帝国、地中海文明与中世纪、文艺复兴至工业革命，大约从史前到公元1750年。这三卷在取材上最大的特点是大量应用了考古材料，尤其是第1、2卷考古学材料的分量最重，这是当代历史学研究的特色，也是欧洲考古学已

---

* 编者注：该文在《中国文物报》发表时，并未刊发文章前面的"小引"，这次选入文集乃根据徐先生手稿，予以补入。

臻成熟的具体表现。前三卷分别出版于1954、1956、1957年,距今已近半个世纪。

第1卷第2章《社会的早期形态》由著名考古学家柴尔德(V. G. Childe)执笔,他是当时历史文化学派的代表人物,被誉为是马克思主义考古学家,以研究考古学文化著称,创立了用考古学研究文明起源的模式。他在这一章中开宗明义地说明"技术"是什么:

> 技术(technology)这一名称指的应该是那些为了满足人类需求而对物质世界产生改变的活动,在本书中,这一术语的含义扩展到包括这些活动的结果的范畴。从这个意义上讲,任何一种技术,就像人的生活本身一样,包含着人的群体甚至社会成员之间常规的、经常的合作。群体的规模,社会公认的需求及群体成员之间的关系(社会组织),都对这种合作性群体的特征有深刻的影响。
>
> 远离社会的个体并不是真正的人类,……技术是由一群人制造的,是社会合作的活动。……考古学阐明了技术(techniques),而由于有了书面历史的补充,它还阐明了政治和经济的相同形态。
>
> 在研究技术史时,很明显我们不可能把所有现今存在的经济形态和政治形态都加以描述,也不可能追溯从有文字记载的时期开始的某个具体的社会或民族的发展。……从本书的目的来说,我们可以把所有人类社会分成几个很抽象的类别,且把这些类别分成等级,这些等级在某种程度上又有时间上的顺序(见中文版第1卷页25~26)。

本书主编在第1卷前言中充分肯定了柴尔德关于"技术"的定义、技术的社会性,以及研究技术史对历史的重视但又必须区别于历史的观点,这些都是构成了这部多卷本《技术史》取得成功的基本条件。主编进一步指出:"技术是历史的一个方面,特别是社会史(social history)的一个组成部分。""为了便于读者理解,有必要将一切人类活动的发展与政治经济史(political and economic history)上的主要事件,也就通常意义上的'历史'联系起来。但是技术的进步(progress of technology)并不完全符合这样熟悉的模式,它有自己的年表,有自己的关键阶段。这是读者必须始终牢记的观点,因为他会发现,一些在宏大的历史舞台上只扮演相对适中的角色并只获得很少记载的人,却大大发展了某些技术(techniques)。"(中文版第1卷页20)并举腓尼基人为世界带来字母表,伊特普里亚人精巧的黄金工艺,以及不列颠新石器时代的野蛮人建造的斯通亨奇环状列石为例。这种情况在我国历史上也并不罕见。

正确处理和阐释技术与人文的关系,是七卷本《技术史》贯穿全书的主脉,这是我们要特别关注的。虽然它已是几十年前(第 7 卷出版在 1978 年)的观点,但仍可对我们思考科学技术与人文科学之间的关系有一定的参考意义。

第二个值得思考的问题是,书名为什么叫"技术史"而不叫"科学技术史"。书的编者显然认为科学(尤其是纯科学)和技术是两个不同的概念,欧洲在 19 世纪以前主要是技术,科学要到 19 世纪末期才占绝对统治地位。先出版的前五卷内容五分之四以上是技术史的,所以,命名为《技术史》是很恰当的。本书主编在第三卷前言中说:

> 毋庸置疑,在本卷所要讨论的这一时期(按指1500~1750年)内,欧洲乃至世界历史上最重要的事件是近代科学的兴起,它富有极大潜力。……中世纪末,科学与技术的触点极少,且微不足道;……解释自然现象成了哲学家的份内之事,至于其实际运用,则留给了工匠。哲学家更为关心的是书本与观念,而对于事物则留意不多;他在对自然界做笼统的解释时展示了令人敬仰的聪明才智,但在细节上却极大地忽略了它的实际运用。与此相反,工匠则对他所遵循的生产方法和工艺之外的知识知之甚少,甚至一无所知,因为那些生产方法和工艺是代代相传到他手上的,而且它们已经使他达到所需的效果;对那些解释他行为的理论,他则全然不知。只有在 17 世纪才有极少数人意识到(尽管这一念头在中世纪已有征兆),原来科学与技艺均与自然现象相关,且可以相互倚重,人们逐渐明白,有关自然的知识赋予了人们控制自然力的力量。自弗朗西斯·培根(Francis Bacon)、伽利略(Galileo)和笛卡儿(Descartes)的时代起,在欧洲就一直有人认为科学必须最终指导技术人员的活动,并认为科学性的技术(scientific technology)将塑造文明的未来进程。
>
> 尽管如此,但若高估此类想法或是纯科学(pure science)的成就对于本卷所涵盖时期的欧洲技术的影响,将是荒唐可笑的,……很多使工艺方法合理化并加以改善的早期尝试都是以惨败收场的。……直到 17 世纪结束后好多年,工业进步在很大程度上还是依赖工艺发明,而不是依赖系统性科学

研究的成果。后者的绝对统治地位确立于19世纪末期,这部《技术史》认为,这标志着人类历史上的一个转折点。因此,尽管纯科学在16和17世纪取得了重大成就,但技术的基本要素与早期时代没有很大的不同,像前几十世纪一样,这几个世纪具有以下几个方面的特征:手工工具、自然力或畜力的使用占统治地位;较少使用金属;大量消耗熟练或不熟练的人力;小规模生产。即使在这个创造性的时代,发明和新方法也不以新颖性作为特征,因为循序渐进的工匠和企业仍处于主导地位(中文本第三卷,页1~2)。

马克思在《机器、自然力和科学的应用》一书中,对这个问题也有很明晰的说法:

> "这种资本主义生产第一次在相当大的程度上为自然科学创造了进行研究、观察、实验的物质手段","第一次产生了只用科学方法对待能解决的实际问题。只有现在,实验和观察,以及生产过程本身的迫切需要——才第一次达到使科学的应用成为可能和必要的那样一种规模"。"因此,随着资本主义生产的扩展,科学因素第一次被有意识地和广泛地加以发展、应用,并体现在生活中,其规模是以往的时代根本想像不到的"(人民出版社,1978年,页206~208)。

科学的兴起与资本主义大工业生产有密切关系,欧洲的历史已证明了这一点。中国的历史和文化虽然与欧洲有所不同,但在科学与技术的发展关系上,在格局和模式上却与欧洲有类似之处。问题出在中国近代资本主义不发达,没有建立起自己的科学体系。七卷本《技术史》对欧洲古代技术和近现代科学的发展历史有系统的阐述,这对研究我国科学技术史会很有启发。

七卷本《技术史》最突出的优点是雅俗共赏。所谓雅,是指保证内容上的科学性,要给读者全面正确的知识;所谓俗,是指文字表述通俗,要把最艰涩难懂的内容,用平实且可读性很强的文字表述出来,辅之以插图,文图结合,一目了然。做到雅俗共赏是很难的,在一个人身上兼备既是严肃的科学家,又是很有文采修养的写作家,并不是很多的。七卷本《技术史》在这方面做得很好,使全书的文字保护着统一的风格,称得上是通俗化的科学巨著,它在社会上和学术界产生的影响是巨大的,全世界多种语言译本的出版便是最好的明证。

七卷本《技术史》的唯一缺陷,作为一部世界技术史,对东方亚洲部分的记载太少了,中国部分则因有李约瑟《中国科学技术史》编写在前面而省略。中国历史文化与欧洲历史文化有很大的差异,具体到技术史上,中西之间究竟有何异同？这是个很值得研讨的有意义的课题。我们能否在中国科学院自然科学史研究所主编的多卷本《中国科学技术史》的基础上,汲取七卷本《技术史》的成功经验,也编写一部雅俗共赏的两卷本《中国技术史》,以补足七卷本之缺陷,揭示出中国和欧洲两个不同文化系统技术中的诸种问题,为世界文化史的研究作出贡献。

原载《中国文物报》2006年1月18日第4版。

《李济文集》出版的学术意义

今年是李济先生诞辰110周年。上海人民出版社出版了五卷本《李济文集》,这是已出版的最全的李先生文集。今天有幸参加座谈会,想就《李济文集》出版的学术意义谈一点感想。

十六年前(1990年)出版《李济考古学论文选集》时,张光直先生在《编者后记》即文集中的代序二——《对李济之先生考古学研究的一些看法》中阐述了李济先生的学术贡献,归纳为四个方面:一、中国古代史研究的一个人类学途径;二、现代科学考古学在中国的建立与初期发展方向;三、殷墟发掘与中国古史;四、中国古器物学的新基础。作了明晰的分析,极其精辟。李济先生是中国现代考古学的开创者和奠基人之一,为中国现代考古的创建和发展奋斗终生。李济先生学术博大精深,对中国现代考古学产生了巨大的影响,特别在中国现代考古学的研究方向上,在引进欧洲考古学的理论和方法的同时坚持中国化上,更有深远的现实意义。

确定中国现代考古学的研究方向与当时中研院史语所所长傅斯年有直接关系。1928年中研院聘请李济先生做史语所考古组主任,开始发掘安阳殷墟,中国现代考古学正式诞生。傅斯年确认考古学是历史学的一部分,中国现代考古学是研究中国古代历史文化的学科,李济先生与傅斯年的意见是一致的,他们把新引进的考古学选定在殷墟遗址作为政府学术机构第一次正式科学考古发掘项目,直接介入中国古史范围,极具学术上的战略意义。从1928～1937年的十五次殷墟发掘开始,始终贯彻着通过考古发掘来研究商代的历史主导思想,"累集的史料在中国史学史上可以说是空前的,最大的价值为:肯定了甲骨文的真实性及其在中国文字学上的地位;将史前史的资料与中国古史的资料联系起来;对于殷商时代中国文化的发展阶段,作了一种很丰富而具体的说明;把中国文化与同时的其他文化中心,作了初步的联系,证明中国最早的历史文化不是孤立的发展,实在承袭了若干来自不同方向的不同传统,表现了一种综合性的创造能力"(《安阳发掘与中国古史问题》)。1954年发表《中国上古史之重建工作及其问题》,他认为重建一部中国民族文化之原始的上古史的目的是想编一部比较可信的中国上古史。"我们无意再写一部偏重政治方面的专史,褒贬过去的帝王卿相,评论每一朝代的兴替。我们想把它的重心放置在民族的发展与文化的演进两组主题上"(《〈中国上古史〉编辑计划的缘起及其进行的过程》)。"以文化的形成及演变和民族的成长与教养为撰述的重点"。由于"安阳的发现,一方面把地上和地下的材料联系起来,一方面把历史和史前史联系了起来。这是非常重要的事件,没有这个联系,一切材料都只是时间和空间不能确定的材料。有了安阳出土的这一部分材料,我们对于以前华北出土的许多无从捉摸的材料,好像有了一条绳子,可以把它们连串起来了"(《中国上古史之重建工作及其问题》)。1962年发表《再谈中国上古史的重建问题》,他认为这本先秦以前的上古史所用的材料应包括以下七类:一、与人类原始有关的材料,以及东亚现代地形尚未形成前的地文、地记、气候和动植物;二、与研究东亚地形有关的科学资料,包括地质学、气象学、古生物学的成果;三、人类的文化遗迹和史前的古器物;四、体质人类学;五、有文字记录以后的历史时期的考古学资料;六、民族学和民族志的资料;七、研究中国上古史的最基本的资料,即历代传下来的秦朝以前的记录。他说:"中国历史是人类全部历史最光荣的一面,只有把它放在全体人类历史的背景上看,它的光辉才更显得鲜明。"(《再谈中国上古史的重建问题》)所以,他在拟定《中国上古史编辑大旨》中说:"中国上古史须作为世界史的一部分看,不宜夹杂褊狭的地域成见。以叙述史实为主,组织已成立的研究成果,而不是专题的考证或史料的排比。以可靠材料为立论的依据,材料必须是经过考证及鉴定的文献史料和科学方法发掘及报道的考古资料。撰稿人须尽量利用一切有关的资料,尤其注意利用最新资料。"十年以后(1972年11月)正式出版《中国上古史(待定稿)》第一本《史前部分》。1979年8月1日李先生逝世。1985年4月出版《中国上古史(待定稿)》第二本《殷商编》和第三本《两周编之一史实与演变》,同年7月出版第四本《两周编之二思想与文化》。先后有二十四位学者参与撰稿。李先生生前虽未见到全书出版,但全书的内容主题、材料收集应用、编写体例以及宏观的视野等,全是依李先生策划的来做，他把考古学与历史学紧密地联系在一起，从做田野考古发掘起，贯彻始终，把考古学的成果升华到历史学研究中。这是中国现代考古学的一个极其重要的学术传统，李济先生一生都在为完成这个学术目标而奋斗。《李济文集》中处处都体现着李先生在这方面所作的成果，我们一定要沿着李先生所指出的研究方向，为中国考古学和中国古史的重建作出新的贡献。

方向目标明确之后，研究工作能否成功，关键在于是否有一套科学的、符合实际的方法。中国现代考古学自欧洲引进了以地层学和类型学的方法来作田野考古和古器物研究，方法的原理原则和基本操作规程是清楚的，但它毕竟是根据欧洲历史文化遗存的特点总结出来的，中国的历史文化遗存与欧洲的有很大的不同，欧洲建筑以石构建筑为主，中国建筑以土木建筑为主，在殷墟发掘是从掩埋的土中找不同质地功能的土，土中找土，第一至三次发掘时把打有夯窝的夯土误认为是洪水冲过的波浪痕迹，到第四次发掘时才根据城子崖的发现确认这是夯土，洪水说导致对遗址出土的遗物和甲骨都误以为是被水漂没的。对这样大面积的古代宫室遗址，不能用发掘史前遗址开探沟的方法，而改为开大方的全面揭露法，当时称"整个地翻"的"卷地毯"式的发掘。洪水说否定后，发掘者认识了文化层埋藏的叠压关系，后冈三叠层的发现标志殷墟发掘正式走上科学考古的正途。这个学费交得值，我国第一代的考古学家没有生搬硬套欧洲的方法，而是亲身体验如何认识中国古代遗址的特点，并用自己的双手操作如何科学发掘这些遗迹。这是一个伟大的创举，它在世界田野考古中建立了中国田野考古的规程。新中国成立以后，大规模的田野考古实践，丰富了中国现代考古学的田野考古方法，达到了最好的水平。但七十年前李济先生主持的殷墟发掘从失误到成功的经验，正为我们以后的发展，打下了良好的基础。李济先生在整理和研究考古出土的遗物方面，也充分考虑了宋代著录古铜器的方式，同时采用欧洲古器物学类型学的方法，建立了全新的中国古器物学，他在《中国古器物学的新基础》(1950年)一文中作了详细的讨论。他所创立的中国现代考古学的方法论，一直影响到现在。专门研究中国古代历史文化遗存的中国考古学，在接受欧洲考古的先进的理论和方法的同时，能够充分继承中国古史研究和金石学研究的优良传统，把中国现代考古学建设成为一门符合中国实际的全新的学科。以李济先生为首的，包括梁思永、夏鼐、苏秉琦诸先生在内的我国考古学家作出了巨大的贡献。《李济文集》是中国现代考古学史的经典文献，它的出版对中国现代考古学的发展,具有十分重要的现实的学术意义。

当前,整个学术界学风浮躁,具体到考古学界,考古学研究的基础——田野考古的质量正在下降,轻视田野考古等基础研究,不知中国现代考古学创业的历史及其传统,盲目追求标新立异的诡说,把以求真为目的的历史学和考古学,变为随意猜想的游戏,甚至不惜凭主观假设,臆造发掘遗迹。四十多年前(1962年)李济先生曾警告我们说:"我们要小心,科学成绩的价值,也不是相等的;因为它受到社会一般的重视,冒牌的科学,甚至于有计划的欺骗,都在科学界发生过。不过这一类的事件尚可以辨别;最应该防备的,是借用科学的理论,发挥个人的偏见。这些不成熟的半调子的科学历史观,已经在中国史学界出现过不止一次了。譬如:有一位研究中国古代史的外国籍的汉学家,曾经把若干少数民族在中国境内近代地域的分布情形,用作解释2000年前的中国历史,并做了若干推论,说中国文化受了很大的土耳其的影响。这完全是对于民族学的一种误解。我们现在知道,有不少的史学家想利用各种的时髦的社会学理论解释中国上古史。但是他们不但对于社会学这门学问本身没有下过工夫,连中国上古史的原始资料也认识不了许多。不过一般的读者因为他们说法新颖,往往就迷住了这一类的发展,对史学这门学问本身是不幸的。"(《再谈中国上古史的重建问题》)李先生四十年前说的这些情形与现在学术界的有些情形何其相似,值得我们深思和警惕!

原载《中国文物报》2006年11月29日第4版。

读《病榻杂记》有感

季先生近年住院休养期间，写了多篇随笔小品，集为《病榻杂记》（新世界出版社）。随笔小品的体裁是最能表露作者心灵性情的，在这一点上很像巴金的《随感录》。用极其平淡的笔调，有时还略带诙谐，娓娓道来，犹如促膝谈心，让人爱不释手。所谈内容包括人生哲理，治学心得，往事忆旧，怀念故人，还有在医院治疗的经过等。谈的多是具体的事，但在言谈话语之间，却时时流露出因事而发的道理，在这些道理中往往蕴藏着极为精辟的见解，有拨云见日、顿开茅塞之功。

季先生在两篇文章中谈爱国主义。近年在复杂的国际关系中，有些政治家往往把维护民族利益的国家斥之为狭隘的民族主义，提倡爱国主义也不那么恰当似的。季先生在《爱国与奉献》一文中说："爱国主义是中华民族的优秀传统，历数千年而未衰。原因是中国历代都有外敌窥伺，屠我人民，占吾土地，从而激起了我们民族的爱国义愤，奋起抵抗，前赴后继，保存了我们国家的领土完整，维护了我们人民的生命安全，一直到今天。"他强调说："我们眼前发扬爱国主义精神，不但不能削弱，而且更应加强。"其原因就是他在《再谈爱国主义》一文中说的：

> 爱国主义有两种：一种是正义的爱国主义，一种是邪恶的爱国主义。日寇侵华时中日两国都高呼爱国，其根本区别就在于一个是正义的，一个是邪恶的……如果一个国家热爱和平，绝不想侵略、剥削、压迫、屠杀别的国家，愿意同别的国家和平共处。这样的国家是值得爱的，非爱不行的。这样的爱国主义就是我上面所说的正义的爱国主义。反之，如果一个国家，特别是它的领导人专心致志地侵略别的国家，征服别的国家，最终统一全球，天上

天下，唯我独尊，这样的国家是绝对不能爱的，爱它就成了统治者的帮凶。爱国主义与国际主义是相通的，是互有联系的。保卫世界和平是两者共同的愿望。

爱国是中国近代知识分子最显著的特点，当然也有极少数的像周作人之流晚节不保，沦为民族败类者，但绝大多数的知识分子是爱国的。他们忍辱负重，抗争不屈，坚持民族大义的高风亮节的事迹是很多的。季先生亲历近代外患频仍的时代，尤其是在德国留学时期，目睹希特勒法西斯的统治，提倡正义的爱国主义是必然的理念，这个理念可以说是中国近代知识分子的普遍理念。

季先生通古识今，学贯中西。他对东西文明的差异有自己的看法，他在《分析不是研究学问的唯一手段》一文中说："对于分析与综合这两种思维模式或工作研究方式，大多数学者都耳熟能详，用不着过多解释。但是，我自己对这个问题却多年来形成一套看法。我认为，分析与综合是人类最基本的思维模式，用常用的词句来解释，一个是'一分为二'，一个是'合二而一'。我还认为，世界上东西方文明最基本的差异也在这两点上，西方的基本思维模式是分析，而东方的则是综合。这是就其大者而言的，天底下没有纯粹的分析，也没有纯粹的综合，二者总是并行进行，没有主次之别。"这个意见是从高度的哲理上概括出来的，对我们研究中国近现代思想史、学术史，对我们各个学科的研究方法的改进提高，都有现实的指导意义。

《病榻杂记》是一位九十多高龄的老教授（我遵从季先生的意思，不称他为"国学大师"、"学界泰斗"和"国宝"）和我们平和地叙述他毕生的经历，寓教于生活之中，字字珠玑，至理名言，俯拾即是。我上面所举的仅仅是两个例子而已。我还是借用季先生在《悼巴老》一文中称赞巴金《随感录》一书的话，为《病榻杂记》作一个评赞吧！那就是：

《病榻杂记》全书充满了"爱国爱民的激情，炽燃心中，而笔锋又足以力透纸背，更引起了广泛的注意和反响"。

原载《光明日报》2007年2月3日第5版。又见季羡林国际文化研究院编著《凡人伟业：中外学人眼中的季羡林》，中国文联出版社，2008年。

《奢华之色》新书恳谈会会议记录（摘录）

我先谈几点感想，扬之水的勤奋令人感动。来文学所以前，她是个小编辑，几年之内，拿出《奢华之色》这样三本书，不容易啊！她所用的材料，她研究的东西，到目前为止研究中国金银器的图案和花纹，从文献上，特别是从诗词里面搜集的材料，恐怕再没有这么详尽的了。她费了很大的劲，搜集了很多材料来证明。她对我说，这几年做名物之学，到诗经的时候仍是如此，但到现在做这个的时候，不只是名物之学，已经转向了。特别在今天，普遍的学风主要是使用网络检索，而她的学问网络检索无法实现，都是自己一点点地找，焚膏继晷地工作。在现今这样的学风之下，能够有这样一部著作，相当不容易。从这一点来说，我非常佩服。

第二个感想，扬之水的研究从实物出发，既有诗文，又有物证。据我所知，她自己出钱跑全国各地的博物馆找资料，很不容易。我就给她写过介绍信。她能看到的材料尽量地看，而且看得很仔细，只有这么仔细，才能做图像学的研究。她从诗文里去找参证的资料，阐明器物或图案的文化史意义。她拿实物、拿诗文来证，很得要领。这是她研究的特色。

扬之水在社科院文学所，她的研究毕竟有她的角度。文学所是社科院的老所，第一任所长郑振铎，既是文学所所长，又是考古所所长，还兼国家文物局局长和文化部副部长。文学所也不是马马虎虎的所，她有她的学风。在这样一个形势下文学所能认可扬之水的研究，这说明她很不容易。从这三本著作可以看出，她得花很多力气从文学的角度来谈这些东西，所以她把文学欣赏、艺术欣赏和图像学研究结合到一起。这是第三个感想。

第四个感想，她的三本著作，我从考古学的角度来看，研究的是器物，也涉及考古。在考古学上,她这部分属于中国古代手工业考古学。她研究的瓷器、金银器、铜器、丝织品等,都属于手工业。在某一方面来说,扬之水的著作领先一步,为考古学手工业考古的研究提前准备了材料。我觉得扬之水这三本书对于我们也是一个促进。但是,我也要说,她毕竟和考古的角度不一样。手工业考古开展以后,应该会回过头来影响你的研究。

中国学术到底往哪个方向发展,现在是在十字路口,彷徨不知所措,看不清,我们要从学术的角度考虑在十字路口上怎么走。现在整个学术界总的趋向都是在沉沦,怎么从沉沦中慢慢复兴?我想一定会起来的,这符合学术发展规律。但我们能否在这个时代重新复兴,学术方面怎么做是我们要考虑的。另外中华书局也可以从旁想点办法,推动学术复兴。

原载《书品》2011年2期。

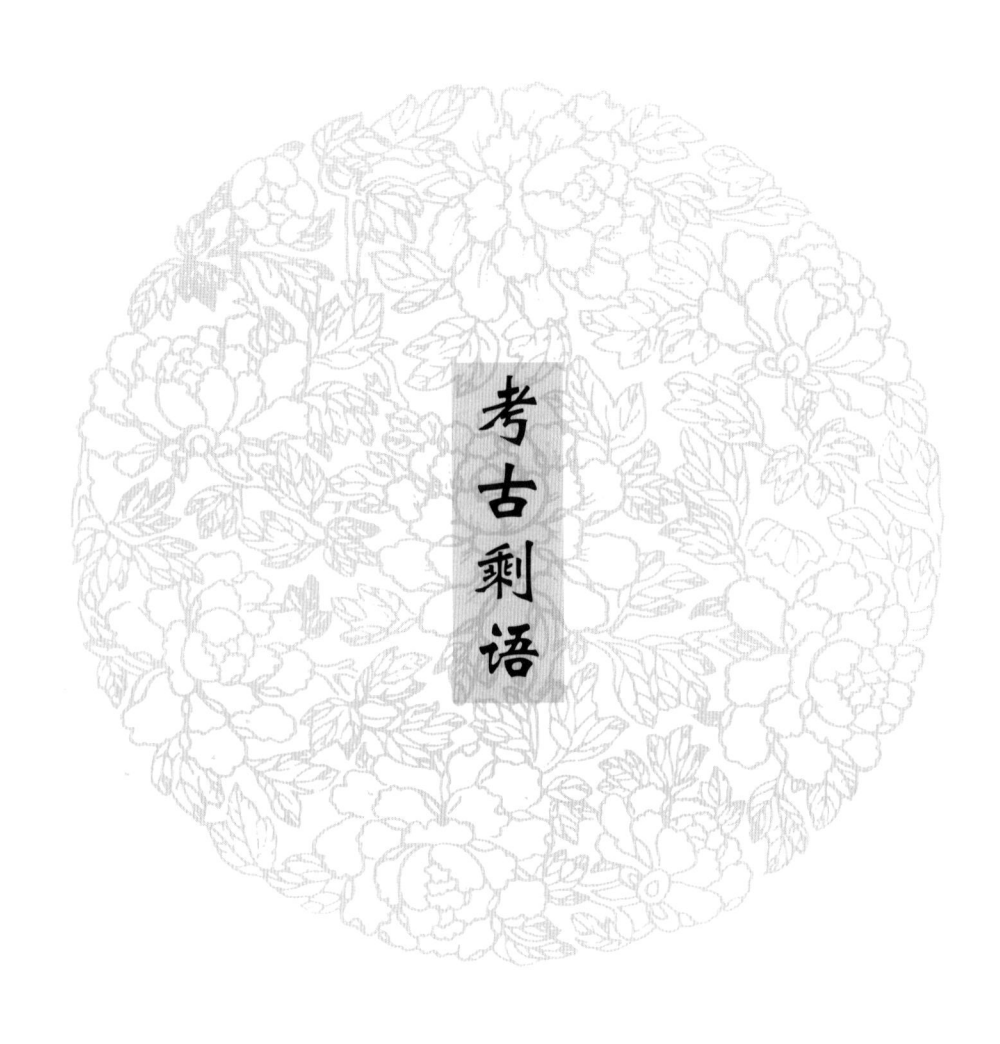

考古剩语

近代考古学,初期仍是继承了宋、清以来金石学的成绩,在西方资本主义学术思想的影响下,进行了一些重要的整理和研究,扩大了金石学的范围,考古学的某些基本内容得以成立。1927年以后,大规模科学发掘工作展开,突破了金石学的狭窄范围,考古学已发展为独立的科学。中国近代考古学,也是一部中国近代文物被掠夺的历史。其间,许多外国人在中国作的考古工作,也是较重要的一部分,我们应该进行必要的整理和研究。中华人民共和国成立以后,那些令人痛心的事情,一去不返,基本建设开始,各地文物大批发现,中国考古学的黄金时代开始了。

——摘自《考古学简史》

宋代瓷器作为中国的著名工艺品,流传亚非各地,形成了以海路为主的"陶瓷之道",它和陆路上的"丝绸之路"一样,都是中外贸易和文化交流史上的重要史迹。

——摘自《白瓷·青瓷·黑瓷·青白瓷——宋代瓷器略说》

中国考古学前程似锦。十年前英国考古学家丹尼尔就预言:"在未来的几个十年内,对中国重要性的新认识,将是考古学中一个关键性的发展。"(《考古学简史》)处在世纪之交的中国考古学家正满怀信心地迎接中国考古学的更大发展。

——摘自《中国考古学展望》

考古发掘与文物保护有着直接的密不可分的关系,在一般情况下,考古发掘是前因,文物保护是后果,前因后果是一个事物发展的两个阶段。为了考古学研究和文物保护的可持续发展,这两者必须密切结合,贯彻始终,做到既获取了人类社会遗留的历史信息,又极大限度地保护了文物,这是我们中国考古工作者责无旁贷的职责。

——摘自《考古发掘与文物保护》

考古学简史

一、宋以前的考古发现和考古学

(一) 考古发现和考古记录

考古学是根据实物来研究古代人类社会的,这种学问在中国萌芽很早,大约从战国以来便已被人所重视。当时尚不知从事发掘工作,仅凭偶然的发现或盗掘古墓来获得古物。汉魏以来,关于这种发现或盗墓的事情,很多书上都作了记录。晋太康二年(公元281年)汲郡人不准,盗发魏襄王(或言魏安厘王)墓,发现许多竹简,经过束晳等的整理和研究,知道上面用古文写了《纪年》、《易经》、《国语》、《穆天子传》等七十五篇,这是很重要的发现,直接影响了当时的学术研究。在记录方面,北魏郦道元作的水经注是比较重要的,它里面详细地记载了河流两岸的名胜古迹,对我们今天的考古调查,有所启示。

(二) 对古代文物的认识和研究

汉代的史学家司马迁便非常注意古物,曾经亲自调查过很多地方。东汉的许慎在编《说文解字》时,也注意到当时各地出土的古代铜器的铭文。他们治学的态度是正确的。另如《越绝书》的作者曾发表关于古代兵器质料进化的意见,他们认为先用石,次用玉,最后用铁。又如梁江淹在《铜剑赞》中认为古代兵器先用赤铜,后用铜锡合金,并推测铁制兵器代替铜制兵器的时代,应在战国秦汉之际。这些见解都是很出色的。晋荀勖根据铜斛、古钱、建武铜尺等来校正古尺,这种综合比较研究的方法,直到清代考订古尺的人还超不出他的范围去。

二、宋代的考古学

（一）宋代考古学发展的时代背景

唐末五代以来，门阀贵族政治垮台，知识传授的对象扩大。在学术思想上也突破汉魏以来的章句注疏之学，提出疑问，重新思考。史学也极发展，在扩大史料的要求下，金石学开始发展。另外，也有一些有利的条件，如关于古礼研究的成绩，古文字研究的成绩，拓墨术、印刷术的发达，都对宋代金石学的发展起了促进作用。

（二）对铜器的研究和著录

宋代金石学家对古铜器很重视，尤其重视上面的铭文，吕大临的《考古图》是一部很重要的著录，体例非常谨严，先将器物按时代分开，同时代的按形制分类，先画器形，再摹铭文，下附释文，并记器的大小容量、出土地点、收藏者，最后并加考证和说明。共录铜器211件，玉器13件。他的这种著录方法，一直到今天我们著录非发掘品时，仍可参考。他对古器物的研究态度也是值得注意的，他认为古器的本身和铭文，可以补正历史和经学的研究，他著录的目的是将这批材料公布，并传于后世，供人研究。《宣和博古图》是仿照《考古图》作的，成书于宋徽宗大观年间，它最大的贡献是在器物的分类和名称的考订上，这书是由政府出名编著的，但黄伯思的贡献最大。由此可见，宋人在形制学方面的研究，已有了相当的基础。写录铭文的书，可以薛尚功《历代钟鼎彝器款识法帖》、王俅《啸堂集古录》为代表。

（三）对石刻的研究和著录

宋人对石刻拓本，非常勤于搜集，他们也把石刻作为史料看待，进行整理和研究。先著录目录，再将石刻内容研究，写成跋尾。欧阳修的《集古录目》五卷、《集古录跋尾》十卷，赵明诚的《金石录目》十卷、《跋尾》二十卷，便都是很重要的书。这时也有专门著录某一地区石刻的书。南宋人洪适更专门研究篆隶，与历史有关的碑文，便加考证，著有《隶释》、《隶续》，而《隶续》中更画出汉碑、汉阙形式和汉画像石等。

(四) 小结

宋代考古学者在金石学的研究上有着很多贡献,同时由于他们所处的时代的限制,不论是在科学性上,或解决历史问题上也都有很多的缺陷。但是,他们的勤恳搜集,认真研究的精神是可佩的,他们的朴实的形制学研究和著录的方法,都是极可贵的文化遗产,在我们今天的考古研究中,必须进行整理,取其精华,予以接受。

三、元、明两代的考古学

理学在南宋发展起来,至元、明初的学术思想都墨守成规,不敢超越,理学已成为统治阶级统治思想的工具,因此,表现在学术上是沉寂而无力的。明中叶后,王守仁学派突起,虽然突破了理学的束缚,但更趋于空疏,脱离实际。在这种情况下,史学、金石学等没有它的发展前途,仅仅是保守和维持而已。但有些个别的著作,还是值得注意的。如元朝有廼贤的《河朔访古记》,将旅途所见的名胜古迹,详加记叙,遇有不明,便向农夫、僧道等人询问,这种细心访求的精神,很是可贵。明朝人赵崡作《石墨镌华》,也是亲自去访求古迹,发现两通金元国书碑,这是著录少数民族石刻的开始。元代修地方志已很普遍,地方志内著录金石、古迹的风气亦渐开始,至明、清而大盛。

四、清代的考古学

(一) 时代背景

明末清初的社会,阶级矛盾和民族矛盾都很尖锐,在那动荡的时代中,王守仁学派的哲学思想已不能应付现实,空谈理论,只有误事。因此,有些人便主张投身于实践。顾炎武、黄宗羲等人的"经世致用"之学出现了。他们提倡民族意识,重现实,不空谈,作对社会有利的学问。他们治史学,同时也治金石、文字、声韵之学。清朝统治者对文化思想的控制很严厉,许多知识分子为了避祸,便潜心于经学的研究。为了证实古代的名物制度,便不得不借助于金石、文字之学,考据之风因此大盛。乾、嘉时代,这种学问最盛,故称为"乾嘉学派"。清代金石学之盛也是在乾隆以后,因此，在研究方法上，它受到"乾嘉学派"的影响，能够客观地分析材料，以求其真。

（二）金石学的著录

清代金石学在宋代金石学的基础上，详细著录材料，更进一步地研究提高。除去铜器、石刻之外，还注意了封泥、陶器的著录。

乾隆时命梁诗正将皇家所藏的古器，编为《西清古鉴》。嘉庆时阮元的《积古斋钟鼎彝器款式》是专录铭文的。这两部书在提倡研究金石学上，有很大作用。明代以后，古铜器的商品价值日益增高，鉴别真伪亦愈重要。道光以后，收藏最丰，最长鉴别的是陈介祺。清末研究铜器最有成绩的有吴大澂，收藏丰富的有潘祖荫、端方等许多人。

著录石刻的书也很多。比较重要的有王昶《金石萃编》，按时代编次，抄录原文，并附各家考证，材料很丰富。后来很多人作补正，如陆增祥《八琼室金石补正》。在综合研究方面，以叶昌炽《语石》最好。

封泥是清道光初年在四川发现的，最早收集的是刘喜海，后来吴式芬和陈介祺把山东出土的辑为《封泥考略》一书，从此封泥才为人所重视。

宋人对陶器注意不够，虽有著录却很少。清代金石学家开始大量收集，并有专门著录，如程敦的《秦汉瓦当文字》、孙诒让的《温州古甓记》。清末罗振玉更开始收集陶俑。

其他如货币、玉器、印玺的研究和著录也很多。

（三）综合研究

清人在综合研究方面，很有成绩。程瑶田根据实物来解释《周礼·考工记》，著有《考工创物小记》。对古代的车制、兵器、乐器均有论证。吴大澂是清朝最渊博的金石学家之一，对铜器上的铭文极有研究，曾订正《说文解字》的许多错误。另外，他还凭借清代金石学家的成绩和丰富的材料用实验的方法来考订古代度量衡，著有《权衡度量实验考》。孙诒让也是对文字学最有贡献的学者，他是第一个研究甲骨文的人，治学极为矜慎，不作穿凿之论。

（四）小结

清代金石学的发展，可以分为两个时期：清初到乾隆是一个时期，治金石学的人不太多,风气不盛,但以顾炎武等为首的学者,已建立了以金石考证经史的治学态度,直接影响到乾、嘉以后的学风;乾隆以后为发展兴盛期,上述诸节皆是。清人对金石学考订极精湛,超出宋人甚多,但其弊病亦在于此,渐渐走上繁琐路途。清人更扩大金石资料收集范围。在金石学的基础上,进行古器物学、古文字学、古代礼俗制度的研究,这是清人的主要贡献。

五、近代的考古学(上)

(一) 时代背景与欧洲近代考古学的影响

1840年以后,欧洲资本主义侵入,中国逐渐沦为半封建半殖民地的社会,一部分开明知识分子感到国家民族的危机,急欲求强致富,重新倡导"经世致用"之学,注意边疆史地的研究。中日战争以后,维新派开始介绍欧洲资产阶级的学术思想,尤其是一部分自然科学,也被初步介绍过来,这对中国学术界有所影响。同时各帝国主义更在中国划分势力范围,进行各方面的调查工作,也附带作考古工作,客观上对中国近代考古范围的扩大有所影响。20世纪初,欧洲近代考古学的调查和科学发掘方法,被介绍到中国,同时照相印影的技术也被利用,对中国近代考古学的发展和提高起了决定性作用。

欧洲考古学萌芽于15、16世纪的文艺复兴时代,从发掘希腊、罗马雕刻美术品开始。18世纪末叶,拿破仑的亲族曾在意大利境内发掘潘沛城。19世纪上半叶的考古研究,以丹麦皇家博物馆馆长汤姆逊最为著名。其后,法国人柏泰在萨姆河畔发现旧石器。1857年德国人发现"尼安德特人"。19世纪下半叶和20世纪初期,欧洲资本主义已发展为帝国主义,开始向近东及亚洲各殖民地国家入侵,组织所谓"考古队"进行工作。这个时期考古工作有所提高,根据出土器物,加以排比,分出时代早晚,同时更利用语言学、民族学、体质人类学等为辅助,来研究考古所得资料,以复原古代人类社会生活面貌。在考古发掘工作中不仅仅注意珍贵物品,细小东西也不放弃,更采用了地质学上的地层学说,在考古中也注意地层,细心观察,这正是考古学空前发展的时期。在希腊、埃及、巴比伦、印度各地都有重要的发现。第一次世界大战以后,被帝国主义御用的考古学,出现了许多反动理论,为帝国主义侵略作依据。

总之,中国近代的科学考古学是在自然科学发展的基础上,在宋清以来金石学研究的基础上，在欧洲近代考古学的影响下产生的。

(二) 清末考古学上的重要发现和研究

1. 殷墟甲骨文的发现和研究

河南安阳殷墟本来常大量出土有刻着文字的殷代卜骨和龟甲，都被作为药材出卖。后来古董商开始注意，光绪二十五年（公元 1899 年）试售于王懿荣，王发现上刻有古代文字，便开始收集。1900 年王死，所收甲骨大部为刘鹗所得，1903 年刘鹗拓出 1058 片，编为《铁云藏龟》，这是著录甲骨文的第一部书。1904 年，孙诒让根据《铁云藏龟》进行研究，著《契文举例》，是第一部考释甲骨文的书。以后罗振玉在收集和刊布甲骨文方面的贡献最大，自 1911 年至 1933 年间，先后出版著录甲骨文的书四部。这一时期在研究甲骨文方面贡献最大的是王国维，他的研究方法基本上是符合科学要求的，他接受了乾、嘉以来的金石学家和古文字学家的研究成果，所以才有这么大的成绩，他的许多论著都收在《观堂集林》中了。罗、王以后，甲骨文研究方面，以郭沫若贡献最大，他用马克思主义的思想方法，给殷代社会性质及其结构作出结论。殷墟科学发掘以后，董作宾又开始了对甲骨文断代的研究。

2. 汉晋简牍的发现和研究

清光绪二十五年（公元 1899 年）瑞典人斯文赫定在新疆塔里木河下游古楼兰遗址中，发现晋代木简。二十六年至二十七年间（1900～1901 年）英国人斯坦因在和阗附近发现晋代简牍。光绪三十三年（1907 年）斯坦因又在敦煌附近古长城残垒中，发现汉晋木简数百片。1913～1916 年间斯坦因继续在敦煌附近获得不少汉代木简。光绪三十四年至宣统元年间（1908～1909 年），日本西本愿寺探险队，在古楼兰遗址中也发现晋代木简。1927 年，斯文赫定复与我国学术团体合组西北科学考察团，徐炳昶为中国方面团长，黄文弼承担考古工作，规定所得文物均为我国所有。1930 年贝格曼在额济纳河下游附近长城烽燧遗址中，发现汉代简牍一万多片，这是一个非常重大的发现。1931 年这批简牍运到北京，进行摄影考释，准备出版。1936 年，简牍照片毁于日寇侵略战火中，而原简亦被美国劫去，现存华盛顿美国国会图书馆。1930 年西北科学考察团黄文弼在罗布淖尔得到西汉木简。1944 年中央研究院和北京大学合组西北科学考察团，在敦煌亦发现汉代木简。

在汉简的著录和研究方面，贡献最大的是王国维、黄文弼、劳榦诸人。

3. 敦煌文物的发现和研究

敦煌位于我国甘肃省西部，自汉以来便是我国和西方贸易交通的孔道。佛教传入后，在今敦煌县城东南鸣沙山上，因崖凿窟，更成为朝拜圣地。自魏至元皆有修造，共五百多个窟，尤以唐为最盛。窟中塑有佛像，画有壁画，因其地势干燥，又很偏僻，所以大部保存，为古代佛教美术的宝库。光绪二十六年（1900年）千佛洞的道士王圆箓在石窟甬道的复室中，发现大批的古代织绣品、图书、写本和经卷。光绪二十八年（1902年）甘肃学台叶昌炽得到敦煌发现的文物，认为很有价值，建议保存。三十年（1904年）甘肃省下令将洞中文物照旧封存。三十二年（1906年）斯坦因到新疆调查，闻讯即来敦煌，贿通王道士，盗去写本和图书二十四大箱，绘画、织绣五大箱。三十四年（1908年）法国伯希和也赶来，拍摄壁画，盗去图书经卷六千多卷，并有大批绘画运到北京，才惹起清政府的注意，下令保存，不许私卖。宣统二年（1910年）将经卷点查，全部运往北京，由京师图书馆保存，共八千余卷。但王道士还是藏匿了一部分。1911年日本橘瑞超等买去写本三百余卷。1919年斯坦因又在敦煌买去写经五百七十余卷。这些文物的丧失，是令人非常痛心的。尤令人愤慨的是1924年英国华尔纳用特制胶布粘去二十六幅壁画。

敦煌文物的内容是非常丰富的，包括古书和古写本、俗文学资料、宗教史料、佛教美术、工艺美术、西域文字的古写本等，都是我国中古时代最好的社会史料。

（三）近代外国人在中国的考古工作及其对中国文物的掠夺

19世纪末叶，各帝国主义在中国划分势力范围，派遣所谓"考察团"来中国各地工作，有的是综合性质的，调查资源矿产，测量地图，记录气象，搜集民俗，进行间谍活动，有的是专门考古的，但其目的却都是为其政治、经济、军事的侵略作准备工作。

1. 日本

中日战争以后，日本对中国的侵略变本加厉，自1895年左右，鸟居龙藏、滨田耕作等便开始在东北和蒙古作调查。1927年以后，成立考古学会，由滨田耕作、原田淑人、驹井和爱、水野清一、江上波夫担任工作，对貔子窝、牧羊城、东京城、营城子等处，进行发掘，出版报告。抗日战争前后，长广敏雄、关野雄、小野胜年、小林知生等参加工作,此一时期,对中国古代城址的调查是较重要的,如临淄、曲阜、邯郸、滕城、薛城、北魏平城、辽金北京城、元上都、祖州城等都作过调查和发掘。其他如关于中国古代建筑、石窟寺和西北考古(以大谷光瑞为首)方面,日本人也都作过不少工作。目前日本人对中国考古学的研究,仍具有一些水平。

2. 欧美

英国人在中国考古,可以斯坦因为代表。他是匈牙利人,任职于印度教育部,受英国政府的派遣,曾先后三次来中国西北调查。第一次自1900～1901年,在和阗附近盗掘寺院遗址,发现佛经和美术品,在尼雅发现居住遗址和佉卢文文书。第二次自1906年至1908年,先在敦煌附近盗掘汉代长城故垒,发现大批木简,又到敦煌千佛洞盗取文物;在罗布淖尔发现居住和衙署遗址;在磨朗发现宗教美术品。第三次自1913年至1916年,在敦煌再度考察汉代长城故址;又经黑城到吐鲁番,盗掘大批高昌时代的俑和丝织品;在木头沟盗窃石窟壁画。斯坦因对中国文物的掠夺最多。

美国人在中国考古的有劳佛、安得思、毕士博等,掠取文物亦甚多,而华尔纳粘取敦煌壁画,尤令人愤慨。德国人在西北考古的有勒柯克。法国人伯希和也曾掠取敦煌文物,沙畹、色伽兰则偏重于美术考古,桑志华、德日进则偏重于石器时代考古。

瑞典人安特生在石器时代考古方面作了很多工作,1921年发现仰韶遗址和沙锅屯洞穴遗址;1923年继续在甘肃、青海发现彩陶遗址。另外,斯文赫定则偏重于西北考古,曾在西藏及新疆工作,找出许多山脉河流的系统,发现楼兰故城和汉简。俄国人在中国考古的有拉德洛夫和科兹洛夫,主要是对黑城的发掘。

六、近代的考古学(下)

(一) 中国考古机构的成立

辛亥革命以后,关于古迹、古物的保存工作,归内务部管理,没有什么专门机构。1917年南京设有古物保存所,是地方性质的。北伐成功后,设古物保管委员会。1928年中央研究院成立历史语言研究所,内设考古组,1929年北平研究院成立史学研究会,这两个机构所作考古工作最多。1922年北京大学研究所国学门成立考古学会。1914年北平地质调查所成立,在中国石器时代考古方面作了很多工作。1929年中国营造学社成立，专门调查和研究中国古代建筑。其他如各大博物馆所作的考古工作也很多。又如考古学社等则属于考古团体。

（二）近四十年来的中国考古工作

1911～1949年间，中国的考古工作大致可以分为三个阶段，略述如下：

1. 1911～1927年

在这个阶段，主要的工作有：1918～1919年间，河北省钜鹿故城的发掘。1923年河南新郑铜器群的发现；山西浑源铜器群的发现。1924年河南信阳汉墓的发掘。1926年李济和袁复礼在山西夏县西阴村的石器时代遗址的发掘。这个时期正是军阀混战的时代，考古工作未被重视，多是先被盗掘或偶然发现以后，才有人去清理，科学性很低，直到1926年李济等的发掘，才试图用科学发掘方法来工作，但是其规模仍是很小的。

2. 1927～1937年

1914年地质调查所成立之后，对中国的石器时代考古影响很大，先后发现了仰韶文化、沙锅屯洞穴遗址、甘肃青海的彩陶文化等，他们采用地质学上的科学工作方法，在这样的基础上，才有李济等的西阴村发掘，才有1927～1930年间周口店旧石器时代的发掘，其主持者为裴文中等。1929年12月发现"中国猿人北京种"头骨。1928～1937年间，中央研究院在安阳的十五次发掘是规模最大的，所取得的成绩也很大。1928年，洛阳金村古墓发现铜器。1930～1931年间吴金鼎在山东历城城子崖发现黑陶文化。1930年梁思永曾在昂昂溪、查不干、林西、赤峰各地调查石器时代遗址。马衡、傅振伦等曾发掘了河北易县燕下都。董光忠等在山西万泉荆村瓦渣斜附近发现了新石器时代遗址。1931年河南浚县有人盗掘古墓，发现铜器，郭宝钧、刘燿前去清理；在大赉店发现新石器时代遗址。在广州西郊，胡肇椿等清理了晋大宁二年的砖墓。1933年安徽寿县发现楚国的铜器，李景聃曾往调查。1933～1934年间，朱偰在南京附近调查六朝时代的石刻及其他古迹。1934年梁思永、刘燿曾在山东日照调查黑陶文化，发掘居住遗址和墓葬。1933～1936年间，西湖博物馆在浙江各地调查石器时代遗址。1933年开始，北平研究院在西安、宝鸡、凤翔各地调查石器时代遗址、丰镐遗址、汉唐城址，苏秉琦等在斗鸡台发掘了周秦遗址和墓葬。从1930年开始，中国营造学社梁思成、刘敦桢等，调查了河北、河南、山西、山东各地的古代建筑。1937年6月，梁思成等在山西五台山内发现了唐代的木建筑——佛光寺大殿。1930年左右,陈万里在浙江各地调查古代龙泉窑址,对瓷器的研究开辟一新途径。

这一个阶段,中国考古机构成立,田野工作作得最多,基本上已经按照科学方法来发掘,这是近代考古工作的发展时期。盗掘仍然存在,这给工作上带来损失。关于城址的调查,是值得重视的。另外,关于古建筑的调查,也在考古中开辟一新的方面。

3. 1937～1949年

1937年秋,抗日战争爆发,华北各地相继沦陷,中国的考古工作受到影响,处于停滞状态。但在西南、西北仍做了些工作。1938～1940年间,吴金鼎、曾昭燏、王介忱等在云南大理地区发掘了石器时代遗址、南诏时代居住遗址以及许多古墓葬,开西南少数民族考古的先声。1939年中央大学历史学会调查并发掘了嘉陵江岸沙坪坝附近的汉墓、崖墓和石阙。1939～1940年间,重庆附近有汉墓发现,许多学者曾参加了清理工作。1941～1942年,吴金鼎等在彭山发掘了崖墓。其他如新津出土的画像石棺、成都王建墓的发掘,也都很重要。1944年中央研究院和北京大学合组西北科学考察团,在敦煌各地工作,发掘了汉代长城故址和隋唐时代的古墓。参加者有向达、夏鼐、阎文儒等。而夏鼐在甘肃宁定县发现在齐家期墓葬的填土中包含有彩陶片,这便改订了安特生的"齐家文化早于甘肃仰韶文化"的说法。1944～1945年间,夏鼐在甘肃临洮和兰州附近发掘或调查了石器时代遗址。1947年中央地质调查所裴文中等在甘肃渭河上游、汉水流域、大夏河流域及洮河流域各地,发现新石器时代遗址九十余处。中国营造学社在此期间调查了很多石阙、崖墓、石窟造像、木建筑和塔、幢等。在解放区,也还能在很艰苦的环境中,发动群众来保护文物,如山西赵城广胜寺藏的大藏经的保存。

(三) 小结

近代考古学,初期仍是继承了宋、清以来金石学的成绩,在西方资本主义学术思想的影响下,进行了一些重要的整理和研究,扩大了金石学的范围,考古学的某些基本内容得以成立。1927年以后,大规模科学发掘工作展开,突破了金石学的狭窄范围,考古学已发展为独立的科学。中国近代考古学,也是一部中国近代文物被掠夺的历史。其间,许多外国人在中国作的考古工作,也是较重要的一部分,我们应该进行必要的整理和研究。中华人民共和国成立以后,那些令人痛心的事情,一去不返,基本建设开始,各地文物大批发现,中国考古学的黄金时代开始了。但在今天,我们仍然应该对过去的工作,回顾一下,总结其经验,接受其遗产,在马克思列宁主义思想的指导下,我们的考古工作,才能更健康地向前发展。

原载中国科学院考古研究所编《考古学基础》,科学出版社,1958年。

汉代诸侯王国的兴衰

20世纪50年代徐州陆续发现的东汉画像石墓,分布在徐州附近的睢宁、铜山、沛县等地,其中最著名的是那块在铜山洪楼发现的刻有织机图像的画像石;以墓葬论,规模较大的是睢宁九女墩的画像石墓,墓内出土有带孔的小玉片229片,当是玉衣残件,墓主身份显系王侯。到70年代,在徐州市区附近开始发现西汉"凿山为藏"的石室墓,规模巨大,多个耳室并列,随葬遗物众多。出有带"明光宫"、"王后家槃"铭的器物,有"楚宫司丞"、"楚御府印"等多枚与楚国有关的印章,有各类贵重玉器等随葬品和色彩鲜艳的陶俑,有的还有玉衣。它们分布于今徐州市郊区的楚王山、小龟山、北洞山、驮篮山、东洞山、狮子山和南洞山(岠山),尤以北洞山和狮子山(包括墓前的仪仗兵马俑坑)最为重要。它们是西汉楚国王侯墓地,不论其墓室之规模和随葬遗物之数量或精美程度,都较睢宁发现的可能是楚王墓者有显著差别,究其原因,除了丧葬制度的变化之外,最重要的是汉代统治阶级内部政治权力结构变化所致。

秦统一中国的同时,还进行了社会结构和政治体制的转变,从血缘封建关系向中央集权地缘关系转变,也就是从周的分封制向秦的中央集权郡县制转变。这个转变始于商鞅变法。秦始皇统一全国后,全面推行郡县制,初置三十六郡,后增至四十余郡,县在一千个左右。中央集权郡县制地缘政体的建立,是中国社会结构和政体上最关键、影响最深刻的一次变化。汉承秦制,但汉代初年在郡县制的推行上却出现了反复。刘邦在建立汉朝的过程中,为了回报六国旧贵族和他的部将们的功劳,也为了刘氏政权的稳固,乃分封异姓和同姓王侯,这样便出现了郡县制和分封制双轨政体,导致中央集权郡县制和血缘分封制之间矛盾加剧。为了维护中央集权郡县制,从汉高祖开始,首先除掉异姓王,剩下最后一个异姓王——长沙王吴芮,在文帝后元七年(公元前157年)无后国除。同姓王侯势力渐大,拥地辟宫,铸钱煮盐,纠集亡命,形同割据,朝廷只能控制都城附近的郡县。贾谊曾上削地分国之策。景帝时,晁错再建削地之议,吴楚七国举兵反汉。七国之乱平定后,景帝中元五年(公元前145年)令诸侯王不得复治国,天子为置吏,改王国丞相曰相,省裁王国诸官。武帝即位,进一步下推恩之令,分国予子弟,以削王国势力。淮南、衡山王谋反后,作左官之律,设附益之法,限制诸侯王国的发展,诸侯王惟得衣食租税,不与政事。汉武帝最后设酎金律,诸侯王多因交纳的黄金成色斤两不足而坐失国之罪。经过将近100年中央(皇帝)和地方(诸侯王)反复较量的过程,分封的诸侯王国已名存实亡,商周以来的血缘政体基本上已经结束。汉武帝确立了秦始皇建立的中央集权郡县制的地缘政体,元封五年(公元前106年)设十三部刺史,由中央派遣郡守专政一方,至此,全国才真正统一。历史学家又称这次政体的转变是中国政治上的血缘纽带关系的第一次"解纽"。

西汉初年先被封到徐州的是异姓王韩信,没有留下遗迹。高祖六年(公元前201年)废楚王信,立高祖同父异母弟元王刘交为第一代楚王,有薛城、东海、彭城郡36县,其墓在徐州西郊的楚王山。第二代楚王为夷王刘郢客。第三代楚王为刘戊,性淫暴,在为薄太后服丧期间有奸情,景帝三年(公元前154年)被削去薛城、东海两郡近一半的国土,怀恨在心,便与吴王濞通谋,起兵反汉,西攻梁,至昌邑南与汉将周亚夫战,汉绝吴楚粮道,吴王败走,戊自杀。吴楚七国乱平后,景帝乃立文王刘礼为第四代楚王。第五代楚王为安王刘道。第六代楚王为节王刘纯。第九代楚王为刘延寿,宣帝即位后,延寿阴谋鼓动广陵王刘胥篡立,被人告发,事下有司,考验辞服,延寿自杀,地节元年(公元前69年)国除。自高祖六年立国至此共132年(公元前201~前69年)。宣帝黄龙元年(公元前49年)徙刘嚣至楚,都彭城,传三代,至新莽始建国元年(公元9年)国废。

东汉的第一代楚王刘英为光武帝子,建武十七年(公元41年)封楚王,二十八年(公元52年)就国。英少年时好游侠,交通宾客,晚节更喜黄老,学为浮屠斋戒祭祀。"诵黄老之微言,尚浮屠之仁祠",在中国佛教初传史上是很重要的人物。后因大力交通方士,作金龟玉鹤,刻文字以为符瑞,于永平十三年(公元70年)被人告发造作图书,有逆谋,事下案验。有司奏英,"招聚奸猾,造作图谶,擅相官秩,置诸侯王公将军二千石,大逆不道,请诛之"。明帝以亲不忍,乃废英,徙丹阳泾县。永平十四年(公元71年)英至丹阳,自杀,国除。以诸侯礼葬于泾。肃宗建初二年(公元77年)封英子种为楚侯。元和三年(公元86年),命改葬刘英于彭城,如嗣王仪,谥曰楚万侯。睢宁九女墩出土玉衣残片的画像石墓,是否为楚王英的改葬墓?《后汉书·楚王英传》中"如嗣王仪"这句话暗示是有这个可能性的。

《文明》集中报道了徐州汉墓的历史文物,在欣赏这些精美的文物时,不可不知道2 200多年前,与它们有关的却是中国历史上的一次影响深远的政治体制的大变动,具体反映出来的便是汉代诸侯王国的兴衰史。

原载《文明》2005年9期。

看"河北古代墓葬壁画精粹展"札记

河北省文物研究所主办的"河北古代墓葬壁画精粹展"在北京展出,是文物考古界的一桩盛事。这是四十余年以来,河北省文物考古工作的成果之一,也是中国文物考古界很重要的展览。

这个展览的特色是,不论从时代上还是类型上来说,都是比较齐全的;同时,又表现出了河北地区古代墓葬壁画的某些特点。从中国古代壁画艺术上来说,它无疑是代表了自汉至辽金时期的高水平的作品。

望都汉墓和安平汉墓是汉代壁画墓中很重要的例子。特别是安平汉墓壁画中的院落图,耸立的望楼,封闭的院落,忠实地反映了东汉末年地主庄园的实况。望都汉墓壁画中的各类官吏的形象,再现了当时的情态。特别是望都汉墓壁画展出的摹本,出于名家之手,尤足珍贵。

磁县湾漳北朝大墓是北齐的帝陵,是目前发掘的汉唐时代规模最大的帝陵。大同方山北魏文明太后冯氏永固陵和洛阳邙山北魏宣武帝景陵,也都作过发掘,但墓室内均无壁画。湾漳大墓的壁画从墓道(包括墓道地面的"地衣"画)到墓室,约320平方米的面积,内容丰富,绘画水平高超,充分反映了北朝时期壁画艺术的最高水平。其他如茹茹公主墓和高润墓的壁画也很精美。它们都是中国古代绘画艺术史上北朝时期的精华。

河北省境内缺少隋唐时期的壁画。但是,隋和初唐的墓葬壁画与北朝晚期(主要是北齐)属于同一个时期,盛唐从开元天宝以后的壁面风格为之一变,从西安唐墓壁画的材料中完全可以证实这一点,河北曲阳发现的五代天祐二十年(公元923年)王处直墓的壁画,尚保存着盛唐以来的风格,它与西安发现的薛莫墓(开元十六年,公元728年)、杨玄略墓(咸通五年,公元864年)和韦氏墓的仕女画,属同一风格,而王处直墓的仕女更为雍容华贵,后室两壁上的散乐和侍女彩色石刻浮雕画,裙带飘舞,正按着同一节奏舞动,刻画出了如闻其声的效果。这是近年发现的晚唐五代时期最珍贵的壁画浮雕。为什么王处直墓壁画能有这么高的水平?这与墓主人的出身和社会地位有密切关系。

王处直为易、定、祁等州节度使,他是唐京兆万年县人,住长安城胜业坊。世隶神策军,为京师富族,财产数百万。其父王宗,自军校升至京兆左卫使,遥领兴元节度。王宗"善兴利,乘时贸易。由是富拟王者,仕宦因赀而贵,侯服玉食,僮奴万指"(《旧唐书》卷一八二《王处存传》)。王处直的哥哥王处存在乾符六年(公元879年)任检校刑部尚书、义武军节度使,协助唐朝讨平黄巢,收复长安。王处直在定州任后院军都知兵马使,与李克用、朱温等有密切关系,被封为太原王和北平王,可以说是河北地区很有实力的军阀。所以,他的墓室是多室,与其同时的北京发现的赵德钧墓是同一规格的,这反映着五代时期地方军阀逾制违例的情况。王处直墓志云卒于天祐二十年(公元923年),《旧唐书》卷一八二《王处直传》云:"天祐元年,加太保,封太原王。后仕伪梁,授北平王,检校太尉。不数岁,复(仕)于庄宗(后唐李存勖),后十余年,其子都废归私第,寻卒,年六十一。"与墓志记载大体相合。王处直家既是河北的军阀,又是长安的豪富,他墓中壁画的粉本很可能仍是采用了京师(长安)的画稿。因此,我们把河北曲阳王处直墓壁画浮雕视为唐代晚期京师壁画,是完全合乎历史事实的。

宣化辽墓壁画是此次展览中的重点,近年关于辽墓考古学的研究,最重要的成果便是区分出了辽墓中的契丹人墓和汉人墓。河北宣化辽墓是汉人张氏的家族墓地。墓室壁画的内容都应是反映辽代燕云地区汉人的生活习俗和衣冠服饰的。壁画中皆是汉人装束。唯有烹茶图中有些侍童作髡发之状。髡发本是我国北方鲜卑、契丹、女真各族的发式,在长期的民族习俗的融合之中,发式服饰很可能是互相有所影响的,这是很自然的事情。宋人庄季裕《鸡肋编》记幽燕地区风俗引《汉史》云:"其良家仕族女子,皆髡首,许嫁,方留发。"既然汉女子已有髡发之俗,汉人男童当然可以髡发。所以,在宣化辽代汉人张氏墓中壁画上的侍童出现髡发,是不足为怪的。

河北井陉柿庄金元墓的发掘是60年代的事情。第6号墓的"捣练图"最为完整精美。但是,这个墓地的确切年代一直是个很不明确的问题,正式报告认为是北宋末至金初的(见《考古学报》1962年2期)。在墓地的东南角上有一通元至大元年（公元 1308 年）的《师氏族谱记》碑。碑文云："师氏之宗族也，源自赐姓。……先祖世居威州，宗族之盛，大化乡里所称，系本尹姓，时有避忌，遂改师焉。"尹姓改为师姓，是避金章宗之父显宗允恭的名讳，允、尹同音，故改尹为师。《金史》卷一〇八《师安石传》："师安石字子安，清州人，本姓尹氏，避国讳更焉。"同书同卷《侯挚传》亦云："侯挚初名师尹，避讳改今名。"在柿庄第 2 号墓内出土的小瓷碗底部有墨书"尹记"二字，正说明第 2 号墓的年代下限不得晚于金章宗明昌元年（公元 1190 年）。柿庄第 1、4、7 号墓均出有铜钱，1 号墓最晚的钱是元祐通宝（公元 1086～1093 年），4 号墓最晚的钱是元符通宝（公元 1098～1100 年），7 号墓最晚的钱是大观通宝（公元 1107～1110 年）。柿庄墓地墓葬穴位的排列，是按当时姓氏五音祖穴之不同，先确定祖穴方位，然后按昭穆贯鱼排列。当然，出铜钱的墓也不能以其最晚的钱来断定其下限，因为金元时期一直流行宋钱，如果当时未埋入最晚的铜钱，也是极合理的事情。但是，2 号墓的"尹记"碗确是明昌元年以前埋葬的。如果柿庄墓地越在北边的墓可能时代越早的话，那么，8 号墓已残毁，6 号墓很可能是柿庄墓地最早的墓。即便如此，以 2 号墓的时代下限为准，6 号墓的年代似乎也只能在北宋末至金初。在墓地靠南边的一些墓，有的已晚至元代。

河北地区隋唐五代至辽金墓葬的地区特点，有两点值得注意：一、墓葬中的十二时（辰），先是在墓壁上辟龛置俑，然后是在墓壁上（或墓顶上）画出十二时（如北京八宝山韩佚墓）。二、墓壁上砌出山花向前的厅轩以为装饰，这是辽末至金元时期河北、山西和甘肃的一个地方特色。

原载《文物》1996 年 9 期。

隋唐五代两宋辽金元明考古*

隋　唐

隋唐两京城址的勘测和宫殿区的发掘，以及两京附近大批墓葬的发现，是十年来隋唐考古的重点工作。两京之外，全国大部分地区，也都发现了隋唐时期的墓葬，有些地区并发现了瓷窑遗址。

隋唐两京的勘测和发掘，对研究这个时期的都市布置和性质具有重大意义。长安的外郭城南北长 8 470 米，东西长 9 550 米，周围约 35.5 公里。西城墙的金光、延平，南城墙的安化、明德、启夏，东城墙的延兴和春明等城门的位置，已勘探确定（图一）。其中明德门最大，位于南墙中央，内对朱雀大街，有五个门洞。其他各门都是三个门洞（唯春明门为一个门洞）[1]。外郭城范围和大部分城门址的确定，为复原隋唐长安的坊市布置，奠定了基础。

城内的街坊遗址也作了部分的探测。朱雀大街两侧各坊的面积，与文献记载是相符的。坊内有十字街，周绕坊墙，有的坊墙已被严重破坏[2]。

西市的面积约 1 050 米见方。围墙大部残坏。市内有井字街，街两侧有明沟。市的中央部分保存较好，有地面铺砖的房屋遗迹，当是市署所在。在西市南街东部，还发掘了两座房屋基址。从遗址中保存有大量的烧土痕迹来看，西市的很多建筑都是被火所焚毁的[3]。东市四周有围墙，东街北门遗址也已发现。市内

---

*　编者注：本文所引部分资料，原为未刊稿，今据后来发表的信息补入。
[1]　陕西省文物管理委员会《唐长安城地基初步探测》，《考古学报》1958 年 3 期。
[2]　中国科学院考古研究所资料室《中国科学院考古研究所 1960 年田野工作的主要收获》，《考古》1961 年 4 期。
[3]　中国科学院考古研究所西安唐城发掘队《唐长安城西市遗址发掘》，《考古》1961 年 5 期。

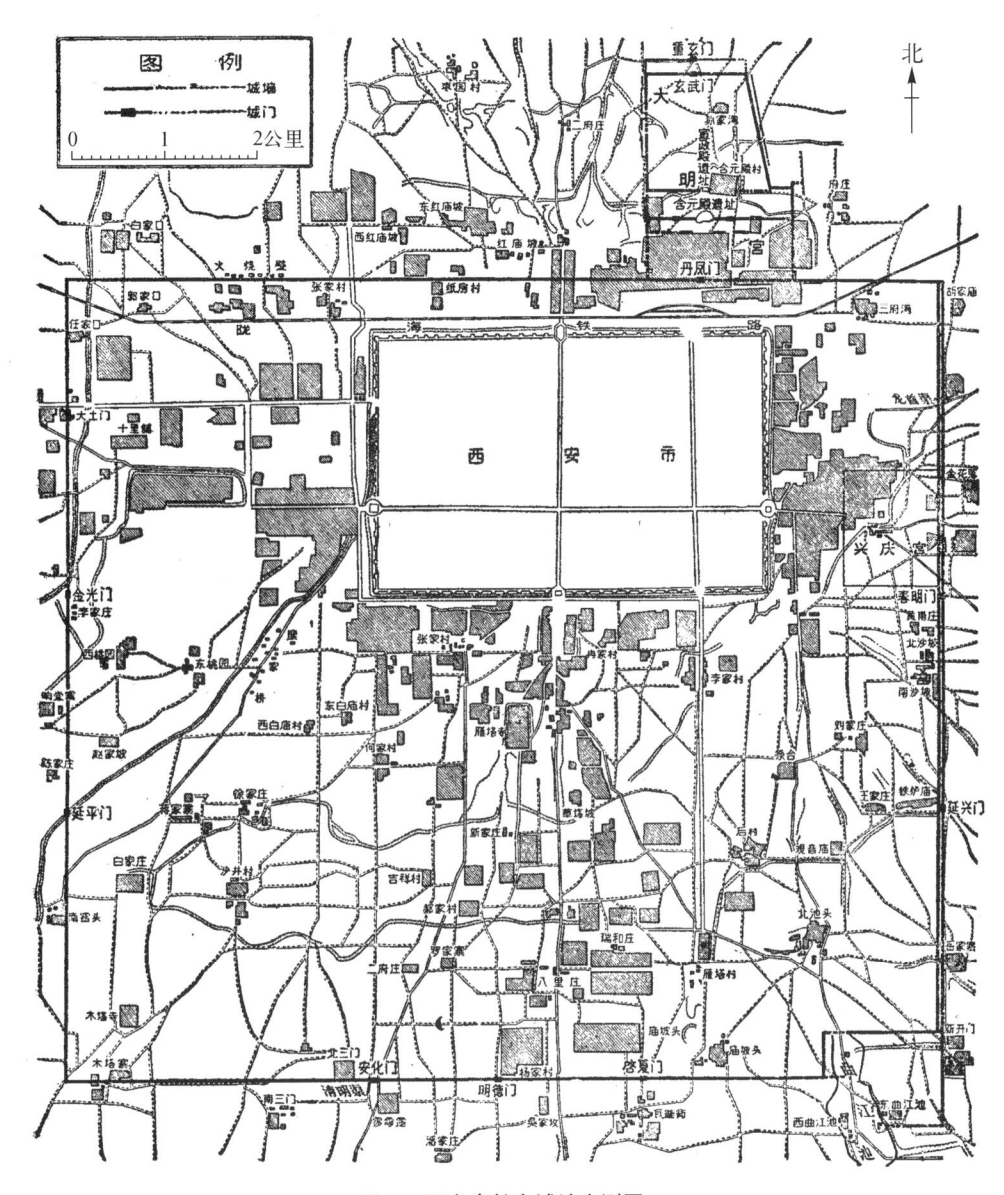

图一　西安唐长安城址实测图

井字形街的宽度均在 30 米以上。南北两纵街之间，尚有一条偏东的纵街①。

隋唐长安的坊市制度，经过探测和发掘之后，较文献记载更清楚了。根据文献和实地调查的研究，证明这种棋盘式的都市规划，自曹魏的邺城即已开始，经过北魏的洛阳，东魏、北齐的邺南城，而发展成为隋唐长安的形式。从整个城市

---

① 中国科学院考古研究所资料室《中国科学院考古研究所 1960 年田野工作的主要收获》，《考古》1961 年 4 期。

中宫殿区所占的地位、封闭式的坊制和受严格控制的市场情况来看,这种封建城市与欧洲中古时期的城市有着很大的差异。封建统治者控制着整个城市,是贵族、官僚、地主的集居之地,工商业虽然较前代获得了发展,有了固定的市场,但在整个城市中却不占主要地位,还受着严格的限制。

唐长安的皇城和宫城[①],以及大明宫[②]、兴庆宫[③]和芙蓉园[④]等主要的宫殿、园苑,也都勘探清楚。特别是大明宫宫墙范围和宫内建筑群的平面布置,还可以准确地复原出来。大明宫内的含元殿、麟德殿、重玄门(图二)和兴庆宫西南隅的勤政务本楼等主要宫殿遗址的发掘,为我们研究唐代宫殿建筑的形式,提供了可贵的资料。含元殿面阔十一间,进深四间。东西两侧有廊道通向翔鸾、栖凤二阁,殿前有踏道。全组建筑布局对称,是唐代宫殿中最常见的平面布置。麟德殿的平面与含元殿不同,它分前、中、后三殿(图三、图四),在建筑的结构上要比含元殿更为复杂。大明宫遗址的情况表明,它是被火所焚毁的。

图二　陕西西安唐长安大明宫重玄门门道

---

① 中国科学院考古研究所资料室《中国科学院考古研究所1960年田野工作的主要收获》,《考古》1961年4期。
② 中国科学院考古研究所《唐长安大明宫》,科学出版社,1959年。马得志《1959～1960年唐大明宫发掘简报》,《考古》1961年7期。
③ 马得志《唐长安兴庆宫发掘记》,《考古》1959年10期。
④ 陕西省文物管理委员会《唐长安城地基初步探测》,《考古学报》1958年3期。

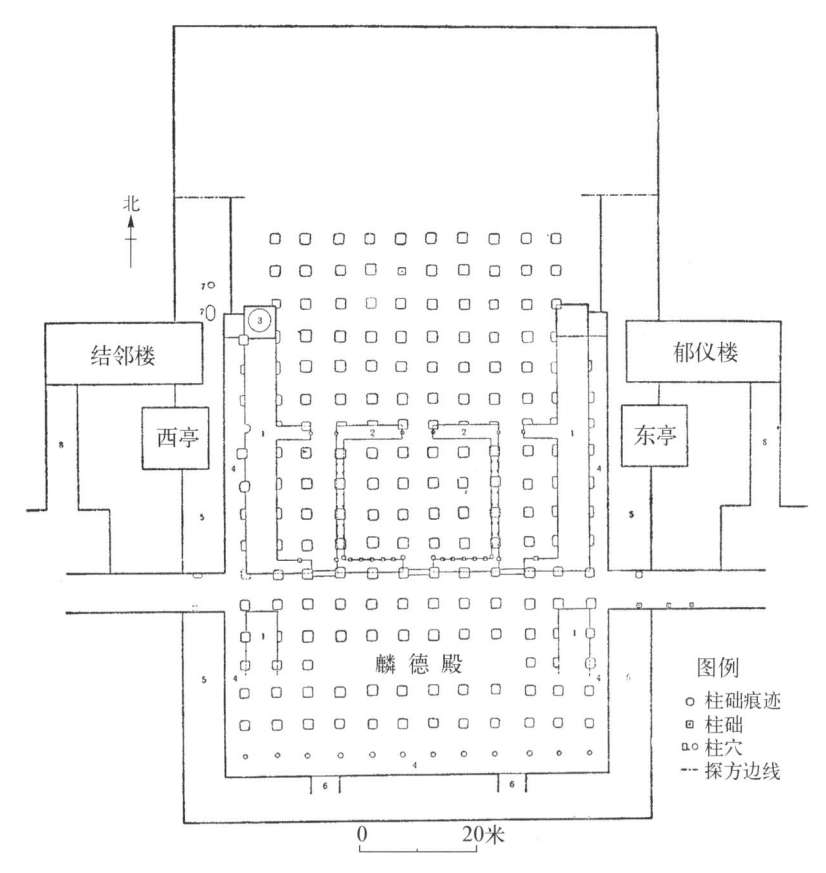

图三　陕西西安唐长安大明宫麟德殿遗址平面图

图例
○ 柱础痕迹
▣ 柱础
▫ 柱穴
--- 探方边线

图四　陕西西安唐长安大明宫麟德殿遗址

东京洛阳的外郭城址、皇城和宫城遗址也都作了勘测①。外郭城的周长约27.5公里。南城墙的定鼎门、长夏门、厚载门和东城墙的建春门的位置都已确定。皇城的右掖门、宾耀门和宫城的应天门、长乐门、玄武门等遗址也相继发现。其中,对右掖门遗址作了发掘(图五)。从门内的堆积情况看,它在被金兵焚毁后,便堵塞了东西两门洞,而中门洞却一直使用到明代。勘测和发掘工作证明,洛阳隋唐城的保存情况不如长安完整,特别是洛河两岸的街坊,已破坏殆尽。

图五　河南洛阳唐东都皇城右掖门门道

河南三门峡,自秦汉以来就是通向关中地区的漕运要道。但是,这里水流湍急,运输困难。汉代修建的栈道,隋唐时期虽仍使用,但运输相当困难。于是在开元二十九年(公元741年),又开凿一条运河,称为"开元新河"。1955年至1957年间在三门峡地区进行了调查②。开元新河位于人门北面的岩石中,全长280米。在新河和栈道的两壁上保留了许多唐代的题记,有贞观、总章、垂拱、开元、天宝等年号。同时,又找到了唐代的集津仓、盐仓和唐宋时期的禹庙、开化寺遗址。通过这项调查工作,使我们对三门峡的漕运情况,有了比较清楚的认识。

十年来,在两京和中原地区发掘了数千座隋唐墓葬,获得了极为丰富的随葬品。仅西安地区的2 200余座隋唐墓中,置有墓志的即达200余座,大批有绝对年代的墓葬,使我们解决了这个地区的墓葬分期问题。根据目前已有的资料来

---

① 中国科学院考古研究所洛阳发掘队《隋唐东都城址的勘查和发掘》,《考古》1961年3期。
② 中国科学院考古研究所《三门峡漕运遗迹》,科学出版社,1959年。

分析,这个地区的隋唐墓葬大约可分为三期:早期自隋文帝开皇元年至唐高宗弘道元年(公元581~683年);中期自武则天光宅元年至玄宗天宝十四年(公元684~755年);晚期自肃宗至德元年至唐灭亡(公元756~907年)。

隋唐的贵族墓葬是反映这个时期贵族生活最好的资料。早期的贵族生活与北朝的情形差不多,所以在墓葬形制方面也沿袭了北朝旧制。1954年西安郭家滩发掘的隋大业六年(公元610年)姬威墓①,墓道长达46.75米,上开天井七个。墓室内设石棺床,外设石雕墓门。地位较高的贵族墓,有用石制棺椁的。西安发现的隋大业四年(公元608年)李静训墓②和唐神龙二年(公元706年)韦洞墓③都用石椁,李墓石椁作庑殿顶,韦墓石椁作歇山顶,皆有线雕画,特别是韦墓石椁上的线雕画,可视为唐代线雕艺术的代表作。大墓中还流行画彩色壁画。墓室顶多画日月星辰和四神图,室壁和甬道壁上多画人物、马、驼。人物画中多为侍卫、伎乐(图六)等。西安发现的天宝四载(公元745年)宦官苏思勖墓中的舞乐图④,最为完整,这场舞乐是当时最流行的胡部新声。

图六　陕西西安唐韦洞墓壁画

---

① 陕西省文物管理委员会《西安郭家滩隋姬威墓清理简报》,《文物》1959年8期。
② 唐金裕《西安西郊隋李静训墓发掘简报》,《考古》1959年9期。
③ 陕西省文物管理委员会《长安县南里王村唐韦洞墓发掘记》,《文物》1959年8期。
④ 陕西考古所唐墓工作组《西安东郊唐苏思勖墓清理简报》,《考古》1960年1期。武伯纶《唐代的覆面和胡部新声》,《文物》1961年6期。

两京隋唐墓的随葬品也从各个方面反映了当时的贵族生活。自魏晋以来就流行的以牛车为中心的仪仗俑群，在隋和初唐仍很盛行。从武则天以后，在贵族中盛行乘马出行的风气，就连妇女也不例外。牛车逐渐被披饰华丽的马所代替。韦泂墓中尚有陶制牛车，但比它时间稍早一些的独孤氏兄弟墓[①]中已经不设牛车而用马俑了。开元以后，披饰华丽的马俑在明器中愈来愈惹人注意了。西安发现的开元十一年（公元723年）鲜于庭诲墓[②]的三彩马（图七，1），就是一件极为成功的艺术品。

图七 陕西西安唐鲜于庭诲墓三彩俑
1. 三彩马俑　2. 三彩骆驼载乐俑　3. 三彩男俑　4. 三彩女俑

---

① 马得志等《西安郊区三个唐墓的发掘简报》，《考古通讯》1958年1期。夏鼐《西安唐墓中出土的几件三彩陶俑》，《文物精华》第一辑，文物出版社，1959年。中国社会科学院考古研究所《唐长安城郊隋唐墓》，文物出版社，1980年。

② 马得志等《西安郊区三个唐墓的发掘简报》，《考古通讯》1958年1期。夏鼐《西安唐墓中出土的几件三彩陶俑》，《文物精华》第一辑，文物出版社，1959年。中国社会科学院考古研究所《唐长安城郊隋唐墓》，文物出版社，1980年。

三彩俑也是从武则天以后才发展起来的。最初还是单色釉,到开元时代,灿烂夺目的三彩釉便盛极一时。成套的三彩俑不论在造型还是釉色方面,都反映了唐代陶瓷工艺的高度水平,是我国古代雕塑史上的杰作。西安中堡村唐墓[①]和鲜于庭诲墓中的各种三彩俑(图七)[②],都是解放后发现的精品。此外,开元二十八年(公元740年)杨思勖墓[③]中还发现了两件大理石雕刻的武士俑(图八),不但刻工精致,而且细部贴金绘彩。天宝年间雷君妻宋氏墓的陶镇墓俑,在表现武士的神态上也极有力量(图九)。

图八　陕西西安唐杨思勖墓石俑

图九　陕西西安韩森寨唐雷君妻宋氏墓陶镇墓俑

[①]　陕西省文物管理委员会《西安西郊中堡村唐墓清理简报》,《考古》1960年3期。
[②]　马得志等《西安郊区三个唐墓的发掘简报》,《考古通讯》1958年1期。夏鼐《西安唐墓中出土的几件三彩陶俑》,《文物精华》,1959年。中国社会科学院考古研究所《唐长安城郊隋唐墓》,文物出版社,1980年。
[③]　马得志等《西安郊区三个唐墓的发掘简报》,《考古通讯》1958年1期。夏鼐《西安唐墓中出土的几件三彩陶俑》,《文物精华》,1959年。中国社会科学院考古研究所《唐长安城郊隋唐墓》,文物出版社,1980年。

许多贵族墓中还盛行随葬家畜、家禽俑,每种畜禽有时可达数十件之多。它们都被埋藏在甬道两侧的小龛室内。明器的数量愈多,龛室也就愈多。有的墓中还发现陶制的房屋亭阁和水池假山①。有的在假山的周围还有十几个游玩的仕女俑(图一〇)②。反映着贵族们广建园宅、饲养畜禽的情况。

图一〇　陕西咸阳底张湾唐张去逸墓陶游山群俑

贵族们的奢侈生活,还表现在墓中随葬的日用器物上。隋李静训墓随葬的日用器物最为精美,如金项链(图一一,1)、白玉杯和金盏杯(图一一,2)、鸡首壶(图一一,3)、双龙把手瓶、双耳扁壶(图一一,4)等白瓷器和碧色玻璃瓶(图一一,5)、团花丝带等,都是当时罕见的工艺品。铜镜是墓中最常见的器物。在两京和中原地区唐墓中出土的铜镜,花纹装饰的种类很多,一反魏晋以来铜镜图案规格化的情况,构图自由奔放,线条刻划流畅。同时,还有螺钿镶嵌的铜镜,洛阳③和三门峡④都曾发现过(图一二)。瓷器在墓中发现的数量虽不太多,却有很精致的

---

① 陕西省文物管理委员会《西安西郊中堡村唐墓清理简报》,《考古》1960 年 3 期。
② 陕西省文物管理委员会《陕西省出土唐俑选集》,文物出版社,1958 年。
③ 河南省文化局文物工作队第二队《洛阳 16 工区 76 号唐墓清理简报》,《文物参考资料》1956 年 5 期。
④ 黄河水库考古工作队《1956 年秋河南陕县发掘简报》;《1956 年河南陕县刘家渠汉唐墓葬发掘简报》,《考古通讯》1957 年 4 期。

图一一 陕西西安隋李静训墓出土器物
1. 镂嵌金项链　2. 白玉杯和金盏杯　3. 白瓷双系螭把鸡首壶　4. 青瓷小扁壶　5. 玻璃瓶

作品。西安发现的乾封二年(公元 667 年)段伯阳墓中青釉堆花高足钵(图一三)和韩森寨出土的青黄釉的堆花壶[①],不论在造型或装饰的风格上都很突出,堆花壶上堆塑着塔形图案和骑马的人物等,极为生动。白瓷除李静训墓出土的以外,在河南三门峡也曾发现了极精美的水注、唾壶、长颈瓶、灯盏(图一四)和立狮等[②]。

---

① 陕西省文物管理委员会《介绍几件陕西出土的唐代青瓷器》,《文物》1960 年 4 期。
② 黄河水库考古工作队《1956 年秋河南陕县发掘简报》;《1956 年河南陕县刘家渠汉唐墓葬发掘简报》,《考古通讯》1957 年 4 期。

图一二　河南洛阳 16 工区 76 号墓唐螺钿镜

图一三　陕西西安韩森寨乾封二年段伯阳墓青釉高足钵

图一四　河南三门峡唐墓白瓷灯

西安附近,除了这些贵族墓葬之外,还发现了一些宫女墓,都是土坑墓。她们虽然都按各自的品级葬制埋葬,墓志有用石刻的,也有用方砖书写的,但都称为"亡宫人者不知何许人也",死后连姓名也没有留下。一些入仕于长安朝廷的外国人或各少数民族的贵族墓葬,也在西安被发掘出来。如突厥人颉利突利可汗曾孙那毗伽特勒墓、米国人米继芬墓和安息国人安才通墓[1]。如果没有墓志出土,单从墓葬形制和隋葬器物上来看,简直找不出他们和汉人贵族墓的区别。

两京和中原之外的地区发现的隋唐墓,也各具特色。湖北隋唐墓均为长方形券顶砖室墓,三彩俑等与两京的完全相同[2]。武汉周家大湾的早期大墓[3],有前后两室,前室左右附耳室,皆用卷草纹砖砌筑,并嵌四神、人物造像砖,墓底铺莲花纹砖,四周设排水沟,随葬明器还保存南北朝

---

[1]　武伯纶《西安历史述略》,陕西人民出版社,1960 年。
[2]　兰蔚《略谈三年来武汉市的文物保护与发现》,《文物参考资料》1956 年 7 期。湖北省文物工作队《武汉地区一九五六年一月至八月古墓葬的发掘概况》,《文物参考资料》1957 年 1 期。
[3]　湖北省文物管理委员会《武汉市郊周家大湾 241 号隋墓清理简报》,《考古通讯》1957 年 6 期。

时期的形态。湖南隋唐墓的随葬明器与湖北的相似,但砖室墓很少,多为土坑墓。肩部附加荷叶装饰的盘口瓶,是湖南晚唐墓中的典型器物①。福建隋唐墓不论在墓室建筑还是出土遗物上,都保存了浓厚的南朝风格,四耳或双耳罐、五杯盘和形制特殊的小插器或花插是这个地区隋唐墓的代表器物②。广东唐墓的出土器物绝大部分是陶器,以罐、碗和灯盏最为流行。墓室多为砖室,排水设备完善。梅县发现的神龙元年(公元705年)的长方形砖墓,就有三种不同形式的下水道③。

　　北方的河北、山西、甘肃等地发现的隋唐墓,皆与两京和中原地区的相同,而辽宁和内蒙古的唐墓,则具有浓厚的地方特色。辽宁朝阳发现的两座唐墓④的俑的形制,和两京的相同,所不同的是墓室建筑。这两座墓都是圆形砖室墓,其中一座在圆形室内以砖墙隔为五室,这种形式应是摹拟了当时北方所住的毡帐。内蒙古和林格尔的晚唐墓⑤,也是圆形砖室墓,周壁砌仿木建筑,并画壁画。出土遗物以陶、瓷器为主,两件带釉陶器是最具特色的器物,一为红褐釉的杯口印花长颈瓶(图一五,1),一为黄绿釉的鹦鹉形提壶(图一五,2),都富有浓厚的北方游牧民族的色彩。这些墓的时代应在会昌以后,辽建国以前。

图一五　内蒙古和林格尔土城子晚唐墓出土器物

1. 红褐釉印花瓶　2. 黄绿釉鹦鹉形提壶

---

① 文道义《略谈长沙近郊的唐代墓葬》,《文物》1959年8期。
② 福建省文物管理委员会《福建考古资料汇编(1953～1959)》,科学出版社,2011年。
③ 广东省文物工作队《广东梅县大墓岌晋、唐墓清理简报》,《考古通讯》1956年5期。
④ 金殿士《辽宁朝阳西大营子唐墓》,《文物》1959年5期。
⑤ 内蒙古自治区文物工作队《和林格尔县土城子古墓发掘简介》,《文物》1961年9期。

全国各个地区隋唐墓葬的发现,为我们研究隋唐时代各个地区的社会生活,提供了丰富的物质资料。这些资料从各方面描述了不同阶层的人物的生活和经济状况,特别是墓中出土的许多遗物,是研究当时手工业生产的重要依据。

十年来,在隋唐时代的遗址和墓葬中,发现的手工业产品有瓷器、金银器、铜器和丝织品等。瓷器的大量发现,说明这个时期的制瓷手工业的发展;许多瓷窑址的调查和发掘,使我们对各个地区的制瓷工艺的特点,有了进一步的认识。浙江地区的唐代瓷窑,是属于自晋以来的越窑系统。温州的西山窑①和余姚的上林湖窑②,都作过调查。上林湖窑址中发现了大量的瓷片堆积和刻有"大中四年"(公元 850 年)和"龙德二年"(公元 922 年)铭的瓷罂和瓷墓志,说明上林湖窑的全盛时期在晚唐五代。上林湖窑的青瓷以绚丽的青黄釉色和新颖多彩的图案著称。它以印花和划花的技法,将唐代漆器或金银器上的花纹,应用于瓷器之上,成为我国古代装饰图案的重要遗产之一。

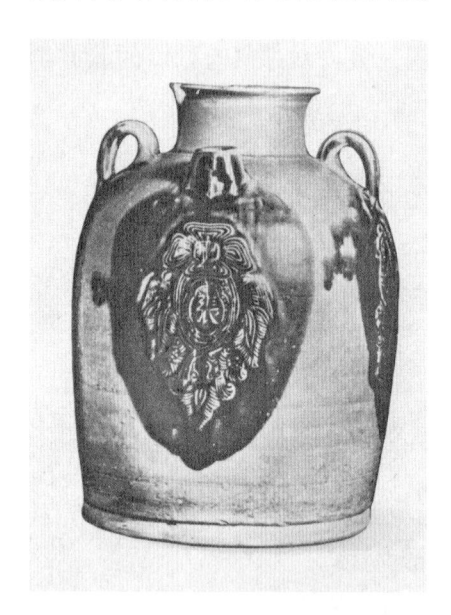

图一六 湖南长沙瓦渣坪窑址青黄釉褐彩贴花"张"字壶

湖南的唐代窑址,有湘阴的岳州窑③和长沙铜官镇的瓦渣坪窑④。岳州窑的瓷器以豆绿色釉最多,但制作较粗,不及越窑。瓦渣坪窑的最大特色,是能在青釉下烧出褐绿色彩的花纹(图一六),还可以在白釉或青黄釉下画绿彩。这是瓷器烧造技术上的一项突出成就。这一发现证明,釉下彩的技法在唐代已经应用,从而否定了过去以为始于宋代的说法。

江西景德镇也发现唐代的青瓷,制作与岳州窑相近。在石虎湾、湘湖、胜梅亭等地,还发现胎体纯白的白釉瓷片⑤。唐代景德镇白瓷的发现,在我国陶瓷史上还是第一次。

① 陈万里《最近调查古代窑址所见》,《文物参考资料》1955 年 8 期。
② 金祖明《浙江余姚青瓷窑址调查报告》,《考古学报》1959 年 3 期。
③ 湖南省文物管理委员会《岳州窑遗址调查报告》,《文物参考资料》1953 年 9 期。
④ 湖南省博物馆《长沙瓦渣坪唐代窑址调查记》,《文物》1960 年 3 期。冯先铭《从两次调查长沙铜官窑所得到的几点收获》,《文物》1960 年 3 期。
⑤ 陈万里《最近调查古代窑址所见》,《文物参考资料》1955 年 8 期。陈万里《景德镇几个古代窑址的调查》,《文物参考资料》1953 年 9 期。江西省轻工业厅陶瓷研究所《景德镇陶瓷史稿》,生活·读书·新知三联书店,1959 年。

由此证明,早期景德镇的瓷器是青白兼有的。应该特别指出的是,胜梅亭发现的唐代白瓷,经化验后得知,瓷胎白度已达到70%,接近于现代细瓷的水平[①]。此外,在四川成都青羊宫[②]、邛崃县什方堂[③]和大邑[④]等地,也都发现了唐代窑址。

北方瓷窑址也有重要发现。在河南巩县[⑤]和河北磁县贾璧村[⑥]都发现隋代青瓷窑址。特别是贾璧村窑,是隋代北方的重要青瓷产地之一,这里出产的青瓷,胎厚重,釉透明。安阳和山东曲阜隋墓中发现的瓷器,都可能是贾璧窑的产品。唐代的白瓷也在巩县发现[⑦],胎釉都较粗糙。胎中化学成分与宋代定窑相近,含三氧化二铝最高,达32%,含氧化钛也在1%以上[⑧]。另外,在宋代耀州窑所在地,也发现唐代窑址[⑨],唐代的耀州窑以黑白色釉为主,也有黄、绿釉,青釉器尚未出现。

隋唐时代新窑址的发现,说明瓷器的社会需要量较前扩大,不论南北,都在烧造。同时,由于原料和技法的不同,形成了各窑的独特风格。

金银器的制作,在隋唐手工业中是比较突出的一个部门。在西安和平门外唐长安平康坊东北隅发现了7枚鎏金茶托子(图一七,1)[⑩]。托的圈足内均刻有铭文,是唐宣宗"大中十四年(公元860年)八月造成",并记重量。其中6枚标明是属"左策使茶库"所用。托作莲花形,极为美观。这是近年出土的唐代金银器中唯一有纪年铭文的。另外,在大明宫东禁苑中还发现了天宝时的两个鎏金盘[⑪],较大的一个的盘底上有突起的狮子纹。西安韩森寨发现的鎏金莲瓣鸾凤纹银盘以及西安洪庆村所出的鎏金花草人物纹的小银盒(图一七,2)[⑫],也极工细,显示了唐代金银细工的技术水平。隋李静训墓出土的金项链,镂工纤细,在刻工和纹饰的某些方面,受到了西方艺术的影响,这就更加丰富了隋唐时代金银细工的雕刻技法和艺术造型。

---

① 周仁、李家治《中国历代名窑陶瓷工艺的初步科学总结》,《考古学报》1960年1期。周仁、李家治《景德镇历代瓷器胎、釉和烧制工艺的研究》,《硅酸盐》1960年4卷2期。
② 江学礼、陈建中《青羊宫古窑址试掘简报》,《文物参考资料》1950年6期。
③ 陈万里、冯先铭《故宫博物院十年来对古窑址的调查》,《故宫博物院院刊》总2期,1960年。
④ 罗永祚《新津县邓双乡发现古代窑址二处》,《文物参考资料》1957年1期。
⑤ 冯先铭《河南巩县古窑址调查纪要》,《文物》1959年3期。
⑥ 冯先铭《河北磁县贾璧村隋青瓷窑址初探》,《考古》1959年10期。
⑦ 冯先铭《河南巩县古窑址调查纪要》,《文物》1959年3期。
⑧ 周仁、李家治《中国历代名窑陶瓷工艺的初步科学总结》,《考古学报》1960年1期。
⑨ 陕西省考古研究所《陕西铜川耀州窑》,科学出版社,1965年。
⑩ 马得志《唐代长安城平康坊出土的鎏金茶托子》,《考古》1959年12期。
⑪ 李问渠《弥足珍贵的天宝遗物》,《文物参考资料》1957年4期。
⑫ 阎磊《西安出土的唐代金银器》,《文物》1959年8期。

图一七　陕西西安出土唐代金银器
1. 鎏金茶托子　2. 鎏金银盒

在大明宫东禁苑与两个鎏金盘同时出土的,还有天宝年间杨国忠等进贡的银铤四条,上刻铭文。皆重市秤六十余两,约合唐代五十两。这四条银铤分别由当时的信安郡(今浙江)、宣城郡(今安徽)、郎宁郡(今广西)和南海郡(今广东)剥削而来,其中有税山银、贡银和市银等①。这一发现说明,唐代统治者对各地人民的额外勒索情况。

虽然封建统治者的勒索日益严重,但不可否认,自开元天宝以来,地方上州郡工商业确较前有所发展。在发掘和整理房山石经的工作中,从石经题记里发现了许多唐代天宝至贞元间北方州郡的行会资料②。题记中属于范阳郡的有绢行、大绢行、小绢行、采帛行、采绵采帛行、小采行、新绢行、布行、染行、幞头行、大米行、白米行、粳米行、五熟行、生铁行和炭行;属于幽州的有油行、磨行;属于涿州的有肉行、果子行、椒笋行、新货行、靴行、杂货行、磨行;以及未记所属州郡的屠行、什行等。名目繁多的"行"的出现,一方面说明盛唐以来地方城市中手工业和商业的发展,另一方面,又说明工商业者的势力尚很弱小。在封建制度的压榨下,"行"成为封建统治者剥削工商业者的工具,商业只是在少数的大城市和交通要道上才比较繁荣。题记中提到的范阳、幽州和涿州等地,正处在唐代北方的交通要道上,因此,工商业就比较发达。

自魏晋以来,中国和西方的贸易以及文化上的交流,较前更为密切。在新疆的吐鲁番、乌恰,青海的西宁,陕西的西安,山西的太原,河南的三门峡、洛阳等地

---

① 李问渠《弥足珍贵的天宝遗物》,《文物参考资料》1957 年 4 期。万斯年《关于西安市出土唐天宝间银铤》,《文物参考资料》1958 年 5 期。唐长孺《陕西西安出土唐代银铤》,《学术月刊》1957 年 7 期。
② 林元白《房山石经初分过目记》,《现代佛学》1957 年 9 期。曾毅公《北京石刻中所保存的重要史料》,《文物》1959 年 9 期。

都发现过波斯萨珊朝的银币①。在西安和咸阳又曾发现过东罗马的金币②。这些钱币都是自西域流入的,足证当时中西贸易的频繁。青海西宁出土的 70 余枚银币,都是波斯萨珊朝卑路斯王朝时期(公元 459～483 年)的。当时西宁正处在中西交通的孔道之上,这条稍南的交通路线的重要性决不下于河西走廊。因此,在西宁发现波斯银币,并不是偶然的。在海路交通方面,番禺(广州)是最主要的国际贸易港。广东英德县南齐墓中出土的 3 枚波斯萨珊朝银币③,应该是由海路进入中国的。

在唐帝国四周的少数民族地区,十年来,也作了一些考古工作,为研究这个时期的少数民族的社会历史,提供了一部分物质资料。

松花江上游的粟末靺鞨族,在唐朝初叶建立了震国,受唐封,为渤海郡国。在吉林省敦化县,渤海国旧都敖东城以南 5 公里的六顶山,出现渤海王族的墓地,发掘了渤海宝历七年(公元 780 年)贞惠公主的墓葬④。墓道里发现的一对石狮,具有浓厚的唐代雕刻作风。记述公主身世的汉文墓碑,也完全模仿唐代碑志文体。墓顶用大石块抹角砌成,与集安地区高句丽大型石墓的构造形式相同。由此可见松花江流域的靺鞨族文化中有高句丽的传统,同时,也深受唐朝的影响。

新疆地区,从汉通西域以来,就与中原有着日益频繁的往来。吐鲁番盆地是东西交通的重要门户。在高昌国都阿斯塔那城址北面发掘了三处姓氏不同的坟院,它们都是公元 4 世纪末至 7 世纪末的墓葬⑤。墓室多土洞,前有斜坡墓道,有的置墓志。随葬品有丝、麻织品(图一八)、绢画、木器、钱币和俑等,有的还有随葬物单、符箓和一些文书、契约残纸等,是研究高昌地区社会经济的重要资料。

---

① 夏鼐《中国最近发现的波斯萨珊朝银币》,《考古学报》1957 年 2 期。夏鼐《青海西宁出土的波斯萨珊朝银币》,《考古学报》1958 年 1 期。李遇春《新疆吐鲁番发现古代银币》,《考古通讯》1957 年 3 期。李遇春《新疆乌恰县发现金条和大批波斯银币》,《考古》1959 年 9 期。赵生琛《青海西宁发现波斯萨珊朝银币》,《考古通讯》1958 年 1 期。赵国璧《洛阳发现的波斯萨珊王朝银币》,《文物》1960 年 8、9 期。
② 夏鼐《咸阳底张湾隋墓出土的东罗马金币》,《考古学报》1959 年 3 期。夏鼐《西安土门村唐墓出土的拜占廷式金币》,《考古》1961 年 8 期。
③ 广东省文物管理委员会、华南师范学院历史系《广东英德、连阳南齐和隋唐古墓的发掘》,《考古》1961 年 3 期。
④ 王承礼、曹正榕《吉林敦化六顶山渤海古墓》,《考古》1961 年 6 期。阎万章《渤海"贞惠公主墓碑"的研究》,《考古学报》1956 年 2 期。金毓黻《关于"渤海贞惠公主墓碑的研究"的补充》,《考古学报》1956 年 2 期。
⑤ 新疆维吾尔自治区博物馆《新疆吐鲁番阿斯塔那北区墓葬发掘简报》,《文物》1960 年 6 期。

图一八　新疆吐鲁番阿斯塔那唐墓织锦

在高昌国的旧都，唐代西州属县的交河城，曾进行了数次调查①。城内的里坊、官署、寺院等建筑遗迹，还都保存得很清楚（图一九）。寺院建筑在城中所占的面积最大，而且都建在街衢的冲要之处。里坊之内是密集的多层建筑。市肆的建筑址没有发现。作为宗教和世俗地主居集地的交河城，其商业活动可能聚集在城内某一地带，未必有市肆的建筑。从阿斯塔那的墓葬中发现的许多非本地出产的物品，如对马纹波斯锦、对频伽纹唐锦等来看，高昌的商业是很发达的。

穿过吐鲁番盆地，沿着天山南北和塔里木盆地南缘的古代东西通道，还调查了若干古国名城②。

开都河和博斯腾湖间焉耆领地内的陆式铺古城中，发现许多粮食窖藏。在龟兹的麻札不坦古城中又发现另一窖藏。这种窖藏设在屋里，内埋几组排列整齐的大陶瓮。它可能是善酿的龟兹人的贮酒地点。麻札不坦古城可能是《大唐西域记》中所记的龟兹国伊逻卢城。

在北疆巴里坤大河乡，发现了伊州伊吾军屯的城堡。在库车和轮台，沿塔里木河和渭干河中游一带，调查了很多戍守城堡和屯垦的渠道遗迹。焉耆境内的

---

① 观民《交河城调查记》，《考古》1959年5期。
② 黄文弼《新疆考古的发现》，《考古》1959年2期。黄文弼《新疆考古的发现——伊犁的调查》，《考古》1960年2期。

唐王城,也是一座屯戍城堡。在城中的窖藏里发现小米、高粱、麦粉和胡麻等粮食,还有石碾、铁犁和镰柄等生产工具。唐代的这种屯垦活动,把中原的先进农业技术传到了这里,对促进当地的农业生产,有很大的影响。

天山北路,阿尔泰山西南地带,是西部突厥人生息的地区。在伊犁河流域的昭苏、察布查尔、霍城,阿尔泰山南麓的阿尔泰、布尔津以东到巴里坤等地都发现了突厥人的石雕像。昭苏一带发现最多。这些石像是利用天然的长形石块,以简单的线条刻成的。它的时代大约属于公元7世纪左右,是突厥人为纪念死者而树立的。

云南地区,曾对洱海区的南诏早期的城址作过调查。剑川的邓川旧城东北1公里的城址,传为蒙舍诏统一前,邆赕诏哶逻皮所建的德源城。城建在背依大山、西凭深堑、东临弥苴河的山冈上。城用夯土筑成,面积仅3 000平方米。与邓川古城相同的城址,经过调查的还有大理的太和城、羊苴哶城和剑川的罗鲁城[①]。这些城的面积很小,应是供少数人居住的城堡。昆明的拓东城和喜洲的厘城等也作过调查,它们都是公元9世纪中期以后的城址,与早期城址有很大不同。这些城址都位于交通方便的平地上,城的面积比前扩大,反映出南诏晚期城市有了较多的经济活动。

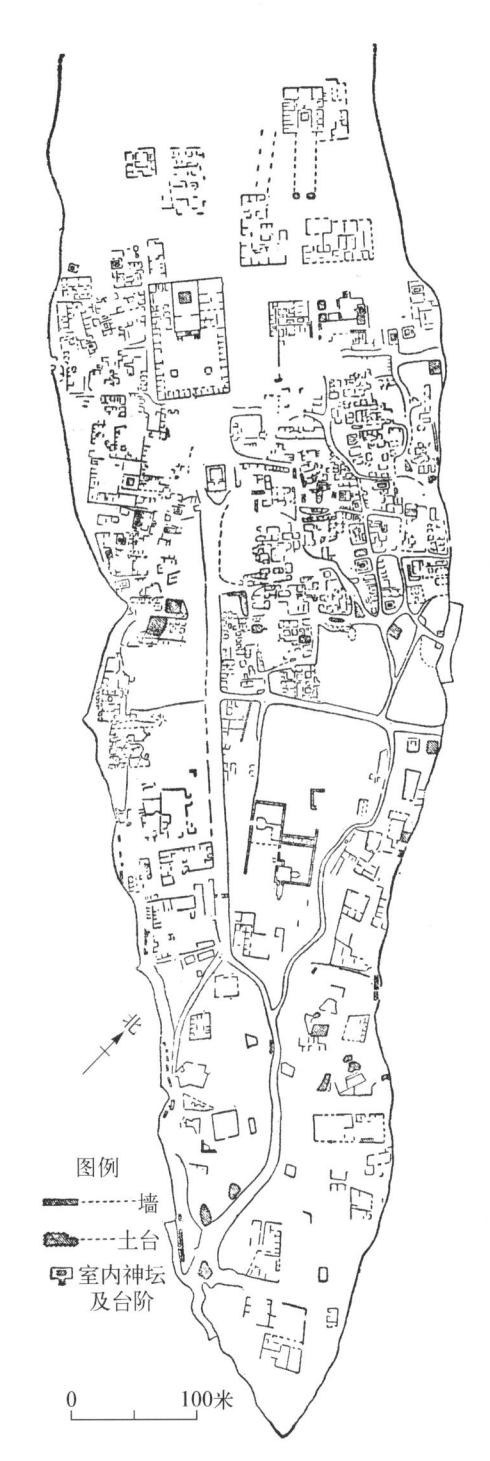

图一九　吐鲁番交河城址东南部实测图

[①] 杨毓才《南诏大理国历史遗址及社会经济调查纪要》,《大理白族自治州历史文物调查资料》,云南人民出版社,1958年。

在巍山的垅屿山顶,发掘了一处南诏时期的建筑遗址①。这个建筑的台基保存很好,出土了许多带有南诏文字的瓦片、莲花文瓦当(图二〇)、花砖、勾滴和鸱吻等。其形制和纹饰都是模仿唐代中原的做法,说明了中原文化对南诏的影响。

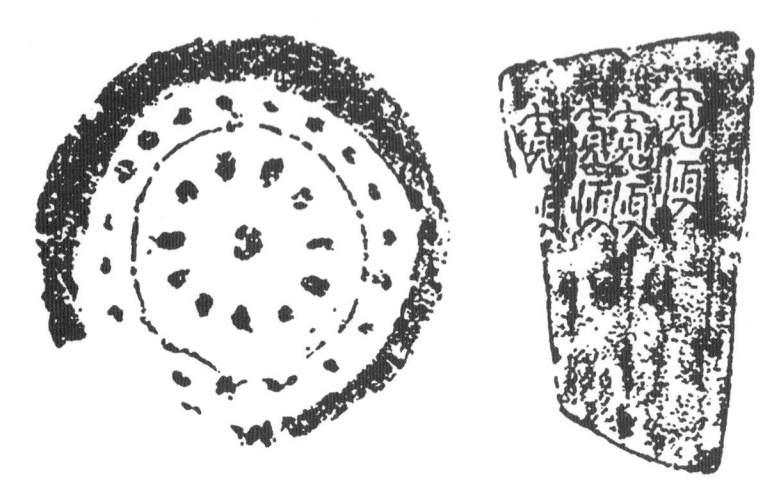

图二〇　巍山垅屿山南诏瓦当纹饰和板瓦文字拓本

剑川石宝山石窟,解放后又作了详细的调查②。根据对造像和题铭的考订,石窟开凿于八九世纪之际。在这些石窟中,发现了三窟王者的雕像。南诏的佛教是在政治势力的庇护下流传的。大理发现的南诏隆舜时代的写经中,就有被封赐的沙门的名字。这批经卷中还发现了两卷大理国时代的"白文"写经③。所谓"白文"是一种形似汉字而又有所省改的文字,在巍山、大姚、大安等地的南诏瓦片上也有发现,但只是简短的纪年、记名等。这两卷白文写经,无疑是研究古代白族语文的重要资料。

在佛教的影响下,火葬在大理时期流传很广。云南境内北起麓江、九河,南至大理等地都有发现④。这种墓上往往树立着刻有梵、汉字铭的石幢。时代更晚一些的火葬墓,甚至在焚过的骨骼上书写梵文咒语。

西藏地区的考古工作,是在1959年平定西藏上层反动分子叛乱以后才开始的。曾调查了山南地区琼结宗的藏王墓⑤。琼结地区是唐时的跋布川,为吐蕃王

---

① 云南省博物馆《云南巍山县垅屿山南诏遗址的发掘》,《考古》1959年3期。
② 宋伯胤《剑川石窟》,文物出版社,1958年。
③ 周泳先《凤仪县北汤天南诏大理国以来古本经卷整理记》,《大理白族自治州历史文物调查资料》,云南人民出版社,1958年。
④ 李家瑞《滇西白族火葬墓概况》,《文物》1960年6期。
⑤ 王毅《藏王墓——西藏文物见闻记(六)》,《文物》1961年4、5期。

朝在雅鲁藏布江以南的旧国所在地。藏王陵墓建在琼结宗山对面的山麓上，依山带水，夯筑起巨大的土冢。中型的一座，高约 10 米以上，平面略呈方形，长宽各约 110 米，冢前和顶上都有建筑遗迹。冢前又有石狮子和纪功碑。陵墓选葬在"四神俱备"之地，并按"左昭右穆"排列，显然是受到汉人葬制的影响。

拉萨大昭寺传说是松赞干布为迎娶礼佛的文成公主而兴建的。寺院的中央部分还保存了公元 8 世纪的结构，特别是天井后部的横梁结构，采用了大叉手上承令栱的做法[①]。这种做法，是唐以后中原木结构建筑上所流行的。藏族旧传建造大昭寺时有中原工匠参加，与此正相符合。

隋唐时代是我国封建社会经济、文化突出发展的时期。十年来所发现的丰富的物质文化遗迹、遗物，充分地反映了这个时期社会经济发展水平和文化艺术空前繁荣的情况。边区少数民族地区考古工作的开展，也从物质文化方面初步提示了各族人民之间相互影响、融合的情况。这都是十年来隋唐考古学所取得的主要成就。

五 代 两 宋

建国以来，五代两宋时期的考古工作也有着巨大的发展。大量的考古资料的发现，是这一时期考古研究的基础。分布广泛、内容丰富的各种类型的墓葬，反映了当时社会各阶级的生活情况。全国各地发现的冶炼、采矿和瓷窑遗址，又为我们研究宋代手工业的发展提供了重要的实物资料。

首先对各个地区的墓葬作了分期的整理，大约可以分为：五代—北宋英宗（公元 907～1067 年）、北宋神宗—北宋亡（公元 1068～1127 年）和南宋（公元 1127～1279 年）三个时期。由于各地葬俗的不同，这些墓葬又可分为中原、长江以南、川贵等地区。

中原地区发现的五代北宋时期的墓葬较少。在河南洛阳和伊川发现有后晋墓[②]，墓室和遗物都较简陋。伊川后晋墓有简单的砖砌仿木建筑，形式与内蒙古和林格尔晚唐墓相同。随葬有精美器物的墓葬，是在河北石家庄柏林庄发现的。墓中出土的淡黄色釉的瓷注子等，都是定窑的精品[③]。

---

① 王毅《西藏文物见闻记（一）》，《文物》1960 年 6 期。
② 高祥发《洛阳清理后晋墓一座》，《文物参考资料》1957 年 11 期。侯鸿钧《伊川县窑底乡发现后晋墓一座》，《文物参考资料》1958 年 2 期。
③ 唐云明《河北石家庄市柏林庄宋墓清理简报》，《考古通讯》1957 年 5 期。

江苏新海连市、扬州①,安徽合肥②和四川成都、华阳、眉山等地③,都发现五代十国时期的墓葬。苏皖的吴越墓和南唐墓。墓室虽较简单,但却有很多精美的金银器、瓷器、漆器和雕刻粗糙的木俑。四川的后蜀墓以牢固的券顶墓室或刻有四神的石棺以及陶俑为其特征。流行随葬买地券。根据墓葬的情况可以看出,这些地区的经济情况,较中原一带更为繁荣。

南京附近的南唐二陵的发掘,是规模较大的工作。由于早期曾被盗掘,随葬遗物已散乱。但整个陵墓的布置和建筑(图二一),大批内官陶俑的形象等,都是这个偏安一时的小朝廷的具体写照④。

图二一　江苏南京南唐李昇陵石刻

中原地区北宋英宗以后的墓葬发现很多。它们的主要特点是:砖仿木建筑结构的墓室,四壁有以"开芳宴"或表现墓主人居室情况为题材的壁画或雕砖,随葬器物稀少。建墓者更多地注意了墓室的建筑和墓主人生前生活的表现。仿木

---

① 南京博物院等《江苏省十年来考古工作中的重要发现》,《考古》1960 年 7 期。
② 石谷风、马人权《合肥西郊南唐墓清理简报》,《文物参考资料》1958 年 3 期。
③ 四川省博物馆《四川古代墓葬清理简况》,《考古》1959 年 8 期。
④ 南京博物院《南唐二陵发掘报告》,文物出版社,1957 年。

建筑的细部结构,从简单的"把头绞项造",发展到单杪单昂五铺作重栱计心造;从唐代以来的板门直棂窗,发展到格子门。这是中国木建筑技术走向成熟的具体反映。这种形式的宋墓,在接近中原地区的江苏淮安①、安徽六安②及湖北光化、枣阳③等地也有发现。

1950年在河南禹县白沙发现的元符二年(公元1099年)赵大翁墓④,可为这一时期地主墓葬的代表。它分前后两室,中间有过道。四壁砖砌柱和铺作。前室作宝盖式盝顶藻井,后室作宝盖式截头六瓣攒尖顶(图二二),满画彩画。特别引人注目的是四壁的彩色壁画,它从各个方面表现了地主的剥削生活。甬道壁上画着佃户背着口袋、钱串进入地主的宅院,交纳实物地租和货币。这个时期,地主主要是通过租佃关系来剥削农民,同时他们还放高利贷。肩背钱串的佃户,可能是受高利贷的剥削者。前室入口两侧所画的门卫和北壁上画的弓箭、杆枪、剑、铜等兵器,正是为了对付那些受剥削的农民的。前室的东西两壁画墓主人夫

图二二　禹县白沙1号宋墓透视图

---

① 江苏省文物管理委员会、南京博物院《江苏淮安宋代壁画墓》,《文物》1960年8、9期。
② 王步艺、殷涤非《安徽六安城外宋残墓清理记略》,《文物参考资料》1954年6期。
③ 湖北省文物管理处《湖北地区古墓葬的主要特点》,《考古》1959年11期。
④ 宿白《白沙宋墓》,文物出版社,1957年。

妇开芳宴的场面(图二三)，后室则画卧房情景，有对镜着冠的妇人，有持物供奉的侍女。这些题材的流行，充分暴露了他们腐朽的寄生生活。

图二三　河南禹县白沙 1 号宋墓前室东壁壁画

图二四　偃师宋墓雕砖拓本

近年来，在河南偃师和白沙的宋墓中，陆续发现了一些表演杂剧的雕砖(图二四)①，为研究中国古代戏剧史提供了形象的资料。

1958 年在河南方城盐店发现的宣和元年(公元 1119 年)彊氏墓②，出土石雕明器 100 余件，有家具和生活用具的模型及 30 余件男女仆侍俑(图二五)。这在中原地区宋墓中是罕见的。

长江以南的广大地区，墓葬形式与中原有所不同。它们以长方形券顶(或盖石板)砖室为主。夫妇合葬墓多两室并列，中

---

①　董祥《偃师县酒流沟水库宋墓》，《文物》1959 年 9 期。徐苹芳《宋代的杂剧雕砖》，《文物》1960 年 5 期。徐苹芳《白沙宋墓中的杂剧雕砖》，《考古》1960 年 9 期。赵景深《北宋的杂剧雕砖》，《戏剧报》1961 年 9、10 期。周贻白《北宋墓葬中人物雕砖的研究》，《文物》1961 年 10 期。

②　河南省文化局文物工作队《河南方城盐店庄村宋墓》，《文物参考资料》1958 年 11 期。

图二五　河南方城盐店宋墓石俑

间隔一砖墙,即所谓"同坟而异葬"。随葬器物以瓷器、漆器和金银器为主,不但数量较中原为多,而且常有精品出现。湖南砖室墓较少,多为土坑。随葬品中的自唐代以来所流行的附加堆纹的盘口瓶,堆纹愈加复杂,并有直棂、新月、花形等镂空纹饰。多角罐是五代以后湖南、福建各地宋墓中有代表性的新器物。四川的券顶砖室墓的最大特点,是随葬大量陶俑。

与这些地主阶级墓葬同时发现的,是数量更多的形制简陋的小土坑墓和火葬墓。它们都是仅有小块土地的农民和丧失土地的佃户或流离失所的贫民墓。这些墓的随葬品很少,情况好一点的随葬几件粗瓷器和一只小陶罐。山西原吕梁县和四川绵竹、郫县都曾发现了专葬无主骸骨的火葬墓地——当时称为"漏泽园"。火葬罐都按字号排列,上覆方砖。原吕梁县发现的一块砖上写道:"王字号,归仁乡东吴村根,拾到不知姓名暴露男子骸骨一副,不记年月日,身死,并无子孙父母兄弟,于大观元年六月二十一日葬讫,给地捌□。"①这就是广大农民困苦生活和悲惨结局的写照。

　　南宋政权统治区域内的地主阶级墓葬,仍延续了北宋时期的形制。四川、贵州和广西除券顶砖室外,又有雕刻精致的石室墓②,孝子故事的题材被刻入墓室。四川南宋墓自淳熙以后,随葬的陶俑大都施釉③,值得注意的是,南宋墓中的道教影响显得特别突出。江西、湖北、湖南、福建、广东、广西南宋墓的龙虎瓶,四川的神怪俑和各种镇墓石,以及上海市发现的有道教造像的南宋墓④,都说明这个时期道教在社会上的流行。

　　十年来所发现的五代两宋时期的手工业资料,以各地瓷窑址的调查和发掘最为重要。

　　宋代制瓷业的普遍发展,是在北宋中期以后。十年来所调查的宋代瓷窑址,大部分都是在这个时期恢复和发展起来的。在中原和北方一带有河北曲阳的定窑⑤、河南临汝的汝窑⑥、陕西铜川的耀州窑⑦、河南焦作的当阳峪窑⑧、鹤壁的鹤壁集窑⑨、

---

① 杨绍舜《吕梁县发现了罐葬墓群》,《文物》1959年6期。
② 沈仲常、陈建中《四川昭化县甝回乡的宋墓石刻》,《文物参考资料》1957年12期。贵州省博物馆筹备处《贵州遵义专区的两座宋墓简介》,《文物参考资料》1955年9期。贵州省博物馆发掘组《贵州桐梓宋墓的清理》,《考古通讯》1958年2期。
③ 洪剑民《略谈成都近郊五代至南宋的墓葬形制》,《考古》1959年1期。王家佑《四川宋墓札记》,《考古》1959年8期。
④ 沈令昕、谢稚柳《上海西郊朱行乡发现宋墓》,《考古》1959年2期。
⑤ 陈万里、冯先铭《故宫博物院十年来对古窑址的调查》,《故宫博物院院刊》总2期,1960年。
⑥ 河南省文化局文物工作队《汝窑址的调查与严和店的发掘》,《文物参考资料》1958年10期。陈万里《汝窑的我见》,《文物参考资料》1951年2期。
⑦ 陕西省考古研究所《陕西铜川耀州窑》,科学出版社,1965年。陕西考古所泾水队《陕西铜川宋代窑址》,《考古》1959年12期。商剑青《耀窑摭遗》,《文物参考资料》1955年4期。陈万里《我对耀瓷的初步认识》,《文物参考资料》1955年4期。
⑧ 陈万里《调查平原河北二省古代窑址报告》,《文物参考资料》1952年1期。陈万里《谈当阳峪窑》,《文物参考资料》1954年4期。
⑨ 杨宝顺《汤阴县鹤壁古瓷窑遗址》,《文物参考资料》1956年7期。陈万里《鹤壁集印象》,《文物参考资料》1957年10期。

安阳的观台窑①和山西介休的洪山窑②等。

耀州窑的发掘证明，它自唐代至金元皆有烧造，而兴盛期是在北宋中叶至末叶。元丰七年（公元1084年）的德应侯碑和窑址中发现的印有大观、政和等年号的瓷片，都说明这一问题。从制瓷技术上来考察，也以这个时期的产品最为精美，不但胎骨薄，施釉匀净，而且器壁内外满布花纹，充分显示了耀州制瓷业的高度工艺水平。

定窑和汝窑遗址也重新作了调查。在调查定窑时，首次发现了任何文献上都没有记载的"绿定"。

北宋中期以后，中原和北方地区民营制瓷业也蓬勃地发展起来。这些民窑出产的瓷器，都有一个显著的特点，即胎地釉色主要以黑白色构成，花纹复杂而流畅，反映了民间艺术的独特风格。在已调查的各窑址中，鹤壁集窑和当阳峪窑的范围都很大。它们都出产白釉、白地黑花等瓷器。鹤壁集的产品较粗糙，当阳峪的产品较精致。山西的洪山窑除黑白色釉以外，又有青釉印花和紫釉刻花填白等瓷器。河北的观台窑以白釉划花的瓷器最多，瓷枕上又常发现"古相张家造"的印记，证明这里的张姓制瓷者的产品是很有名的。

南方的制瓷业中，景德镇的地位愈益重要起来。考古调查证明，景德镇的宋代瓷器以湖田和湘湖所出的影青器最为精美③。著名的江西吉州窑址，也作了详细的调查④。

广东和福建制瓷业的发展，一般地说，较其他地区稍迟。大致开始于北宋，至南宋而大盛。特别是福建沿海的许多窑址，历南宋至元而不衰，这和海外贸易的发达，有着密切的关系。

时代较早的是在广州发现的西村窑⑤。它始于晚唐，盛于五代北宋。窑址的规模相当大，残存的窑室长达32.8米。产品以青釉瓷器为主，大量地采用了印花、刻划花和绘花的方法。在广州地区发现了这样大的窑址，正反映着自晚唐以

---

① 陈万里《调查平原河北二省古代窑址报告》，《文物参考资料》1952年1期。河北省文化局文物工作队《观台窑址发掘报告》，《文物》1959年8期。
② 吴连城《山西介休洪山镇宋代瓷窑址介绍》，《文物参考资料》1958年10期。
③ 陈万里《景德镇几个古代窑址的调查》，《文物参考资料》1953年9期。江西省轻工业厅陶瓷研究所《景德镇陶瓷史稿》，生活·读书·新知三联书店，1959年。
④ 蒋玄佁《吉州窑》，文物出版社，1958年。
⑤ 广州市文物管理委员会《广州西村古窑遗址》，文物出版社，1958年。

来广州经济的发达情况。比西村窑时代稍晚的,是在潮州韩山发现的水东窑①。这个窑以烧造白釉和影青釉的瓷器为主。其产品的造型与釉色和景德镇发现的北宋影青颇为相似。传世的整器很少,从这一点来考虑,或是多作外销之用的。

福建地区的瓷窑,见于记载而又比较著名的是水吉窑②和德化窑③。这两个窑址在解放后都作过调查,比较重要的是在福建各地新发现的许多窑址。

在福建的崇安、浦城、松政、光泽等地也发现了宋代窑址④。其中崇安的屋村和光泽的茅店都产黑瓷,是受了水吉的影响。浦城和松政则以青绿色釉为主,有的制作极精,可能是受了景德镇的影响。在以泉州为中心的晋江、南安、同安以及福清、闽清、连江等沿海地区也发现了很多宋代窑址⑤。这些瓷窑多出白釉、影青和青釉瓷器,制作一般都较粗糙。它们的时代大约都是南宋至元代的。晋江、同安、连江各窑所制造的瓷器,其完整器物在国内传世的也很少,而南洋各地却时有与此相似的中国瓷器出土。可见这些窑的产品主要是用以外销的,泉州是其集中出口的地方。

浙江地区的宋代窑址,在以前曾作过较多的调查。龙泉窑、杭州郊坛下官窑和余姚上林湖窑,在解放后又作了发掘。另外,在黄岩也发现了五代至宋时的越窑系统的窑址⑥。四川新发现的瓷窑有广元窑、华阳琉璃厂窑、原崇宁铁砧山窑等⑦。在安徽繁昌的柯家冲也新发现了专烧影青瓷器的宋代瓷窑遗址⑧。

通过十年来对五代两宋时期瓷窑址的调查和发掘,充分说明了宋代制瓷业的普遍发展和各个地区制瓷业的独特发展的过程。为我们进一步研究这个手工

---

① 陈万里、冯先铭《故宫博物院十年来对古窑址的调查》,《故宫博物院院刊》总2期,1960年。
② 宋伯胤《"建窑"调查记》,《文物参考资料》1955年8期。
③ 陈万里《调查闽南古代窑址小记》,《文物参考资料》1957年9期。宋伯胤《谈德化窑》,《文物参考资料》1955年4期。
④ 福建省文物管理委员会《福建省最近发现的古代窑址》,《文物》1959年6期。曾凡《光泽茅店宋代瓷窑址》,《文物参考资料》1958年2期。
⑤ 陈万里《调查闽南古代窑址小记》,《文物参考资料》1957年9期。福建省文物管理委员会《福建省最近发现的古代窑址》,《文物》1959年6期。曾凡《光泽茅店宋代瓷窑址》,《文物参考资料》1958年2期。黄炳元《福建南安石壁水库古窑址试掘情况》,《文物参考资料》1957年12期。福建省文物管理委员会《同安汀溪水库古瓷窑调查记》,《福清县东门水库古窑调查简况》,《文物参考资料》1958年2期。宋伯胤《连江县的两个古瓷窑》,《文物》1958年2期。
⑥ 浙江省文物管理委员会《浙江黄岩古代青瓷窑址调查记》,《考古通讯》1958年8期。
⑦ 王家佑《四川广元黑釉窑址初探》,《文物参考资料》1955年3期。林坤雪等《四川华阳县琉璃厂调查记》,《文物参考资料》1956年9期。支沅洪《四川崇宁县铁砧山的古窑址》,《文物参考资料》1956年8期。
⑧ 张道宏《试掘繁昌瓷窑遗址》,《文物参考资料》1958年6期。

业部门的历史,提供了丰富的物质资料。

在宋代手工业和日常生活普通用煤作燃料的情况下,采煤业有着巨大的发展。河南鹤壁市发现的北宋晚期的煤矿遗址是非常重要的资料①。这里藏煤量很丰富。直径2.5米的竖井矿口,深达6米,依煤层伸延开掘巷道。其中较长的四条巷道总长达500余米。从采煤区的分布来看,当时已运用了先内后外逐步撤退的"跳格式"的采掘方法。在遗址中部还发现了排除地下积水的排水井。原来井口上装置的木制辘轳也在附近发现。矿工的日用器皿和井下运输用的条筐、扁担等都堆积在巷道底部和井口附近的废墟中。当时矿工们在这种坑道中进行采掘,条件非常艰苦。根据遗址范围之大,废弃工具之多来推测,在这里从事生产的人数是相当众多的,产煤量也很高。

在河北邢台、安徽繁昌和福建同安等地②,都曾发现过宋代冶铁遗址。邢台朱庄至綦村一带,在北宋以前即有冶炼。皇祐五年(公元1053年)开始置官。所铸造的铁斧上印有"丰明"二字。繁昌的冶铁作坊就设立在矿山附近,范围甚广。炼炉作圆形,用栗树柴作燃料,石灰块作熔剂。这里只炼铁块,不造成品,是单纯的采矿冶炼作坊。

铜在宋代是较缺乏的,除铸造钱币外,在日常生活用品中,制造最多的是铜镜。

北宋墓中发现的铜镜不太多,大部分没有铭文,制作也不如唐代的精美。在长沙的五代墓中,曾发现过匠人李成、谢昭为都省铜坊所铸的铜镜③。李成所铸的铜镜,还发现于合肥南唐保大四年(公元946年)墓中④。这说明在五代十国时期的某些地区,铸镜业还是由政府经营的。在南宋墓中经常发现民间制造的铜镜,这些铜镜,都是在平素的镜面上印着铭记。其中以著名的湖州石家镜发现最多。另外,在江西高安宝祐三年(公元1255年)墓中发现了建康府茆家造的带柄菱花镜⑤。四川金堂绍兴十六年(公元1146年)墓中发现了成都龚家造的

---

① 河南省文化局文物工作队《河南鹤壁市古煤矿遗址调查简报》,《考古》1960年3期。
② 任志远《沙河县的古代冶铁遗址》,《文物参考资料》1957年6期。唐云明《河北邢台发现宋墓和冶铁遗址》,《考古》1959年7期。胡悦谦《繁昌古代炼铁遗址》,《文物》1959年7期。陈仲光《同安发现古代炼铁遗址》,《文物》1959年2期。
③ 湖南省博物馆《湖南出土铜镜图录》,文物出版社,1960年。
④ 石谷风、马人权《合肥西郊南唐墓清理简报》,《文物参考资料》1958年3期。
⑤ 陈柏泉、刘玲《高安、清江发现两座宋墓》,《文物》1959年10期。

铜镜①。广西桂林南宋墓中还发现了湖州陆家所造的铜镜②。

宋代的金银器传世的很少。四川德阳孝泉镇发现的117件宋代银器,是一批重要的资料③。这些银器被装在1件四耳陶罐中,和陶罐同时埋入的还有80余公斤崇宁通宝。银器有瓶、注子、注碗、托子、杯、壶和盒等,打造得十分精美,充分反映了北宋时四川地区金银细工的高度技艺。从银器上所刻的铭记来看,这是德阳孝泉镇周家所造。有的银器上刻"沈氏行妆"、"沈宅"等字样,又可证明这批银器在后来是属于沈姓所有的。

漆器在宋墓中也有发现。江苏淮安北宋时杨姓墓群中发现的70余件漆器,其中数件题有铭记④。另外,在无锡宋墓、杭州老和山的南宋墓中都曾发现带铭记的漆器⑤。从铭记中可以看出,这些漆器是分别由当时的杭州(临安)、温州、江宁、四明等地制造的,它们都标明了制造者的姓氏或商铺的字号。这些日用小商品的突出发展,是这个时期民营手工业的特色。

伴随着小商品生产而出现的,是商品竞争的日益剧烈和对于生产技术的保密。在上述的许多小商品生产者所制造的铜镜和漆器的铭记中,都说明了这种倾向。他们竭力宣传自己所制造的产品牢固("壬午临安符家真实上牢"),质最好("三炼青铜照子"、"一色青铜镜"、"工夫镜"、"无比炼铜"等),是真正的老牌号,甚至标明具体的街巷地点,以防假冒。

从这些小商品发现的地点,还可以看出宋代商品运销的情况。湖州石家镜运销最广,在浙江杭州、江苏扬州、湖南长沙、广东广州、四川成都和华阳、新繁以及内蒙古呼和浩特等地的墓葬或遗址中,都有湖州石家镜的发现。温州的漆器在北宋也是很著名的商品,它不仅运销于淮安,当时汴梁城内即有专卖温州漆器的什物铺(见《东京梦华录》卷二)。但是,小商品生产的市场是十分狭隘的,能在全国各地运销的只有铜镜、漆器之类的小件日用品。日用必需的瓷器,因为运输不便(尤其是陆运易颠破),还大部在某一区域内运销。如中原一带多发现定窑、磁州窑系的产品,观台"张家造"、"张家窑"的瓷器曾在邢台宋墓中发现。长沙五

---

① 洪剑民《略谈成都近郊五代至南宋的墓葬形制》,《考古》1959年1期。王家佑《四川宋墓札记》,《考古》1959年8期。
② 梁友仁《广西桂林西郊又发现三座古墓》,《文物参考资料》1954年12期。
③ 沈仲常《四川德阳出土的宋代银器简介》,《文物》1961年11期。
④ 江苏省文物管理委员会、南京博物院《江苏淮安宋代壁画墓》,《文物》1960年8、9期。
⑤ 朱江《无锡宋墓清理记要》,《文物参考资料》1956年4期。蒋缵初《谈杭州老和山宋墓出土的漆器》,《文物参考资料》1957年7期。

代墓中多发现瓦渣坪的产品,四川宋墓中多发现邛窑产品。然而,广东、福建等靠近港口的沿海地区,也发现了一些专为运销国外而生产的窑址,这是海外贸易发达的结果。

宋代的海外贸易,以广州、泉州、明州为最盛,到了宋末元初,泉州更加发达,成为沿海最大的商港。

解放后,泉州地区的考古工作特别着重于对中外交通史迹的调查。宋元时代的沿海港口和船坞遗迹也有发现,阿拉伯人的葬地和伊斯兰教、婆罗门教、摩尼教的寺院遗迹也都作了详细的调查[1]。此外,还搜集和整理了大批死于泉州的阿拉伯人的墓石[2]。1959年特别在该地成立了泉州海外交通史博物馆。

通过对阿拉伯人墓地的调查和大批墓石的搜集,知道宋元时代侨居于泉州的外国人是相当众多的。他们大部分是商人。泉州涂关外法石沿海的后渚港的码头遗迹,以及乌墨山澳、鸡母澳发现的船板、船椗、船索和桅杆等物,正是这些中外商人所遗留下的。

泉州九日山上的祈风石刻。是自北宋末至南宋末一百五十余年间举行海舶祈风典礼的铭记。这一方面是海外贸易发达的证明,而更重要的是从石刻中的官职题名中可以看出,封建统治者在这里设置了大大小小的许多官吏,抽收关税,直接干预海外贸易。

五代至元的泉州城址的复原。也是泉州考古的重要工作之一。泉州城址的复原,不但对泉州海外贸易发展的研究有参考价值,就城市规划来说,对研究当时南方中小城市的面貌,也有一定的意义。

辽 金 元 明

五代两宋时期,我国北方的广大地域先后由契丹和女真所建立的政权统治着,形成辽与北宋对峙,金与南宋对峙的局面。

契丹属东胡族,公元10世纪初,逐渐强大,建立辽国,领有现在的内蒙古、吉林、黑龙江、辽宁和河北、山西的北部等地区。建国以来,我们在这些地区的调查

---

[1] 庄为玑《谈最近发现的泉州中外交通的史迹》,《考古通讯》1956年3期。庄为玑《续谈泉州港新发现的中外交通史迹》,《考古通讯》1958年8期。泉州海外交通史博物馆调查组《泉州涂关外法石沿海有关中外交通史迹的调查》,《考古》1959年11期。

[2] 吴文良《泉州宗教石刻》,科学出版社,1957年。

和发掘工作中,也收集到若干辽代考古资料。

辽代的社会经济中除农业以外,游牧经济仍占据了相当的比重。逐水草而居的畜牧遗址是不易被发现的,内蒙古昭盟巴林左旗辽上京城北山坡上的畜牧遗址[①],是一处难得的发现。这个遗址的最显著特点,是没有发现任何建筑痕迹和建筑材料,在150米见方的地区内,有五十多个垃圾堆,各堆间距离远的可达20米以上,近的有3~5米。垃圾堆大小不等,一般的直径1米左右,厚则不到1米。其中堆积着很多辽早期的印文陶片和夹砂凸弦纹口沿的炊器残片。还有大批的牛、羊、猪等兽骨。铁器很少,只发现一件小铁铲。这个遗址表明,辽代早期的畜牧业,已具有一定的稳定状态。

1958年开始的辽中京城址的发掘,是规模较大的工作[②]。城址在内蒙古昭盟宁城县。辽、金、元、明四个时期都曾利用此城,首先精确地探测了辽代城墙和城门的位置,并搞清金、元、明三代改建添筑之处。两年的工作,肯定了朱夏门、阳德门、阊阖门及东西两掖门的位置,勘探了自朱夏门经阳德门至阊阖门以内的中央干道,朱夏门至阳德门之间的大道宽约64米,用黄土、灰土及砂粒铺垫,路面呈弧形,两侧有排水沟,沟上盖木板或石板。外墙南部为坊市所在。大道两旁有南北纵街三条,东西横街五条。宽者达16米,窄者约4米。在外城发掘了官署、庙宇及廊舍遗址。廊舍邻大道之西,为一南北向的长形建筑物,柱础和夯土台基尚存,应是《乘轺录》中所记之廛肆廊舍。内城阳德门至阊阖门之间的大道宽约40米,两旁无建筑遗迹。皇城阊阖门内的大道宽约8米。东西掖门之北,仍有大路,直通武功、文化两门。武功、文化两殿址也已发现。根据目前已经发现的情况来看,它较上京更多地模仿了中原都城的制度,是契丹接受汉人文化的一种表现。

自穆宗(公元951~969年)开始,契丹受汉族的影响逐渐加深,辽墓中也反映了某些这种影响的过程。内蒙古赤峰大营子应历九年(公元959年)辽驸马卫国王墓,是已发现的时代最早的辽墓[③]。这个墓中所出的辽代特有的器物鸡冠壶,尚保存着模仿皮囊的平底单孔的原始形态(图二六,1),和它同出的还有八组完备的马具(图二六,2),它们都反映出这个时期契丹贵族的游牧生活方式还很

---

① 汪宇平《内蒙昭盟巴林左旗林东街北山坡辽代遗址出土的陶器》,《文物参考资料》1956年2期。
② 辽中京发掘委员会《辽中京城址发掘的重要收获》,《文物》1961年9期。
③ 前热河省博物馆筹备组《赤峰县大营子辽墓发掘报告》,《考古学报》1956年3期。

浓厚。驸马墓中还随葬了短流注子和碗、盘等瓷器,以及大批的鎏金银器及铜镜。这些器物的造型和纹饰,都具有唐代的风格。由此可见,汉文化的影响正不可遏止地渗入契丹贵族的生活中去。驸马墓中还出土了大批的盔甲和刀、剑、矛、镞等武器。

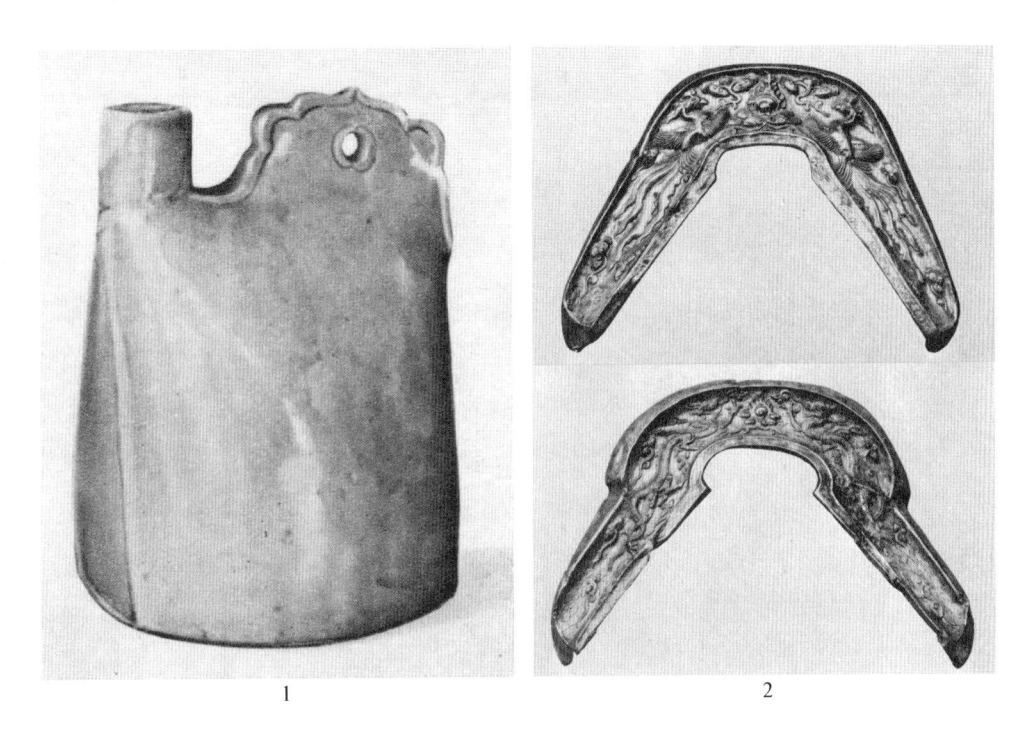

图二六　内蒙古赤峰辽驸马墓出土器物
1. 白釉鸡冠壶　2. 镀金龙凤纹鞍桥

以掠夺和对奴隶的残酷剥削而致富的契丹贵族,过着奢侈豪华的生活,驸马墓是了解他们这种生活的最好资料。砖筑的墓室分前室、中室、后室及四个侧室。随葬了大批精美的金银器、玛瑙器、瓷器、铁器等生活用具。中室带木栏杆的大床上,还铺着甚厚的丝织物,床外悬紫地绣金花帷幔。床上堆置着生前的服饰。全墓出土遗物多达1 000余件。

辽和北宋之间的交往频繁,大大促进了契丹和汉族之间的经济文化交流。重熙(公元1032~1055年)以前的义县清河门4号墓[①]和建平张家营子辽墓[②]中所出的鸡冠壶,已经附加了圈足,定居的生活使携用的器物固定到居室中来。在

---

① 李文信《义县清河门辽墓发掘报告》,《考古学报》第8册,1954年。
② 冯永谦《辽宁省建平、新民的三座辽墓》,《考古》1960年2期。

居室上，更多地采用了木建筑的形式，建平张家营子①、平泉②、阿鲁科尔沁旗水泉沟③等地的辽墓中，已画出了廊柱、一斗三升等。这些都说明契丹受汉族的各种影响正在加深。

汉族影响的加深，在兴宗重熙以后的辽墓中，表现得更为明显。鸡冠壶从早期的单孔或双孔式变为提梁式（图二七），完全和游牧生活断绝了关系。长颈瓶从杯口变为颈上加弦纹或作鸟首装饰的凤首瓶，马具和武器显著减少，有的墓中完全没有殉马具。墓葬的建筑，完全模仿了北宋墓的形式。义县清河门清宁三年（公元1057年）墓④的墓室平面为八角形，这是辽墓中前所未见而流行于北宋的墓式。在墓门之上，砌出四铺作单杪斗栱，下置驼峰，上承替木。赤峰大营子2号墓⑤，不但在四隅立砖柱，上砌把头绞项造斗栱，而且壁上还砌直棂窗和雕砖桌椅。这和当时的北宋墓，几乎没有分别。这个时期的许多墓中发现的青瓷与影青瓷器，以及义县清河门清宁三年墓中所出土的漆器，都不是辽的产物，而是宋的产品。如果不是宋辽间贸易的商品，则可能是北宋使臣携带来的。

图二七　辽宁建平张家营子辽墓黄釉鸡冠壶

咸雍（公元1065～1074年）以后的辽墓，仿金银器的三彩印花碟、盘（图二八）和大件的黄釉瓷器以及绿釉的长瓶成为随葬品中最流行的器物。鸡冠壶和凤首瓶仍承前期的形状，但鸡冠壶已不是辽墓中所必须随葬的器物了，马具中仅有马镫，成为象征性的东西。武器更少了。铁制的生活用具只有刀、剪、炉、钎之类。华丽的金银器皿几乎绝迹，只有个别的墓中随葬了与萨满教有关的银面具和鎏金银冠（图二九）。契丹民族的固有习俗，愈来愈稀少。这个时期，他们所受的汉

---

① 冯永谦《辽宁省建平、新民的三座辽墓》，《考古》1960年2期。
② 张平一《平泉县发现辽代壁画墓》，《文物参考资料》1956年10期。
③ 李逸友《阿鲁科尔沁旗水泉沟的辽代壁画墓》，《文物参考资料》1958年4期。
④ 李文信《义县清河门辽墓发掘报告》，《考古学报》第8册，1954年。
⑤ 前热河省博物馆筹备组《赤峰县大营子辽墓发掘报告》，《考古学报》1956年3期。

图二八　辽宁新民巴图营子辽墓三彩盘

图二九　辽宁建平张家营子辽墓鎏金银冠

族影响还表现在宗教信仰上。佛教的密宗在契丹人中广泛地流行了。新民巴图营子辽墓中[①]发现了用汉文刻铸的鎏金"破地真言"胸牌。这种密宗的胸牌和代表契丹族原始信仰的萨满教的鎏金面具共出于一墓之中，表明这个时期的萨满教已与佛教的密宗相揉合。在辽宁辽阳金厂发现的辽代末年的画像石墓中[②]，除刻墓主人宴饮图之外，还刻了多幅孝子故事图。这种代表封建道德观念的孝悌题材，出现在契丹人的墓中，正表明契丹人在思想意识上也与汉人无异。这些现象，还不只表现契丹人所受汉族影响的加深，而且是契丹社会封建化的表现。虽然如此，由于民族习俗的不同，契丹人的墓葬与当时汉人的墓葬，还是有所差异的。

在长城沿线还发现了许多辽代末年的农家窖藏。山西大同青瓷窑村的遗址，除瓷、铁等生活用具外，还发现许多铁制的农业生产工具[③]，其中的铁锄的结

---

① 冯永谦《辽宁省建平、新民的三座辽墓》，《考古》1960年2期。
② 王增新《辽宁辽阳县金厂辽画象石墓》，《考古》1960年2期。
③ 山西云冈古迹保养所《大同郊区青瓷窑发现古代遗物》，《文物参考资料》1958年6期。

构已与近代相同。天镇夏家沟的窖藏中也发现了数量相当多的铁铧①。细作工具的进步和铁铧的大量发现,可作为辽代晚期农业经济得到发展的旁证。

契丹统治区内的汉人地主墓,在早期发现极少。年代较早的有沈阳发现的开泰四年(公元 1015 年)李进石棺墓②。道宗咸雍以后的,在北京、辽阳、内蒙古昭乌达盟宁城县、大同等地,都有发现。它们大概是汉人中级官吏或地主们的墓葬。这类墓葬的特点是:在仿木建筑的砖筑墓室中,或砌雕砖桌椅,或画彩色壁画,或用上刻陀罗尼经的石棺。几乎全部是火葬。随葬物以陶器为主,如罐、盆、锅、灶、熬子、蒸具、勺、注子、三耳器、剪、香炉等。北京的彭庄 3 号墓③、内蒙古昭乌达盟周仗子寿昌五年(公元 1099 年)尚暐符墓④和大同卧虎沟 2 号墓⑤随葬物中有较精美的白瓷器(图三〇)。它所代表着的生活方式和风俗习惯,显然与契丹人不同。从大同十里铺、新添堡和卧虎沟的壁画墓⑥中可以看出,他们还保存了汉人的衣冠服饰。壁画的题材和北宋墓相同,也是"开芳宴"、出行或画出居室情况。出行图中的驼车,则是北方特有的交通工具。这些汉人笃信佛教密宗。大同西南郊发现的小型火葬墓⑦,仅殉 1 只粗瓷碗,但坛形的石棺盖上却刻了陀罗尼经,这正表现着他们对佛教的虔诚。

辽代的手工业,主要是契丹贵族直接控制下的手工业,其中包括契丹中央官府、斡鲁朵、奉陵邑州县及头下军州等所属的各种手工业。他们掠获了大批的汉人和渤海人中的工匠,进行奴隶式的生产,官府或贵族全部占有生产品。驸马墓中出土的华丽的丝织品、金银器、鎏金的马具及大批的武器,都是官工业的产品。义县清河门第 4 号辽墓出土的铜铫上,更刻有"嵩德宫造重一斤□□□三日"的铭款,制瓷业也主要由官家经营,驸马墓、建平朱碌科辽墓的"官"款和张家营子辽墓的"新官"款白瓷器,正是最好的例证。辽墓中出土的大批铁器,是辽代冶铁业迅速发展的标志。北方的丰富铁矿资源和少数民族长期积累的冶铁经验,使辽的冶铁工业在早期就相当发达。上京城北山坡上的辽代畜牧遗址即出有铁铲。早期辽墓中也发现了大批铁制武器、马具和生活用具。驸马墓中出现了铁

---

① 《山西天镇县夏家沟发现辽金时代居住遗址一处》,《文物参考资料》1955 年 9 期。
② 《辽李进墓发掘报告》,《文物参考资料》2 卷 9 期,1951 年。
③ 苏天钧《北京郊区辽墓发掘简报》,《考古》1959 年 2 期。
④ 郑隆《昭乌达盟辽尚暐符墓清理简报》,《文物》1961 年 9 期。
⑤ 山西省文物管理委员会《山西大同郊区五座辽壁画墓》,《考古》1960 年 10 期。
⑥ 山西省文物管理委员会《山西大同郊区五座辽壁画墓》,《考古》1960 年 10 期。
⑦ 山西云冈古迹保养所清理组《山西大同市西南郊唐、辽、金墓清理简报》,《考古通讯》1958 年 6 期。

图三〇　内蒙古昭乌达盟周仗子寿昌五年墓白瓷注碗、注子

制嵌银马具和错金银铁矛等工艺品，其制作水平不比同时期中原地区为低。这充分说明，公元11世纪以来，铁器在契丹的各个阶层已普遍使用了，他们的铁器不但种类繁多，而且制造精致，无怪宋人记载中称赞"契丹镔铁"为"天下第一"。

辽中京遗址中大量出土的钱币是宋钱，辽钱只出过两枚。宋钱大概是契丹统治者对中原的掠夺品。个别的辽墓中也随葬宋代钱币。

另外，十年以来，我们还发现了有关契丹文字的重要资料。据目前统计，已发现的不同的契丹字已有1 200多个。辽宁锦西西孤山大安五年（公元1089年）萧孝忠墓[①]的墓志和建平张家营子辽墓出土的银碟，以及朱碌科辽墓出土的银匙上，都发现了刻有与庆陵哀册上不同的契丹文字。有人认为这是契丹的小字，庆陵哀册上所刻的是契丹大字，但是也有人持与此相反之意见[②]。最后的结论，尚待进一步的研究来确定。

女真民族的早期文化遗存，我们还没有发现。完颜部酋长阿骨打建立金国以后，即进入文化高度发展的辽和北宋地区，金文化实际上受着辽和北宋文化的深刻影响。金代初年的物质文化几乎与辽代末期分辨不清。

---

① 雁羽《锦西西孤山辽萧孝忠墓清理简报》，《考古》1960年2期。
② 阎万章《锦西西孤山出土契丹文墓志研究》，《考古学报》1957年2期。

金代的居住遗址，发掘的有辽宁绥中城后村遗址①。这个遗址面积很大，从遗址上层有大量的砂砾堆积的情况来看，这个村落可能是被洪水所淹没的。在这个遗址中，发现有犁、蹄头、手锄等耕耘工具，镰、双股垛叉、鱼形铡刀等收割工具。犁有铧、镜、牵引等部分，和王祯《农书》中所绘的形式相近。镰有三种形式：直刃细柄、曲刃有銎和铍镰。这些完备的农业生产工具的出现，表明了当地农业生产水平的提高。除农具以外，尚发现了凿、斧、车辖、锅、剪、熨斗、拉手、折页等铁器，以及罐、瓶等瓷器。货币也很多，绝大部分是北宋钱币。

比绥中城后村遗址时代稍晚的，还发掘了黑龙江肇东八里城的金代城堡遗址②。城4公里见方，四门，门外有瓮城，城外壁布马面，周绕壕沟。从城的建筑和出土的许多武器，可以推测这是一处屯军的城堡。但是在这里还发现了大批的铁农具，形制大体与绥中所出的相似，种类却更繁多，有大有小。有专割谷穗的手镰。垛叉除双股外，还有三股的。这说明此处的农业生产技术较绥中又进了一步。居民兼营家畜饲养和捕鱼业，牛、羊、猪骨和三股倒刺鱼叉的发现，就是证明。手工业的生产在这里占相当的比重，各种铁制工具，如锛、凿、斧、锯、钳、锉、刮皮刀、剪、钩子和抹泥板等都有发现。车圈和大量车穿的发现，又说明他们有自己的运输工具。从生活用具中则可看出，这里居住着两种不同阶级的人。少数的白釉罐、褐釉注、黑釉酒瓶、定窑瓷玩具和仿铜器花纹的精致陶器等，应是统治阶级所用。统治阶级在这里建有官署、住宅和庙宇。这些建筑上的鸱尾残片、兽头瓦当、勾滴和花纹方砖等，也被发现。同时发现的还有铜佛、铜塔和铜钱。真正从事生产的是被压迫的农奴和工奴，他们耕田、渔牧、锻铁、烧窑、制造各种器物。妇女们也被驱使在砖窑中服役，这可以从所发现的砖上有妇女们捺下的手印得到证明。这种屯军城堡实际上就是那里军事首领的军事田庄，从事生产的是他们从各地掳来的劳动人民。从这里出土的许多与中原地区形制相似的工具、器物看，可以肯定，这里有着与中原相同的技术水平。城中和附郭的劳动者，可能绝大部分是从中原地区掠来的。类似八里城这样的屯军城堡，在松花江流域尚有不少，如肇东永胜乡小古城遗址等。

女真统治者的墓葬也在锦西大卧铺发现③。墓系石筑，八角单室，外设石门，

---

① 王增新《辽宁绥中县城后村金元遗址》，《考古》1960年2期。
② 肇东县博物馆《黑龙江肇东县八里城清理简报》，《考古》1960年2期。
③ 雁羽《锦西大卧铺辽金时代画象石墓》，《考古》1960年2期。

门扉外面雕云龙。墓室后壁满砌石床。四周石板壁上皆有浮雕。后壁雕墓主人夫妇宴饮图，夫妇都作女真装束。男髡发，着窄袖圆领长袍。女戴冠，穿左衽长袍。两人并坐一矮床上。床前设案，案上陈酒注、酒杯之属。随葬品也是灰色陶酒瓶和白釉大碗之类。其他六壁皆雕孝子故事。另一座墓中，除雕墓主人夫妇宴饮和孝子故事之外，还雕了一组乐舞。这些都反映了女真统治者的剥削生活，已与宋代的汉人地主没有区别。从雕刻的许多幅孝子故事来看，封建的思想意识也很深了。但是，在衣冠服饰方面，却还保存了女真民族的习俗。

中原地区自公元12世纪中叶以来，社会经济有着显著的发展，这也表现在与人们生活密切相关的瓷器制造业上。北宋以来的许多名窑，如陕西的耀州窑、河北的观台窑等，都陆续恢复。耀州窑址曾经发掘，在486平方米的范围内，发现了工作间、晾坯场、窑炉和大量瓷片。工作间是类似工棚式的建筑，墙壁用耐火残块和匣钵片砌成。工棚东北隅发现了埋在地下搅拌瓷土的装有坩土粉末的四个陶缸，并有石杵和铁杵（图三一）。窑炉都作马蹄形，从窑门和火膛内堆积的煤渣可知此处烧窑已用煤作燃料（图三二）。出土的瓷片以青釉为主，釉色较汝窑为淡而薄，略呈姜黄色。印制的花纹中，以鱼纹最突出。所出的"正隆"钱和刻划着大安二年（公元1210年）铭记的瓷片，可以说明这处窑址的年代①。观台窑在北宋最盛。发掘证明它的恢复也是在公元12世纪中叶以后（金世宗以后）。窑炉呈长方形。所烧的白釉瓷器，造型秀丽，胎质轻薄，釉色带青，花纹多刻在器里②。

泗州和宿州是新兴起的制瓷地点。1954年萧县出土的淡黄色瓷瓶上，刻划着"白土镇窑户赵顺谨施到花瓶壹对供养本镇南寺慈氏菩萨。时皇统元年（公元1141年）三月二十二日造"的铭记③，标志着这个地区民营制瓷业的发展。

金代著名的钧窑，也作了调查。鹤壁集窑在金代也出产天蓝釉的钧窑系统的瓷器④。另外，在临汝的严和店也发现了钧釉系统的瓷器⑤。但是关于这些瓷窑的详细情况，尚待进一步的发掘和研究。

---

① 陕西省考古研究所《陕西铜川耀州窑》，科学出版社，1965年。陕西考古所泾水队《陕西铜川宋代窑址》，《考古》1959年12期。商剑青《耀窑摭遗》，《文物参考资料》1955年4期。陈万里《我对耀瓷的初步认识》，《文物参考资料》1955年4期。
② 河北省文化局文物工作队《观台窑址发掘报告》，《文物》1959年8期。
③ 王志敏《近年来江苏省出土文物》，《文物》1959年4期。
④ 杨宝顺《汤阴县鹤壁古瓷窑遗址》，《文物参考资料》1956年7期。陈万里《鹤壁集印象》，《文物参考资料》1957年10期。
⑤ 河南省文化局文物工作队《汝窑址的调查与严和店的发掘》，《文物参考资料》1958年10期。陈万里《汝窑的我见》，《文物参考资料》1951年2期。

226　考古剩语

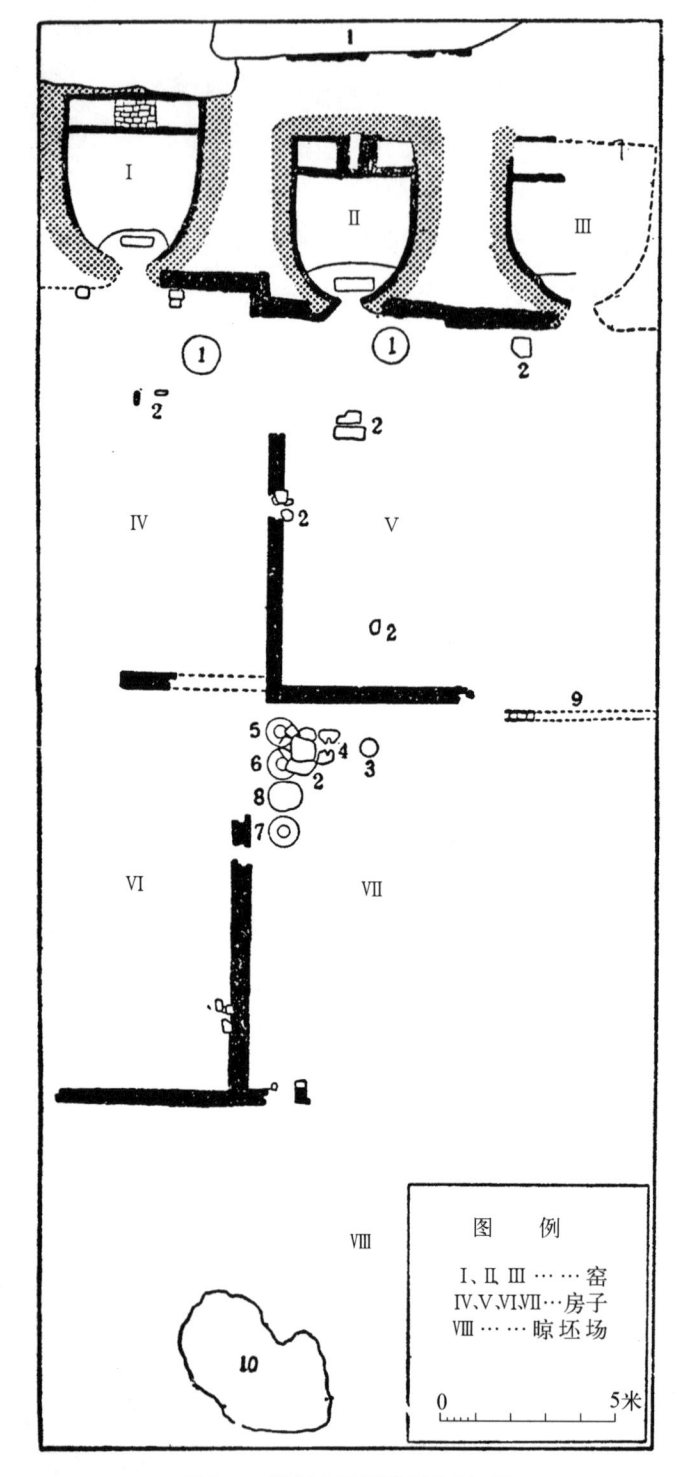

图三一　铜川金代耀州窑址平面图

1. 灰坑　2. 石块　3. 石臼　4. 石轴槽　5～7. 陶缸　8. 土坑　9. 水道　10. 坩土堆

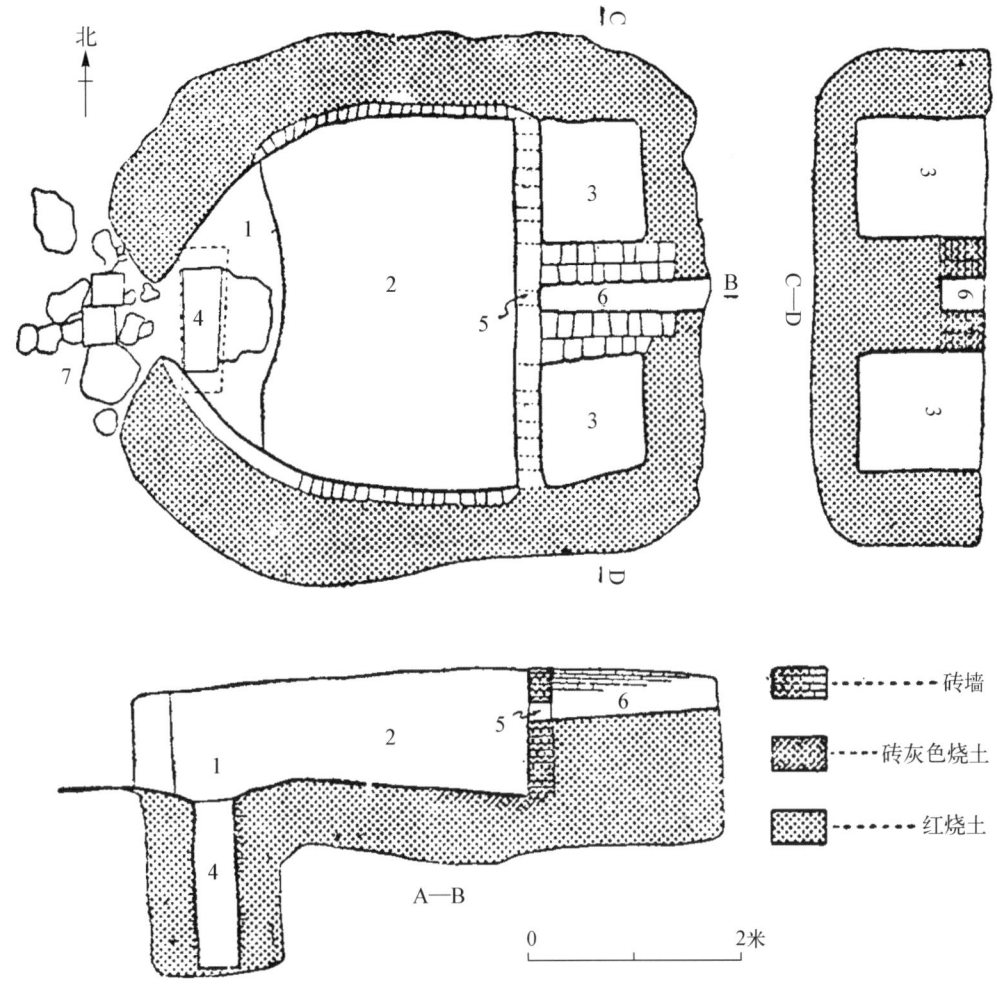

图三二　铜川金代耀州窑址 2 号窑平面、剖面图
1. 火膛　2. 窑床　3. 烟洞　4. 炉坑　5. 烟孔　6. 烟道　7. 铺地方砖和石块

特别引人注意的是,晋南地区发现的许多地主阶级的雕砖墓。它继承了北宋中晚期中原一带仿木结构的作风,并进一步把墓室装置得更像地上的居室。在这批墓中,时代最早的纪年墓是山西垣曲东铺村大定二十三年(公元1183年)张氏墓[①]。这个墓平面为方形,四隅砌砖柱,上砌横枋斗栱,华栱出跳最多者达三跳,墓顶收敛成八角形。雕砖的内容,除墓主人夫妇"开芳宴"之外,还有孝子故事和盆花装饰。这种雕砖的技法,在有些墓中达到了极高的水平,如山西孝义和侯马发现的雕砖墓,可为当时民间雕砖艺术的代表作。

---

① 吕遵谔《山西垣曲东铺村的金墓》,《考古通讯》1956年1期。

孝义金墓①是承安三年(公元1198年)汾州的匠人史贵等所造,在墓门拱券处有墨书题记一行"承安三年二月十五日汾州在城抟匠史贵"。他塑造了墓主人、婢仆的生活情景,每个人物都与墙壁分开雕造,背后则用榫卯嵌装,这样处理,使平面的砖壁上,有了远近的层次,增强了人物的立体感(图三三)。雕砖墓中装饰最为华丽复杂的是侯马大安二年(公元1210年)董氏兄弟墓②。这是两座形制相同的墓。董玘坚墓(1号墓)保存完好,平面成方形,墓顶为八角形藻井。四壁满砌雕砖。北壁雕堂屋三间。明间设曲足花桌,上置牡丹盆花,桌两旁坐墓主人夫妇。两侧间各立屏风,立侍童、侍女。东西两壁雕六扇隔扇,障水板上雕花卉人物(图三四)。南壁墓门两侧各立一"镇宅狮子"。四壁上部皆砌垂花廊,廊上列斗栱。北壁正中的两朵斗栱之间,砌有歇山顶式的小戏台一座。戏台上有五个涂彩杂剧砖俑,排成一列,正在作场(图三五)③。这座富丽的砖墓,充分地表现了地主的剥削生活和居室的陈设。这类墓葬在山西的太原、侯马、绛县,河

图三三　山西孝义下吐京金墓雕砖

---

① 山西省文物管理委员会、山西省考古研究所《山西孝义下吐京和梁家庄金、元墓发掘简报》,《考古》1960年7期。
② 山西省文物管理委员会侯马工作站《侯马金代董氏墓介绍》,《文物》1959年6期。
③ 刘念兹《中国戏曲舞台艺术在十三世纪初叶已经形成——金代侯马董氏墓舞台调查报告》,《戏剧研究》1959年2期。周贻白《侯马董氏墓中五个砖俑的研究》,《文物》1959年10期。

图三四　山西侯马金大安二年墓雕砖格子门

图三五　山西侯马金大安二年墓雕砖戏台

南的洛阳和甘肃的兰州均有发现①。这些华丽的雕砖，不只是农民血汗的结晶，而且是民间艺术家的艺术杰作。

金代的铸钱和行钞差不多同时在公元 12 世纪中叶出现，这是贸易逐渐频繁的结果。近年以来，我们屡次在北京的顺义、陕西的耀县、张家口的下花园等地，发现了金代窖藏的铜钱②。北京顺义窖藏约 50 000 多枚，耀县则达 3 000 余斤，下花园最少，但也有 300 余斤。这些钱币大部分是北宋和金代的钱币。金代窖藏货币的一再出现，可以认为是由于滥发纸币所引起的通货膨胀和金代缺铜的反映。

在内蒙古地区的许多元代早期城堡，建国以前曾作了若干调查③。这些城堡的面积，一般都不太大。留存的遗物多是铁制兵器和与金代形制相近的陶瓷器，有的也出有简单的农具。它们大概都是一些军事性生产的城堡。除此之外，还发现了一些官吏的墓葬，它们可以西安曲江村至元二年（公元 1265 年）段继荣墓④为代表。这个墓的墓室还保留了简单的仿木结构。随葬品有陶车、陶马、持物或叉手侍立的男女仆从俑，大批锅灶、蒸笼、仓、炉等生活用具模型，以及便于马上使用的鸭蛋壶。

西安发掘的元代安西王府遗址，反映了蒙古贵族统治者在地方上的生活状况。这个王府遗址保存得并不好，只发现了王宫的坚固台基和大量的黄琉璃瓦、瓦当和脊饰残片。特别的发现物是 5 块阿拉伯数码幻方。从王府遗址残存的情况来看，它和大都的宫殿形制相似，正如《蒙兀儿史记》上所说的"壮丽视皇居"⑤。

元代统一以后，在中原和北方地区出现了面积颇大的农村遗址。鞍山陶官屯的农村遗址⑥，发现有房址、土墙、院前的流水沟、房后的垃圾堆。在其附近还发现了铁铧、铁铲、蹄头、磨盘、铡刀以及铁锁等。在一个大缸中发现窖藏的瓷器。从这些瓷器和遗址中出土的瓷片来看，以本地烧造的黑绿釉和磁州窑系为

---

① 畅文斋等《太原东郊红沟宋墓清理报导》，《文物参考资料》1954 年 6 期。杨富斗《山西新绛三林镇两座仿木构的宋代砖墓》，《考古通讯》1958 年 6 期。张德光《山西绛县裴家堡古墓清理简报》，《考古通讯》1955 年 4 期。刘振伟《洛阳涧西金墓清理记》，《考古》1959 年 12 期。甘肃省文物管理委员会《兰州中山林金代雕砖墓清理简报》，《文物参考资料》1957 年 3 期。

② 苏天钧《北京地区发现辽金时代文物》，《文物》1959 年 10 期。贺梓城《陕西耀县发现古币三千余斤》，《文物参考资料》1956 年 1 期。孟宪成《张家口下花园镇发现北宋时代遗址》，《文物参考资料》1958 年 2 期。

③ 内蒙古文物工作组《内蒙发现的元代遗存简况》，《文物参考资料》1957 年 4 期。内蒙古自治区文物工作队《1957 年以来内蒙古自治区古代文化遗址及墓葬的发现情况简报》，《文物》1961 年 9 期。

④ 陕西省文物管理委员会《西安曲江池西村元墓清理简报》，《文物参考资料》1958 年 6 期。

⑤ 马得志《西安元代安西王府勘查记》，《考古》1960 年 5 期。夏鼐《元安西王府址和阿拉伯数码幻方》，《考古》1960 年 5 期。

⑥ 《东北文物工作队一九五四年工作简报》，《文物参考资料》1955 年 3 期。

主,也有属于钧窑和龙泉窑系的。另外,还发现了宋、金时代的各种铜钱和琉璃装饰品。这处遗址,应是比较富裕的小农之家,反映着自给自足的生产、生活面貌。

辽宁新民前当铺发现的农村遗址①,东西长 400、南北约 250 米,文化层厚达 80～160 厘米。出土了许多铁农具、营建工具、车马器和日用器具。另外,还发现了瓦片和少量的瓦当以及铜银饰物、铜钱、铜、矛、刀等武器,这处遗址,可能是文献所记当时分布在北方的贵族或地主的一处庄园。因为瓦和瓦当在农民的居室上是不多见的,车马器、装饰品和细致的瓷器也往往只有地主们才有。按照当时法令上的规定,农民不能持有武器,这里发现的武器可能是地主用来保护庄园的。

这种封建庄园的具体形象,还表现在地主阶级墓葬的壁画上。山西平定东回村发现的地主墓的壁画②,正是这种庄园的缩影。东回村元墓的构造仍沿宋金旧式,为一八角仿木构的砖室墓。北壁砌矮床,床前陈柏木桌椅和瓷碗、盘。东北壁上画墓主人夫妇"开芳宴"。西北壁上画厨房,二厨夫操作,一武士持棒站立。东壁砖砌格子门上题"金银库"、"钱白(帛)库"。西壁格子门上题"□麦库"、"斛□库"。东南壁上画六畜,一老仆在饲畜。西南壁上画马厩,三马同槽。从这些壁画上可以看到地主集中了大量的财富,畜养了许多牲畜。它和中原地区常见的宋代地主墓的壁画内容显然不同。这种仿木结构的壁画墓,主要分布在河北、山西和河南地区。

江南的官僚地主墓,则沿南宋墓旧制。墓多砖室券顶,夫妇合葬则东西两室并列。形制较小,特别注意尸体的保存和精美器物的随葬。没有发现雕砖或壁画墓。

安庆发现的大德五年至九年间(公元 1301～1305 年)的范文虎及其妻陈氏墓③,即分两室。棺椁内外皆用松香或石灰和米汁灌实,所以随葬品保存很好。范棺随葬玉带、玉印、佛珠、铜佛等,丝绸衣袍和漆纱幞头尚可辨认。椁外木柜中装各种金玉饰物 220 余件。陈氏棺内随葬金冠、金花、金饰和银钏等。江苏吴县发现的大德八年(公元 1304 年)吕师孟墓④,也是两室。棺四周满填木炭石灰。

---

① 王增新《辽宁新民县前当铺金元遗址》,《考古》1960 年 2 期。
② 山西省文物管理委员会《山西平定县东回村古墓中的彩画》,《文物参考资料》1954 年 12 期。
③ 白冠西《安庆市棋盘山发现的元墓介绍》,《文物参考资料》1957 年 5 期。
④ 江苏省文物管理委员会《江苏吴县元墓清理简报》,《文物》1959 年 11 期。

随葬品有金条 7 根、金器 3 件、金带饰 12 件、金饰 12 件、银铤 10 件、银器 10 件和玉器 2 件。在四川的广汉、重庆、华阳、成都等地发现的元墓①，有石室也有砖室的。广汉和重庆的元墓多出影青瓷器。华阳和成都的元墓则以三彩及黑褐色的陶俑为特色。值得注意的是，元代的江南官僚地主用珍贵品殉葬，远远超过了宋代。这一方面反映了南方经济的发展，同时也反映了元代南方土地愈来愈集中到官僚地主手中，他们对佃户的剥削也愈来愈为惨重。

全国各地普遍发现了元代的火葬墓。这些火葬墓可以分为两种：一种砌墓室，有随葬品，甚至还有俑，这是中下层统治阶级的墓葬，如福建南安潘山火葬墓的主人就是"提领"②，四川华阳保和乡 5 号墓主人是"经历"③，广州简家冈 5 号墓主人大约是地主④。另一种则是一无长物的丛葬骨灰坛，多发现于东北、内蒙古等地区，大多都是劳动人民的墓葬。

元代手工业在公元 13 世纪末叶逐渐恢复。纺织业有着突出的发展。北京庆寿寺海云、可庵两塔内出土的各种织品，都是元宪宗五年（公元 1255 年）以前的遗物⑤。其中有赭黄地的绣花龙袄。有酱色地的织花残绸，这种绸料可能是当时潞州（今山西长治）的产品。还有一种紫色地的棉僧帽，上用白丝线绽锁如意形复缀合成的火焰形花纹图案。另外，还发现了 4 块"纳石失"，即织金缎，上面的植物花纹都是用金线织出的。这些大量使用金线的丝织品，都是专供统治阶级享用的官工业产品。至于塔内所出的紫汤荷花缂丝，其制作的时代可能早至北宋，是研究宋元时代缂丝工艺的重要遗物。在北方毡罽业也有发展。大同元墓出土的毡帽和毡靴，质地细软，保存完好。说明当时毡罽业不但有着较高的工艺水平，而且曾经大量生产。

官工业在元代手工业中占着主导地位，许多手工业的生产都直接控制在官府手中。安阳的观台窑，自北宋以来，主要就是民营。"张家造"的瓷器即是小商品生产。但到元代，这里也得为官府烧造，窑址中所出的肩上剔釉"内府"字样的黑釉高装瓷瓶，就是专为统治阶级制造的。考古发掘也发现了民营制瓷业的遗存。例如，许多瓷碗的底部多有马、王、吴、刘、元、中等字记，其中马、王字记最

---

① 四川省博物馆《四川古代墓葬清理简况》，《考古》1959 年 8 期。
② 陈家楫《福建省南安潘山乡发现元代骨灰墓葬》，《文物参考资料》1954 年 12 期。
③ 张才俊、袁明森《四川华阳县发现元代墓葬》，《考古通讯》1957 年 5 期。
④ 广州市文物管理委员会《广州河南简家冈宋元墓发掘简报》，《文物参考资料》1957 年 6 期。
⑤ 北京市文化局文物调查研究组《北京市双塔庆寿寺出土的丝、棉织品及绣花》，《文物参考资料》1958 年 9 期。

多,这说明马姓和王姓的制瓷者,在这里占有相当重要的地位[①]。

十年以来,我们在元代的墓葬和窖藏中发现了许多金银器物。大批出土的是安徽合肥孔庙内发现的陶瓮窖藏[②],共藏金银器 11 种 102 件,有金碟、金杯、银碟、银果盒、银壶、银匜、银碗、银筷、银勺等。银壶底部刻有"至顺癸酉"(公元 1333 年)纪年,金碟、金杯和银壶上刻"章仲英造",银碗圈足上刻"庐州丁铺",使我们知道这批金银器是分别由庐州的小商品生产者"丁铺"和手艺人"章仲英"所造的。这些金银器的造型优美,纹饰精细。果盒上所刻的花纹,可认出的花种达 13 种之多,并有龙凤飞舞其间,可为元代金银细工之代表作。同样精美的金银细工还在范文虎和吕师孟墓中发现。范墓中的镂雕金花,吕墓中的锤揲金带饰(图三六),都很繁缛富丽,显示了元代金银细工的高度水平。吕墓所出的银果盒底上刻"闻宣造"三字,说明这些工艺品也是当时的手艺人所造。

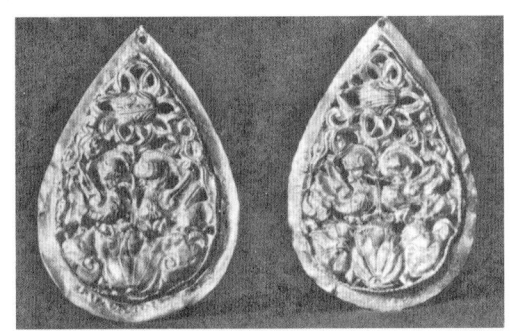

图三六　江苏吴县元吕师孟墓金饰

元代的商业也出现了较为繁荣的局面。十年以来,曾在江苏句容发现作为正式货币的元代银元宝[③],在杭州发现了"昏烂钞印"[④],许多地方还发现了大批官

---

① 河北省文化局文物工作队《观台窑址发掘报告》,《文物》1959 年 8 期。
② 吴兴汉《介绍安徽合肥发现的元代金银器皿》,《文物参考资料》1957 年 2 期。
③ 倪振达《元宝》,《文物参考资料》1957 年 5 期。
④ 赵人俊《西湖发现宋铜镜和元"昏烂钞印"》,《文物参考资料》1957 年 8 期。

铸的铜权。在泉州还发现许多反映海外贸易的遗存。

全真教是在元代北方流行的一种道教,元代建筑的全真教的寺院永乐宫①和全真教中的主要人物、永乐宫的创建者宋德方和潘德冲的墓葬②,都在山西永济发现。

永乐宫是元代太宗后三年(公元1244年)开始重建的,为全真教的三座主寺之一。现存元代大殿四座,有无极门、三清殿、纯阳殿、重阳殿。它们的建筑结构、影塑彩画都是标准的元代式样。三清、纯阳、重阳三殿的四壁,满画壁画(图三七),分别画了"帝后朝三清"、"纯阳帝君仙游显化之图"及王喆与其六弟子的故事画。壁画中描绘了"汉官威仪"的形象,也反映了当时社会各阶层的日常生活。这样宏伟的壁画和成组而完整的建筑,实为元代绘画和建筑艺术的宝库。

宋德方和潘德冲墓的发现,对于说明全真教的反动本质有着深刻的意义。这两个墓都用石椁,椁外四周满雕线画。宋椁主要刻着墓主人夫妇"开芳宴"和游归的场面,这和北宋以来地主阶级墓中的壁画题材是一致的,它出现在全真教主要人物的石椁上,并非偶然,正说明全真教是地主阶级的宗教。尤可令人深思的是,宋椁上刻了四幅孝子故事图,潘椁则刻了二十四幅。毫无疑问,封建的"孝道"正符合全真教的"忍耻含垢、苦己利人"的忍辱的不抵抗主义,这与在阶级和民族双重压迫下的劳

图三七　山西永济永乐宫三清殿西壁壁画

---

① 祁英涛等《两年来山西省新发现的古建筑》,《文物参考资料》1954年11期。《永乐宫壁画选集》,文物出版社,1958年。王世仁《"永乐宫"的元代建筑和壁画》,《文物参考资料》1956年9期。

② 山西省文物管理委员会、山西省考古研究所《山西芮城永乐宫旧址宋德方、潘德冲和"吕祖"墓发掘简报》,《考古》1960年8期。徐苹芳《关于宋德方和潘德冲墓的几个问题》,《考古》1960年8期。

动人民所进行的武装斗争是针锋相对的。

道教在南方也很流行。在江西贵溪发现了道教三十六代天师张宗演的墓葬,石室彩画。雕塑精致的龙虎瓶,是随葬品中的代表物。

在新疆发现的十字标饰的墓石①,是基督教在西北得到传播的证明。至于泉州,信奉基督教死者的墓石发现尤多。从墓石的铭文中得知,当时已有了汉族和蒙古族的信徒。

西藏地区的元代遗迹保存很多。1959年调查了萨迦的历史文物②。萨迦在日喀则西南,大体上还保存了公元13世纪的式样。高大的城堡完全摹仿了中原的形制。城内有南寺和北寺,南寺是主寺。寺的东、南、西三面俱设街道,隔街建石砌多层的平顶僧房。当时城中的居民就是僧人,这正是政教合一的特点。因此,寺院也自然成为文化中心。南北寺收藏有三万函藏文书籍,除佛经外,还有文学、传记、天文、医药等书籍,大多数是公元14世纪以前的。

日喀则东南的夏鲁万户府城址是许多万户府中保存最完好的一座③。城的平面作方形,四隅有角楼基址,四壁各开一门,门外有瓮城,城周设壕。著名的夏鲁寺在城的东南部,占了全城面积的三分之一以上。这座寺之所以如此重要,是因为它和万户府共同负担着这个地区的行政管理。农业和工商业都掌握在夏鲁寺。寺外壁的东墙上镶嵌了以藏民生产为内容的石雕版画,其中有农耕、纺织、制陶、冶铁、营造等图像。寺的大殿使用了歇山重檐屋顶,铺有琉璃瓦,梁架结构也采用汉式,还出现了小木作装饰。这些都说明西藏的文化与中原地区的密切关系。

明代的考古工作,主要是陵墓的发掘。已发掘的明代官僚地主的墓葬,比较重要的有南京的沐英、沐晟墓④,兰州的彭泽墓⑤,上海的潘氏墓⑥等。另外,在南京还发掘了明朝太监金英墓⑦。这些墓葬的砖石结构的墓室都很坚固,随葬品也

---

① 黄文弼《新疆考古的发现》,《考古》1959年2期。黄文弼《新疆考古的发现——伊犁的调查》,《考古》1960年2期。
② 王毅《西藏文物见闻记(二)》,《文物》1960年8、9期。
③ 王毅《西藏文物见闻记(二)》,《文物》1960年8、9期。
④ 南京市文物保管委员会《南京江宁县明沐晟墓清理简报》,《考古》1960年9期。
⑤ 甘肃省文物管理委员会《兰州上西园明彭泽墓清理简报》,《考古通讯》1957年1期。
⑥ 上海市文物保管委员会《上海市卢湾区明潘氏墓发掘简报》,《考古》1961年8期。
⑦ 华东文物工作队《南京南郊英台寺明金英墓清理记》,《文物参考资料》1954年12期。

很丰富。1951年在北京西郊发掘了明代万历、天启的嫔妃墓葬①。1958年在江西南城发掘了明益庄王墓②。出土了很多一般墓葬中所不见的精美器物。如益庄王墓的金冠、金钗都极工细,是难得的工艺品。

最后必须提到的,也是最令人发生兴趣的,是1958年北京昌平附近明万历皇帝的定陵的发掘③。墓室是由五个极其高大宽敞的石筑殿堂联结组成的。由进口处到后墙总长达87米。前、中、后三殿装有三重雕刻精美的石门(图三八)。随葬品大部分与益庄王墓和万历、天启嫔妃墓中的相类似,有的还更精致一些,另有一些是皇帝和皇后所专用的,例如皇冠、龙凤冠(图三九)、龙袍、谥宝、谥册等。墓中的金银器和玉器,以至珠宝首饰和织花的丝织品等,都有很高的艺术价值。目前,这里已布置成"地下博物馆",供人参观。

图三八　北京昌平明定陵地宫

---

① 中国科学院考古研究所京郊发掘团通讯组《北京西郊董四墓村明墓发掘记》,《文物参考资料》1952年2期。
② 江西省文物管理委员会《江西南城明益庄王墓出土文物》,《文物》1959年1期。
③ 长陵发掘委员会工作队《定陵试掘简报》,《考古通讯》1958年7期。长陵发掘委员会工作队《定陵试掘简报(续)》,《考古》1959年7期。

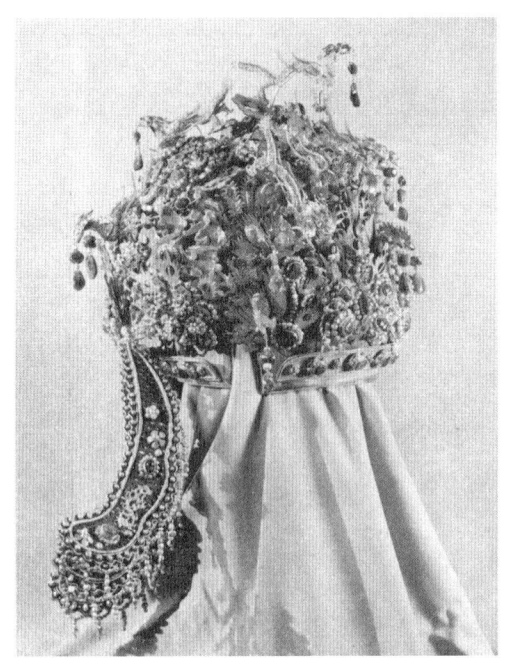

图三九　北京昌平明定陵凤冠

原载中国科学院考古研究所编著《新中国的考古收获》,文物出版社,1961年。

五代十国的墓葬

有明确纪年的五代墓,仅在河南的伊川和洛阳发现过。伊川发现的有墓志,是后晋开运三年(公元946年)下葬的。墓室平面近圆形,有十二根砖柱,上砌简单的仿木建筑,壁面上砌有窗棂和桌椅等雕砖,形式与内蒙古和林格尔晚唐墓相同,随葬品也较简陋①。洛阳的所谓后晋墓,是一座土洞横室墓,随葬品也很简单,一件陶砚上刻有天福二年(公元937年)纪年②,但就这座墓的时代来说,也可能稍晚一些。

十国的墓葬,在数量上显然要比五代的多,已发现的有吴、南唐、吴越、闽、南汉、楚、前蜀和后蜀的墓葬,特别是这些小朝廷的帝王陵墓,也被陆续发现,为研究唐宋的陵墓制度提供了重要的参考资料。

海州发现的吴大和五年(公元933年)王氏墓,除木俑、金银饰品以外,有14件碗、碟、粉盒之类的白瓷器,颇引人注目③。规模较大的吴墓是在邗江蔡庄发现的,有前后两室和四个侧室,全长约13.4米。此墓早已被盗掘,随葬品零乱,残存有男女木俑和各种神怪木俑40余件,还有底镶银扣的葵边白瓷碗和白瓷盂,以及四弦四柱的木琵琶等④。

南唐的墓葬最著名的是20世纪50年代初发掘的南唐李昪、李璟的两座陵墓,它们都分前中后三室,全长21米余。墓室中的仿木建筑上绘有彩画,李昪陵内还有精美的石刻浮雕(图一)。随葬品残存有陶俑、陶瓷器和哀册残片等⑤。南

---

① 侯鸿钧《伊川县窑底乡发现后晋墓一座》,《文物参考资料》1958年2期。
② 高祥发《洛阳清理后晋墓一座》,《文物参考资料》1957年11期。
③ 江苏省文物管理委员会《五代—吴大和五年墓清理记》,《文物参考资料》1957年3期。
④ 扬州博物馆《江苏邗江蔡庄五代墓清理简报》,《文物》1980年8期。
⑤ 南京博物馆编著《南唐二陵发掘报告》,文物出版社,1957年。

图一　南唐李昇墓墓门石刻

唐二陵在十国的陵墓中是规模最大的。其他的南唐墓如扬州平山堂昇元二年（公元938年）墓、宝应南唐墓[①]、合肥保大四年（公元946年）汤氏墓[②]、保大十一年（公元953年）姜氏墓[③]、邗江保大四年（公元946年）王氏墓和南通徐氏墓[④]。大都出有白瓷和木俑，有的木棺前附饰的木屋模型也保存得很好。镇江何家门发现的一座小型砖室墓，出土了一批越窑青瓷器，注子和盏托可能是余姚上林湖的产品，唾壶和大碗则可能是鄞县的产品[⑤]。这些瓷器都具有五代晚期的风格，墓葬的时代应属南唐。

吴越国墓葬的发掘，主要是杭州附近的吴越王的陵墓，有吴越国文穆王钱元瓘及其妃吴汉月墓，钱元玩墓[⑥]，钱宽墓[⑦]，以及钱氏和吴氏家族中其他人的墓[⑧]。

---

① 黎忠义《宝应县泾河出土南唐木屋》，《文物》1965年8期。
② 石谷风、马人权《合肥西郊南唐墓清理简报》，《文物参考资料》1958年3期。
③ 葛介屏《安徽合肥发现南唐墓》，《考古通讯》1958年7期。
④ 中国社会科学院考古研究所编著《中国古代天文文物图集》，文物出版社，1980年。
⑤ 镇江市博物馆《镇江、句容出土的几件五代、北宋瓷器》，《文物》1977年10期。
⑥ 浙江省文物管理委员会《杭州、临安五代墓中的天文图和秘色瓷》，《考古》1975年3期。
⑦ 浙江省博物馆、杭州市文管会《浙江临安晚唐钱宽墓出土天文图及"官"字款白瓷》，《文物》1979年12期。
⑧ 浙江省文物管理委员会《浙江临安板桥的五代墓》，《文物》1975年8期。

钱宽葬于唐光化三年(公元900年),当时钱宽的儿子钱镠尚未称吴越王,所以墓室只有前后两室,后室顶部绘有天文图①。特别重要的是出土了带"官"和"新官"款的白瓷器15件,有碟、碗、壶、杯、盘等,釉色白中略闪青黄色,皆素面无纹饰,胎洁白而细密;仅厚2毫米左右,制作极精,有些碟盘的形式完全是模仿金银器的做法。这些白瓷和前述吴杨、南唐墓中出土的白瓷究竟产于何地?与北方辽墓和北宋初年的塔基中所发现的带有"官"和"新官"款的瓷器有什么关系?都是值得进一步研究的问题②。

时代稍晚一些的板桥吴姓墓中的瓷器则全部是越窑的青瓷,有罂、钵、罐、碗等,也均为素面,釉薄而润,多呈鳝黄色。葬于天福七年(公元942年)的钱元瓘墓中出土的青瓷,有肩腹上浮雕双龙的大瓶、划花壶、方形盘等,胎质细密,多呈浅灰色,釉作青或青绿色,晶莹滋润,可能就是文献上所说的"秘色瓷",是吴越专门在越州烧造的优质瓷器。大瓶的龙身上还有贴金,所谓的"金棱秘色瓷器"大概就是指这种贴金的华丽瓷器。

钱元瓘和吴汉月墓都是前中后三室,后室四壁雕刻有四神十二辰像。两墓的后室顶部均有线刻天象图,是目前所知最具有科学价值的古天文图之一(图二)③。

吴越国钱氏的墓葬还在苏州七子山发现,也是一座有前中后三室,全长近15米的大型墓,后室中央有石棺床,中室附左右两耳室。不但出土了陶俑,还有八件铜俑;也有"秘色"瓷器,如金扣大碗、套叠方盒和盖罐等;另有金银玉饰多件。从墓室的规模和随葬品的华奢来看,应是钱镠之子广陵王钱元璙家族的墓葬④。

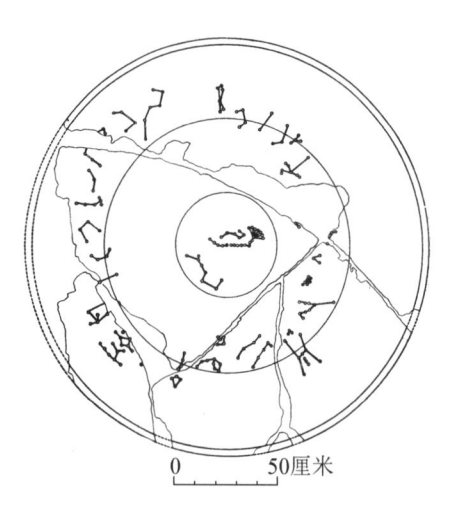

图二 吴越钱元瓘墓石刻天象图摹本(浙江杭州出土)

闽国的墓葬在福建的泉州⑤、永春⑥各地均有发现,多随葬各种陶俑和神怪

---

① 伊世同《临安晚唐钱宽墓天文图简析》,《文物》1979年12期。
② 冯先铭《有关临安钱宽墓出土"官"、"新官"款白瓷问题》,《文物》1979年12期。
③ 伊世同《最古的石刻星图——杭州吴越墓石刻星图评介》,《考古》1975年3期。
④ 苏州市文管会、吴县文管会《苏州七子山五代墓发掘简报》,《文物》1981年2期。
⑤ 吴文良《泉州发现的五代砖墓》,《考古通讯》1958年1期。
⑥ 晋江地区文管会、永春县文化馆《福建永春发现五代墓葬》,《文物》1980年8期。

俑。最重要的是在福州莲花峰发掘的刘华墓。刘华是南汉南平王的次女，闽国第三主王延钧（王璘）的夫人，葬于长兴元年（公元930年），墓室为前后两室，出土了40余件陶俑和神怪俑、石幢和陶瓷器等，其中有3件孔雀蓝釉的陶罐（图三）最为特殊，敛口广腹小底，肩部有三或四个环耳，腹部贴饰半圆弧条纹或平行的绳纹[①]。这种陶罐的器形、釉色和腹部贴饰的纹饰，都与伊朗发现的公元9至10世纪的所谓伊斯兰式样的釉陶罐相同，当是从伊朗输入的陶器，这在中国还是第一次发现。

图三　波斯孔雀蓝釉陶罐

楚国的墓葬是在湖南长沙附近发现的，都是竖穴土坑墓，随葬品多为陶器，也有白瓷器和铜镜、铁剪之类。陶器中以盘口瓶和多角罐最有特色，白瓷器中的葵花盘碗，与吴越、南唐墓中所出的相同[②]。

南汉墓在广州石马村发现，有前后两室，在前室的两侧各用砖砌出八个长方形的器物箱，箱内满置青釉瓷罐和灰陶罐，有的陶罐内存有鸡鱼骨或蚶壳。这些器物箱很类似东周木椁墓中的边箱，在汉代以后的墓葬中是很少见的一种形制[③]。据考证，这座墓很可能是南汉第三个皇帝刘晟的昭陵[④]。

前蜀墓葬最著名的是王建墓，1964年发表了正式报告[⑤]。1971年又在成都清理了后蜀孟知祥墓，是三个并列的穹窿顶圆形墓室，中间主室较大，两侧室较小，全部用青石垒砌，棺座上有精美的浮雕[⑥]。后蜀的墓葬还有在彭山发掘的广政十八年（公元955年）宋琳墓，也是前后两室，后室两侧有耳室，石棺上雕四神，

---

① 福建省博物馆《五代闽国刘华墓发掘报告》，《文物》1975年1期。
② 湖南省博物馆《湖南长沙市郊五代墓清理简报》，《考古》1966年3期。周世荣：《略谈长沙的五代两宋墓》，《文物》1960年3期。
③ 商承祚《广州石马村南汉墓清理简报》，《考古》1964年6期。
④ 麦英豪《关于广州石马村南汉墓的年代与墓主问题》，《考古》1975年1期。
⑤ 冯汉骥《前蜀王建墓发掘报告》，文物出版社，1964年。
⑥ 四川省博物馆《四川文物考古工作三十年》，《文物考古工作三十年》，文物出版社，1979年。

石棺座上雕伎乐和力士,随葬有男女陶俑和神怪俑[①]。另外,在成都发现的张虔钊墓和高晖墓的石棺床和石棺的浮雕也都很精致[②]。

原载中国社会科学院考古研究所编《新中国的考古发现和研究》,文物出版社,1984年。

[①] 四川省博物馆文物工作队《四川彭山后蜀宋琳墓清理简报》,《考古通讯》1958年5期。
[②] 徐鹏章、陈久恒、何德滋《成都北郊站东乡高晖墓清理简报》,《考古通讯》1955年6期。

宋代墓葬和窖藏的发掘

宋代的考古工作主要有两个方面，一是关于宋代手工业遗址的调查和发掘，包括各地的瓷窑遗址和河南鹤壁市发现的北宋晚期的煤矿遗迹①，以及河北邢台、安徽繁昌和福建同安等地发现的冶铁遗址②。各地发现的宋代瓷窑遗址，将另在本章第五节（一）之 4 中专门叙述＊。宋代煤矿和冶铁遗址的情况，已在《新中国的考古收获》一书中作了介绍，这里不再重述。在本段中主要叙述宋代考古的另一个重要方面，即关于宋代墓葬的发掘和研究，并附带介绍几处宋代窖藏遗迹的情况。

中原和北方地区发现的北宋墓葬，可以分为土坑墓和砖室墓两类。洛阳发现的北宋土坑墓多为横穴式土洞墓③。太原发现的北宋土洞墓，有四种形式，它们多是北宋中期的墓葬，有天圣十年（公元 1032 年）、明道二年（公元 1033 年）和庆历四年（公元 1044 年）等纪年墓。有的墓中埋有代表墓主人的石像，颇为特殊；随葬品多为瓷灯、碗、罐之类，陶器中的黄绿釉塔式罐，高达 94 厘米，尚存唐代塔式罐的旧式④。在安阳和邢台发现的宋代土坑墓中，往往出有精美的瓷枕⑤，

---

① 河南省文化局文物工作队《河南鹤壁市古煤矿遗址调查简报》，《考古》1960 年 3 期。
② 任志远《沙河县的古代冶铁遗址》，《文物参考资料》1957 年 6 期。唐云明《河北邢台发现宋墓和冶铁遗址》，《考古》1959 年 7 期。胡岳谦《繁昌县古代炼铁遗址》，《文物》1959 年 7 期。陈仲光《同安发现古代炼铁遗址》，《文物》1959 年 2 期。
＊ 编者注：参见中国社会科学院考古研究所编《新中国的考古发现和研究》第六章《隋唐至明代》第五节《古代瓷窑遗址的调查和发掘》之"（一）建国以来发现的窑址简介"之"4. 宋元（包括辽、金）时期的窑址"，页 639～644，文物出版社，1984 年。
③ 何凤桐《洛阳涧河两岸宋墓清理记》，《考古》1959 年 9 期。
④ 解希恭《太原小井峪宋、明墓第一次发掘记》，《考古》1963 年 5 期。代尊德《太原小井峪宋墓第二次发掘记》，《考古》1963 年 5 期。
⑤ 周到《河南安阳市郊区宋墓发现瓷枕》，《文物参考资料》1956 年 8 期。唐云明《河北邢台清理的宋墓》，《考古》1961 年 3 期。

邢台北宋墓中出土的瓷枕上印有"张家造"、"张家窑"的戳记,应是观台窑的产品。

砖室墓也可以分为两种,一种是平面方形、长方形和多角形的结构简单的砖室墓,还有一种是结构复杂的仿木建筑雕砖壁画墓。

在太原发现的一个家族墓地,包括了 10 座平面八角形或六角形的砖室墓,多为夫妇合葬,随葬品很少,只有几件简陋的陶瓷器和数枚铜钱①。但是,在出有墓志的官僚墓葬中,虽然墓室也很简单,却有很多随葬品。山西忻县发现的政和四年(公元1114年)河东第六将田茂墓,就随葬了 20 余件铜器,冢前尚有翁仲、虎、羊等石像②。河南方城盐店庄发现的宣和元年(公元1119年)彊氏墓,是一座平面长方形的券顶砖室墓,随葬明器全部为石雕,有男女石俑 30 余件,桌椅柜轿,盘碗壶盏,也全用石料雕成③。至于河南郏县发现的宣和五年(公元1123年)下葬的苏适夫妇合葬墓的形制,则另有其特色,它是一座券顶双室砖墓,两室之间的隔墙上有小券洞相通④,这是江南和四川地区流行的墓制。

宋代的仿木建筑砖室壁画墓是从晚唐五代的简单的仿木建筑砖室墓发展出来的。石家庄发现的北宋初的墓葬,出有 20 余件精致的定窑瓷器,其墓室内尚只有简单的仿木建筑⑤。目前发现的宋代有纪年的仿木建筑雕砖壁画墓,时代最早的是郑州南关外至和三年(公元1056年)墓⑥,稍晚一些的有济南治平年间(公元1064～1067年)和熙宁八年(公元1075年)墓⑦,安阳天禧镇的熙宁十年(公元1077年)墓⑧,河北武安的绍圣二年(公元1095年)墓⑨,以及河南禹县白沙发现的元符二年(公元1099年)赵大翁墓⑩。这种形式的墓室从北宋中期以后,特别是从神宗以后,在中原地区普遍流行。它们的墓室平面从方形或圆形发展到多角形;从单室到前后两室;在仿木建筑的细部上,从简单的一斗三升托替木或"把头绞项造"发展到五铺作重栱,从简单的叠涩顶发展为宝盖式盝顶藻井;从板门

---

① 太原市文物管理委员会《太原市南坪头宋墓清理简报》,《文物参考资料》1956 年 3 期。
② 冯文海《山西忻县北宋墓清理简报》,《文物参考资料》1958 年 5 期。
③ 河南省文化局文物工作队《河南方城盐店庄村宋墓》,《文物参考资料》1958 年 11 期。
④ 李绍连《宋苏适墓志及其他》,《文物》1973 年 7 期。
⑤ 唐云明《河北石家庄市柏林庄宋墓清理简报》,《考古通讯》1957 年 5 期。
⑥ 河南省文化局文物工作队第一队《郑州南关外北宋砖室墓》,《文物参考资料》1958 年 5 期。
⑦ 《济南发现带壁画的宋墓》,《文物》1960 年 2 期。
⑧ 《河南文化局调查安阳天禧镇宋墓》,《文物参考资料》1954 年 8 期。
⑨ 罗平《武安西土山发现宋绍圣二年壁画墓》,《文物》1963 年 10 期。
⑩ 宿白《白沙宋墓》,文物出版社,1957 年。

直棂窗变为雕花格子门。雕砖和壁画的内容，主要表现墓主的居室情况和墓主夫妇"开芳宴"的场面。墓中的随葬品都很稀少。1950年在禹县白沙发现的赵大翁及其家属的三座墓，保存完整，是此类墓葬中最有代表性的。赵大翁墓分前后两室，前室方形，后室六角形，中间有过道；仿木建筑的斗栱用单杪单昂五铺作重栱计心造，前室作宝盖式盝顶藻井，后室作宝盖式截头六瓣攒尖顶，满绘彩画。

墓室四壁的彩色壁画，从各个方面表现了墓主的生前生活。甬道壁上画背着口袋和钱串的人，可能是来交纳租物的；前室入口的两侧画门卫和兵器；前室东西两壁画墓主夫妇"开芳宴"的场面（图一）；后室则画卧室的情景，有对镜着冠的妇人，有持物供奉的侍女。墓室虽然豪华，却没有用墓志，说明赵大翁没有任过官职，大概只是个拥有富厚家赀的地主。在河南偃师和禹县白沙发现的北宋末年的仿木建筑雕砖墓

图一　北宋墓室壁画宴饮图

中，还出现了表演杂剧的雕砖①，反映了北宋末年商品经济的发展。此类墓葬主要流行在中原地区，如河南的洛阳②、巩县③、南阳④、方城⑤等地都有发现，另外，在湖北的均县、枣阳⑥和荆门⑦也有发现。陕西发现的宣和元年（公元1119年）宋墓，在六角形主室的五面各砌一方形小室，形制特殊⑧。甘肃陇西建炎二年（公元1128年）李泽墓的仿木建筑的形式和壁画的内容，都与中原地区的相似，只是在墓壁的下部砌出了束腰须弥座⑨。

---

①　董祥《偃师县酒流沟水库宋墓》，《文物》1959年9期。徐苹芳《宋代的杂剧雕砖》，《文物》1960年5期。徐苹芳《白沙宋墓中的杂剧雕砖》，《考古》1960年9期。赵景深《北宋的杂剧雕砖》，《戏剧报》1961年9月10日。
②　赵青云《洛阳涧西宋墓（九·七·二号）清理记》，《文物参考资料》1955年9期。翟继才《洛阳邙麓街清理了一座宋墓》，《文物参考资料》1956年11期。傅永魁《洛阳龙门发现北宋墓》，《考古》1958年6期。
③　傅永魁《河南巩县稍柴清理一座宋墓》，《考古》1965年8期。
④　郭建邦《南阳十里庙清理宋墓一座》，《文物》1960年5期。
⑤　方城县文物工作队《方城县朱庄宋墓发掘》，《文物》1959年6期。
⑥　湖北省文物管理处《湖北地区古墓葬的主要特点》，《考古》1959年11期。
⑦　湖北省文管会《湖北省文管会调查荆门县"赵王墓"》，《文物参考资料》1954年9期。
⑧　陕西省文物管理委员会《陕西丹凤县商洛镇宋墓清理简报》，《文物参考资料》1956年12期。
⑨　陈贤儒《甘肃陇西县的宋墓》，《文物参考资料》1955年9期。

对河南巩县北宋诸陵也作了比较详细的勘测①。在太宗永熙陵的西北发现了袝葬的皇后陵,是一座平面近似圆形的单室墓,墓顶画有天象图。在英宗永厚陵之北,发掘了魏王赵頵夫妇合葬墓,也是平面圆形的单室墓,直径达 6.54 米,石板铺地,前有两重墓门,第二重为石门②。

北宋末年漏泽园的罐葬墓在河南南阳③、山西吕梁④、陕西岐山⑤、四川绵竹和郫县发现⑥,根据墓砖所记多是崇宁、大观年间埋葬的,反映了北宋末年贫民流离失所,死无葬身之地的悲惨遭遇。

在长江中下游地区发现的北宋墓,以竖穴土坑墓为主,也有长方形砖室墓。到南宋时期,长方形砖室墓显著增多,它们多是两室并列的夫妇合葬墓,两室之间隔以砖墙,墙上开有小龛相通,顶部盖以石板⑦,也有少数是砖券顶。这就是所谓"同坟而异葬"。随葬品以瓷器、漆器、铜镜等为主,比中原地区的仿木建筑雕砖壁画墓中的随葬品大为增多,而且常有精美的器物出土。北宋和南宋初期的墓葬中多出影青瓷器,到南宋中期以后,龙泉青瓷逐渐增多。北宋墓中的铜镜式样繁多,但在南宋墓中出土的绝大部分是湖州镜。

在江苏江宁发现的庆历五年(公元 1045 年)徐的家族墓⑧,安徽合肥发现的北宋包拯家族墓⑨和长沙发现的南宋乾道六年(公元 1170 年)王趯墓⑩,都是见于史书记载的人物的墓葬。包拯家族墓共发掘了 12 座,包括祖孙三代的墓。江苏淮安发现杨氏家族墓 5 座;其中的嘉祐五年(公元 1060 年)墓和绍圣元年(公元 1094 年)杨公佐墓的左、右、后壁上都画有壁画,也是以"开芳宴"为主题⑪。杨氏家族墓中还出土了一批温州、杭州和江宁制造的漆器⑫。在武汉市发现的北宋墓

---

① 郭湖生、戚德耀、李容淦《河南巩县宋陵调查》,《考古》1964 年 11 期。
② 周到《宋魏王赵頵夫妻合葬墓》,《考古》1964 年 7 期。
③ 魏仁华《河南南阳发现宋墓》,《考古》1966 年 1 期。
④ 杨绍舜《吕梁县发现了罐葬墓》,《文物》1959 年 6 期。
⑤ 何正璜《宋无名氏墓砖》,《文物》1966 年 1 期。
⑥ 王家祐《四川宋墓札记》,《考古》1959 年 8 期。
⑦ 朱江《江苏南部宋墓记略》,《考古》1959 年 6 期。黄宣佩《上海宋墓》,《考古》1962 年 8 期。
⑧ 王德庆《江苏江宁东冯村宋徐的墓清理记》,《考古》1959 年 9 期。王德庆、陈福坤《江苏江宁东善乡冯村清理二座北宋墓》,《考古》1959 年 1 期。
⑨ 安徽省博物馆《合肥东郊大兴集北宋包拯家族墓群发掘报告》,《文物资料丛刊》3,文物出版社,1980 年。
⑩ 高至喜《长沙东郊杨家山发现南宋墓》,《考古》1961 年 3 期。作铭《长沙东郊杨家山南宋墓墓主考》,《考古》1961 年 4 期。
⑪ 江苏省文物管理委员会、南京博物院《江苏淮安宋代壁画墓》,《文物》1960 年 8、9 期。
⑫ 罗宗真《淮安宋墓出土的漆器》,《文物》1963 年 5 期。

中也出土了有崇宁、大观纪年的襄州邢家和谢家造的漆器①。在杭州老和山南宋墓中发现了临安符家造的漆器②。江苏武进南宋墓中出土的温州漆器最为精美，有温州新河金念五郎造的戗金花卉人物奁、温州五马钟念二郎造的戗金长方盒、温州丁字桥巷廨七叔造的戗金细钩填漆长方盒，以及满雕云纹的剔犀镜盒等（图二）③，这批漆器为研究宋代温州的制漆工艺提供了极为宝贵的资料。在南京、镇江发现的北宋墓中的影青瓷器多为景德镇的产品④，有些盏、碗口部还镶有金、银

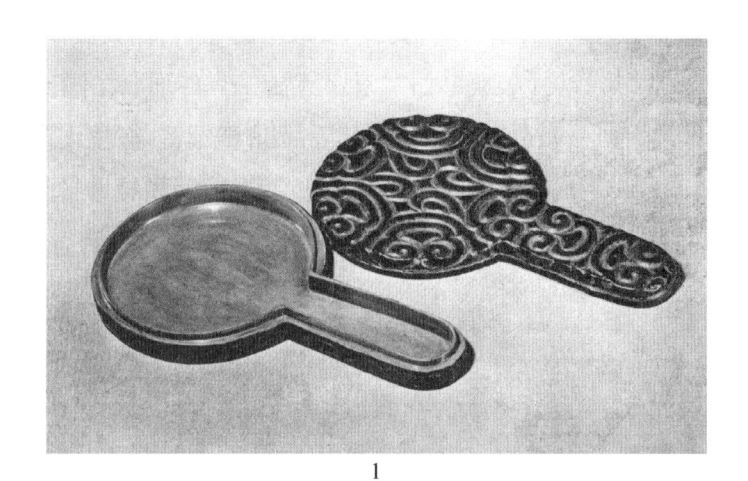

图二　南宋漆器
1. 剔犀镜盒　2. 戗金花卉人物奁(盖)　3. 戗金花卉人物奁

---

① 湖北省文化局文物工作队《武汉市十里铺北宋墓出土漆器等文物》，《文物》1966年5期。
② 蒋缵初《谈杭州老和山宋墓出土的漆器》，《文物参考资料》1957年7期。
③ 陈晶《记江苏武进新出土的南宋珍贵漆器》，《文物》1979年3期。
④ 李蔚然《南京中华门外宋墓》，《考古》1963年6期。肖梦龙《江苏镇江谏壁北宋墓出土的瓷器》，《考古》1980年3期。

图三　南宋金扣影青托盏　　　图四　南宋影青莲花注子和温酒碗

扣(图三)①，更显得十分华丽。在江苏句容和安徽宿松北宋墓中发现的影青注子、注碗(图四)，很可能是安徽繁昌窑的产品②。浙江吴兴南宋初的墓葬中出土的粉青釉把杯和莲瓣碗，胎作青紫色，有人认为是南宋官窑的产品③。除漆器和瓷器之外，在南宋墓中也偶然发现有随葬银器的，如江苏江浦庆元五年(公元1199年)张同之妻章氏墓中的银瓶，通体锤揲缠枝花纹，银盒、银盂、银盘等也都很精致④。

在长江中下游宋墓中，很少放置陶俑，只有在江苏溧阳发现的元祐六年(公元1091年)李彬墓中出土了20余件神煞俑⑤，上海发现的嘉定六年(公元1213年)张珪墓中也出土过石造像⑥，都是很特殊的。

由于墓室坚固，棺椁密封和具备了其他防腐条件，使得在个别墓葬中还保存着丝棉衣物。湖南衡阳发现的一座北宋晚期石椁墓中，出土了大量的丝麻衣物，特别是提花纱罗织物，纹饰图案种类繁多⑦，是很重要的北宋纺织工艺品。浙江

---

① 肖梦龙《镇江市南郊北宋章岷墓》，《文物》1977年3期。
② 刘和惠、翁福骅《镇江、句容出土的几件五代、北宋瓷器》，《文物》1977年10期。宿松县文化馆《宿松县宋墓出土一批文物》，《文物》1965年3期。赵光林《从几件出土文物漫谈宋元影青瓷器》，《文物》1973年5期。
③ 吴兴县文化宣传站《浙江吴兴皇坟山宋墓清理简报》，《文物资料丛刊》2，文物出版社，1978年。
④ 南京市博物馆《江浦黄悦岭南宋张同之夫妇墓》，《文物》1973年4期。
⑤ 镇江市博物馆、溧阳县文化馆《江苏溧阳竹箦北宋李彬夫妇墓》，《文物》1980年5期。
⑥ 沈令昕、谢稚柳《上海西郊朱行乡发现宋墓》，《考古》1959年2期。
⑦ 湖南省博物馆《三十年来湖南文物考古工作》，《文物考古工作三十年》，文物出版社，1979年。

兰溪发现的南宋墓中除丝织的单衣、夹衣外，还有一条纯棉织成的毯子①。在福州发现的淳祐三年（公元1243年）宋宗室赵与骏的妻子黄氏墓中，出土了大量的丝织品和衣物，计长袍、短衣64件，裤23件，裙子20件，鞋6双，袜16双，被衾5条，另外还有成幅的罗、绢、纱、绫等料134件，有的织物上标明为"宗正纺染金丝绢官记"②。江苏金坛南宋末年周瑀墓，不但衣物保存完整，尸体也尚完好③，还出土了一轴绢本牒文④。这四批宋代丝棉织品的发现，是研究宋代纺织工艺的珍贵标本。

三十年来的考古发现说明，宋代墓葬在湖南、江西、福建、四川和贵州等地都有其地方的特点，它们与中原和长江中下游地区的宋墓，或在墓室形制上，或在随葬品的类型上都有所不同。

湖南长沙的宋墓，北宋时多土坑墓，南宋时长方形的砖室墓增多，随葬品以陶器为主，多角罐和堆塑坛是最有特色的器物⑤。常德发现的北宋元祐元年（公元1086年）张颙墓，为双室并列的砖券顶石室墓，墓志长达2 400余字，记载了兴修通州海堤、万春圩等水利设施和与王安石变法有关的史实⑥。江西各地发现了很多有纪年的宋墓，除砖室墓以外，还有石椁墓⑦。随葬品以陶俑为主，有的达30余件，包括四神十二辰俑和神煞俑⑧。景德镇附近的宋墓多出瓷俑⑨，有些瓷俑的姿态表情各不相同，被认为是戏剧俑⑩。江西宋墓中还出有龙虎瓶，特别是在南宋墓中，几乎每墓必出1对龙虎瓶（图五）⑪。福建的宋墓与江西的大致相同，也随葬数量众多的陶俑，有的俑的额上印有"王"字⑫。在福州附近发现的宋墓中还

---

① 汪济英《兰溪南宋墓出土的棉毯及其他》，《文物》1975年6期。
② 福建省博物馆《福州市北郊南宋墓清理简报》，《文物》1977年7期。
③ 镇江市博物馆等《金坛南宋周瑀墓》，《考古学报》1977年1期。
④ 焦绿《略谈宋墓出土的补中太学生牒》，《文物》1977年7期。朱瑞熙《再谈宋墓出土的太学生牒》，《考古》1979年3期。
⑤ 周世荣《略谈长沙的五代两宋墓》，《文物》1960年3期。
⑥ 湖南省博物馆《湖南常德北宋张颙墓》，《考古》1981年5期。
⑦ 彭适凡、唐昌朴《江西发现几座北宋纪年墓》，《文物》1980年5期。江西省文物管理委员会《江西永新北宋刘沆墓发掘报告》，《考古》1964年11期。
⑧ 江西省文物管理委员会《江西彭泽宋墓》，《考古》1962年10期。彭适凡、刘玲《江西分宜和永丰出土的宋俑》，《考古》1964年2期。
⑨ 彭适凡《景德镇市郊出土宋瓷俑》，《考古》1977年2期。
⑩ 唐山《江西鄱阳发现宋代戏剧俑》，《文物》1979年4期。刘念兹《南宋饶州瓷俑小议》，《文物》1979年4期。
⑪ 薛尧《江西南城、清江和永修的宋墓》，《考古》1965年11期。陈柏泉、刘玲《高安、清江发现两座宋墓》，《文物》1959年10期。
⑫ 曾凡《福建连江宋墓清理简报》，《考古通讯》1958年5期。

常出石俑①。在福建省西北部发现的宋墓中，也流行随葬多角罐和龙虎瓶②。两广的宋墓以随葬堆塑陶坛为其特征，堆塑的图像相当复杂，有蟠龙龟蛇，楼阁亭塔，乐舞人物，有的还贴塑佛像③。在广东的广州和佛山发现了一种形制特殊的火葬墓，地面上都筑有棺状的灰砂坟丘，坟前嵌墓碑，设祭台，在坟丘下面挖小土坑埋葬骨灰坛④。四川发现的宋墓有两种类型，一是长方形砖室墓，集中发现在以成都为中心的平原地区，多双室或三室并列；此类墓中北宋时多随葬陶器，如四耳罐、五足炉等，很少发现陶俑，流行置所谓"敕告文"⑤。南宋时多火葬，墓室缩小，出现了双层墓，上下层之间铺以石板；随葬品以陶俑为主，除武士俑、侍俑以外，还有各种神煞俑，淳熙以后俑上开始施釉，嘉定以后流行三彩釉⑥，陶器中以双耳罐、三足炉和蟠龙提梁罐最具特色；淳熙以后往往发现铁钱；还流行置"镇墓真文"⑦。四川宋墓的另一种类型是带雕刻的石室墓，它们多分布在近山区的广元、昭化、绵阳、金堂、彭山、大足、重庆、宜宾和泸州等地，也多是双室并列，有的有前后两室，室内刻简单的仿木建

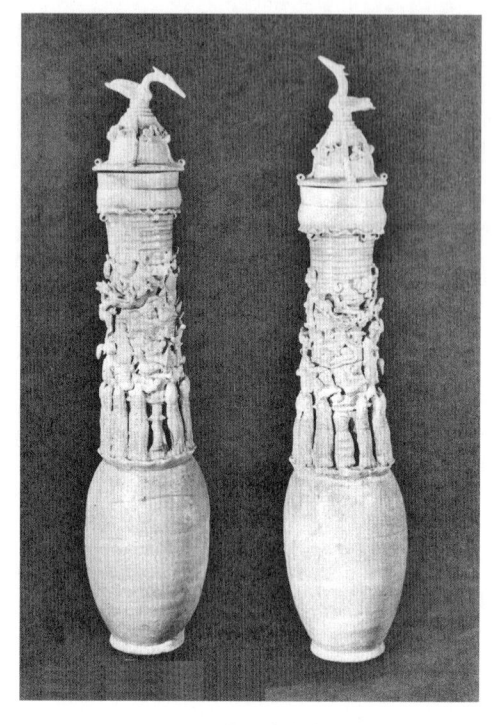

图五　南宋瓷龙虎瓶

---

① 福建省博物馆《福州市北郊胭脂山宋墓清理简报》，《文物资料丛刊》2，文物出版社，1978年。谢子源《闽侯县怀安村的一座宋墓》，《文物》1962年3期。

② 福建省博物馆《福建顺昌宋墓》，《考古》1979年6期。林许《浦城出土的宋代龙虎瓶》，《文物》1959年3期。

③ 《广西桂林发现的宋墓清理情况》，《文物参考资料》1954年11期。梁友仁《广西桂林西郊又发现三座古墓》，《文物参考资料》1954年2期。曾广亿《广东出土的古代陶坛》，《考古》1962年2期。广东省文物管理委员会《广东出土的古代陶坛续介》，《考古》1965年6期。广州市文物管理委员会《广州东山马黄水冈宋墓清理简报》，《考古》1957年2期。

④ 广州市文物管理委员会《广州河南简家冈宋元墓发掘简报》，《考古》1959年1期。广东省文物管理委员会《广东佛山市郊澜石唐至明墓发掘记》，《考古》1965年6期。

⑤ 洪剑民《略谈成都近郊五代至南宋的墓葬形制》，《考古》1959年1期。四川省文物管理委员会《四川华阳县北郊宋墓清理简报》，《文物参考资料》1956年12期。

⑥ 三台县文化馆《四川三台县发现一座宋墓》，《考古》1973年6期。李复华、江学礼《四川绵阳平政桥发现宋墓》，《考古通讯》1956年5期。

⑦ 陈建中《成都市郊的宋墓》，《文物参考资料》1956年6期。《四川成都东郊沙河堡清理了汉、唐、宋代墓葬十六座》，《文物参考资料》1955年9期。

筑,近门处刻武士,四壁刻四神,后壁刻妇人启门状①;但其主题雕刻仍是墓主"开芳宴"②。重庆发现的石室墓雕刻则以孝子故事为主要内容③。这种带雕刻的石室墓,从四川南部一直分布到贵州的乌江北岸,在桐梓、遵义、绥阳、湄潭、赤水等地都有发现④。如贵州遵义发现的两座石刻宋墓,不论墓葬的形制或雕刻的内容,都与川南此类宋墓相似,而且在后壁正中刻出了墓主的坐像⑤。在乌江南岸贵州中部的清镇、平坝一带发现的宋墓则与乌江北岸的完全不同,为长方形土坑竖穴石椁墓,地面上有小封土,墓的方向皆以山为准;随葬品稀少,而以特有的铜制发钗、臂钏、项圈和手镯等装饰品最具有特色⑥,可能是当地少数民族的墓葬。

在宋代考古中,几处窖藏遗物的发现也是比较重要的。四川德阳县孝泉镇发现的117件宋代银器,被装在一件四耳陶罐中,在陶罐的四周还埋有80余公斤的崇宁通宝钱;银器有瓶、注子和注碗、托子、杯、壶、盒等,打造得十分精美,特别是几件银盒,有双凤缠枝花卉纹饰,还有整器镂空的钱纹花卉图案;从银器上所刻或墨书的铭记中得知,它们是孝泉周家和庞家为沈宅、冯宅和马家打造的⑦,这是一批很重要的有关宋代金银细工的实物。另外,在绵阳也发现过窖藏的五件银盘,其中一件在底部刻有"□府任家记"的铭文⑧。在湖北荆州和黄石的西塞山,都曾发现过宋代银铤⑨。黄石发现的计292件,共重135.38公斤,有的银铤上刻铸有解银者的官职姓名、重量和铸银工匠的姓名,也有刻记银铤来源和用途的。1967年又在这里发现了一窖铜钱,按大小分别用麻绳串结,共重11万余公斤,除有少量的汉、唐、辽、金和西夏的钱币外,99%以上是宋代钱币,在宋代钱币中时代最晚的是淳祐十二年(公元1252年)所铸的"淳祐元宝",淳祐以后的钱币

---

① 王家祐《四川宋墓札记》,《考古》1959年8期。任锡光《四川彭山发现宋墓两座》,《文物参考资料》1958年3期。邓之金:《四川大足县发现带有雕刻的宋墓》,《文物参考资料》1954年10期。蒋美华、邓之金《四川大足县继续发现带精美雕刻的宋墓》,《文物参考资料》1955年8期。刘师德《四川泸州凤凰山发现带雕刻的宋墓》,《文物参考资料》1955年11期。

② 沈仲常、陈建中《四川昭化县廸迴乡的宋墓石刻》,《文物参考资料》1958年12期。

③ 重庆市博物馆历史组《重庆井口宋墓清理简报》,《文物》1961年11期。

④ 《贵州桐梓宋墓的清理》,《考古通讯》1958年2期。四川省博物馆《四川文物考古工作三十年》,《文物考古工作三十年》,文物出版社,1979年。

⑤ 贵州省博物馆筹备处《贵州遵义专区的两座宋墓简介》,《文物参考资料》1955年9期。

⑥ 贵州省博物馆:《贵州清镇宋墓清理简报》,《文物》1960年6期。贵州省博物馆《贵州清镇平坝汉至宋墓发掘简报》,《考古》1961年第4期。四川省博物馆《四川文物考古工作三十年》,《文物考古工作三十年》,文物出版社,1979年。

⑦ 沈仲常《四川德阳出土的宋代银器简介》,《文物》1961年11期。

⑧ 陈显双《绵阳魏城公社出土的宋代窖藏银盘》,《文物》1974年4期。

⑨ 程欣人《荆州城外发现的宋代银铤》,《文物》1960年4期。程欣人《湖北黄石市西塞山发现大批宋代银铤》,《文物参考资料》1955年9期。

没有发现。这是从明代以来第三次在这里发现窖钱,可见数量之大,绝非一般私家所藏,很可能是南宋淳祐以后在军事紧急的情况下窖藏的库钱①。在四川安县和金堂两地还发现了窖藏的宋代铁钱②。安县发现的铁钱与一口铁钟一块埋藏着,约 300 公斤;金堂发现的很整齐地叠置于一圆坑内,约 150 公斤。它们大概是在端平以后至景定以前(公元 1234~1260 年)这二十多年之间埋藏的。在四川的什邡、简阳和大邑都发现过宋代的窖藏瓷器,有的多达 200 余件,都很精美③。在浙江绍兴发现的两口宋井中出土的瓷器,有龙泉青瓷和景德镇的影青瓷器,也有很多精品④。

原载中国社会科学院考古研究所编《新中国的考古发现和研究》,文物出版社,1984 年。

---

① 湖北省博物馆《黄石市发现的宋代窖藏铜钱》,《考古》1973 年 4 期。
② 郭立中、刘志远、肖永全《四川安县、金堂出土的两宋铁钱》,《考古》1959 年 2 期。
③ 四川省博物馆《四川文物考古工作三十年》,《文物考古工作三十年》,文物出版社,1979 年。
④ 绍兴县文物管理委员会《浙江绍兴缪家桥宋井发掘简报》,《考古》1964 年 11 期。

白瓷·青瓷·黑瓷·青白瓷
——宋代瓷器略说

中国古代的制瓷工艺发展到宋代，出现了一个突飞猛进的高峰，主要表现在四个方面：一、窑场分布地域广泛。已发现的宋代窑址分布于全国17个省的130余县中，每县少者数处，多者数百处，从数量上说，比唐代要多出数倍。二、由于改进了装窑的方法，提高了窑的单位产量，使宋代瓷器的产量大增。三、由于制瓷技术的提高，出现了不同的釉色和装饰花纹，形成了不同风格的窑系。四、瓷器已成为民间普及的日用器皿，瓷器贸易发达，著名窑场的瓷器不但运销国内各地，而且成为对外贸易的主要出口商品。宋代瓷器在宋代文化艺术中占有重要的地位。

在宋代诸窑中，定窑的时代较早。定窑在今河北曲阳涧磁村。产品以白釉瓷器为主，装饰花纹繁富华丽，流行刻印牡丹、莲花、菊花等花卉组成的图案，也有禽鸟、婴戏等花纹，布局对称，构图严谨，有很高的艺术水平。大约在北宋中期，定窑创造了覆烧法，废弃了一个匣钵装烧一件瓷器的方法，改为将碗盘之类的瓷器反置于垫圈组合成的匣钵内，增加了装烧瓷器的件数，提高了产量，这在装烧工艺上是一次很大的改革。另外，由于覆烧造成了碗盘口缘露胎无釉，即当时所称的"芒"，为了弥补这个缺欠，有些高级定瓷便在芒口上包镶金属扣，反而把瓷器装饰得更华丽了。

在定窑遗址中曾发现过刻有"官"、"尚食局"、"五王府"字款的白瓷片，说明定窑中有一部分产品是为官府和宫廷烧造的。河北定县两座宋代塔基中出土了100余件定窑白瓷器，其中有十几件刻有"官"字款，胎薄而细密，釉色润净，造型优美，确是定窑白瓷的上乘之作。

磁州窑是宋代北方著名的民窑，在今河北磁县观台镇。产品以碗盘为主，也烧造大型的罐盆之类的日用器皿，还烧造儿童玩具和瓷枕，尤以各种瓷枕最具特色，印有"张家造"戳记的瓷枕就是观台的产品。观台瓷器的胎质坚细，呈灰白色，釉白中微带黄色，釉下有黑、褐彩花纹，用绘花、划花、剔花和珍珠地划花等技法绘制，花纹种类繁多，以卷叶、缠枝牡丹、水波纹、花卉禽鱼等图案为多，线条流畅，构图洒脱，给人一种清新活泼的感觉。瓷枕的画面则更富有生活情趣，小儿游戏的画面，着墨不多，却极传神，是宋代民间的小品画，还有在枕面上题诗词的，无疑这都是当时最受人欢迎的。

属于磁州窑系的窑场很多，它们分布于今河北、河南、山西一带，除观台以外，河南修武当阳峪和汤阴鹤壁集的两个窑场也很重要。当阳峪窑的瓷胎呈褐色，胎上施一层陶衣，釉色洁白莹亮，与釉下的黑彩花纹，形成了强烈的对比，非常明快；花纹以缠枝牡丹居多。鹤壁集窑以烧造大件瓷器为主，与他处不同的是一种黄褐色釉刻花宽沿大盆，可视为鹤壁集窑的代表作。磁州窑系窑场多，产量大，产品从宋到元连续不衰，是北方民间日用瓷的畅销品。

耀州窑是宋代北方专烧青瓷的民窑，在今陕西铜川市黄堡镇。1959年曾进行过考古发掘。耀州窑在唐代是烧白瓷和黑瓷的，北宋时改烧青瓷，到北宋中叶制瓷技艺成熟。瓷器的种类很多，有碗、盘、碟、罐、盒、炉等。胎薄，呈灰白色，釉也很润净。花纹有缠枝或折枝的牡丹、菊花、莲花等花卉图案，也有游鱼、水禽和婴戏等纹饰，分刻花和印花两种，刻花线条流畅，印花繁丽规整，可与定窑纹饰相媲美。在神宗元丰至徽宗崇宁年间，耀州窑瓷器曾入贡北宋宫廷。

钧窑瓷器也属于青瓷，但它的釉色却是一种蓝色的乳光釉，深的作天蓝色，浅的如天青色，最淡的似月白色。在蓝色釉中利用还原铜的呈色作用，烧出了红色，红蓝釉互相融合又出现了紫色，犹如蓝天中的彩霞，海棠般的红，玫瑰样的紫，散落在澄清的蓝釉中，真是艳丽极了。这是宋代制瓷工艺在釉色上的突出成就。

北宋钧窑窑址，1974年在河南禹县城内钧台和八卦洞发现，发掘了窑炉、作坊等遗迹，出土了大批窑具和瓷器碎片，有各式花盆、盆托，以及洗、炉、尊、钵等器。有些是专为宫廷烧造的，它们的底部往往按大小刻一至十的数字。钧窑瓷器以绚丽的釉色取胜，不另装饰花纹。胎呈灰色，上釉前先素烧，釉层特别厚，由于烧窑时温度的变化，使釉流入胎上的裂纹中，形成如"蚯蚓走泥"似的线纹。这本来是烧造过程中的缺陷，却被后世古董鉴赏家当成钧窑的特殊纹饰了。

在南方诸窑中，最重要的是景德镇窑和龙泉窑。景德镇窑在宋代烧造青白釉瓷器，这种瓷器的釉白中透青，釉厚处呈淡青绿色，是介于青白二者之间的一种釉，也称之为"影青"釉。种类很多，有日用的杯、碗、碟、盘等容器，有执壶、注子、浅碗和盏托等酒具，还有瓜棱罐、镂空香熏、各式各样的小粉盒，以及造型优美的瓷枕等。在青白色的釉下刻印花卉等图案，显得十分淡雅。青白瓷器是北宋中叶（约公元 1000 年左右）才出现的，主要流行于长江中下游地区。在这个地区的北宋中叶至南宋时期的墓葬中，几乎都出土青白瓷器，少者几件，多者达数十件。由于采用并改进了定窑的覆烧装置，景德镇青白瓷器的产量是很大的。有的还北运至辽金。在辽代中期以后的一些契丹贵族墓葬中，或金大定以后的墓葬中，都经常出土景德镇青白瓷器。

龙泉窑是在五代越窑衰落以后，继之而起的南方烧造青瓷器的窑场，分布于今浙江南部诸县中，以龙泉县为中心。龙泉窑的窑床都是依山坡而建的长达数十米的"龙窑"，在窑床附近发掘了工作间、晾坯间、淘洗池等遗迹，出土了各种制瓷工具和大量不同时期的瓷片标本，使我们对龙泉窑的历史和它的工艺过程有了较清楚的认识。

龙泉瓷器在北宋时期尚处于初创阶段，青黄色的釉和划花纹饰，显然是受了越窑的影响。到南宋中期以后，才有了较大的变化。瓷器种类除日用的碗、盘、碟、盏、壶等外，还烧水盂、笔筒、笔架等文房用具和香炉等供器，值得注意的是出现了仿古器物，如鬲、觚等古铜器和仿古玉琮等。在釉色方面发明了石灰碱釉，烧出代表龙泉特色的粉青釉和梅子青釉。粉青釉的釉层中含有大量小气泡和未溶的石英颗粒，使进入釉层的光线发生强烈的散射，给人一种与玻璃釉完全不同的视感，觉得如青玉一样。梅子青釉由于烧成温度高，釉的玻化程度也高，釉层略带透明状，釉面光泽亦较强，形成了翡翠般的碧绿色调。这不但在龙泉瓷器中是极精的作品，在我国古代青瓷工艺中也是罕见的，具有很高的艺术水平。

建窑以烧造黑釉瓷著称，在今福建建阳水吉镇。产品以碗盏为主。在漆黑色的釉上有闪银光的细条纹，状如兔毫；也有闪银光的圆点纹，犹如油滴。它们是利用铁的结晶体来呈现的，烧成温度的限定很窄，没有高超的技术是烧不出这种瓷器来的。在建窑窑址中发现底部刻有"供御"和"进琖"款的瓷器，说明建窑黑瓷也曾为宫廷烧造过。

江西吉安永和镇的吉州窑，也是南宋才发展起来的窑场。它的产品多仿其他名窑，如白瓷是仿定窑的，白釉黑褐花瓷是仿磁州窑的。据说是靖康之变后，北方定窑和磁州窑南渡的工匠来吉州烧造的。青白釉瓷是仿景德镇的。还仿造建窑黑釉瓷，能烧出黑、黄色混合如海龟壳似的釉色，称为玳瑁釉；又将民间剪纸的花样作为纹饰移植到瓷器上去，成为吉州窑的独特风格。

明朝人所说的宋代五大名窑，除前述之定、钧二窑外，还有官、哥、汝三窑。汝窑是北宋著名的青瓷窑，也曾为宫廷烧造，窑址却一直未发现。在河南临汝发现的青瓷窑址，是专烧民用瓷的，可能是汝窑的一个分支，但从出土的瓷片来看，与耀州窑颇多相似之处。

哥窑也是明朝人说的。相传南宋时有章姓兄弟二人在龙泉烧造瓷器，兄名生一，所烧者称哥窑；弟名生二，所烧者称弟窑。弟窑瓷器即指一般的龙泉窑瓷器。哥窑瓷器是指一种黑胎、釉面有许多疏密的裂纹的瓷器，通称之为"铁骨"和"百圾碎"；口沿施釉淡薄，显出胎色，圈足底亦露胎，故有"紫口铁足"之称。这种瓷器只有传世品，在龙泉窑址中并未发现。龙泉窑址中也有一种黑胎的瓷器，但其胎釉的化学成分都与传世哥窑瓷不同，却与景德镇窑明代的仿哥瓷器接近。传世哥窑瓷器究竟是哪个窑的产品，目前尚无定论。

官窑是指宋代宫廷自置的窑场。相传始自北宋大观、政和年间，设在开封。南宋时置官窑于修内司，在今杭州市凤凰山北。这两个窑址迄今皆未发现。南宋又在郊坛另建新窑，称为郊坛下官窑，在今杭州市乌龟山附近，窑址范围甚广，1956年作了部分发掘。郊坛下官窑烧造的青瓷，胎薄釉厚，胎呈灰、褐、黑三色，釉以粉青色最佳，晶莹润泽，犹如美玉，也是南宋瓷器中的优秀作品。

瓷器是唐代以来对外贸易的主要出口商品。南宋时对外贸易的税收成了政府一项重要收入，瓷器外销亦随之大增。景德镇的青白瓷和龙泉的青瓷都大量出口，同时在浙江和福建沿海还出现专门烧造外销瓷的窑场，如浙江的武义、东阳，福建的泉州、安溪、同安、南安、莆田、闽侯、连江等地，产品也是仿景德镇青白瓷和龙泉青瓷的。

在亚洲、非洲各地都曾发现过中国宋代瓷器。日本和朝鲜是大量发现中国古代陶瓷的国家。日本的本州、九州和四国等地四十多个县市，都曾发现过宋代瓷器，以青白瓷和青瓷居多。青白瓷主要是景德镇的产品；青瓷中龙泉窑占很大比重。另外还有一种里刻划篦点纹、外刻复线纹的青瓷碗，也发现很多，他们称之为"珠光青瓷"，这是福建沿海的产品。菲律宾出土的中国古代瓷器已逾数万件，窑口复杂，属于宋代的有龙泉窑和泉州附近诸窑，军持瓶发现很多，还有青白釉带褐斑的小罐、小盒之类，都是专销菲律宾的产品。在文莱和马来西亚也有宋代瓷器出土，特别是马来西亚的沙捞越河三角洲地区，发掘出来的中国瓷片已达一百余万片，其中有宋代青白瓷、青瓷、黑瓷和磁州窑系的标本。在巴基斯坦的布拉米纳巴（Brahminabad）、巴博（Bhambore）和巴克（Pak），都曾发现宋代青瓷和青白瓷。伊朗的席拉夫（Sinaf）、尼沙布尔（Nishapur）、米纳布（Minab）和赖依（Rayy）等处，也都发现中国唐宋瓷片，特别是席拉夫和尼沙布尔出土最多，除唐代的白瓷、青瓷外，也有宋代的青瓷和青白瓷。伊拉克的萨马拉（Samarra）也以出土中国陶瓷而闻名，有宋代的青瓷和青白瓷，青瓷是龙泉窑的产品。在埃及的福斯特（Fostat）开罗古城遗址中，曾发掘到许多宋代越窑和龙泉窑的青瓷器，也有青白瓷器。此外，在非洲的桑给巴尔、索马里、坦噶尼喀、罗得西亚也都发现过宋代瓷器。

宋代瓷器作为中国的著名工艺品，流传亚非各地，形成了以海路为主的"陶瓷之道"，它和陆路上的"丝绸之路"一样，都是中外贸易和文化交流史上的重要史迹。

原载《文史知识》1983 年 9 期。

辽墓的发掘和契丹文墓志的新发现

三十年来在华北、内蒙古和东北各地发现了很多辽墓。这些辽墓大体上可以分为两类,第一类是契丹贵族的墓葬,第二类是汉族官吏或地主的墓葬。从地域上来分析,契丹贵族墓葬多分布在辽代的上京和中京道境内,东京道的西北部分也有发现;汉族官吏或地主的墓葬,则多集中在辽代的南京、西京和东京附近。

目前发现的时代最早的有纪年的辽墓是:北京发现的应历八年(公元958年)辽赠齐王赵德钧墓[1]和赤峰发现的应历九年(公元959年)辽驸马赠卫国王墓[2]。这两座墓的墓主虽然不是一个民族,但却都是被封为王爵的,它们的共同特点是"多室"和出土带有"官"、"新官"款的白瓷器。赵德钧墓有前中后三室并分别附带左右耳室共九个圆形墓室,有仿木建筑砖结构,有庖厨、伎乐等壁画。驸马墓有前中后及左右耳室共五个方形墓室,中室四周围柏木板,有带木栏杆的棺床,床上铺着很厚的丝织物,床外悬紫地绣金花的帷幔,床上还堆置着生前的服饰。随葬了大批精美的金银器、玛瑙器、瓷器和铁器等生活用具。而最有契丹族游牧色彩的是出土了八组完备的马具和大批的盔甲,还有刀剑矛镞等武器。辽墓中所特有的器物——鸡冠壶,尚保存着模仿皮囊的平底单孔的原始形态。全墓共出随葬品达2000余件,反映了辽代早期契丹贵族的奢侈生活。

时代比驸马墓稍晚一些的契丹贵族墓是朝阳发现的统和四年(公元986年)耶律延宁墓[3]、法库叶茂台辽墓[4]、北票水泉1号辽墓[5]、北票扣卜营子1号辽

---

[1] 北京市文物工作队《北京南郊辽赵德钧墓》,《考古》1962年5期。
[2] 前热河省博物馆筹备组《赤峰县大营子辽墓发掘报告》,《考古学报》1956年3期。
[3] 辽宁省博物馆文物工作队《辽代耶律延宁墓发掘简报》,《文物》1980年7期。
[4] 辽宁省博物馆、辽宁铁岭地区文物组发掘小组《法库叶茂台辽墓记略》,《文物》1975年12期。
[5] 辽宁省博物馆文物队《辽宁北票水泉一号辽墓发掘简报》,《文物》1977年12期。

墓①、建平硃碌科辽墓②、朝阳前窗户村辽墓③，它们的时代大约都在重熙以前。这个时期的墓室平面都作方形或圆形，一般为单室，也有前后两室的，再复杂些的有在前室辟左右耳室的。主室内多装柏木护墙板，葬具多用石棺，棺上雕四神图像；法库叶茂台辽墓的石棺外并罩以歇山式木屋棺罩④。随葬器物以陶瓷器、铁器等生活用具、武器和装饰华丽的各种马具为主。陶瓷器中主要是刻有"官"字款的白瓷和酱色、绿色釉的陶器，有少量的景德镇影青和耀州窑青釉瓷器。鸡冠壶的形态，已从单孔平底变为双孔加圈足（图一，4）。法库叶茂台辽墓中还保存着丝织衣物和漆器，漆器上多带有制造者的姓氏，都是汉人的姓氏。这个时期也发现了一些壁画墓⑤，内蒙古昭乌达盟克什克腾旗辽墓石棺内壁画着放牧和毡帐住地等情景，完全是描绘契丹游牧生活的，很有民族特色⑥。至于法库叶茂台辽墓中所悬挂的两幅绢画，是很少见的例子，为辽代绘画中稀有的资料⑦。

重熙时期（公元1032～1055年）的契丹贵族墓，如义县清河门1号和4号墓⑧、平泉八王沟秦晋国大长公主墓⑨、平泉大东沟辽墓⑩和建平张家营子辽墓等，墓葬形制和随葬器物都与前一时期的无大区别，只是出现了黄釉瓷器，鸡冠壶的形态变为提梁式加圈足，从便于马上携带的皮囊式演变为宜于室内使用的提梁式（图一，1、3），这大概与契丹人逐渐接受汉人的生活习俗有关。

辽道宗清宁以后，开始出现平面为八角或六角形的契丹贵族墓，如清宁三年（公元1057年）的义县清河门2号墓平面作不等边八角形，大康六年（公元1080年）以后的库伦1号辽墓的主室与耳室的平面都作六角形⑪。它们的墓门上都有比较复杂的仿木建筑结构，义县清河门2号墓尚保存有驼峰和替木，库伦1号墓则出现了45°斜栱。有的墓以柏木板围成平面八角形的椁室，外面用石板堆砌，如内蒙古赤峰大窝铺辽墓⑫。墓室内皆置棺床，有的用木棺，有的则将尸体直接

---

① 辽宁朝阳地区文物组《北票扣卜营子辽墓发掘简报》，《文物资料丛刊》2，文物出版社，1978年。
② 冯永谦《辽宁省建平、新民的三座辽墓》，《考古》1960年2期。
③ 靳枫毅《辽宁朝阳前窗户村辽墓》，《文物》1980年12期。
④ 曹汛《叶茂台辽墓中的棺床小帐》，《文物》1975年12期。
⑤ 李逸友《阿鲁科尔沁旗水泉沟的辽代壁画墓》，《文物参考资料》1958年4期。
⑥ 项春松《辽宁昭乌达地区发现的辽墓绘画资料》，《文物》1979年6期。
⑦ 杨仁恺《叶茂台辽墓出土古画的时代及其他》，《文物》1975年12期。
⑧ 李文信《义县清河门辽墓发掘报告》，《考古学报》1954年8期。
⑨ 郑绍宗《契丹秦晋国大长公主墓志铭》，《考古》1962年8期。
⑩ 张平一《平泉县发现辽代壁画墓》，《文物参考资料》1956年10期。
⑪ 吉林省博物馆、哲里木盟文化局《吉林哲里木盟库伦旗一号辽墓发掘简报》，《文物》1973年8期。
⑫ 郑隆《赤峰大窝铺发现一座辽墓》，《考古》1959年1期。

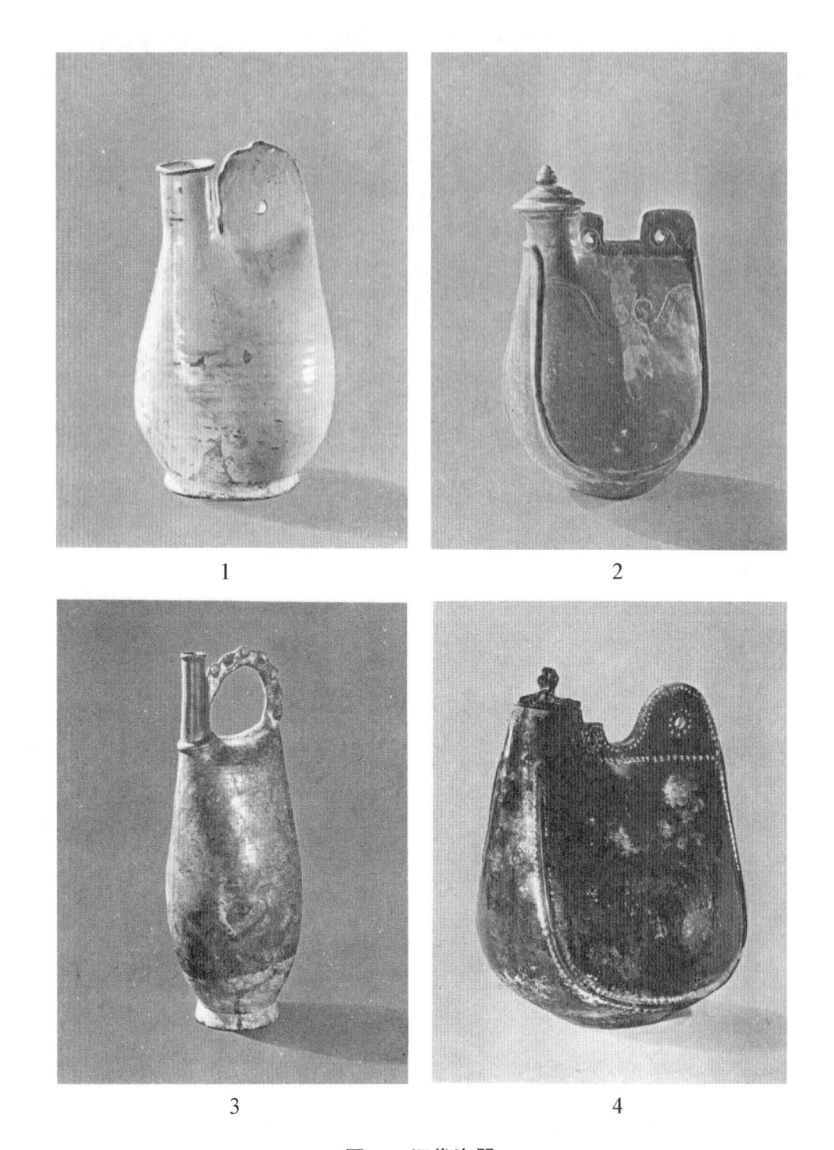

图一　辽代瓷器
1. 白釉鸡冠壶　2. 黄釉划花鸡冠壶　3. 绿釉鸡冠壶　4. 酱釉鸡冠壶

陈于棺床上。流行戴铜面具和穿铜丝网络及手套。随葬器物中景德镇影青瓷器的比例大大增加。敖汉旗白塔子辽墓出土的16件瓷器中，除2件黄釉瓷器外，影青瓷器共14件[①]。库伦1号墓中也出土了20件影青瓷器，质地都很精美。辽代特有的黄釉瓷器也显著增加，如翁牛特旗解放营子辽墓[②]、法库叶茂台辽墓[③]都以

---

① 敖汉旗文化馆《敖汉旗白塔子辽墓》，《考古》1978年2期。
② 翁牛特旗文化馆、昭乌达盟文物工作站《内蒙古解放营子辽墓发掘简报》，《考古》1979年4期。
③ 刘谦《辽宁法库县叶茂台辽墓调查》，《考古通讯》1956年3期。

图二 辽三彩器
1. 暖盘　2. 方盘

黄釉瓷器为主要随葬品。大安以后流行三彩器（图二）。锦西大安五年（公元1089年）萧孝忠墓①和新民巴图营子辽墓，除黄釉瓷器外，都有很多三彩器。不再随葬武器。马具也从鞍辔齐备简化为马镫、马铃。内蒙古昭盟宁城县小刘仗子发现的辽代晚期的墓葬，出有铜面具、铁马镫、马铃，以及黄釉和三彩器皿②，颇可注意的是辽代特有的器物鸡冠壶却消失了。

近年发现的契丹贵族墓中的壁画，以库伦1号墓为最完整，墓道两壁画出行仪仗图（图三）。翁牛特旗解放营子辽墓木椁内所画的彩色画，虽然衣冠服饰和出行仪仗中的毡车、驾鹰等形象，仍是契丹人所固有的风貌，但它的题材却摹仿了北宋墓中所流行的"开芳宴"。画出了宴饮伎乐等场面。在辽阳和锦西发现的辽代末年契丹人的画像石墓中，不但刻着"开芳宴"的场面，还刻出了多幅孝悌、义妇等故事画③，这不仅是接受了汉人的习俗，在思想意识方面，也逐渐封建化了。

辽代汉人的墓葬，除前述赵德钧墓以外，时代较早的还有辽宁喀左县发现的统和二十三年（公元1005年）王悦墓④、沈阳发现的开泰四年（公元1015年）李进石棺火葬墓⑤、河北迁安发现的开泰六年（公元1017年）韩相墓⑥。王悦墓出有白

---

① 雁羽《锦西西孤山辽萧孝忠墓清理简报》，《考古》1960年2期。
② 内蒙古自治区文物工作队《昭乌达盟宁城县小刘仗子辽墓发掘简报》，《文物》1961年9期。
③ 王增新《辽宁辽阳县金厂辽画像石墓》，《考古》1960年2期。雁羽《锦西大卧铺辽金时代画象石墓》，《考古》1960年2期。
④ 辽宁省博物馆文物工作队《辽宁喀左县辽王悦墓》，《考古》1962年9期。
⑤ 《辽李进墓发掘报告》，《文物参考资料》1951年9期。
⑥ 河北省博物馆、文物管理处《河北迁安上芦村辽韩相墓》，《考古》1973年5期。

图三　辽墓壁画出行仪仗图

瓷器和灰陶器。韩相墓的墓室虽然按汉人的习俗用雕砖灯檠和歇山门楼等仿木建筑，但其随葬品却又仿契丹人的习俗，置绿釉鸡冠壶和铁马镫，这大概和韩家与契丹皇室关系密切有关。在北京[①]、辽阳[②]、内蒙古昭盟宁城县[③]和大同[④]等地发现的汉人墓葬，多是道宗咸雍以后的，都是一些中级官吏和地主的墓葬。这类墓葬的特点是：在仿木建筑的砖筑墓室中，或砌雕砖桌椅，或画彩色壁画，或用上刻陀罗尼经的石棺。几乎全部是火葬。随葬品以陶器为主，如罐、盆、三足锅、灶、鏊子、蒸具、勺、注子、三耳器、剪、香炉等。北京彭庄 3 号墓[⑤]、重熙二十二年（公元 1053 年）王泽墓[⑥]、内蒙古昭盟周仗子寿昌五年（公元 1099 年）尚暐符墓[⑦]

---

① 北京市文物工作队《北京西郊百万庄辽墓发掘简报》，《考古》1963 年 3 期。马希桂《北京先农坛辽墓》，《文物》1977 年 11 期。
② 易青安《辽阳市大林子村发现辽寿昌二年石棺》，《文物参考资料》1956 年 3 期。
③ 内蒙古自治区文物工作队《辽中京西城外的古墓葬》，《文物》1961 年 9 期。
④ 山西云冈古物保管所清理组《山西大同市西南郊唐、辽、金墓清理简报》，《考古通讯》1958 年 6 期。
⑤ 苏天钧《北京郊区辽墓发掘简报》，《考古》1959 年 2 期。
⑥ 北京市文物管理处《近年来北京发现的几座辽墓》，《考古》1972 年 3 期。
⑦ 郑隆《昭乌达盟辽尚暐符墓清理简报》，《文物》1961 年 9 期。

和大同卧虎湾 2 号墓①都出有较精美的白瓷器。北京天庆三年(公元 1113 年)马直温墓中还出有影青瓷器和木制十二生肖俑②。这些人的生活方式和风俗习惯显然与契丹人的不同,从大同、宣化和北京的辽墓壁画中可以看出,他们的衣冠服饰和起居器用都与北宋墓壁画中的相同,题材也是"开芳宴"。宣化天庆六年(公元 1116 年)张世卿墓的壁画最为精美,由十二个人组成的散乐图完整无缺,尤足珍贵(图四)③;墓顶绘天文图,内区画九曜二十八宿,外区画黄道十二宫的图像(图五),是研究我国古代天文史的重要资料④。北京斋堂发现的辽代末年的壁画墓⑤,西壁上画孝孙原谷等三幅大型孝悌故事画,可见这种新题材在当时是很流行的。大同十里铺、新添堡和卧虎湾的壁画墓⑥,也都是辽代晚期的,"开芳宴"的场面上只画帷幔屏风,而墓主人并不出场,出行图中的驼车,正是当地风物的写照。

图四　辽墓壁画散乐图

---

① 山西省文物管理委员会《山西大同郊区五座辽壁画墓》,《考古》1960 年 10 期。
② 张先得《北京市大兴县辽代马直温夫妻合葬墓》,《文物》1980 年 12 期。
③ 河北省文物管理处、河北省博物馆《河北宣化辽壁画墓发掘简报》,《文物》1975 年 8 期。
④ 夏鼐《从宣化辽墓的星图论二十八宿和黄道十二宫》,《考古学报》1976 年 2 期。
⑤ 北京市文物事业管理局、门头沟区文化办公室发掘小组《北京市斋堂辽壁画墓发掘简报》,《文物》1980 年 7 期。
⑥ 大同市文物陈列馆《山西大同卧虎湾四座辽代壁画墓》,《考古》1963 年 8 期。

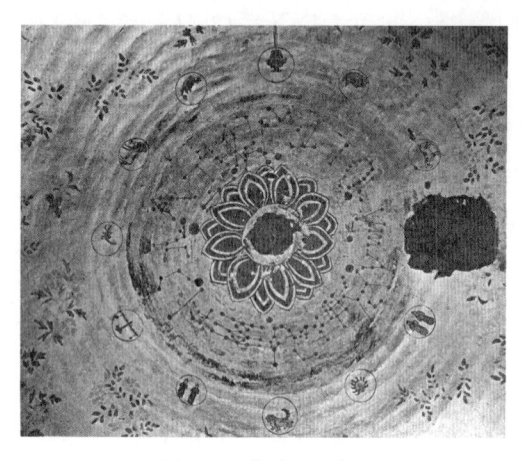

图五　辽墓壁画天象图

辽代的金银器在赤峰辽驸马墓、建平张家营子辽墓和翁牛特旗解放营子辽墓中都有发现。1975年春又在敖汉旗李家营子两座早期辽墓中发现了一批金银器①，其中有鎏金银盘，盘心锤揲出一猞猁状兽；还有一件银执壶，口部有流，壶柄和口沿相接处饰一鎏金胡人头像，底部外缘饰一周联珠纹，这些都具有波斯萨珊式银执壶的特征（图六）②。另外，在巴林右旗泡子营还发现了辽代的银器窖藏，其中八棱錾花银注子注碗、莲瓣形银杯、荷叶形银杯、柳斗形银杯和錾花银盘等，都很精致③，从造型和纹饰上看，与宋代产品无大区别。

三十年来，陆续发现了一些契丹文的资料，主要是契丹文墓志的发现。属于契丹大字的墓志有萧孝忠墓志④、耶律延宁墓志和北大王墓志⑤，其中北大王墓志不但字数多而且字体工整，最为珍贵。关于契丹大字的研究，首先是辨认⑥，并与契丹小字加以区别⑦，进而考释了个别词的读音和字意⑧。已发现的契丹小字的墓志有义县清河门2号墓萧氏墓志⑨、河北兴隆梓木林子金萧仲恭墓志⑩、阜新的许王墓志⑪和翁牛特旗的"故耶律氏铭石"⑫。关于契丹小字的研究，从辽庆陵哀册出土以后，一直为人们所注意，曾用各种方法试图解读，都未取得满意的结果。近年以来，由于新资料的不断出土，特别是契丹小字与汉文对译资料的再次出土

---

① 敖汉旗文化馆《敖汉旗李家营子出土的金银器》，《考古》1978年2期。
② 夏鼐《近年中国出土的萨珊朝文物》，《考古》1978年2期。
③ 巴右文、成顺《内蒙昭乌达盟巴林右旗发现辽代银器窖藏》，《文物》1980年5期。
④ 刘谦《辽宁锦西西孤山出土的辽墓墓志》，《考古通讯》1956年2期。
⑤ 刘凤翥《建国三十年来我国契丹文字的出土和研究》，《内蒙古社会科学》1981年1期。
⑥ 阎万章《锦西西孤山出土契丹文墓志研究》，《考古学报》1957年2期。金光平、曾毅公《锦西西孤山契丹文墓志试释（节要）》，《考古学报》1957年2期。
⑦ 金光平《从契丹大小字到女真大小字》，《内蒙古大学学报（哲学社会科学版）》1962年2期。
⑧ 刘凤翥《关于混入汉字中的契丹大字"乣"的读音》，《民族语文》1979年4期。刘凤翥《释契丹语"迪𠎇免"和"乙林免"》，《沈阳师范学院学报》1980年1期。
⑨ 厉鼎煃《义县出土契丹文墓志铭考释》，《考古学报》1954年8期。
⑩ 王静如《兴隆出土金代契丹文墓志铭解》，《考古》1973年5期。
⑪ 阜新市文化局文物组《辽宁阜新县辽许王墓清理简报》，《文物资料丛刊》1，文物出版社，1977年。刘凤翥、于宝麟《契丹小字〈许王墓〉考释》，《文物资料丛刊》1，文物出版社，1977年。
⑫ 昭乌达盟文物工作站、翁牛特旗文化馆《内蒙古山嘴子"故耶律氏"卷发掘报告》，苏赫《故耶律氏铭石考》，刘凤翥、于宝林《故耶律氏铭石跋尾》，《文物资料丛刊》5，文物出版社，1981年。

图六 辽墓银器
1. 执壶细部 2. 执壶 3. 小壶 4. 鎏金盘

(如许王墓志),使我们有可能从契丹语中的汉语借词入手,用音义结合的研究方法,释出一大批汉语借词,进而构拟出 130 个契丹原字的音值,释读出 400 多条语词,还分析了几十个语法成分,并找出了契丹语的元音和谐律[①]。这在契丹语文的研究上是一次突破,为今后全面解读契丹文小字奠立了一个牢固的基础。

原载中国社会科学院考古研究所编《新中国的考古发现和研究》,文物出版社,1984 年。

---

① 清格尔泰、陈乃雄、邢苈里、刘凤翥、于宝麟《契丹小字解读新探》,《考古学报》1978 年 3 期。

宣化辽墓考古剩语

宣化辽墓从1971年春天开始发掘,至1998年秋天共发掘14座辽墓。大体上可以分为两个墓区:第一墓区在宣化城西北柳川河北、西岸的下八里村北和东北,四方台村西南;第二墓区在第一墓区的西北,四方台村正西、王河湾村东南。第一墓区已发掘辽墓12座,1号墓为张世卿墓(M1),依次为张恭诱墓(M2)、张世本墓(M3)、韩师训墓(M4)、张世古墓(M5)、6号墓(M6)、张文藻墓(M7)、8号墓(M8,未葬人的空圹)、9号墓(M9)、张匡正墓(M10)、张子行墓(当是金明昌元年下葬的,应编号为M11)和12号墓(M12)。第二墓区的两座墓(M1和M2)都是在1998年秋天发掘的。

我所掌握的河北宣化辽墓的材料,主要是根据已发表的六篇简报[1]、《中国文物报》在1998年的两则报道[2]和国家文物局主编的《1998年中国重要考古发现》[3]一书的内容。同时,我也参考了宿白先生《河北四处古墓的札记》和《宣化考古三题》[4],以及郑绍宗先生在宣化辽墓正式报告中的结语。这一系列的考古简报、报告和专家的研究论文,特别是宿白先生的论文,都已经作了十分详尽的报道和论述。我几乎已不可能再作什么新的评论了。但是,文物出版社的责任编辑李莉同志再三约稿,盛情难却,只能就宣化辽墓在辽代墓葬中的类型、分区、分

---

[1] 河北省文物管理处、河北省博物馆《宣化辽墓发掘简报》,《文物》1975年8期。张家口市文物事业管理局等《河北宣化下八里辽金壁画墓》,《文物》1990年10期。张家口市宣化区文物管理局《河北宣化下八里韩师训墓》,《文物》1992年6期。张家口市宣化区文物管理所《宣化辽代壁画墓群》,《文物春秋》1995年2期。张家口市宣化区文物管理所《河北宣化辽代壁画墓》,《文物》1995年2期。河北省文物研究所等《河北宣化辽张文藻壁画墓发掘简报》,《文物》1996年9期。

[2] 见《宣化又发现了一座辽金壁画墓》,《中国文物报》1998年5月13日;《宣化又发现辽契丹家族壁画墓群》,《中国文物报》1998年10月11日。

[3] 国家文物局主编《1998年中国重要考古发现》,《河北宣化新发现两处辽金壁画墓》。

[4] 见《文物》1996年9期;《文物》1998年1期。

期,以及墓葬中表现出来的葬俗等诸问题,略陈己见,多是剩余之语,实不足以登学术大雅之堂。

辽代考古从 20 世纪 50 年代以后,逐渐区分开契丹与汉族遗迹遗物的不同形制,这是中国考古学类型学上的一个重要的突破。契丹入主中国北方地区后,发现他们所面临的南北统治区域,在文化传统、生活习俗和政治经济制度上,汉族与契丹是根本不同的,只能承认现实,从政治体制上把汉族和契丹族分为南、北两院的不同体系。这既保持了契丹族固有的经济政治制度和文化习俗传统,也认可了汉族和其他民族在不妨害契丹贵族统治利益的情况下,保持自己的生活习俗。因此,辽代境内的契丹族墓葬和汉族墓葬的形制,泾渭分明地分成两种类型。在辽代统治的地域内,上京道临潢府(今内蒙古巴林左旗)和东京道辽阳府(今辽宁辽阳)是契丹的旧地,上京城和东京城的形制最能体现契丹统治者南北分治的意图,这两座城都是建于辽太祖时期,上京初建于神册三年(公元 918 年),天显三年(公元 928 年)定为上京;东京也建于神册三年,天显十三年(公元 938 年)定为东京。它们的形制都是将契丹族的皇城与汉族及其他民族所居之"汉城"区分开来,即按统治与被统治民族,来区分都城中的居住地区。这无疑体现了契丹统治者在城市规划上区分契丹与汉族的"两院制"政策,对考古学家研究分析辽代墓葬的形制,特别是契丹贵族墓葬与汉族墓葬的区别也是很有启发的。

辽建国于公元 916 年,辽(契丹)文化受唐文化的影响,因此,考古学文化上所见辽代初期受唐文化影响的痕迹比比皆是。这其中当然也包括契丹贵族墓葬的形制,如内蒙古阿鲁科尔沁旗宝山 1、2 号辽墓和附近的耶律羽之墓[①],因受东丹国王耶律倍倾慕汉文化的影响,不论在墓葬形制还是壁画主题上都是受唐文化的影响,这可能是一个特例。其他早期契丹贵族墓的形制,在受到唐文化的影响下,更强烈地表现了契丹族固有的文化传统和生活习俗。赤峰辽应历九年(公元 959 年)驸马墓[②]可为早期契丹贵族墓的典型。但是,原属燕云十六州的辽南京道(今北京)和西京道(今山西大同)内的汉人墓葬则完全是另一种形制。

辽境内的汉人墓葬形制是接续着唐五代以来的传统,譬如北京的赵德钧

[①] 见《内蒙古赤峰宝山辽壁画墓发掘简报》,《文物》1998 年 1 期;《耶律羽之墓发掘简报》,《文物》1996 年 1 期。
[②] 前热河省博物馆筹备组《赤峰县大营子辽墓发掘报告》,《考古学报》1956 年 3 期。

墓①、韩佚墓②,皆是在北宋中叶以前的例子,赵德钧墓比拟王侯,以多室墓来表示其等级上的高规格,残存的壁画仍是庖厨、宴饮等内容。韩佚墓则体现了公元10世纪中国北方雕砖壁画墓中的壁画布局:以屏风为中心而不出现墓主人形象,两壁绘仆侍,墓顶上有十二时辰像。韩佚墓下葬于辽统和十三年(公元995年),相当于北宋至道元年,此时中原北方的宋墓中尚未见这样的雕砖壁画墓,直到公元11世纪中叶才在河南、山东出现,如郑州南关外至和三年(公元1056年)宋墓③,济南青龙桥治平年间(公元1064~1067年)和熙宁八年(公元1075年)的雕砖壁画宋墓④,安阳天禧镇熙宁十年(公元1077年)雕砖壁画宋墓⑤。在此以前,公元936年(五代晋天福元年、辽天显十一年),石敬塘割燕云十六州于契丹,韩佚墓作为契丹境内的汉人墓尚保留着唐五代以来的形制。但此时,在五代北宋统治的地区内,却很少见雕砖壁画墓,特别在北宋时期包括品官在内,他们的墓葬一般皆崇尚俭约,如河南郏县宣和四年(公元1122年)苏适夫妇墓为长方形砖筑双室并列,双室之间的隔墙开有小券门相通⑥,此种形制的墓葬即苏适的伯父苏轼在《东坡志林》中所说的"一坟而异藏"⑦。这种形式简单而坚固的夫妇合葬墓在当时江南和中原一带是很流行的⑧。北宋太宗永熙陵附葬元德李皇后陵,也不过是圆形单室墓,用单昂四铺作斗栱⑨。因此,我们可以这样认为:从唐五代以来的雕砖壁画墓,在陷入契丹的燕云十六州汉人墓葬中,仍依唐以来的形制继续发展。但是,从北宋以来,中原北方的墓葬形制趋向于俭约,特别是品官的墓葬皆以简单的砖室墓而不敢逾制。雕砖壁画墓在北宋末年则成为无官品但富于货财的地主商人,以营建华丽墓室来夸耀财富的表现,一时成为风尚⑩。这种雕砖壁画墓实际上是在北宋初年以来,在中原北方中断了将近一个世纪之后又重新流行起来的,而墓主人的身份却从官僚转变为地主商人,这个变化反映着中国社会历史

---

① 北京市文物工作队《北京南郊辽赵德钧墓》,《考古》1962年5期。
② 北京市文物工作队《辽韩佚墓发掘报告》,《考古学报》1984年3期。
③ 河南省文化局文物工作队第一队《郑州南关外北宋砖室墓》,《文物参考资料》1958年5期。
④ 见《济南发现带壁画的宋墓》,《文物》1960年2期。
⑤ 见《河南文化局调查安阳天禧镇宋墓》,《文物参考资料》1954年8期。
⑥ 李绍连《宋苏适墓志及其他》,《文物》1973年7期。
⑦ 《东坡志林》卷七:"《诗》云:谷则异室,死则同穴。古今之葬,皆为一室,独蜀人为一坟而异藏,其间为通道,高不及肩,广不容人。生者之室,谓之寿堂;以偶人被甲执戈,谓之寿神以守之。而以石甕塞其通道,既死而葬则去之。"(《稗海》本,五卷本《东坡志林》无此条。)
⑧ 朱熹《朱子语类》卷八十九(中华书局标点本,页2286)云:"人家墓圹棺椁,切不可太大,当使圹仅能容椁,椁仅能容棺,乃善。"
⑨ 河南省文物考古研究所《北宋皇陵》,文物出版社,1997年。
⑩ 见宿白先生《白沙宋墓》页83《墓主人的社会身份》一节,文物出版社,1957年。

从中古时期向近世时期发展过程中社会阶层关系和力量的变化,这在中国历史考古学上是一个从微末细节观察社会之大端的例子。

辽代墓葬所反映的则是民族关系和文化融合的问题,这也是中国历史上至关重要的大事情。以契丹贵族墓来说,其墓葬形制和随葬品的类型式样的发展变化,一直贯穿着向汉族文化转变的过程[①],亦即"汉化"的过程。"汉化"这个名词绝没有民族歧视的意思,因为汉族当时的政治经济制度和文化是比较先进的,"汉化"是表示从落后的政治经济制度和文化向先进的方向发展,这是历史发展的必然趋势。在辽境中的汉人墓葬,也表现出了汉人在长期的民族文化融合中汲取契丹文化的情况,宣化辽墓则反映着这方面的一些信息。

宣化辽墓本身有着强烈的汉人文化传统,首先是它在墓葬壁画中着意描绘的散乐图。散乐是中原汉文化的一部分,《辽史·乐志》散乐条云:

> 今之散乐,俳优歌舞杂进,往往汉乐府之遗声。晋天福三年(公元938年),遣刘昫以伶官来归,辽有散乐盖由此矣。……散乐器:觱篥、箫、笛、笙、琵琶、五弦、箜篌、筝、方响、杖鼓、第二鼓、第三鼓、腰鼓、大鼓、鞚、拍板。

天庆六年(公元1116年)张世卿墓(M1)中的散乐图是画得最完整的一幅,其中有觱篥、排箫、横笛、笙、琵琶、腰鼓、大鼓、拍板等乐器。大安九年(公元1093年)张匡正墓(M10)和张文藻墓(M7),六号、九号辽代晚期墓,天庆七年(公元1117年)张世古墓(M5)和张恭诱墓(M2)都有备茶图,这也是从中原传入的汉人习俗,从其碾茶、煮水和手持把盏等候等图像来看,很可能是点茶。这些汉文化浓厚的壁画,与当时契丹贵族墓的壁画有很大差异,在生活上表现的完全是两种情趣。

但是,在宣化辽墓壁画中却也有辽南京和辽西京的汉人墓壁画中所不见的图像,即宣化辽墓壁画中普遍出现髡发的僮仆形象,这是辽代末年汉人契丹化的表现。汉人契丹化最突出的表现在服饰上,当时北宋的京城汴梁,居室服用,竞相侈靡,妇女流行"契丹服"。《宋史》卷一五三《舆服志》云:

> (政和)七年(公元1117年)臣僚上言:"辇毂之下,奔竞侈靡,有未革者。居室服用以壮丽相夸,珠玑金玉以奇巧相胜,不独贵近,比比纷纷,日益滋甚……"……先是,权发遣提举淮南东路学事丁瑾言:"衣服之制,尤不可缓。

[①] 参阅拙著《辽代墓葬》,见《中国历史考古学论丛》页315,台北允晨文化公司,1995年。原载《中国大百科全书·考古学》页274,中国大百科全书出版社,1986年。

今闾阎之卑,倡优之贱,男子服带犀玉,妇人涂饰金珠,尚多僭侈,未合古制……"是岁,又诏:敢为契丹服若毡笠、钓墪之类者,以违御笔论。钓墪,今亦谓之襜袴,妇人之服也。

所谓"钓墪"、"襜袴"之类的契丹妇女时装,有人考证便是中国历史博物馆所藏宋代杂剧名伶丁都赛雕砖上所刻的装束①。在汴梁尚且如此,远在辽境中的汉人经过了将近二百年时间,在他们的僮仆中采用契丹髡发是很自然的事情。服饰的变化是民族融合中最显著的现象,深层次的政治经济的变化才是决定历史发展命运的变化。

宣化在辽代为归化州,地处辽代南京(唐幽州)与西京(唐云州)之间,从文化的传承上来说,它受辽南京也就是燕京文化的影响是很深的。宣化辽墓张家或韩家墓地所反映的这些问题,是十分重要的。

宣化辽墓的发现,其最主要的意义便是用具体的、形象的历史资料,勾画了公元12世纪汉人在契丹统治下的生活实况。表明汉人在建立中华民族文化共同体的历史过程中,有不可替代的作用。宣化辽墓在说明中国历史各民族共同创建中华民族文化的过程中,有着十分重要的历史价值。

原载河北省文物研究所编《宣化辽墓壁画》,文物出版社,2001年。

---

① 刘念兹《宋杂剧丁都赛雕砖考》,《文物》1980年2期。

金元墓葬的发掘

目前发现的各地金代墓葬,绝大多数都是12世纪中叶金大定以后的。金代早期的墓葬发现很少,有河北新城县时立爱、时丰墓和兴隆县萧仲恭墓。

时立爱是辽末金初与政局很有关系的人物,葬于皇统三年(公元1143年),墓分前后两室,前室有左右耳室。墓志为宇文虚中所撰。他的儿子时丰卒于天会五年(公元1127年),墓为长方形石椁,椁内壁绘壁画,前壁画门卫,两侧绘男女侍者,后壁绘居室中的床帏[1]。时立爱是金初封王的人,但墓志中"钜鹿郡王"等字皆被划毁,这是正隆二年(公元1157年)削异姓之封时重新开墓划毁的。萧仲恭墓在兴隆县梓木林子,是一座有前中后三室的仿木建筑壁画墓[2]。出土的墓志用契丹小字书写,据考释,墓主应是卒于天德二年(公元1150年)的萧仲恭[3],为近年出土的契丹文墓志中字数较多的一块。

大定时期的墓葬在北京、朝阳、大同等地陆续发现。北京通县大定十七年(公元1177年)石宗璧墓,为石椁火葬,随葬品中除沿用辽代汉人墓中的鏊锅、鏊子等陶明器以外,还有定窑刻花碗、盘等瓷器[4]。类似的石椁火葬墓,在北京先农坛也有发现,出土的定窑刻花洗、壶等瓷器也很精美[5]。辽宁朝阳发现的大定二十四年(公元1184年)马令墓,两壁绘庖厨、马厩等,墓门两侧有墨书题记,所葬为"扶风马令",并署名为"马合得写来"[6]。扶风马氏很可能是改易汉姓的汪古部人。在大同西南郊发现的大定四年(公元1164年)吕氏家族墓,是四座圆形竖穴

---

[1] 河北省文化局文物工作队《河北省新城县北场村金时立爱和时丰墓发掘记》,《考古》1962年12期。
[2] 郑绍宗《兴隆县梓木林子发现的契丹文墓志铭》,《考古》1973年5期。
[3] 王静如《兴隆县出土金代契丹文墓志铭解》,《考古》1973年5期。
[4] 北京市文物管理处《北京市通县金代墓葬发掘简报》,《文物》1977年11期。
[5] 马希桂《北京先农坛金墓》,《文物》1977年11期。
[6] 辽宁省博物馆《辽宁朝阳金代壁画墓》,《考古》1962年4期。

石棺火葬墓①。重要的是在大同西郊发掘的明昌元年(公元 1190 年)道士阎德源墓,随葬品保存完好,有绣着 100 余只云鹤的大鹤氅,各种木制家具模型、漆器和瓷器等 50 余件。瓷器中仍以白瓷为多,只有 2 件青釉瓶和 1 件钧釉小炉②。这在近年发现的金墓中是随葬品最丰富的一座。

随葬品很少的仿木建筑雕砖壁画金墓,在河北、河南、山西等地都有发现。河北井陉柿庄发掘的尹氏家族墓共九座③,墓前元至大元年(公元 1308 年)族谱碑记载,尹氏因避金章宗父亲的讳而改姓师。根据这九座墓的仿木建筑和雕砖形式的不同,其年代大致是从金代初年至金代末年。金代初年的 6 号墓,有"开芳宴"、"放牧"、"捣练"等壁画。2 号墓中随葬的瓷碗底上有墨书"尹记"二字,这显然是明昌以前的墓。金代末年的 4 号墓在仿木建筑上出现了斜栱和翼形栱,壁上砌出了山花向前的建筑,墓门上加筑了门楼,楼上置雕砖人像七个。有的墓在地面上尚存有砖砌平面方形或六角形束腰须弥座,为其他墓地所未见。尹氏墓群的发现,为金代威州地区仿木建筑雕砖壁画墓的分期提供了重要的依据。

河南焦作和武陟属金代怀州。焦作金墓以嵌伎乐人物雕砖为其特色(图一),也有在栱眼壁上嵌童子雕砖的,姿态各异,神情逼真④。武陟金墓平面作八角形,以雕格子门和盆花为主,在西北、东北两壁上各有以四块砖拼雕而成的庖厨、仕女等画面,线条柔和,比例适当,为金代雕砖画中的精品⑤。在焦作还发现了承安四年(公元 1199 年)的画像石墓,画像主题除"开芳宴"外,还有十一幅孝子故事画。

以山西新绛、侯马为中心的金代绛州地区发现的仿木建筑雕砖墓,也自有其特点。墓室的平面都作方形。与墓门相对的主壁正中雕墓主夫妇"开芳宴",或雕"妇女启门"状,左右两壁皆雕格子门,墓门两侧多雕破子棂窗、灯檠等。有的在栱眼壁上、格子门的障水板上,或墓门附近雕孝义故事图。绛州地区最早的纪年墓是垣曲东铺村大定二十三年(公元 1183 年)张氏墓⑥,新绛三林镇⑦、绛县裴家堡⑧和襄汾

---

① 山西云冈古物保养所清理组《山西大同市西南郊唐、辽、金墓清理简报》,《考古通讯》1958 年 6 期。
② 大同市博物馆《大同金代阎德源墓发掘简报》,《文物》1978 年 4 期。
③ 河北省文化局文物工作队《河北井陉县柿庄宋墓发掘报告》,《考古学报》1962 年 2 期。
④ 河南省博物馆、焦作市博物馆《河南焦作金墓发掘简报》,《文物》1979 年 8 期。
⑤ 河南省博物馆《河南武陟县小董金代雕砖墓》,《文物》1979 年 2 期。
⑥ 吕遵谔《山西垣曲东铺村的金墓》,《考古通讯》1956 年 1 期。
⑦ 杨富斗《山西新绛三林镇两座仿木构的宋代砖墓》,《考古通讯》1958 年 6 期。
⑧ 张德光《山西绛县裴家堡古墓清理简报》,《考古通讯》1955 年 4 期。

图一　金墓戏乐俑
1. 持节板俑　2. 吹哨俑　3. 舞俑

南董金墓①都是大定以后的。侯马的金墓多为大安时期的②,最著名的是大安二年(公元 1210 年)董氏兄弟墓③。董玘坚墓平面方形,墓顶为八角形藻井。四壁满砌雕砖。北壁雕堂屋三间,明间设曲足花桌,上置牡丹花盆,桌两旁坐墓主人夫妇,两次间各立屏风,并有侍童侍女。东西两壁雕六扇格子门,障水板上雕花卉人物(图二,2)。南壁墓门两侧各立一"镇宅狮子"。四壁上部皆砌垂花廊,廊上列斗栱。北壁正中的两朵斗栱之间,砌有山花向前的小戏台一座,台上有五个涂彩的杂剧砖俑排成一列,正在作场(图二,1)④。董氏墓的雕砖以繁缛华丽为胜,与焦作金墓的伎乐雕砖的风格不同。

山西孝义下吐京金墓是承安三年(公元 1198 年)汾州匠人史贵所造,在墓门拱券处有墨书题记一行:"承安三年二月十五日汾州在城抟匠史贵。"雕造的格子门、欢门分为两层,人像也都与墙壁分开,背后用榫卯嵌装,使平面的砖壁上,有了远近层次,增强了人物的立体感⑤。

---

① 陶富海《山西襄汾县南董金墓清理简报》,《文物》1979 年 8 期。
② 山西省文物管理委员会侯马工作站《山西侯马金墓发掘简报》,《考古》1961 年 12 期。
③ 山西省文管会侯马工作站《侯马金代董氏墓介绍》,《文物》1959 年 6 期。
④ 刘念兹:《中国戏曲舞台艺术在十三世纪初叶已经形成——金代侯马董墓舞台调查报告》,《戏剧研究》1959 年 2 期。周贻白《侯马董氏墓中五个砖俑的研究》,《文物》1959 年 10 期。
⑤ 山西省文物管理委员会、山西省考古研究所《山西孝义下吐京和梁家庄金元墓发掘简报》,《考古》1960 年 7 期。

图二 金墓雕砖
1. 戏台 2. 格子门

仿木建筑雕砖壁画金墓在太原①、洛阳②、济南③,陕西的兴平④和汉中⑤,以及兰州⑥等地均有发现。陕西和兰州发现的墓室平面作长方形,有前后两室的,有附左右耳室的,室内各壁的下部皆砌出束腰须弥座,壁面砌仿木建筑楼阁,以兰州中山林金墓的仿木建筑楼阁最为复杂。陕西兴平金墓中还出有十几件釉陶俑,与四川南宋墓中的釉陶俑类似。

在东北地区发现的金墓中,吉林扶余县的一座石椁墓,可能是早期女真贵族墓葬。石椁内有木棺葬一人,腰部系金扣玉带和金环,近右手处有一件金丝套的贝壳饰品。随葬品全部为铁器,有斧、锤、凿、锉、钳、刀、钩、镞和锅等,还有一枚"开元通宝"钱⑦。在黑龙江绥滨县发现的金墓分布在中兴古城西北⑧、奥里米古城西北⑨和永生⑩三处,都是正隆、大定以后的墓葬。一般的竖穴土坑墓都较简单,随葬陶器多为生前实用品,装饰品也皆为石制或陶制。也有模仿宋墓"同坟而异葬"的双室积石墓。大型土坑墓有棺有椁,有的在棺底铺铁片银片,随葬品有金银玉饰,有定窑、耀州窑和磁州窑的瓷器。而最具民族和地方特色的随葬品是玉或水晶做的"嘎拉哈"(羊距骨)和桦皮桶。中兴古城的一座大墓中出有"郎(押)"石印一枚,说明墓主人是改用汉姓的女真族女奚烈氏。在葬俗方面最引人注意的是一种火烧的葬法:将骨灰置于木棺中,在墓坑内燃火焚烧,然后再行掩埋。这种葬俗曾在渤海的墓葬中发现过,今又重见于金代胡里改路的墓葬中,说明这种葬俗在东北地区已延续了四百多年。

元代早期墓葬指从金贞祐南迁以后,即成吉思汗八年(公元1213年)至元世祖至元八年(公元1271年)之间的蒙古时期的墓葬。

属于蒙古时期的墓葬有1960年在山西芮城永乐宫发掘的全真教重要人物宋德方和潘德冲的墓⑪。宋德方墓为长方形券顶砖室墓,中置石椁,椁外壁满雕

---

① 代尊德《山西太原郊区宋、金、元砖墓》,《考古》1965年1期。
② 刘震伟《洛阳涧西金墓清理记》,《考古》1959年12期。
③ 济南市博物馆《济南市区发现金墓》,《考古》1979年6期。
④ 陕西省文物管理委员会《陕西兴平县西郊清理宋墓一座》,《文物》1959年2期。
⑤ 王清《陕西汉中市王道池村宋墓清理》,《考古》1965年10期。
⑥ 甘肃省文物管理委员会《兰州中山林金代雕砖墓清理简报》,《文物参考资料》1957年3期。
⑦ 吉林省博物馆《吉林省扶余县的一座辽金墓》,《考古》1963年11期。
⑧ 黑龙江省文物考古工作队《黑龙江畔绥滨中兴古城和金代墓群》,《文物》1977年4期。
⑨ 黑龙江省文物考古工作队《松花江下游奥里米古城及其周围的金代墓群》,《文物》1977年4期。
⑩ 黑龙江省文物考古工作队《绥滨永生的金代平民墓》,《文物》1977年4期。
⑪ 山西省文物管理委员会、山西省考古研究所《山西芮城永乐宫旧址宋德方、潘德冲和"吕祖"墓发掘简报》,《考古》1960年8期。

线画,右为"开芳宴"图,左为厅堂楼阁图,椁前端雕大门,后端雕四幅孝子故事图。根据椁盖上所刻葬记得知,此石椁雕于宪宗四年(公元 1254 年)。潘德冲葬于中统元年(公元 1260 年),墓作六角形,石椁两侧线刻二十四幅孝义故事图,椁前端有方孔作门,门两侧刻男女侍者,门上刻舞厅,厅内有四人作杂剧①。这两个石椁线刻画的题材,显然是继承了宋金以来雕砖壁画墓的题材,孝义故事较前更为流行。在大同发掘的至元二年(公元 1265 年)龙翔观道士冯道真墓,不论是墓室壁画的题材或出土的遗物,都符合于道士的身份。壁画有捧茶、焚香、观鱼、论道等画面,北壁正中绘大幅"疏林晚照"山水画,墓顶绘云鹤。无棺椁,而是将头戴道冠身着黄色道袍的尸体放在棺床上,上罩木制棺罩。随葬了许多木制家具器用模型,出土的 11 件瓷器中有 10 件为钧釉瓷器②。蒙古时期的墓葬中随葬钧釉瓷器的数量较前大为增加。河北邢台发现的至元年间刘秉恕墓,出土了 12 件钧釉瓷器,约占全墓出土瓷器的三分之二③。在山西稷山县发掘的道姑合葬墓,形制特殊。五墓并列,墓中棺床上排放黑陶棺,每棺葬一人或两人,皆着纸衣纸鞋,五墓共 45 个陶棺,葬 69 人。在 1 号墓的西壁上有中统三年(公元 1262 年)的墨书题记④。屡次发现与道教有关的蒙古时期的墓葬,正反映了那个时期道教势力的增长。

在北京市发掘的宪宗七年(公元 1257 年)的海云、可庵和尚墓塔⑤,是当时佛教的重要人物的墓葬。出土有木制家具模型、钧釉香炉和各种丝棉织品,其中有赭黄地绣花龙袄,有酱色地织花残绸,这种绸料可能是当时潞州(今山西长治)的产品。还有一件紫色地的棉僧帽,上用白丝线绽锁如意形复缀合成的火焰形花纹图案。另外,还发现了 4 块"纳石失",即织金缎,上面的植物花纹都是用金线织出的。至于塔内出土的紫汤荷花缂丝,其制作的年代可能早至北宋,是研究宋元时代缂丝工艺的重要遗物。

河南焦作老万庄发现的宪宗八年(公元 1258 年)冯三翁墓,平面八角形,正中画墓主人像,其他壁各画一男或女侍,出有铜制阴刻"合同契券"一块。在此墓

---

① 徐苹芳《关于宋德方和潘德冲墓的几个问题》,《考古》1960 年 8 期。
② 大同市文物陈列馆、山西云冈文物管理所《山西省大同市元代冯道真、王青墓清理简报》,《文物》1962 年 10 期。
③ 唐云明、罗平、程明远《邢台发现一座元代砖墓》,《文物参考资料》1956 年 12 期。
④ 畅文斋《山西稷山县"五女坟"发掘简报》,《考古通讯》1958 年 9 期。
⑤ 北京市文化局文物调查研究组《北京市双塔庆寿寺出土的丝棉织品及绣花》,《文物参考资料》1958 年 9 期。

之北还并列两墓,其中一墓的棺身两侧绘彩色人物故事画四幅①。

陕西发现的元墓有西安曲江池至元三年(公元 1266 年)段继荣墓②和玉祥门外大德年间墓③,还有在户县发掘了至大元年(公元 1308 年)下葬的贺仁杰墓和泰定四年(公元 1327 年)重葬的贺胜墓④。其共同的特点是:墓室平面皆为方形,随葬品以陶制家具、家畜模型及数量众多的黑陶俑为主。大同发现的大德元年(公元 1297 年)王青墓也有很多陶制家具模型,但无陶俑。随葬陶俑也是四川元墓的特点,华阳发现的皇庆、延祐年间(公元 1313～1316 年)的高氏墓⑤和成都发现的元墓⑥,都有三彩俑,这无疑是承袭了南宋的葬俗。

元代的仿木建筑雕砖壁画墓主要发现于山西地区。仿木建筑部分日趋简单,有些已变成示意性的。晋中发现的多为壁画墓,如孝义下吐京元墓、文水北峪口元墓⑦、平定东回村元墓⑧和太原瓦窑村延祐七年(公元 1320 年)墓,题材仍画夫妇"开芳宴",更突出了墓主人的形象,省略了伎乐场面,却增加了表现金银钱帛斛斗库和饲养六畜的画面。晋南发现的多为雕砖墓,题材也发生了变化,如新绛至大四年(公元 1311 年)墓的雕砖主题是孝子故事,在东西两壁共砌出十二幅孝子故事图⑨。侯马发现的延祐元年(公元 1314 年)马氏墓,壁面主要用花卉雕砖装饰⑩。这表明从五代以来的仿木建筑雕砖壁画墓,发展到元代已接近尾声了。

南方发现的元墓沿南宋旧制,多砖室券顶,夫妇合葬则是"同坟而异葬"的双室并列墓,特别注意了尸体的保护措施,盛行厚葬,有些墓主要以金银器随葬。

安庆发现的大德五年至九年间(公元 1301～1305 年)的范文虎及其妻陈氏墓⑪,双室并列,棺椁内外皆用松香或石灰和米汁灌实,所以随葬品保存很好。范氏棺内随葬玉带、玉印、佛珠、铜佛等,丝绸衣袍和漆纱幞头尚可辨认,陈氏棺内随葬金冠、金花、金饰和银钏等。椁外木柜中分装各种金玉饰物 220 余件。江苏

---

① 河南省博物馆、焦作市博物馆《焦作金代壁画墓发掘简报》,《中原文物》1980 年 4 期。
② 陕西省文物管理委员会《西安曲江池西村元墓清理简报》,《文物参考资料》1958 年 6 期。
③ 陕西省文物管理委员会《西安玉祥门外元代砖室墓清理简报》,《文物参考资料》1956 年 1 期。
④ 咸阳地区文物管理委员会《陕西户县贺氏墓出土大量元代俑》,《文物》1979 年 4 期。
⑤ 张才俊、袁明森《四川华阳县发现元代墓葬》,《考古通讯》1957 年 5 期。
⑥ 匡远滢《四川成都西郊元墓的清理》,《考古通讯》1958 年 3 期。
⑦ 山西省文物管理委员会、山西省考古研究所《山西文水北峪口的一座古墓》,《考古》1961 年 3 期。
⑧ 山西省文物管理委员会《山西平定县东回村古墓中的彩画》,《文物参考资料》1954 年 12 期。
⑨ 山西省文物工作委员会侯马工作站《山西新绛寨里村元墓》,《考古》1966 年 1 期。
⑩ 山西省文管会侯马工作站《侯马元代墓发掘简报》,《文物》1959 年 12 期。
⑪ 白冠西《安庆市棋盘山发现的元墓介绍》,《文物参考资料》1957 年 5 期。

吴县发现的大德八年（公元 1304 年）吕师孟墓①，也是双室并列。棺四周填木炭石灰。随葬有金银器 50 余件，满刻花纹的金盘，锤揲有各种人物花卉的金带饰，繁缛富丽，最为精致；另有一件八棱果盒的底上刻有"闻宣造"的铭记，说明这些金银细工是由当时的手艺人所造。无锡发现的延祐七年（公元 1320 年）钱裕夫妇墓，墓底铺松香，随葬品除金、银、玉、玛瑙、水晶等装饰品外，也主要是金银器皿，有瓶、盒、杯、匜、唾壶等 20 余件，这些金银器皿都是"篠桥东陈铺造"的，另外，还有漆器 9 件、丝织衣物 27 件，至元通行宝钞伍百文 15 张，贰百文 18 张②。江苏武进元墓的随葬品则以漆器为主，在漆碗底部有朱书八思巴文"陈"字③。江西南昌延祐二年（公元 1315 年）墓，仍沿宋墓旧制，随葬青瓷龙虎瓶 4 件，颈部贴塑仙人、鹿鹤、麒麟、盘龙等，盖上有立鸟，全高达 77 厘米④。江西波阳发现的元墓，出土 2 件带座青花梅瓶⑤。而最引人注目的是在江西丰城县凌氏墓中出土的有后至元四年（公元 1338 年）铭的青花釉里红瓷器，一件是龙虎瓶，另一件是楼阁式五谷仓，仓上堆塑人物，在第一层的仓壁上用青料书写墓志；另外还有两件瓷俑⑥。这是迄今发现的时代最早的有纪年铭的青花釉里红瓷器。福建南安发现的至大三年（公元 1310 年）潘八墓，是一座火葬墓，用粗瓷罐盛骨灰，墓虽狭小，仍为双室⑦。

  元代晚期的墓葬，有洛阳发现的至正九年（公元 1349 年）王述墓⑧，其随葬品全部为仿古陶器，有鼎、敦、甗、尊、爵等 20 余件，是很少见的特例。山东邹县发现的至正十年（公元 1350 年）李裕庵夫妇墓⑨，竖穴石椁，双室并列，四周灌以石灰米汁。男尸保存完好，头戴褐色素绸风帽，身上穿 6 件长袍，下身穿素绸开裆丝绵裤。女棺内也出有多件丝织衣物。这批刺绣衣物有浓厚的山东地方风格，有人认为是"鲁绣"⑩。

---

① 江苏省文物管理委员会《江苏吴县元墓清理简报》，《文物》1959 年 11 期。
② 无锡市博物馆《江苏无锡市元墓中出土一批文物》，《文物》1964 年 12 期。
③ 常州市博物馆、武进县文化馆《江苏武进县元墓出土八思巴文漆器》，《文物资料丛刊》2，文物出版社，1978 年。
④ 郭远谓《江西南昌朱姑桥元墓》，《考古》1963 年 10 期。
⑤ 唐昌朴《江西波阳出土的元代瓷器》，《文物》1976 年 11 期。
⑥ 杨后礼、万良田《江西丰城县发现元代纪年青花釉里红瓷器》，《文物》1981 年 11 期。
⑦ 陈家榤《福建省南安潘山乡发现元代骨灰墓葬》，《文物参考资料》1954 年 12 期。
⑧ 洛阳市博物馆《洛阳元王述墓清理》，《考古》1979 年 6 期。
⑨ 山东邹县文物保管所《邹县元代李裕庵墓清理简报》，《文物》1978 年 4 期。
⑩ 王轩《谈李裕庵墓中的几件刺绣衣物》，《文物》1978 年 4 期。

苏州发现的至正二十五年（公元 1365 年）吴王张士诚母曹氏墓①，形制最为特殊。墓坑正方形，沿坑壁四周砌擗土石壁，内用砖和夯土起两道厢壁，厢壁中央置正方形石圹，圹内置两具棺椁。在石壁、厢壁和石圹之间满灌三合土灰浆，上用石条封盖，使整个墓圹结为一体，非常坚固。这种做法与南宋诸陵攒宫石藏子的制度完全相同。当时张士诚已自称吴王，所以在营建其父母的坟墓时，一依宋陵制度。由于棺椁之间填满了石灰包，采取了防潮措施，曹氏尸体尚存，丝织衣物、金冠、玉带、六瓣形三层银奁和花纹精细的银镜架等物都保存得很好。两套象牙制的哀册，完整无缺，每套四十条，四条为一版，首尾二版刻龙凤纹，册文阴刻填金。曹氏墓的发现，为研究宋代陵墓制度提供了重要材料，是石藏子的唯一实例。

从 50 年代初起，在福建的泉州和江苏的扬州，都因拆除旧城墙而陆续发现了许多元代墓碑。1952 年在泉州城基内发现了阿拉伯文赛典赤杜安沙碑②，经考证，杜安沙为浙江行省平章政事赛典赤乌马儿之子，卒于回历 702 年（公元 1302 年，元大德六年）。当时乌马儿任职福建行省，住在泉州，其子杜安沙死后则葬于泉州。这是元代著名的赛典赤家族所遗留的史迹③。1954 年在泉州通淮门外津头浦又发现一块 1940 年拆除城墙时挖出的也里可温墓碑④，一半是用叙利亚文字母拼写的突厥语，一半是汉文，为"管领江南诸路明教秦教等也里可温马里失里门阿必思古八马里哈昔牙"的墓碑，葬于皇庆二年（公元 1313 年）。说明当时江南诸路景教徒之众多，以致需要设置一位管理诸路明教（摩尼教）、秦教（景教）等的教长。由于墓碑上拼写了突厥语，估计这位教长本人应是汪古部人⑤。这块墓碑在宗教史和语言学的研究上都是值得重视的。

1952 年夏天，在扬州南门水关附近发现两块拉丁文墓碑⑥，一块是死于公元 1342 年（至正二年）的多密尼·伊利翁尼的女儿喀德邻的，墓碑上部刻着"圣喀德邻殉教"的图像；另一块是死于公元 1344 年（至正四年）的多密尼·伊利翁尼的儿子安东尼的，墓碑上部刻着"末日审判图"。伊利翁尼（Yilionis）家族是热那亚

---

① 苏州市文物保管委员会、苏州博物馆《苏州吴张士诚母曹氏墓清理简报》，《考古》1965 年 6 期。
② 吴文良《泉州宗教石刻》，科学出版社，1957 年。
③ 陆竣岭、何高济《泉州杜安沙碑》，《考古》1980 年 5 期。
④ 庄为玑《谈最近发掘的泉州中外交通史迹》，《考古》1956 年 3 期。吴文良《泉州宗教石刻》，科学出版社，1957 年。
⑤ 夏鼐《两种文字合璧的泉州也里可温（景教）墓碑》，《考古》1981 年 1 期。
⑥ 耿鉴庭《扬州城根里的元代拉丁文墓碑》，《考古》1963 年 8 期。

城的商人。多密尼是来中国经商的,全家都定居在扬州。当时扬州有圣方济格会的教堂,多密尼是这个教派的信徒,死后便葬在教堂的墓地中[①]。这两块墓碑发现后不久,很快便传到国外去,引起了很大的轰动。

在西北地区发现了两具元代干尸。1956 年在青海柴达木盆地诺木洪发现一具元代武将干尸,外用羊毛毡包裹,身穿黄织金缎羊皮袍,披护身软甲,腰系带,足着皮靴,头戴缎面羊皮帽,帽上插红缨。随葬鞍镫、弓箭、马尾、羊腿等物。其胸口尚留有创伤,似是战死沙场的[②]。1970 年又在新疆盐湖发现一座元墓,尸体未朽,内着衣裤,外套黄色油绢织锦袄,足穿皮靴,随葬弓箭、鞍镫和武器等,也是一名武将[③]。元代武士干尸的一再发现,为我们复原元代武士的服饰提供了最可靠的资料。

原载中国社会科学院考古研究所编《新中国的考古发现和研究》,文物出版社,1984 年。

---

① 夏鼐《扬州拉丁文墓碑和广州威尼斯银币》,《考古》1979 年 6 期。
② 青海省文物管理处考古队《青海省文物考古工作三十年》,《文物考古工作三十年》,文物出版社,1979 年。
③ 王炳华《盐湖古墓》,《文物》1973 年 10 期。

西夏陵墓的发掘

有关西夏的考古工作是从20世纪60年代才陆续开展起来的，主要是对西夏帝陵及其陪葬墓的调查和发掘。

西夏帝陵在宁夏银川市西25公里的贺兰山东麓，整个陵区东西约4公里，南北约10公里（图一）。从1972年开始，重点调查并发掘了第8号陵[①]。

第8号陵的陵园在正南立双阙，双阙之间辟神道，双阙以北神道两侧各立一座碑亭，碑亭北为外神墙、月城和内城。月城内沿神道两侧立石像生。内城平面长方形（183×134米），四角建角楼，四面正中各开一门。南门三间，门内有献台。内城西北隅为平面八角形的塔式灵台，从残留的七级夯土台基来推测，原应是一平面八角形的塔式建筑。在陵园的最外一周的四角各建一角台。西夏帝陵与巩县北宋诸陵的平面颇不相同，特别是内城呈长方形，内城前加月城，以及地宫偏处内城西北隅而上建塔式建筑等制制，皆为北宋诸陵所未见。

对第8号陵的地宫作了发掘。主室呈扁长方形，南北5.6、东西6.8～7.8米。前有甬道，甬道壁上画有武士等壁画。主室两侧各有一小耳室。由于早年遭破坏性挖掘，墓室的结构已不清楚。在残存的墓室底部仅发现了一些残缺的金银饰件、铜甲片、铁器和陶瓷碎片等。根据碑石残块所记的材料推测，此陵可能是西夏第八代皇帝李遵顼陵，葬于西夏乾定四年（即宝义元年，公元1226年）。

另外还清理了第2号陵的碑亭，出土汉文残碑石511块，西夏文残碑石1265块。复原出了一块篆体西夏文碑额"大白上国护城圣德至懿皇帝寿陵志文"，从而证实了第2号陵是西夏第五代皇帝李仁孝的寿陵[②]。

[①] 宁夏回族自治区博物馆《西夏八号陵发掘简报》，《文物》1978年8期。
[②] 吴峰云、李范文、李志清《介绍西夏陵区的几件文物》，《文物》1978年8期。

图一 西夏王陵

1. 8号陵全景　2. 14号和15号陵全景

1975年发掘了第108号陵区陪葬墓。此墓在地面尚存有封土和平面方形的墓园夯土围墙。是一座前有阶梯墓道的土洞墓,墓室方形(4×4米),随葬有石狗、石马、绿釉陶罐和北宋钱币等。还有一些丝织品的残片。在墓室的西南角发现有羊羔骨架,同时在墓道的填土中也杂有大量家畜等兽骨,这可能与西夏葬俗有关。在墓旁碑亭的残基上采集到了汉文和西夏文碑石残块 300 余块,复原出了"梁国正献王之神道碑"等字,从而得知 108 号墓是西夏封为梁国正献王的嵬名安惠墓,大约葬于公元 12 世纪 30 年代初①。墓中发现的丝织品残片,有素罗、纹罗、工字绫、异向绫和茂花闪色锦,其中扎结丝线染色的茂花闪色锦还是第一次出土。这些丝织品都是公元 11~12 世纪北宋的产品②。1977 年在 101 号陪葬墓中出土的鎏金铜卧牛,长达 1.2 米,是西夏造型艺术的重要作品③。

1977 年在甘肃武成发掘了两座有西夏纪年的汉人火葬墓④。一座是天庆七年(公元 1200 年)下葬的刘德仁墓,墓室约 1 米多见方。骨灰是葬在一高 76 厘米的八角形"木缘塔"中,塔身上写满了梵文咒语,塔顶有题记。随葬品有木制家具模型和 29 块板画。板画大小不一,大者 28×10.5 厘米,小者 9.5×4.5 厘米,多画男女侍者和武士。也有带题名的板画,如"蒿里老人"则画一头戴高冠的持杖老人。这些板画都排在墓壁下,可能是代替壁画的意思。另一座墓葬两人,一是葬于天庆元年(公元 1194 年)的李氏,一是葬于天庆八年(公元 1201 年)的刘仲达。据题记得知,刘氏祖籍彭城,是西夏西路经略司中的一个下级官吏。

除了西夏的陵墓以外,在 1964 年至 1965 年间还曾调查了西夏建国以前李德明在定州所建的省嵬城遗址。省嵬城在今宁夏石咀山市庙台公社。城略作方形,为夯土所筑。东门遗址尚保留有两壁下部的条石和排叉柱洞的痕迹⑤。

1976 年在灵武县石坝黄河河滩上发现银器 19 件,其中三件银碗的内底上各墨书西夏文"三两"、"三两半"、"二两八"等字。还有压印有梵文的小银盒。这些银器都朴素无纹饰⑥。在灵武县还发现过窖藏瓷器,有碗、碟和高足碗等,多达数百件,以白釉为主,有的尚未挂釉,可能是西夏本地的产品⑦。

1972 年在甘肃武威的一个山洞中发现了一批西夏文书⑧,其中有印本《四言

---

① 宁夏回族自治区博物馆《西夏陵区一〇八号墓发掘简报》,《文物》1978 年 8 期。
② 上海市纺织科学研究院纺织史组《西夏陵区一〇八号墓出土的丝织品》,《文物》1978 年 8 期。
③ 吴峰云、李范文、李志清《介绍西夏陵区的几件文物》,《文物》1978 年 8 期。
④ 宁笃学、钟长发《甘肃武威西郊林场西夏墓清理简报》,《考古与文物》1980 年 3 期。
⑤ 宁夏回族自治区博物馆考古组《宁夏三十年文物考古工作概况》,《文物考古工作三十年》,文物出版社,1979 年。
⑥ 董居安《宁夏石坝发现墨书西夏文银器》,《文物》1978 年 12 期。
⑦ 吴峰云、李范文、李志清《介绍西夏陵区的几件文物》,《文物》1978 年 8 期。
⑧ 甘肃省博物馆《甘肃武威发现一批西夏遗物》,《考古》1974 年 3 期。王静如《甘肃武威发现的西夏文考释》,《考古》1974 年 3 期。《〈甘肃武威发现的西夏文考释〉质疑》,《考古》1974 年 6 期。

杂字》是前所未见的西夏文书籍,还有西夏文写本药方等也都很珍贵。河北保定韩庄发现的明弘治十五年(公元 1502 年)佛顶尊胜陀罗尼经石幢,是西夏僧人所立①。这个石幢的发现,证明西夏亡后,党项族被迁移到全国各地散居,在保定居住的党项族还一直使用西夏文。

原载中国社会科学院考古研究所编《新中国的考古发现和研究》,文物出版社,1984 年。

---

① 郑绍宗、王静如《保定出土明代西夏文石幢》,《考古学报》1977 年 1 期。史金波、白滨《明代西夏文经卷和石幢初探》,《考古学报》1977 年 1 期。

南诏大理的考古发现

南诏大理的考古工作主要有三项：一是南诏城镇遗址的调查；二是在云南西部发掘的大理晚期和元明时期的火葬墓；三是清理崇圣寺主塔塔基、塔顶时发现的佛教文物。

南诏城镇遗址的调查是从20世纪50年代末期开始的。剑川的邓川旧城东北1公里的城址，传为蒙舍诏统一前逻赕诏哔逻皮所建的德源城。城建在背靠大山、西凭深堑、东临弥苴河的山冈上。城墙依山势夯筑，周长约1.2公里。城内有高约1米的土台，四周有很多布纹厚瓦，当是一建筑基址[①]。云南巍山地区是南诏蒙氏的故乡。在巍山垅屿山发掘了一处南诏宫殿遗址，殿基和石柱础尚存，出土了大量莲花纹瓦当、卷云纹滴水、鸱尾等残片，在很多瓦片上都印有南诏的"白文"[②]。

南诏统一后，从蒙舍迁至太和城。太和城遗址在今大理县城南8公里的太和城村西。城墙为夯土所筑，有的地方尚高3米左右。北城西起佛顶峰，东至洱海，全长约2公里；南城墙西起五指山北麓，东迄洱边村。未发现东、西城墙。南北两城墙相距1.2公里，著名的南诏德化碑即在南北城墙之间。在太和城北佛顶峰上，另有一平面呈不规则圆形的小城，被称为"南诏避暑宫"。继太和城后为南诏都城的是阳苴咩城，从公元779年至1253年，包括段氏大理国在内，均以阳苴咩城为都城，是南诏大理最重要的城镇，遗址在今大理西山坡上，仅存北城墙，西起中和峰麓，东至大理县城西北角，全长约1公里。用石块及土垒成，保存最好处底宽6～8米，顶宽1米，高4～5米。著名的崇圣寺塔、宏圣寺塔都在城中。另外，还有

---

① 杨毓才《南诏大理国历史遗址及社会经济调查纪要》，《大理白族自治州历史文物调查资料》，云南人民出版社，1958年。

② 云南省博物馆《云南巍山县垅屿山南诏遗址的发掘》，《考古》1959年3期。

白崖城遗址，在今红崖镇西 1 公里的山坡上。夯土城墙保存极好，平面呈不规则椭圆形，周长约 1 700 米。城中有土台，为南诏宫室基址。传说此城是专为收容被南诏征服了的诸部首领的。在洱海北端下关西山坡上的龙口城，是南诏的军事重镇。南北两道夯土城墙，依山崖而建，最高处有 10 米，加上陡峻的山势，愈益险要。至于喜州的大厘城和昆明的拓东城，因皆在今市区范围之内，保存的遗迹不多，但也有南诏式布纹厚瓦、莲花纹瓦当、橙黄色陶片和带"白文"的瓦片出土①。

南诏城镇大部分是从河蛮旧址上发展起来的，多建于山坡之上，面积都很小，都城以外的城镇中也多建有宫室，有的则为军事要塞。所以南诏的城镇多以政治和军事的性质为重。不论是城墙的建筑方法，或是砖瓦构件的纹饰等，都显示出是受了中原文化的深刻影响②。

据文献记载，南诏是行火葬的，但至今尚未发现南诏的火葬墓。在云南西部发现的年代最早的火葬墓是大理国晚期的，除 1935 年在楚雄发现的仁寿四年（约当南宋嘉熙二年，公元 1238 年）高生福墓志以外，又于 1959 年在大理县喜州弘圭山发现了元亨十一年（即南宋庆元元年，公元 1195 年）赵氏墓幢③。而绝大多数的火葬墓都是元明时期的。从 50 年代开始，在丽江、剑川、鹤庆、邓州、大理、楚雄、禄丰、昆明、澂江、石屏、江城等地发掘了近 2 000 座元明火葬墓。比较重要的有丽江九河段、王二姓火葬墓，剑川、大理的元代火葬墓，剑川的赵土官和鹤庆的高土司家族火葬墓，以及大理苍山的明代火葬墓等。这些火葬墓的葬具都是灰陶罐或绿釉陶罐，有的在腹部贴饰十二生肖和五方神像。在火化后的头盖骨和四肢骨上贴金箔，写朱色梵文咒语。随葬品很少，有的放少数贝、铜环或铅器之类；富有者或放青瓷高足盏或粗瓷瓶等，也有在火葬罐四周置十二生肖俑和五方神俑的。墓上置墓幢或墓碑。元代多立石灰岩墓幢，幢作八角或六角形，也有作覆钵式塔形的。明代多立大理石墓碑，碑首作半圆形，正面刻汉文碑铭，碑阴刻梵文经咒。在很多碑铭中，上溯其祖辈事迹，下列其子孙姓名，有助于考订当地大族的家世④。利用考古发现的各种碑志、题刻、写经等纪年资料，来补正南诏大理的纪年，也有助于南诏大理史的研究⑤。

---

① 林声《南诏几个城址的考察》，《学术研究》（云南）1962 年 11 期。
② 汪宁生《云南考古》，云南人民出版社，1980 年。
③ 孙太初《大理国彦贲赵兴明为亡母造尊胜墓幢跋》，《考古》1963 年 6 期。
④ 孙太初《云南西部的火葬墓》，《考古通讯》1955 年 4 期。李家瑞《滇西白族火葬墓概况》，《文物》1960 年 3 期。
⑤ 李家瑞《用文物补正南诏及大理国的纪年》，《历史研究》1958 年 7 期。张增祺《大理国纪年资料的新发现》，《考古》1977 年 3 期。

近年有关大理考古的最重要的发现是大理崇圣寺三塔中主塔塔基和塔顶的清理。这一工作是从 1976 年维修主塔开始的，经过数年的陆续清理，共发现文物 680 余件。塔基下无地宫，在塔基的墙洞中发现了泥佛像、泥塔和泥制的梵文咒等 100 余件。大部分的文物发现于塔顶塔刹中心柱的基座内，有木经幢、各种佛教造像、写经和金刚杵、铜铃、铜钹、铜钵、念珠等法器，另外还有 15 件铜镜，其中有湖州镜和成都刘家镜。以各种佛教造像和法器最为重要（图一）。佛教造像中主要是铜造像，也有金、银、鎏金、木、瓷、铁和玉石水晶造像。佛像 43 件，有阿

图一　大理佛像和法器

1. 铜铃　2. 鎏金铜大黑天神像　3. 金阿弥陀如来像　4. 除盖障菩萨像

閦如来像、阿弥陀如来像、释迦如来像、大日如来像和宝生如来像等。菩萨像 65 件,以观音像占绝大多数。天王力士像 9 件,其中大黑天神像 3 件。各式金刚杵 213 件,有的杵上也饰有大黑天神像。当时密宗的阿吒力教盛行,大黑天神为当地信奉的主神,崇圣寺主塔塔顶所出的佛教造像和法器都反映了这个特点。同时发现的还有 3 件有纪年的刻文铜片和铁片,它们的纪年分别为:明治四年(北宋真宗咸平三年,公元 1000 年)、辛酉岁(南宋绍兴十一年,公元 1141 年)和大宝六年(南宋绍兴二十四年,公元 1154 年)。这批公元 11、12 世纪的佛教文物,是迄今发现的南诏大理时期的文物中最丰富最重要的[1]。

原载中国社会科学院考古研究所编《新中国的考古发现和研究》,文物出版社,1984 年。

---

[1] 云南省文物工作队《大理崇圣寺三塔主塔的实测和清理》,《考古学报》1981 年 2 期。

明代陵墓的发掘

明代的考古工作主要是明代陵墓的发掘。北京定陵的"地下宫殿"(图一)是在1956年5月开始发掘的,历时两年多,于1958年7月结束①。现已辟为地下博物馆,成为世界闻名的游览胜地。

除定陵以外,又发掘了明鲁荒王朱檀②、蜀王世子朱悦燫③、晋郡王朱济熇④、宁王朱权及宁康王妃冯氏⑤、益端王朱祐槟⑥、益庄王朱厚烨⑦、益王家族中的某郡王⑧、肃王家族中的某郡王⑨和潞简王朱翊镠的坟墓⑩。在北京西郊董四墓村还发掘了明万历、天启嫔妃们的墓⑪。

明代异姓王侯墓的发掘,著名的有南京

图一　明定陵地宫

---

① 长陵发掘委员工作队《定陵试掘简报》,《考古通讯》1958年7期、《考古》1959年7期。
② 山东省博物馆《发掘明朱檀墓纪实》,《文物》1972年5期。
③ 中国社会科学院考古研究所、四川省博物馆成都明墓发掘队《成都凤凰山明墓》,《考古》1978年5期。
④ 山西省文物管理委员会《山西太原七府坟明墓清理简报》,《考古》1961年2期。
⑤ 陈文华《江西新建明朱权墓发掘》,《考古》1962年4期。郭远谓《南昌明宁康王次妃冯氏墓》,《考古》1964年4期。
⑥ 江西省博物馆《江西南城明益王朱祐槟墓发掘报告》,《文物》1973年3期。
⑦ 江西省文物管理委员会《江西南城明益王墓出土文物》,《文物》1959年1期。
⑧ 薛尧《江西南城明墓出土文物》,《考古》1965年6期。
⑨ 甘肃博物馆《兰州市上西园明墓清理简报》,《考古》1960年3期。
⑩ 河南省博物馆、新乡市博物馆《新乡市郊明潞简王墓及其石刻》,《文物》1979年5期。
⑪ 考古研究所通讯组《北京西郊董四墓村明墓发掘记》,《文物参考资料》1952年2期。

附近的东胜侯汪兴祖墓①、黔宁王沐英和定远王沐晟的墓地②、西宁侯宋晟的墓地③、安徽蚌埠市东瓯王汤和墓④，北京八里庄武清侯李伟墓⑤。

另外，在贵州遵义高坪发掘了播州土司杨氏家族墓地⑥，在湖南湘西土家族苗族自治州凤凰县还发现了明代五寨长官司田氏家族墓⑦，他们都是少数民族地区的统治者，与明王朝的皇族及异姓王侯墓又有所不同。

1970 年发掘的四川成都明蜀王世子朱悦燫墓，规模宏大，装饰华丽。整个墓室由三个砖筑纵列式筒拱券组成，全长 33 米，包括墓室大门、前庭、二门、正庭、正殿、中庭、圜殿、后殿以及左右两厢和耳室，这种平面布置与当时的王府制度基本相同；在建筑的形式上也模拟了当时的王府宫殿建筑，以巨大的石材和琉璃构件砌成仿木建筑的门殿廊庑，浑如地下宫殿（图二、图三）。这和 1958 年在江西

图二　明蜀王世子墓正庭右厢全景

---

① 南京市博物馆《南京明汪兴祖墓清理简报》，《考古》1972 年 4 期。
② 南京市文物保管委员会《南京江宁县沐晟墓清理简报》，《考古》1960 年 9 期。
③ 南京市文物保管委员会《南京中华门外明墓清理简报》，《考古》1962 年 9 期。
④ 蚌埠市博物展览馆《明汤和墓清理简报》，《文物》1977 年 2 期。
⑤ 张先得、刘精义、呼玉恒《北京市郊明武清侯李伟夫妇墓》，《文物》1979 年 4 期。
⑥ 贵州省博物馆《遵义高坪"播州土司"杨文等四座墓葬发掘记》，《文物》1974 年 1 期。
⑦ 张中一《湘西凤凰县五寨长官司彭氏墓调查》，《文物》1962 年 1 期。

图三　明蜀王世子墓正庭与正殿全景

新建县发掘的明宁王朱权墓的形制大体相同。朱权墓全长 31.7 米，包括墓室大门和大门前的礓磋、前庭、二门、正庭、正殿门、中庭及左右室、后殿，只是省略了中庭的圜殿。朱悦爌葬于永乐八年（公元 1410 年），朱权葬于正统十四年（公元 1449 年），它们代表了明朝前期（永乐至弘治）亲王的陵墓制度。

明朝前期郡王的陵墓制度，可以 1957 年发掘的宣德三年（公元 1428 年）下葬的晋郡王朱济熿墓为代表。此墓两门两室，加上墓门前的甬道，全长 13.1 米，比亲王的墓制低一等。

弘治以后的亲王陵墓制度，较明朝前期有所改变。江西南城县的明益端王朱祐槟和益庄王朱厚烨墓，分别建于嘉靖十九年（公元 1540 年）和嘉靖三十六年（公元 1557 年），墓室从前期的三层庭院简化为两门两室，全长也减为前期的一半，相当于前期的郡王墓制，约为定陵全长的六分之一。河南新乡发掘的明万历四十三年（公元 1615 年）潞简王朱翊镠墓，当时被认为是逾制的，但也还是两室，只是墓室的总长稍为加长，约为定陵的四分之一。

明初洪武时期的亲王墓制，较永乐三年（公元 1405 年）改制后的规模要小，鲁荒王朱檀墓的发掘，为我们提供了这方面的材料。

鲁荒王朱檀是明太祖朱元璋的第十子，死于洪武二十二年（公元 1389 年）。

1970年在山东邹县和曲阜交界处的九龙山南麓发掘了他的墓葬。墓室分前后两室,全长20.5米,其规模虽不如蜀王世子墓大,但由于长年积水,随葬器物保存完好。九旒冕(图四,2)、皮弁、乌纱折上巾和各种丝棉织成的衣物,反映了明初的衣冠制度。其中一件长3、宽1米的棉织平纹被单,是现存早期棉布的重要标本。各式各样的漆木家具,包括盝顶戗金漆箱在内,给元明之际家具的研究增添了新内容,并显示了当时制漆工艺的高度水平①。最难得的是还保存着一张古琴、三

1

2

图四　明鲁荒王墓器物
1. 木仪仗俑　2. 冕

---

① 杨伯达《明朱檀墓出土漆器补记》,《文物》1980年6期。

卷绢本画和七种元刻本书籍。古琴长121、宽19.5厘米,七弦二柱十三徽,琴身黑漆面裂似蛇腹,背面篆刻琴名"天风海涛",龙池内有写款两行"圣宋隆兴甲申□□大唐雷威亲斲",是公元1164年的制品,流传了225年以后又埋入朱檀墓中的。绢本画中的宋高宗题跋的金粉葵花蛱蝶和元钱选自跋的白莲两卷,都钤有元仁宗之姊鲁国大长公主祥哥剌吉的"皇姊图书"朱印和冯子振、赵岩的题记;另一件金碧山水无款识。但这三卷画上皆钤有宽边朱文"司印"二字骑缝印,当是明初收入内府时由典礼纪察司所盖之印①。元刻本书籍七种,有至元七年(公元1341年)日新书堂刻本《朱文公校昌黎先生文集》五十二卷五册;《朱子订定蔡氏书集传》六卷三册,蝴蝶装;《增入音注括例始末胡文定公春秋传》三十卷六册;《四书集注》十九卷二册,元至正二十二年(公元1362年)武林沈氏尚德堂刻本;《少微家塾点校附音通鉴节要》六十卷二册,元至治元年(公元1321年)彭氏钟秀家塾刻本;《黄氏补千家注纪年杜工部诗史》三十六卷二册,元至元二十四年(公元1287年)武夷詹光祖月崖书堂刻本;另一种残毁,书名不详。

朱檀墓和朱悦燫墓中均随葬有大批的以象辂为中心的仪仗俑和仆侍俑(图五;图四,1)。朱檀墓的400余件仪仗俑皆为木雕,大都持有各种质料的仪仗用具,雕刻精致,敷彩鲜艳。朱悦燫墓的500余件仪仗俑皆为釉陶俑,排列位置清楚,它与朱檀墓的木仪仗俑的服饰和所执的仪仗等都是相同的,如实地反映了明初亲王的仪仗制度。

江西南城两代益王墓出土的仪仗陶俑的数目减了一半,服饰也不同,反映了明代后期制度上的一些变化。至于金银等贵重随葬品的数目与质量却并未减少与下降,如益端王和益庄王妃万氏、彭氏凤冠上的金凤钗,都用永乐年间的制品随葬,其工艺水平之精细,较定陵出土的有过之而无不及。

南京附近和蚌埠市发现的异姓王侯墓出土了不少精美的瓷器,除影青、龙泉瓷器以外,最引人注目的是青花瓷器。洪武四年(公元1371年)汪兴祖墓出土的青花高足杯,洪武二十五年(公元1392年)沐英墓出土的青花大梅瓶,洪武二十八年(公元1395年)汤和墓出土的青花瓷罐,以及永乐十六年(公元1418年)宋晟妻叶氏墓出土的青花大碗,都是研究元明之际青花瓷器的特点的重要标本。其中沐英墓出土的青花大梅瓶上所绘的"萧何追韩信"人物故事画,是明初出现的

---

① 刘九庵《朱檀墓出土画卷的几个问题》,《文物》1972年8期。

图五 明蜀王世子墓遗物
1. 击鼓乐俑　2. 陶象辂

新题材(图六)。对这些青花瓷器，有人认为是明洪武初年景德镇的产品[1]；也有人认为它们都具有元末青花瓷器的特点，是元青花瓷器中的上乘佳作[2]。

明朝一般官僚地主的墓葬，多为简单的长方形砖室墓，但却更讲究棺椁密封与防腐措施，因此，墓内的随葬品和尸体有很多是保存完好的。北京南苑发现的正德十年(公元1515年)下葬的夏儒墓，出土各种衣服83件，完好如新[3]。广州

---

[1] 李蔚然《试论南京地区明初墓葬出土青花瓷器的年代》，《文物》1977年9期。
[2] 冯先铭《我国陶瓷发展中的几个问题——从中国出土文物展览陶瓷展品谈起》，《文物》1973年7期。
[3] 北京市文物工作队《北京南苑苇子坑明代墓葬清理简报》，《文物》1964年1期。

的戴缙墓①和江西广丰的郑云梅墓②，也都保存有各种质料的衣物。苏州王锡爵墓③和上海潘氏墓④，除了衣冠服饰之外，还有各种木制家具模型。极难保存的书画，也由于密封的缘故而得以保存。江苏吴县明墓中出土了文徵明的书画⑤。特别重要的是上海嘉定县明墓中出土的 11 种明成化年间北京永顺书堂刻印的"说唱词话"和南戏《白兔记》⑥，它们都附有插图，竹纸裱背装。其中的《新编全相说唱足本花关索传》分前、后、续、别四集，上图下文，尚保存着元代平话刻本的风格。南戏《新编刘知远还乡白兔记》一册四十六页，附半页插图六幅，是继《永乐大典》所收三种戏文之后，新发现的整本南戏。这些书籍的出土，确是我国文学戏曲史和版画史上的一次重要发现⑦。同时也说明，在我国封建社会后期代表市民阶层的说唱文学的发展，这些唱本出土于商品经济比较发达的苏松地区的墓葬中，是值得注意的现象。另外，在广东揭阳明墓中还发现过抄本《蔡伯喈》⑧；在广东潮安明墓中则出土了宣德七年（公元 1432 年）所抄的《金钗记》的演出本⑨。这两个抄本戏曲的发现，都对探索南戏的历史有所裨益。

河北阜城发现的葬于嘉靖十三年（公元 1534 年）的吏部尚书廖纪墓，是由皇帝特命工部营建的，在石棺的前方砌有明器随葬坑，坑内排列 60 余件仪仗侍从

图六 明青花人物梅瓶
1. 击鼓乐俑 2. 陶象辂

---

① 黄文宽《戴缙夫妇墓清理报告》，《考古学报》1957 年 3 期。
② 秦光杰、薛尧、李家和《江西广丰发掘明郑云梅墓》，《考古》1965 年 6 期。
③ 苏州市博物馆《苏州虎丘王锡爵墓清理纪略》，《文物》1975 年 3 期。
④ 上海市文物保管委员会《上海市卢湾区明潘氏墓发掘简报》，《考古》1961 年 8 期。
⑤ 南京博物院《江苏吴县洞庭山发掘清理明许裕甫墓》，《文物》1977 年 3 期。苏华萍《吴县洞庭山明墓出土的文徵明书画》，《文物》1977 年 3 期。
⑥ 上海市文物管理委员会考古组《上海发现一批明成化年间刻印的唱本、传奇》，《文物》1972 年 11 期。
⑦ 赵景深《谈明成化刊本"说唱词话"》，《文物》1972 年 11 期。赵景深《明成化本南戏〈白兔记〉的新发现》，《文物》1973 年 1 期。汪庆正《记文学、戏曲和版画史上的一次重要发现》，《文物》1973 年 11 期。
⑧ 林曦《广东揭阳明墓发现"蔡伯喈"戏曲抄本》，《文物》1961 年 1 期。
⑨ 广东省博物馆《广东考古结硕果，岭南历史开新篇》，《文物考古工作三十年》，文物出版社，1979 年。陈历明《一把探索南戏历史的钥匙》，《羊城晚报》1978 年 3 月 31 日。

俑①，这是很少见的一种特例。兰州上西园发现的明嘉靖年间的兵部尚书彭泽墓，有自撰墓志，并刻肖像于志前②，也是很少见的。在辽宁鞍山还发掘了崔源及其家族的19座墓③，崔氏父子皆仕于辽东都指挥司，在他们的墓志中都记载了与奴儿干有关的史实④，这与崔源的名字两次题于永宁寺碑后是符合的。

明代墓葬中还发现了一些与医学史和中外贸易有关的遗物。在江苏江阴永乐九年（公元1411年）夏欢墓中发现了一批外科医疗手术器械，有专作外科疮痈手术用的木针、柳叶式铁制外科刀、平刃式铁制外科刀、正骨按摩用的牛角柄铁制圆针、铁剪、铁镊，以及薰药瓷罐、淋洗瓷壶等⑤。这些医疗器械的出土，有助于深入了解元、明之际外科手术和外治法的历史。

广州发现的弘治八年（公元1495年）太监韦眷墓，由于他自成化十三年至弘治元年（公元1477～1488年）曾提举广东市舶司，所以在他的墓中不但出有金版、红珊瑚，还有公元15世纪中叶的外国银币3枚⑥；威尼斯银币1枚，铸于公元1457～1462年；满剌加（今孟加拉）国银币2枚，铸于公元1459年。这一方面反映着威尼斯商人的活跃，另一方面也说明当时的广州与占城、暹罗、西洋诸国贸易的发达。同时还证明韦眷确如文献上所记载的，是个侵克外商、营私舞弊、广聚珍宝的贪官⑦。

最后，我们还要提及的是关于安徽凤阳明皇陵和泗州明祖陵的调查⑧。凤阳皇陵建于洪武二年至十二年（公元1369～1379年），外建平面方形的陵园外垣，内建长方形内城，坟丘在内城后部，作方形覆斗状，坟丘前建享殿，坐南向北。陵前的望柱与石像生诸雕刻，尚保存着元代的风格。泗州祖陵建于洪武十九年（公元1386年），其平面布置与凤阳皇陵相近。这两处陵墓正处于自宋向明的过渡时期，在我国古代陵墓制度的研究上是重要的实例。

原载中国社会科学院考古研究所编《新中国的考古发现和研究》，文物出版社，1984年。

---

① 天津市文化局考古发掘队《河北阜城明代廖纪墓清理简报》，《考古》1965年2期。
② 甘肃省文物管理委员会《兰州上西园明彭泽墓清理简报》，《考古通讯》1957年1期。
③ 辽宁省博物馆文物队、鞍山市文化局文物组《鞍山倪家台明崔源家族墓的发掘》，《文物》1978年11期。
④ 王绵厚、冯永谦《明代管理奴儿干的历史新证》，《文物》1978年11期。
⑤ 江阴县文化馆《江阴县出土的明代医疗器具》，《文物》1977年2期。益公《明代医疗器械的初步考察》，《文物》1977年2期。
⑥ 广州市文物管理处《广州东山明太监韦眷墓清理简报》，《考古》1977年4期。
⑦ 夏鼐《扬州拉丁文墓碑和广州威尼斯银币》，《考古》1979年6期。
⑧ 王剑英《明中都城考（历史篇）》，凤阳县文化馆油印本，1976年。张正祥《明祖陵》，《考古》1963年8期。

宋辽金元明时代考古

宋代以后的考古学,在新中国成立前经正式科学发掘的项目很少,回顾20世纪上半叶和下半叶宋明考古学的发展情况,两相比较,可以说是从无到有。宋明考古学是属于历史考古学的范畴,一般认为丰富的历史文献几乎可以取代考古学的发现,但是,五十年来宋明考古学的新发现,却作出了相反的回答,它在许多方面提出了历史学上完全不知道的史实。

现按宋明考古学之城市、陵墓、制瓷手工业、宗教遗迹和其他有关的重要发现,作一简略叙述。

一

宋代都城——北宋汴梁城和南宋临安城遗址都作了考古学勘查。河南开封的汴梁城遗址已因黄河泛滥深埋于地下,从80年代起钻探了它的外郭城和内城,证实宋汴梁内城南北稍小于明清开封城[1]。浙江杭州的临安城遗址也完全被压在今天的杭州市区之下,已很难进行全面的考古工作,但还是勘查了它的皇城遗迹。1995年在今杭州太庙巷发掘了南宋临安太庙东垣墙遗址[2]。

宋代城市的一个特点是地方经济类型城镇的兴起。经考古勘查过的此类城镇有江西吉安永和镇,它是著名的吉州窑的所在地,旧日街迹窑址,历历在目,前店后厂,是典型的宋代制瓷手工业城镇[3]。商业城市可以湖北沙市为例,从唐代

---

[1] 开封宋城考古队《北宋东京外城的初步勘探与试掘》,《文物》1992年12期。开封宋城考古队《北宋东京内城的初步勘探与测试》,《文物》1996年5期。
[2] 杭州市文物考古所《杭州发现南宋临安城太庙遗址》,《中国文物报》1995年12月31日。
[3] 李德金、蒋忠义《南宋永和镇的考察》,《中国考古学会第七次年会论文集》,文物出版社,1992年。

以来的沙头市发展为沿江一条街的沙市城①。江西的宋赣州城②和沿海对外贸易城市，如江苏的扬州城、浙江的宁波城、福建的泉州城和广东的广州城，都做了考古工作。宋扬州大城的南门和西门遗址，保存良好，叠压关系清楚③。宁波宋城东门外码头遗址的发掘④，泉州宋元城的勘查和后渚宋船的发掘⑤，以及广州宋城的勘查和码头遗址的发掘⑥，都是很重要的。

辽中京和金中都的勘查发掘，揭示了辽金都城的新形制，它们与比其早的辽上京和金上京的形制完全不同。辽中京建于辽代中期，有宫城、内城和外城三重城，是摹仿北宋汴梁城的形制⑦。金中都则是在唐幽州、辽南京的基础上扩建的，既保存着唐以来的封闭式坊制布局，又增加了宋代以后的开放式街巷制的布局⑧，即把封闭式坊制和开放式街巷制共同纳于一个城市规划之中的模式，这是中国公元10世纪至13世纪都城规划从封闭式坊制向开放式街巷制过渡的一个通制。一直到公元14世纪元代在北京才正式规划和建设了一个真正的开放式街巷制的都城，那便是北京的元大都城。

北京元大都的考古勘查和发掘，始于1964年，至1974年告一段落，基本上把元大都的城市规划和当时居住在城内的居民的生活状况，有了一个比较实在的了解，为研究北京城的历史提供了重要的史料⑨。另外，对内蒙古正蓝旗元上都遗址也作了复查⑩，还新勘查了河北省张北县元中都遗址⑪。

在内蒙古和新疆地区也发现了很多元代城址，比较重要的有内蒙古呼

---

① 袁纯富、范志谦《从出土文物看古沙市位置的变迁》，《江汉考古》1984年3期。
② 李海根、刘芳义《赣州古城调查简报》，《文物》1993年3期。
③ 扬州唐城考古队《扬州发掘宋大城西门遗址》，《中国文物报》1996年5月19日。
④ 林士民《宁波东门口码头遗址发掘报告》，《浙江省文物考古所学刊》1981年，页105。
⑤ 陈允敦《泉州古城址踏勘》，《泉州文史》1980年2、3期。庄为玑《泉州历代城址的探索》，《泉州文史》1980年2、3期。泉州海外交通史博物馆《泉州湾宋代海船发掘与研究》，海洋出版社，1987年。
⑥ 黎金《越华路宋代城基遗址考略》，《广州文博》1986年3期。广州市文管会广州唐宋码头遗址发掘资料。
⑦ 辽中京发掘委员会《辽中京城址发掘的重要收获》，《文物》1961年9期。
⑧ 阎文儒《金中都》，《文物》1959年9期。徐苹芳《古代北京的城市规划》，《环境变迁研究》第一辑，海洋出版社，1984年。
⑨ 中国科学院考古研究所元大都考古队《元大都的勘查和发掘》，《考古》1972年1期。中国社会科学院考古研究所元大都考古队《北京后英房元代居住遗址》，《考古》1972年6期。中国社会科学院考古研究所元大都考古队《北京西绦胡同和后桃园的元代居住遗址》，《考古》1973年5期。张宁《记元大都出土文物》，《考古》1972年6期。
⑩ 贾洲杰《元上都调查报告》，《文物》1977年5期。
⑪ 郑绍宗《考古学上所见之元中都——旺兀察都行宫》，《文物春秋》1988年3期。陈应祺《略谈元中都皇城建筑遗址平面布局》，《文物春秋》1998年3期。

和浩特市东郊的丰州城①、察右前旗的集宁路故城②、赤峰克什克腾旗的应昌路故城③,新疆霍城的阿力麻里故城④和昌吉县的昌八里故城⑤,城址内多有窖藏发现,出土了瓷器、丝织品和钱币等遗物。在西安市北郊元安西王府宫殿基址中还出土过阿拉伯数码幻方铁板⑥。

位于安徽凤阳的明中都城,只在明洪武初年修建了六年便停工拆除,但城垣、宫殿基址尚存在于地面之上。以前不被学术界所注意,70年代才进行勘查⑦。它的城市规划布局,尤其是宫城和皇城的布局对明北京城有很大的影响。

二

1992～1995年河南省文物研究所对河南巩县北宋皇陵的调查勘测,是一项很重要的考古工作,全面记录了北宋八陵遗迹的现存情况,收集了碑志、石刻、建筑装饰等遗物,还清理了已暴露在外的附葬于宋太宗永熙陵的元德李皇后陵地宫⑧。

从北宋中期开始中原地区流行仿木建筑雕砖壁画墓,在河南、河北、山东都有发现,此种类型的墓葬出现于公元11世纪中叶,如河北武邑龙店庆历二年(公元1042年)墓⑨、河南郑州南关外至和三年(公元1056年)墓⑩、山东济南治平年间(公元1064～1067年)和熙宁八年(公元1075年)墓⑪、河南安阳天禧镇熙宁十年(公元1077年)墓⑫,而保存最好、仿木建筑结构最为复杂、壁画内容最为丰富

---

① 李逸友《呼和浩特市万部华严经塔的金元明各代题记》,《文物》1977年5期。
② 内蒙古文物工作队《元代集宁路遗址清理记》,《文物》1961年9期。
③ 李逸友《元应昌路故城调查记》,《考古》1961年10期。
④ 黄文弼《元阿力麻里古城考》,《考古》1963年10期。
⑤ 新疆维吾尔自治区社会科学院考古研究所《昌吉古城调查记》,《文物资料丛刊》4,文物出版社,1981年。
⑥ 马得志《西安元代安西王府勘查记》,《考古》1960年5期。夏鼐《元安西王府址和阿拉伯数码幻方》,《考古》1960年5期。
⑦ 王剑英《明中都》,中华书局,1992年。王剑英《明中都遗址考察报告》,滁县地区文化局油印本,1982年。
⑧ 河南省文物考古研究所《北宋皇陵》,中州古籍出版社,1997年。
⑨ 河北省文物研究所《河北武邑龙店宋墓发掘报告》,《河北省考古文集》,东方出版社,1998年。
⑩ 河南省文化局文物工作队第一队《郑州南关外北宋砖室墓》,《文物参考资料》1958年5期。
⑪ 《济南发现带壁画的宋墓》,《文物》1960年2期。
⑫ 《河南文化局调查安阳天禧镇宋墓》,《文物参考资料》1954年8期。

的是河南禹县白沙元符二年(公元 1099 年)赵大翁墓①。赵大翁是一个没有官品的一般地主,他能营建如此华丽的墓室,应是宋代士庶阶层社会地位上升的一种表现。

主要的墓葬形制仍是土坑砖室墓,特别是像河南郏县发现的宣和五年(公元 1123 年)下葬的苏适夫妇合葬墓,是券顶双室砖墓,两室之间隔墙上有小券洞相通,此即所谓"同坟而异葬"②,这种墓葬形制流行于中原和长江中下游地区,是宋元墓葬的主要形制,由于墓室坚固、棺椁密封,随葬品保存较好,发现了很不易保存的丝织品衣物、书画、漆器等,如江苏武进南宋墓③、浙江兰溪南宋墓④、福建福州淳祐三年(公元 1243 年)黄升墓⑤、江苏金坛南宋末年周瑀墓⑥。

福建的尤溪、将乐也发现了宋代壁画墓⑦,但是,它却与中原北方的仿木建筑雕砖壁画墓的形式显然不同,主要是在长方形砖室墓壁上画十二辰俑。四川东南部至贵州东北部流行石室雕刻彩画墓,如重庆、华蓥和遵义宋墓等⑧,尤以华蓥南宋嘉定十四年(公元 1221 年)安丙家族墓雕刻精致,堪称艺术佳作⑨。

辽墓的发掘在宋明考古中占有重要地位。50 年代以来在内蒙古赤峰发掘了应历九年(公元 959 年)辽驸马墓⑩、辽宁法库辽墓⑪、吉林库伦辽墓⑫、河北平泉八王沟辽秦晋国大长公主墓⑬、辽宁义县清河门辽墓群⑭等大型的辽代贵族墓,特别是近年在赤峰发现的辽天赞二年(公元 923 年)勒德墓⑮、辽会同四年(公元

---

① 宿白《白沙宋墓》,文物出版社,1957 年。
② 李绍连《宋苏适墓志及其他》,《文物》1973 年 7 期。
③ 陈晶《记江苏武进新出土的南宋珍贵漆器》,《文物》1979 年 3 期。
④ 汪济英《兰溪南宋墓出土的棉毯及其它》,《文物》1975 年 6 期。
⑤ 福建省博物馆《福州南宋黄升墓》,文物出版社,1982 年。
⑥ 镇江市博物馆等《金坛南宋周瑀墓》,《考古学报》1977 年 1 期。
⑦ 陈长根《福建尤溪县城关镇浦头村发现北宋纪年壁画墓》,《考古》1995 年 7 期。
⑧ 重庆市博物馆历史组《重庆井口宋墓清理简报》,《文物》1991 年 11 期。贵州省博物馆筹备处《贵州遵义专区的两座宋墓简介》,《文物参考资料》1955 年 9 期。
⑨ 王鲁茂等《南宋安丙家族墓地发掘获重要成果》,《中国文物报》1996 年 7 月 21 日。陈祖军《四川华蓥安丙家族墓地》,《中华文化画报》1997 年 5、6 期。
⑩ 前热河省博物馆筹备组《赤峰县大营子辽墓发掘报告》,《考古学报》1956 年 3 期。
⑪ 辽宁省博物馆等《法库叶茂台辽墓记略》,《文物》1975 年 12 期。
⑫ 王健群、陈相伟《库伦辽代壁画墓》,文物出版社,1989 年。
⑬ 郑绍宗《契丹秦晋国大长公主墓志铭》,《考古》1962 年 8 期。
⑭ 李文信《义县清河门辽墓发掘报告》,《考古学报》第八册,1954 年。
⑮ 内蒙古文物考古研究所《内蒙古赤峰宝山辽壁画墓发掘简报》,《文物》1998 年 1 期。

941年)耶律羽之墓地①和内蒙古哲里木盟辽开泰七年(公元1018年)陈国公主墓②,尤其重要。契丹贵族墓内有表现墓主生前生活情景的壁画和椁画,还有数量众多的随葬品,包括精美的越窑青瓷器和定窑白瓷器,丝织品中的缂丝,以及反映契丹民族习俗的马具和武器等。契丹大、小字墓志的发现,也为研究契丹文字提供了珍贵资料。

辽代汉人墓葬在北京③、山西大同④和河北宣化⑤各地皆有发现,特别是宣化辽墓壁画,绚丽多彩,反映了在契丹贵族统治下的汉人生活状况。

在北京房山发现了金陵残迹⑥。金代墓葬在大定以前的有新城时立爱、时丰墓⑦和兴隆萧仲恭墓⑧。河北井陉尹氏墓地则自金初延续至大定以后⑨。大定以后的金墓比较重要的有北京通县大定十七年(公元1177年)石宗璧墓⑩、辽宁朝阳大定二十四年(公元1884年)马令墓⑪、大同明昌元年(公元1190年)道士阎德源墓⑫。近年在黑龙江阿城县发掘的金大定二年(公元1162年)齐国王夫妇墓⑬尤其重要,其葬制和出土的丝织衣物都是绝无仅有的。山西侯马⑭、新绛⑮、孝义⑯各地发掘的仿木建筑雕砖墓,继承了北宋中原北方仿木建筑雕砖壁画墓的传统,把壁画内容皆以雕砖形式表现,精雕细刻,有的类似浮雕,有的还用透雕。

宁夏银川西夏王陵的勘查⑰,补充了中国古代陵墓制度上的缺环,它既继承

---

① 内蒙古文物考古研究所《辽耶律羽之墓发掘简报》,《文物》1996年1期。
② 内蒙古文物考古研究所等《辽陈国公主墓》,文物出版社,1993年。
③ 北京市文物工作队《北京西郊百万庄辽墓发掘简报》,《考古》1963年3期。
④ 山西省文物管理委员会《山西大同郊区五座辽壁画墓》,《考古》1960年10期。
⑤ 河北省文物管理处《河北宣化辽壁画墓发掘简报》,《文物》1975年8期。张家口市宣化区文物保管所《河北宣化辽代壁画墓》,《文物》1995年2期。河北省文物研究所《河北宣化辽张文藻壁画墓发掘简报》,《文物》1996年9期。
⑥ 北京市文物研究所《北京考古四十年》第四编第二章第四节《金陵》,北京燕山出版社,1990年。
⑦ 河北省文化局文物工作队《河北新城县北场村金时立爱和时丰墓发掘记》,《考古》1962年12期。
⑧ 郑绍宗《兴隆县梓木林子发现的契丹文墓志铭》,《考古》1973年5期。王静如《兴隆出土金代契丹文墓志铭解》,《考古》1973年5期。
⑨ 河北省文化局文物工作队《河北井陉县柿庄宋墓发掘报告》,《考古学报》1962年2期。
⑩ 北京市文物管理处《北京市通县金代墓葬发掘简报》,《文物》1977年11期。
⑪ 辽宁省博物馆《辽宁朝阳金代壁画墓》,《考古》1962年4期。
⑫ 大同市博物馆《大同金代阎德源墓发掘简报》,《文物》1978年4期。
⑬ 黑龙江省文物考古研究所《黑龙江阿城巨源金代齐国王发掘简报》,《文物》1989年10期。
⑭ 山西省文物管理委员会侯马工作站《侯马金代董氏墓介绍》,《文物》1959年6期。《山西侯马金墓发掘简报》,《考古》1961年12期。
⑮ 杨富斗《山西新绛三林镇两座仿木构的宋代砖墓》,《考古通讯》1958年6期。张德光《山西绛县裴家堡古墓清理简报》,《考古通讯》1955年4期。
⑯ 山西省文物管理委员会等《山西孝义下吐京和梁家庄金元墓发掘简报》,《考古》1960年7期。
⑰ 宁夏回族自治区文物考古研究所《西夏陵》,东方出版社,1995年。

了北宋皇陵布局，又表现了西夏王陵在墓上建塔的特点。

元人无陵。元代仿木建筑雕砖壁画墓与宋金雕砖壁画墓相比较，已成强弩之末，趋向简单草率。墓葬形制的主流仍是圆形、方形或长方形砖（石）室墓，流行用黑灰陶俑随葬。在已发掘的元墓中有很多是当时的名人，如北京的海云、可庵和尚塔墓[①]、耶律铸墓[②]、张弘纲墓和铁可墓[③]，河北石家庄后太保村史天泽家族墓[④]、邢台的刘秉恕墓[⑤]、安徽安庆的范文虎墓[⑥]，江苏苏州的吕师孟墓[⑦]，陕西西安的贺贲、贺仁杰和贺胜家族墓[⑧]，山西永济永乐宫的元初全真教道士宋德方、潘德冲墓[⑨]，以及甘肃漳县的元代汪古部汪世显家族墓地[⑩]。特别令人注意的是，在江苏苏州发掘的元末张士诚母曹氏墓[⑪]，此墓建于至正二十五年（公元 1365 年），其时张士诚已称吴王，对其父母的坟墓则一依南宋攒宫石藏子的规格营造，成为我们了解南宋攒宫的唯一实例。

明代墓葬则更注意墓室之坚固和棺椁之密封，因此，在明墓中可以发现未腐烂的墓主尸体，以及不易保存的丝织品、书画等衣物，如北京正德十一年（公元 1516 年）夏儒墓[⑫]、广州戴缙墓[⑬]、上海嘉定明墓[⑭]。比较重要的还是各地明代诸王陵墓的发掘，如山东邹县洪武二十二年（公元 1389 年）明鲁荒王朱檀墓[⑮]，四川成都永乐八年（公元 1410 年）明蜀王世子朱悦燫墓[⑯]，江西新建正统十四年（公元 1449 年）明宁王朱权墓[⑰]，江西南城嘉靖十九年（公元 1540 年）明益王

---

① 北京市文化局文物调查研究组《北京市双塔庆寿寺出土的丝棉织品及绣花》，《文物参考资料》1958 年 9 期。
② 北京市文物研究所《耶律铸夫妇合葬墓出土珍贵文物》，《中国文物报》1999 年 1 月 31 日。
③ 北京市文物研究所《元铁可父子和张弘纲墓》，《考古学报》1986 年 1 期。
④ 河北省文物研究所《石家庄后太保村史氏家族墓发掘报告》，《河北省考古文集》，东方出版社，1998 年。
⑤ 唐云明等《邢台发现一座元代砖墓》，《文物参考资料》1956 年 12 期。
⑥ 白冠西《安庆市棋盘山发现的元墓介绍》，《文物参考资料》1957 年 5 期。
⑦ 江苏省文物管理委员会《江苏吴县元墓清理简报》，《文物》1959 年 11 期。
⑧ 咸阳地区文物管理委员会《陕西户县贺氏墓出土大量元代俑》，《文物》1979 年 4 期。
⑨ 山西省文物管理委员会等《山西芮城永乐宫旧址宋德方、潘德冲和"吕祖"墓发掘简报》，《考古》1960 年 8 期。
⑩ 甘肃省博物馆等《甘肃漳县元代汪世显家族墓葬》，《文物》1982 年 2 期。
⑪ 苏州市文物管理委员会等《苏州吴张士诚母曹氏墓清理简报》，《考古》1965 年 6 期。
⑫ 北京市文物工作队《北京南苑苇子坑明代墓葬清理简报》，《文物》1964 年 11 期。
⑬ 黄文宽《戴缙夫妇墓清理报告》，《考古学报》1957 年 3 期。
⑭ 上海市文物管理委员会考古组《上海发现一批明成化年间刻印的唱本、传奇》，《文物》1972 年 11 期。
⑮ 《"无产阶级文化大革命"期间出土文物展览简介》"邹县明鲁王朱檀墓"条，《文物》1972 年 1 期。
⑯ 中国科学院考古研究所等《成都凤凰山明墓》，《考古》1978 年 5 期。
⑰ 陈文华《江西新建明朱权墓发掘》，《考古》1962 年 4 期。

朱祐槟墓[①]和嘉靖三十六年（公元1557年）明益庄王朱厚烨墓[②]。当然，最重要的仍是在北京发掘的明定陵[③]，它已建为地下博物馆，供人参观，成为驰名世界的"地下宫殿"。

三

宋明是中国制瓷手工业突出发展的全盛时期，瓷窑遗址遍布全国。因此，关于瓷窑遗址的发掘是宋明考古的重点之一。1959年陕西铜川耀州窑遗址的发掘[④]，结束了长期以来只作地面调查采集瓷片的工作方式，使中国古代瓷器工艺考古的研究有了更科学的依据。进入80年代以来，正式发掘的规模较大的瓷窑遗址，除耀州窑继续发掘外，还有河北曲阳的定窑遗址[⑤]、河南禹县钧窑遗址[⑥]、河北磁县观台磁州窑遗址[⑦]、河南宝丰汝窑遗址[⑧]、浙江杭州南宋官窑遗址[⑨]、浙江龙泉县龙泉窑遗址[⑩]、江西吉安永和镇吉州窑遗址[⑪]、福建建阳水吉镇建窑遗址[⑫]、福建德化县德化窑遗址[⑬]、福建泉州的泉州窑遗址[⑭]、江西景德镇元明窑址[⑮]和内蒙古赤峰的辽金缸瓦窑址[⑯]等。

---

① 江西省博物馆《江西南城明益王朱祐槟墓发掘报告》，《文物》1973年3期。
② 江西省文物管理委员会《江西南城明益庄王墓出土文物》，《文物》1959年1期。
③ 中国社会科学院考古研究所等《定陵》，文物出版社，1990年。
④ 陕西省考古研究所《陕西铜川耀州窑》，科学出版社，1965年。陕西省考古研究所《宋代耀州窑址》，文物出版社，1998年。
⑤ 河北省文化局文物工作队《河北曲阳县涧磁村定窑遗址调查试掘》，《考古》1965年8期。
⑥ 河南省博物馆（赵青云）《河南禹县钧台窑址的发掘》，《文物》1975年6期。
⑦ 北京大学考古学系等《观台磁州窑址》，文物出版社，1997年。
⑧ 河南省文物研究所等《汝窑的新发现》，紫禁城出版社，1991年。
⑨ 中国社会科学院考古研究所等《南宋官窑》，中国大百科全书出版社，1996年。
⑩ 朱伯谦等《浙江省龙泉青瓷窑址调查发掘的主要收获》，《文物》1963年1期。朱伯谦《龙泉大窑古瓷窑遗址发掘报告》，载《朱伯谦论文集》页258，紫禁城出版社，1990年。
⑪ 蒋玄佁《吉州窑》，文物出版社，1958年。何国维《吉州窑址概况》，《文物》1953年9期。
⑫ 厦门大学人类学博物馆《福建建阳水吉宋建窑发掘简报》，《考古》1964年4期。中国社会科学院考古研究所等《福建建阳县水吉北宋窑址发掘简报》，《考古》1990年12期。建窑考古队《福建建阳县水吉建窑遗址1991～1992年度发掘简报》，《考古》1995年2期。
⑬ 厦门大学人类学博物馆《德化屈斗宫窑址调查发现》，《文物》1962年2期。
⑭ 福建省文物管理委员会《同安县汀溪水库古瓷窑调查记》，《文物参考资料》1958年2期。黄汉杰《福建省最近发现的古代窑址——同安宋代窑址》，《文物》1959年6期。黄炳元《福建南安石壁水库古窑址试掘情况》，《文物参考资料》1957年12期。柯凤梅等《福建莆田古窑址》，《考古》1995年7期。
⑮ 刘新园《景德镇早期墓葬中发现的瓷器与珠山出土的元明官窑遗物》，《皇帝的瓷器——新发现的景德镇官窑》页164～168，日本出光美术馆等，1995年。刘新园《景德镇明御厂故址出土永乐、宣德官窑瓷器之研究》，《景德镇珠山出土永乐宣德官窑瓷器展览》页12～52，香港市政局，1989年。刘新园《景德镇珠山出土的明初与永乐官窑瓷器之研究》页9～51，台北鸿禧美术馆，1996年。
⑯ 洲杰《赤峰缸瓦窑村辽代瓷窑调查记》，《考古》1973年4期。冯永谦《赤峰缸瓦窑村辽代瓷窑址的考古新发现》，《中国古代窑址调查发掘报告集》页386～392，文物出版社，1984年。

耀州窑的发掘规模最大,延续时间最长,收获亦很丰富。宋金时期正是耀州窑的全盛时期,它几乎垄断了北方青釉瓷器的生产。定窑的发掘证明北宋是定窑的全盛时期,发现了带有"官"字款和"尚食局"款的瓷片。金元以后,定窑衰落,代之而起的是山西霍州窑的白瓷。禹县钧窑遗址的发掘可证明北宋末期钧窑供奉宫廷的瓷器,已达到了钧窑工艺的顶峰。磁州窑类型的产品,在河北、河南、山西各地均有烧造,是宋元时期北方民间最流行的瓷器。烧造这类瓷器的最大窑场磁县观台窑址的发掘,对磁州窑的研究是极其重要的。汝窑遗址的发现十分重要,但尚未作正式的科学发掘。考古发掘证明,宋元北方诸窑多为圆形单体窑室,已普遍用煤作为燃料。

宋代南方诸窑之考古,首先是南宋官窑遗址的发掘,其次是龙泉窑的发掘。在这两处窑址的发掘中,区别了哥窑和弟窑,也区别了官窑和哥窑。吉州窑的发掘表明,北宋诸窑工南迁后,吉州窑产品既博采北宋各名窑的特色,又形成了自己新的风格。建窑产品以黑釉茶盏著称,细如兔毛的条状结晶的兔毫盏为其代表作;精品既要供御用,也要销行民间,特别是从泉州出口行销日本,日本人称之为"天目"器,是极珍贵的茶具。德化窑则以白瓷著称,以低铅高硅的"象牙白"为其代表作,屈斗宫窑址发掘最为重要。泉州窑是指泉州、晋江地区诸窑址,包括南安、同安、惠安、安溪、永春等地,以生产影青和青釉瓷器为主,大部分从泉州出口,行销东南亚和日本。东南亚发现的影青带褐彩的小件瓷器,日本发现的青釉刻花篦纹碗——被日本人称为"珠光青瓷"的,都是泉州窑的产品。景德镇的宋代窑址只作过调查,80年代以来主要发掘了景德镇的元明窑址。元代窑址在景德镇湖田、落马桥、珠山中渡口、曾家弄和风景路等地。明洪武至正德间的窑址均在珠山附近,近年陆续清理发掘了它们的遗迹,直接从窑址中获得其烧造工艺之遗痕,为研究景德镇元明制瓷工艺创造了条件。

辽金时期北方制瓷业中最重要的发现是内蒙古赤峰缸瓦窑窑址,它从辽至金一直烧造。

宁夏灵武西夏窑址的发掘[①],揭示了地处西北的党项族制瓷业的情况,它在工艺上受中原北方定窑与磁州窑的影响,但在某些器形方面却保持了西夏的特色。

---

① 中国社会科学院考古研究所《宁夏灵武窑发掘报告》,中国大百科全书出版社,1995年。

四

宋元宗教遗迹考古,以舍利塔基的发掘和塔身内瘗藏物的清理为主。已发掘的重要的宋元塔基有:河北定县静志寺和净众院塔基①、河南密县法海寺塔基②、浙江瑞安慧光塔基③、辽宁朝阳北塔基④、北京房山辽代塔基⑤、浙江金华万佛塔基⑥、江苏镇江甘露寺铁塔基⑦、浙江温州白象塔基⑧、浙江宁波天封塔基⑨;清理的重要宋元塔身有:江苏苏州虎丘塔⑩和瑞光寺塔⑪、山西应县佛宫寺木塔⑫、内蒙古赤峰辽庆州白塔⑬、云南大理崇圣寺主塔⑭,以及宁夏的贺兰宏佛塔⑮、青铜峡一百零八塔⑯和同心康济寺塔⑰。宋元舍利塔地宫是摹仿人间墓室而营造的,有的还画涅槃像壁画,供奉珍宝、法器、佛像、塔幢、写本或刻本经卷,这些供奉物包括了金银器、瓷器、漆器和丝织品等,由于佛教信徒的虔诚,他们所舍入和供奉的一般都是当时比较精美的物品,所以在塔基或塔身内发现的遗物有些是很珍贵的。

对西藏喇嘛教寺院的调查是从 1959 年以后开始的,在拉萨、山南、日喀则、江孜、阿里地区都作了详细的勘查和研究⑱。西藏札达县公元 10 世纪上半叶至 17 世纪的古格王国遗址,在 1985 年作了全面的勘查⑲,纠正了此前外国人所作的

---

① 定县博物馆《河北定县两座宋代塔基》,《文物》1972 年 8 期。宿白《定州工艺与静志净众两塔地宫文物》,《地下宫殿的遗宝》页 19～24,日本出光美术馆,1997 页。
② 金戈《密县北宋塔基中的三彩琉璃塔和其它文物》,《文物》1972 年 10 期。
③ 浙江省博物馆《浙江瑞安北宋慧光塔出土文物》,《文物》1973 年 1 期。
④ 朝阳北塔考古勘察队《辽宁朝阳北塔天宫地宫清理简报》,《文物》1992 年 7 期。
⑤ 齐心、刘精义《北京市房山县北郑村辽塔清理记》,《考古》1980 年 2 期。
⑥ 浙江省文物管理委员会《金华万佛塔出土文物》,文物出版社,1958 年。
⑦ 江苏省文物工作队等《江苏镇江甘露寺铁塔塔基发掘记》,《考古》1961 年 6 期。丁琪、林元白《镇江甘露寺塔基出土释迦佛舍利及唐宋文物考》,《现代佛学》1962 年 1 期。
⑧ 温州市文物处等《温州市北宋白象塔清理报告》,《文物》1987 年 5 期。
⑨ 林士民《浙江宁波天封塔地宫发掘报告》,《文物》1991 年 6 期。
⑩ 苏州市文物管理委员会《苏州虎丘塔出土文物》,文物出版社,1958 年。
⑪ 苏州市文物管理委员会等《苏州瑞光寺塔发现一批五代、北宋文物》,《文物》1979 年 11 期。陈玉寅《苏州瑞光寺塔再次发现北宋文物》,《文物》1986 年 9 期。
⑫ 山西省文物局等《应县木塔辽代秘藏》,文物出版社,1991 年。
⑬ 德新等《内蒙古巴林右旗庆州白塔发现辽代佛教文物》,《文物》1994 年 12 期。
⑭ 云南省文化厅文物处等《大理崇圣寺三塔》,文物出版社,1998 年。
⑮ 宁夏回族自治区文物管理委员会等《宁夏贺兰县宏佛塔清理简报》,《文物》1991 年 8 期。
⑯ 宁夏回族自治区文物管理委员会等《宁夏青铜峡市一百零八塔清理维修简报》,《文物》1991 年 8 期。
⑰ 宁夏回族自治区文物管理委员会等《宁夏同心康济寺塔及出土文物》,《文物》1992 年 8 期。
⑱ 宿白《藏传佛教寺院考古》页 1～221,文物出版社,1996 年。
⑲ 西藏自治区文物管理委员会《古格故城》,文物出版社,1991 年。

不正确的报道。

宋元时期也是基督教和伊斯兰教传播的时代。在福建的泉州①和江苏的扬州②,以及内蒙古③和新疆④各地,都发现过基督教和伊斯兰教及其信徒的遗迹和碑刻。

原载宿白主编《中华人民共和国重大考古发现(1949～1999)》,文物出版社,1999年。

---

① 吴文良《泉州宗教石刻》,科学出版社,1957年。陈达生《泉州伊斯兰教石刻》,宁夏人民出版社、福建人民出版社,1994年。
② 耿鉴庭《扬州城根里的元代拉丁文墓碑》,《考古》1963年8期。夏鼐《扬州拉丁文墓碑和广州威尼斯银币》,《考古》1979年6期。朱江《扬州发现元代基督教徒墓碑》,《文物》1986年3期。
③ 盖山林《阴山汪古》,内蒙古人民出版社,1991年。
④ 黄文弼《新疆考古发掘报告(1957～1958)》页15,第二章《阿力麻里城》,文物出版社,1983年。

燕京旧闻录五则

一、清初八大王府

邓之诚《骨董琐记》卷三"八大家王"条云:"世传清初八大家铁帽子王,盖谓世袭罔替耳。按八王:睿忠亲王多尔衮,肃武亲王豪格,郑献亲王济尔哈朗,豫通亲王多铎,武英郡王阿济格,礼烈亲王代善,顺承郡王勒克德浑,克勤毅郡王岳讬。除英王外,皆配享太庙。肃王曾改显王,豫改封信郡王,郑改简,礼改康,克勤改衍禧,改平。至乾隆时始复旧封。克勤为礼烈王长子,初封成亲王,降贝勒,崇祯十五年(公元 1642 年)战死山东,追封郡王。今豫王府为美人购去,建协和医院。克勤府为熊希龄所得。顺承府归张作霖。郑府为姚广孝赐第,最宏敞,今为中国大学。肃府庚子之难毁于火。"

按:多尔衮府旧址在今南池子南口东侧吗哈噶拉疟,明代为南内重华宫。郑王府在西单大木仓,今国家教委,乾隆图标为"简亲王",即民间传说中之四大凶宅之一。豫王府即今协和医学院,乾隆图标为"信郡王府",明代之诸王馆,元代之御史台。礼烈亲王府在西斜街,即今之内务部,乾隆图标为"康亲王府"。今内务部西花园假山(乾隆图上画有此假山)前有一小碑,为乾隆二十九年(公元 1764年)立,文字多漶漫不清,文中云此邸为明周奎旧宅。碑题额为"绿漪园老槐记"。1965 年调查时,摩识其文云:"……老槐旧高荫百尺,遥接清流激湍,□□古于乃数百年物也。传为明季皇亲周奎所植。邸第因周奎旧宅,府在其园中,而奎宅乃今之园也。则层心自□,即其卧室,故迹优存。人世变迁,老槐所阅多矣,因作长歌以纪之。……乾隆二十九年冬月兰亭主人藁。"顺承王府在今丰盛胡同西口外沟沿路西、扁担胡同与大蒜线胡同之间,被全国政协拆迁。成亲王府即今宽街中医医院，乾隆图误标为"咸亲王府"。克勤王府在今石驸马大街与沟沿相交处之路北，乾隆图标为"平郡王府"。肃王府在今正义路北口路东，乾隆图标为"显亲王府"，为明代之台基厂，庚子毁于火后，改为日本使馆。清初八王以佐命殊勋，世袭罔替。乾隆图所标之名称，为改封后之称号。乾隆四十三年（公元1778年）复旧封。盖乾隆图绘于乾隆十五年（公元1750年），故均标改封之称号也。

二、《琉璃厂杂记》

《琉璃厂杂记》六本，署曰"无畏随手志"，蓝格抄本，半页十行。无畏即周肇祥。第一本第一页朱笔眉批云："此民国元年十月时也。"第六本一则记周肇祥民国十年祈雨文，故知此书始于民国元年十月，迄于民国十年以后，乃十余年间连续所记。此抄本为周肇祥据其原稿本之誊清本，又以朱笔和墨笔校改，似为完稿本。稿本与完稿本均藏于其家，解放后，存北京市文物管理处。

名曰《琉璃厂杂记》者，盖其大半皆记历年所购之古董也。周氏所藏以石刻拓本、砖瓦、镜、剑、印玺为多。亦购置瓷器与书画，版本书籍则甚少。

《杂记》中之另一部分为记北京内外城及郊区的古寺观，皆为周氏记游之作，特留意古寺观中的碑刻和附属文物，可窥见民国初年北京寺观文物之现状。京郊诸名刹碑刻，明万历间皆为内官所毁，乾隆间《日下旧闻考》所著录已甚少。周氏所见，无新出者，偶有残石，亦阙焉不详。以寺观规模而言，大体与清乾隆间相当，但已多析为民居。

《杂记》所记清代王府出售之情形云："豫王府在东城帅府园东，二十六万不售，复卖与协和医院，仅十五万，江朝宗所说合也。庄王府在皇城外西北角，十二万卖与李纯之弟馨。顺承郡王府在西城锦什坊街，赁与徐树铮作西北筹边督署，徐败，张作霖入居，收买之。独克勤郡王府在石驸马大街，抵与熊希龄妻朱氏，不及二万，其老福晋因之愤病死。"

三、崇效寺与智朴

《骨董琐记》卷四："枣花寺即崇效坊，在白纸坊，唐幽州节度使刘济舍宅所建,见《永乐大典》引《析津志》。旧有椒山书'无尘别境',已不知所之。……枣树在东厢,高仅出檐,疑补种也。铁梗海棠在西厢下,短干枝繁。……寺藏'青松红杏图'为康熙庚午僧智朴自作像,立青松红杏间,寓愚松山、杏山。智朴盖洪文强部将,兵败为僧,然智朴主盘山,不知何缘归于崇效。图于辛壬间失去,为人购得送归,乃不轻示人,而别摹一本以应视客。……寺中牡丹最盛,数百本齐花。有姚黄、魏紫各一,枝干七八尺,传言旺时植也。花时僧遍召客赏之,有楸数本,作花亦繁。"

按:智朴属清初洞宗,称拙庵禅师,主盘山,为瑞白雪孙,百愚斯嗣也。时霁仑超永撰《五灯全书》一百二十卷,成于康熙三十二年癸酉(公元 1693 年),时永住京师圣感寺,将书进呈御览,颁内府梨版刊行,冠以御制序,类似官书也。智朴闻永著《五灯全书》,洞宗叠出五代,天皇仍据《严统解惑编》,特著《存诚录》初刻、二刻以诤之。智朴致霁仑超永第四书中有云:"余埋头盘山,二十余年,未敢轻易论法门事,恐辱宗风,迫不得已,四次寄书与公,苦口劝诫,即欲杀欲割,亦不敢辞,无他,惟冀报佛恩祖恩于万一耳。《存诚录》二刻成,寄览。甲戌五月十五日"。甲戌为康熙三十三年(公元 1694 年)。智朴又曾致书王渔洋,渔洋覆书云:"大刻《存诚二录》,具知卫道苦心。向所以不奉报者,以天界浪杖人与费隐一段公案,流传诸方,至今以为口实,似不必又烦笔舌。且张无尽行事污人齿颊,其言何足为有无哉!冤亲平等,岂况斗诤,唯吾师裁之。"此书见王士禛《蚕尾集》卷八。智朴与超永之诤,表面上是佛门之争,实际上是政治斗争。详见陈垣《清初僧诤记》。又,圣感寺不见于乾隆京城全图,则超永所居之寺或为圣安寺耶?智朴著有《拙庵电光录》,主盘山时曾修《盘山志》。

四、明重修白塔寺铜牌

《骨董琐记》卷六,妙应白塔条云:"白塔寺白塔,辽寿昌时所建,元至正更名大圣寿万安寺。明天顺始名妙应。今甲子(民国十三年,公元 1924 年)六月重修,于最上层得铜牌,文曰:灵通万寿宝塔,天盘寿带。大明万历岁次壬辰季春月重修。壬辰为万历二十年。"

按:元至元九年(公元 1272 年)建大圣寿万安寺,二十五年(公元 1288 年)大圣寿万安寺建成。明万历二十年(公元 1792 年)修塔小铜牌,今存白塔寺文物管理所。全文曰:"大明慈圣宣文明肃皇后懿旨:重建灵通万寿宝塔天盘寿带,万历岁次壬辰季吉日造。"另,白塔华盖上有 36 个风铃有铭刻,其中 29 个皆为万历十五年八月间信士、内官和比丘所献。故知明万历间妙应寺白塔曾作过修缮工程。

慈圣宣文明肃皇后李氏,为穆宗贵妃,神宗之生母。神宗即位后,封为慈圣皇太后。"后性严明。万历初政,委任张居正,综核名实,几于富强,后之力居多。……顾好佛,京师内外多置梵刹,动费钜万,帝亦助施无算。居正在日,尝以为言,未能用也"。妙应寺白塔则亦在此期间重装天盘寿带。北京庙宇几乎在万历时都有修缮或重建,皆为皇太后祝厘也。

五、广 和 查 楼

乾隆五十三年(公元 1788 年)完成刻印的吴长元《宸垣识略》卷九云:"查楼在肉市,明巨室查氏所建戏楼,本朝为广和戏园。街口有小木坊,旧书查楼二字。乾隆庚子(四十五年,公元 1780 年)毁于火。今重建,书广和查楼。"谈迁《北游录·纪邮下》:"乙未(公元 1655 年,清顺治十二年)二月丙寅"条云:"友人招饮查楼。查楼者,前门之酒家也。先帝尝微行登焉。顺治初,邻火不及,满人异之,尝往车驾。是日,饮颇酣。"盖清初查楼尚不是戏楼而是酒楼。乾隆间始为戏楼。邓之诚《骨董续记》卷一"乾隆癸酉日记"条,引乾隆癸酉(十八年,公元 1753 年)日记云:"梨园:广和楼,观和邱和成演平龄会,皆孙子不经之事。"绘于乾隆十五年(公元 1750 年)的《京城全图》中关于广和楼的一组建筑的布局颇可注意,坐东面西,四周围建廊房;中央建一特殊大屋,非一般殿堂之形状,很可能正是表示戏楼的形状,绝非民宅或庙宇,也就正是乾隆癸酉日记中所记之广和楼。

原载柏桦主编《庆祝王锺翰教授八十五暨韦庆远教授七十华诞学术论文合集》,黄山书社,1999 年。

中国考古学展望

考古学是历史学科的一个重要组成部分。它以研究人类从事各种活动时留下的遗迹遗物为对象，通过田野考古，以地层学和类型学的方法和多种自然科学手段，来复原研究人类古代社会历史。由于它的研究对象和方法与一般的历史学不同，自身有着严密的方法论，而成为一门独立的学科。

中国考古学的前身——金石学，在中国有悠久的历史，它产生于宋代。金石学的研究对象虽然是实物，但仍以研究文字史料为主，其宗旨是"证经补史"，未脱离历史文献学的范畴。只有以田野考古为基础的中国现代考古学出现后，考古才成为一门科学。中国现代考古学诞生于20世纪20年代，是一门很年轻的学科，也是一门发展速度很快的学科，特别是在新中国成立后四十多年的时间里，得到了空前的发展，主要表现在两个方面：一是通过大规模的田野考古，在全国范围内获得了自旧石器时代至历史时期的丰富的考古资料。二是通过考古学研究，对不同地区、不同时代的不同文化作了比较系统的分析，建立了中国考古学的初步体系，对有关的社会历史问题作了阐述。中国现代考古学与历史学的关系，绝不是金石学"证经补史"的关系，而是要利用考古学的成果，科学地、创造性地研究历史。中国考古学发展到现阶段，可以说是到了一个需要进一步提高的关键时刻。为了促进学科的发展，我们要提出能够带动学科发展的研究课题，这些课题的方向应该是代表着学科发展的方向的。我们的展望也应当从这里开始。

史前考古学是中国考古学中的一个重要分支，四十年来取得了丰硕的研究成果。中国历史中的史前部分，即指有文字记载以前的历史，也就是商代以前的历史，在已出版的中国通史著作中，基本上是古史传说加考古材料，尚未形成中国史前史的科学体系。史前史的史源主要来自史前考古学,因此,重建中国史前史的重任自然便落在考古学家的肩上。现在提出重建中国史前史作为中国考古学今后带有方向性的研究课题是很及时,也是很恰当的。

重建中国史前史便要向中国史前考古学提出更高更严格的学术要求,从史前史的角度来检视史前考古工作,无疑将会发现许多缺环和不足之处,这将大大促进中国史前考古学的发展。史前史与史前考古学是相辅相成的,对学科的发展是有益的。

中国史前史从社会形态上说,经过从无阶级到有阶级,从氏族社会到奴隶社会的转变过程;包括了从猿到人,农业起源和文明起源等重大的历史事件。如何利用考古学的成果阐述这段漫长的历史,是一项开创性的学术研究,要经过长期的探索。考古学家要有充分的精神准备来迎接这个任务。

中国文明的起源和文明社会的产生,也就是阶级和国家产生的历史过程。从考古学上阐述马克思主义关于阶级和国家起源学说,补充东方文明古国——中国的例证,揭示中国文明起源的模式,及其在世界文明史上的地位,在当前有着理论的和现实的意义。

中国古代城市发展的考古研究、中国古代农业与手工业发展的考古研究、有关边疆和古代民族的考古研究,以及有关中外文化交流的考古研究,也都是很重要的课题。

中国考古学还面临着科学技术飞速发展的挑战。这个挑战表现在两个方面,一是愈来愈多的学科都要求从考古学上获取他们所需的资料,考古发现的古代人类科学实验的遗迹遗物,可以提供这方面的资料,不同学科的交叉研究愈来愈频繁。二是现代化的技术科学给考古学提供各种手段,除了对遗迹的勘测,对遗物的年代测定和物理化学的分析之外,现代科学还为探索不为人知的古代人类的奥秘,开拓了广阔的天地,如利用人骨研究其血缘关系,利用遗址中的垃圾和下水污泥,研究居住的环境和人类食物、疾病等情况。现代科学技术将为考古学提供新的研究领域,这是 21 世纪中国考古学发展中的新特点,我们对此一定要有清醒的认识,并在工作中开创新的研究方法。

在党的领导下,在马克思主义的指导下,中国考古学将为有中国特色的社会主义文化建设,将为弘扬中华民族优秀文化,将在进行爱国主义教育方面,作出应有的贡献。中国考古学前程似锦。十年前英国考古学家丹尼尔就预言:"在未来的几个十年内,对中国重要性的新认识,将是考古学中一个关键性的发展。"(《考古学简史》)处在世纪之交的中国考古学家正满怀信心地迎接中国考古学的更大发展。

原载《史学理论研究》1992 年 1 期。

迎接二十一世纪的中国汉唐考古学

首先祝贺北京大学赛克勒考古与艺术博物馆开馆,祝贺"迎接二十一世纪的中国考古学"国际学术研讨会成功。今年又是北京大学考古系成立四十周年纪念,三喜临门。我向我的母校和我的老师表示感谢和敬意!遵照研讨会的命题,我今天发言的题目是"迎接二十一世纪的中国汉唐考古学"。

中国汉唐考古学是中国考古学的一部分,属历史考古学的范畴。四十多年以来,它和其他各阶段的考古学一样,取得了辉煌的成绩。在即将迈入21世纪的时候,我们很有必要回顾一下中国汉唐考古学所走过的历程,同时展望一下21世纪的前景。汉唐考古学的课题很多,由于时间的关系,只能选择四十年来发展快、成绩突出和对中国考古学有全局影响的课题,谈一点我个人的意见。

一、汉唐城市考古学研究

这是汉唐考古中工作量最大、持续时间最长的研究课题,特别是汉唐以来都城的研究,成绩突出,基本上已了解和掌握了汉唐至元明时代都城平面布局规划的发展规律。中国古代城市从它一出现,便与中国的政治、社会相结合,它的发展阶段是与中国历史的发展阶段相吻合的。在这个专题上我们积累了雄厚的基础,但还需要再作些深入的研究和田野考古工作,也还有些薄弱环节需要补充,譬如东汉洛阳城、北魏的平城、东晋南朝的建康,都有待于进一步做些田野工作。地方城市的调查研究应列入工作日程,尽早地有计划地选择一批有典型意义的地方城市,作出勘测和研究。我们希望在21世纪要完成一部中国古代城市史的考古学专著,这对中国历史学的研究也会有参考价值。

二、宗教考古学的研究

宗教考古学应包括佛教、道教、伊斯兰教、基督教等,它们都属汉唐考古学。40年来工作取得成绩最大的是佛教考古,特别是石窟寺考古。石窟寺作为佛教遗迹,以前多侧重于其壁画雕塑艺术的研究,既然是遗迹,便是考古学的研究对象,如何用考古学的方法来对石窟寺进行研究的问题便被提了出来。北京大学考古系的宿白先生从20世纪50年代中期开始便对石窟寺考古作了系列研究,他把考古学的层位学和类型学的方法应用于石窟寺的研究,开创了石窟寺考古学,在北京大学考古系设立了研究室,对云冈、龙门、响堂山、克孜尔、库木吐剌等石窟作了考古学的勘测和研究,开展了洞窟类型和组合的研究,造像壁画题材和细部式样变化的研究,石窟分期分区的研究,并密切结合中国历史和佛教史,使石窟寺的研究科学化。这在汉唐考古学中是突破性的课题,开拓了一个新的考古领域。我们希望21世纪的中国石窟寺考古学掌握正确方向,充分利用现代化测绘技术,取得更大成果。佛教寺院遗址考古也是汉唐考古学中很重要的项目,但是这40年来工作不多。佛教自印度经中亚传入中国,再东传至朝鲜和日本,寺院的平面布局到中国有了很大的变化,朝鲜和日本都受中国的影响,他们在寺院考古方面都做了很多工作,研究也比较充分,但追踪溯源到中国,却得不到古代寺院遗址的印证,这是十分遗憾的事情。21世纪我们要积极开展寺院考古的工作。

三、汉唐手工业遗迹与遗物的研究

古代手工业门类很多,从考古学上来看,主要是制瓷手工业、金属冶炼手工业、织染手工业等。瓷器是中国的伟大发明之一。从20世纪50年代后期始,特别是80年代,对历代著名的瓷窑遗址进行了科学发掘,如耀州窑、钧窑、定窑、磁州窑、龙泉窑、吉州窑、建窑、南宋官窑等。窑址的发掘把古代制瓷工艺的实况作了再现,获得第一手的科学资料;广泛应用了对古代瓷器的胎釉进行物理化学的测定与分析,使中国古代瓷器的研究纳入了科学的规范之中,这在中国古代制瓷手工业考古上是一个划时代的时期。在21世纪中国古代制瓷手工业的研究方面,除了加强其自然技术科学和工艺学的研究之外,还应当加强古代制瓷业中的官营手工业与民营手工业之关系的研究,加强宋代制瓷业的专题研究,特别是北宋制瓷业在历史上的作用和地位的研究。织染手工业的研究,成绩斐然,不论在织染工艺或图纹的艺术分析各个方面都做了许多研究工作,在模拟试验工作方面,中国社会科学院历史研究所的王㐨先生作出了重要贡献。

四、汉唐陵墓制度的研究

汉唐以来的墓葬,四十年来发掘了数万座,这为我们研究汉唐以来的陵墓制度提供了极其重要的资料。汉唐陵墓制度是中国秦汉以来历代社会等级制度的一个缩影,它与中国古代社会的等级、礼仪和葬俗都有极其密切的关系,它反映了人们死后的世界。从秦始皇陵开始到明代的十三陵和清的东、西陵,以及民间不同阶层的埋葬习俗,我们都应予以科学的研究。21世纪能否出版一本《中国古代陵墓制度史》?这是我们所期望的事情。

五、汉唐时代少数民族历史文化考古研究

汉唐时代少数民族的考古一直是汉唐考古学中一个既重要又困难的课题。四十年来我们对北方的匈奴、鲜卑、突厥、契丹、女真、西夏和蒙古,以及西南的滇、南诏、大理都做了许多工作。但是有些课题,譬如北方草原上的游牧民族的移动问题,新疆境内古代少数民族文化面貌问题,都有没有解决的内容。文献记载缺乏,这些问题的解决只能依靠考古学。新疆地区的考古工作,很多人认为重点应放在汉唐文化上,这是已经很明显的事情。但从考古学上来说,新疆地区的史前文化却是一个谜,这应当是考古学上一个攻坚的课题,这个课题直接涉及古代欧亚大陆文化交流的问题。我们希望21世纪应当着重对这些课题作出研究。

六、中外文化交流的考古学研究

这是一个很广泛的课题。近年来关于丝绸之路的考古学研究是个热门,涉及金银器的研究,玻璃器的研究,丝织品的研究,中国境内发现的外国钱币的研

究等,都取得了成绩。在21世纪,我认为除了上述这些研究之外,还应当积极开展东北亚文化交流的研究,包括蒙古、西伯利亚、朝鲜和日本,特别是朝鲜和日本的考古资料,已有相当的基础。东北亚考古与苏秉琦先生倡导的环渤海考古学研究可以结合起来。唐代文化对朝鲜和日本的影响,也应当是重点研究项目。中亚诸国与中国文化交流的考古学研究,还涉及与欧洲文化交流的问题,当然中亚是关键。丝绸之路的研究开展以后,已具备了开展这些研究的条件,21世纪将会取得进展。中国与东南亚和南亚的文化交流的考古学研究,也应该积极开展,这与丝绸之路海路有密切关系,海路上的交流并不比陆路上晚,而且延续的时间长。

总之,展望21世纪中国汉唐考古学,前景是非常广阔的,但这要付出艰苦的努力和代价才能取得应有的成果。让我们为迎接21世纪的中国考古学而共同努力。

原载北京大学考古学系编《"迎接二十一世纪的中国考古学"国际学术讨论会论文集》,科学出版社,1998年。

新中国考古学的回顾

新中国的考古学已经走过了四十个年头,如果以1928年为中国近代考古学的诞生算起,新中国的考古学在整个中国考古学的发展历程中占了三分之二的时间。1928年至1949年,是中国考古学的初创阶段,新中国成立以后是中国考古学的发展阶段。我国考古工作者在马克思主义唯物辩证法的指导下,全面开展田野考古,积累了大量考古资料,培养了专门人才,为中国考古学的发展奠定了坚实的基础。

一般认为人类诞生地是在非洲和亚洲南部。而云南禄丰腊玛古猿化石(距今约1 000万年)的发现,证明中国这片土地也是人类发祥地之一。新中国考古学的发现还把人类在中国土地上的活动历史提前了100万年。元谋人和蓝田人都是比北京人更早的人类化石,属早期直立人。根据古地磁学的测定,元谋人距今170万年,蓝田人距今约80万~65万年,而北京人据近年测定距今70万~20万年左右。考古工作者还发现了一批与北京人的年代相当或稍晚的人类化石。已发现的旧石器地点有三四百个,遍布于全国25个省市。

新发现的新石器时代遗址,已公布的有7 000处,正式发掘的有百余处。这些丰富的资料为研究中国原始文化面貌,提供了科学依据,^{14}C测定年代法的采用,为这些资料建立了科学的年代序列,使研究者对中国史前文化的发展和不同地区不同文化的演变及其相互关系,有了明确的认识。

新石器时代早期文化遗址的发现具有重要意义。磁山文化(公元前5400~前5100年)和裴李岗文化(公元前5500~前4900年)已出现了种植粟类的农业、畜牧业和制陶业,这在人类经济生活史上是一次大的飞跃。

半坡和姜寨是黄河中游仰韶文化(公元前5000~前3000年)最有代表性的

原始社会的村落遗址。仰韶文化是以彩陶而闻名于世的,黄河上游甘青地区的马家窑文化(公元前3300～前2050年)的彩陶更加发达,图案华美,色彩绚丽。

黄河下游的山东地区,史前诸文化的发展序列是经过长期考古工作后得出的。它首先改变了过去认为山东只有以黑陶为代表的龙山文化的认识,同时也证明它和黄河中上游的情形并不相同。其中,大汶口文化(公元前4300～前2500年)的彩陶与仰韶文化的风格不同,说明它们是同时存在东西相对的两个不同系统的文化。以黑陶为代表的山东龙山文化是从大汶口文化发展出来的。

长江下游江浙地区的史前文化,年代最早的当推浙江余姚发现的河姆渡文化(公元前5000～前3000年)和分布于太湖平原的马家浜文化(公元前5000～前4000年),它们的主要农作物都是水稻,尤其是河姆渡遗址中发现了大量的稻谷稻壳遗存,经鉴定为栽培稻的籼亚种晚稻型水稻,这是目前世界上发现的年代最早的人工栽培稻。

良渚文化(公元前3300～前2200年)在20世纪30年代已被发现,因其以黑陶为代表器物,被认为是龙山文化,其实它是与崧泽文化有承继关系的文化,分布于以太湖为中心的浙北、苏南地区。良渚文化的稻作农耕进一步发展,手工业有很大提高,发现了丝麻织品,丝织品的经纬线密度已达到绢的质地,是我国最早的丝织实物。玉器的制作工艺,达到了令人惊异的程度。

发现于四川巫山的大溪文化(公元前4400～前3300年)是长江中游的一种以红陶为主并含彩陶的地区性文化,比它稍晚的还有发现于湖北京山的屈家岭文化(公元前3000～前2600年)。长江中下游史前诸文化形成的文化圈与黄河流域史前诸文化圈,各有特色,各有传承,大大丰富了我国史前史的内容。

中国北方的史前文化,以在沈阳发现的新乐下层文化(公元前5300～前4800年)时代最早,而分布较广影响较大的则是红山文化(公元前3500年),特别是1983年在辽宁牛河梁红山文化遗址中发现的大型彩绘泥塑人像残块,曾轰动一时,被认为是"女神"的塑像。各地红山文化遗址中还屡次发现玉器,在内蒙古翁牛特旗发现的高26厘米的玉龙尤为精彩,这是我国史前文化中所见的最古老的龙的形象。

中国文明的起源,从中国近代考古学诞生以来就是一个有争论的问题,"文化西来说"已被考古发现的事实驳倒。中国文明的产生应在新石器时代晚期诸文化中去探求,引人注意的是山西襄汾陶寺遗址和河南偃师二里头遗址。陶寺类型文化(公元前 2500~前 1900 年)的社会形态,被认为正处于国家产生的前夜,也许已具备国家的雏型了。二里头文化(公元前 1900~前 1500 年)的晚期发现了大型宫殿,并发现了青铜工具、武器和爵、杯等小件容器。在一些陶器上刻划有类似文字的记号,表明此时有可能已出现比甲骨文更早的文字。已故著名考古学家夏鼐先生在谈到二里头文化时曾指出:"我们认为至少它的晚期是够得上称为文明,又有中国文明的一些特征。它如果不是中国文明的开始,也是接近于开始点了。"陶寺类型文化和二里头文化早期,不论在年代还是地域上,都与传说中的夏代符合,但究竟哪个文化是夏文化,尚难确认,仍是一个有争议的谜。

商代已是发达的文明社会,安阳殷墟考古已充分证明了这一点,比殷墟还早的郑州二里岗文化和郑州商城,也证明了这一点。1983 年在偃师二里头遗址东北 6 公里处,发现了一座商代早期城市遗址,它比郑州商城保存得好,对研究中国早期城市形制有重要价值。

商代考古的重要发现还有安阳小屯南地甲骨坑、武官村大墓和妇好墓,以及相当于商代晚期的四川广汉三星堆祭祀坑遗址。妇好墓是殷墟发掘以来第一次发掘到的保存完整的商王室墓葬,出土青铜礼器 200 余件和玉石器 500 余件,有许多精美的艺术品。

西周考古是以丰镐遗址的发掘为工作基础的,近年有令人鼓舞的新发现。陕西岐山、扶风的周原遗址,是周人发祥地和灭商以前的都城遗址,在凤雏发掘了一座完整的院落建筑基址,由大门、前堂、后室和东、西厢房组成,左右对称,有明显的中轴线概念,可能是宗庙或宫室。在这里的一个窖藏中出土卜甲卜骨 17 000 多片,有 200 多片上有刻辞,扶风也发现了 5 片有字甲骨。

东周考古以列国都城和贵族墓地的调查发掘最重要。中国古代城市发展到东周时期有了很大变化,城市形制和布局出现了新的内容。经过调查和发掘的列国都城,有洛阳东周王城、江陵楚纪南城等近十座。贵族墓地的发掘,如陕县上村岭虢国墓地、辉县固围村魏国墓地、平山中山王墓、随县曾侯乙墓、寿县蔡侯墓,以及长沙、江陵、信阳的楚墓,规模大,随葬品丰富。曾侯乙墓的铜器和成套的铜编钟,信阳楚墓的漆器,江陵楚墓的丝织品,都是保存完好的珍贵文物。另外,湖北大冶铜绿山东周铜矿和冶炼遗迹的发现,在冶金史的研究上极有价值。

秦汉以后的考古发现,内容更为广泛丰富。持续数十年之久、发掘规模最大的是历代都城遗址的考古工作,有秦咸阳城、汉长安城、汉魏洛阳城、三国曹魏邺北城和北齐邺南城、隋唐长安城和洛阳城，以及元大都城。地方城市考古则有唐代扬州城。除了对这些城市的布局形制作了勘测之外，还发掘了一些城门、殿、寺等重要遗迹。这些都城是当时的政治、经济和文化中心，它们的城市规划和建筑规模代表了当时的最高水平，它们的发展变化反映了两千年来中国社会经济的发展变化。

秦汉以后历代陵墓的发掘，令人瞩目。秦始皇陵的勘查和秦俑坑的发掘，轰动世界，高大的兵马俑再现了秦武士的军容，铜车马的铸造工艺，达到了极高的水平。汉墓的发掘成绩最大，总数已逾万座，著名的有长沙马王堆汉墓、满城汉墓和广州南越王墓。马王堆汉墓出土了大量完好如新的漆器、丝织衣物、帛画、帛书、竹简，还有一具女性软尸。满城汉墓出土了两套金缕玉衣和许多精美的错镶金银或鎏金铜器。广州南越王墓也出有玉衣，还有"文帝行玺"金印，以及玉器铜器等随葬品。另外，江陵睡虎地秦墓出土的竹简法律文书，敦煌和居延汉代烽燧遗址中出土的两万枚汉代屯戍木简文书，都是研究秦代法律和汉代西北屯戍的极为重要的文献资料。

甘肃嘉峪关市发现的魏晋画像砖墓，画像内容广泛，生活气息浓厚。在河北磁县、山西太原和大同、宁夏固原、辽宁北票各地发掘了北朝贵族墓。磁县北朝大墓规模宏大，壁画金碧辉煌，出土了千余件陶俑。大同北魏司马金龙墓的漆棺画和金银器，固原北周李贤墓出土的波斯萨珊鎏金银壶和玻璃器，都是很有历史艺术价值的文物。南京附近发现的拼砌模制画像砖大墓，有可能是东晋南朝的帝王陵墓；出有纪年墓志的王、谢等大族墓地的发掘，反映了六朝门阀士族聚族而葬的情况。

唐代墓葬多发现在西安和洛阳隋唐两京郊区，西安发掘的唐墓已逾千座。唐代皇室大臣多陪葬帝陵，昭陵和乾陵陪葬墓最多，已发掘的有陪葬昭陵的李寿墓、张士贵墓、尉迟敬德墓、郑仁泰墓，陪葬乾陵的懿德太子墓、永泰公主墓、章怀太子墓等，这些墓内有华丽的壁画，雕刻精美的石棺和各种三彩陶俑。洛阳唐墓的三彩俑，色泽灿烂，堪称杰作，但是西安唐鲜于庭诲墓中出土的骆驼载乐俑，仍不愧为唐三彩俑中的魁首。

宋代以后墓葬的发现，遍及全国各地。北方的辽金墓自有其特色，如契丹贵族殓葬用铜面具铜网络。宁夏银川的西夏王陵，陵园布局仿北宋却又有不同。明代墓葬包括各地诸王的陵墓也有颇重要的发现，如四川成都蜀王世子墓，墓室摹拟王府,由三层殿庭组成;山东邹县鲁王墓出土宋代古琴和元代书画。北京明万历皇帝定陵的发掘,更是闻名于世。

四十年来在宗教考古方面也作了许多工作,主要是佛教考古中的石窟寺考古成绩最显著,用考古学的方法调查勘测或发掘了一些重要石窟群。各地佛教塔基的发掘也是佛教考古的一个重要内容,扶风法门寺塔基唐代地宫出土的金银器和玻璃器,都来自皇宫的供奉,精彩之至;河北定县北宋初年塔基中出土的定窑瓷器,也是罕见的珍品。

中国是瓷器之国,四十年来调查的瓷窑遗址已逾数百,正式发掘的也有数十处,较重要的有耀州窑、定窑、钧窑、龙泉窑、南宋官窑、德化窑等,最近还发现了邢窑和汝窑。研究结果证明,中国在东汉时期(公元1世纪)已出现了真正的瓷器,它的窑址也已在浙江上虞发现。

边疆地区和中国古代少数民族的考古也有很大发展,新疆吐鲁番阿斯塔那墓地、楼兰遗址和吉木萨尔寺庙遗址的发掘,云南滇国墓葬的发掘,以及西藏昌都卡若遗址的发掘,都是很重要的。

考古学是以遗迹遗物为研究对象的,因此,它不止与人文社会科学有关系,同时也涉及自然技术科学,譬如关于科学技术史的研究,考古学便能提供许多重要资料。近年来考古学在这方面与有关学科合作,是很有成绩的,突出的有关于古代天文文物的研究,关于古代冶金工艺的研究,关于古代陶瓷工艺的研究,关于古代纺织工艺的研究,关于古代建筑技术史的研究,都有不少专著成果发表。

利用考古发现的资料进行中外文化交流的研究也作出了成绩。中国古代文明是独自发生发展的,但在发展过程中并不排斥汲取外来文化的营养,考古学的研究也充分证明了这一点。

中国文明起源问题的研究和最终解决,主要依赖考古学。由于中国古代文明在世界文明史上占有重要地位,因此,中国考古学取得的任何成果,都是有世界性意义的。随着现代自然科学技术方法的充分利用,改进和提高中国考古学的田野考古和实验室考古,中国考古学将获得意想不到的成果。而研究领域的扩大与多学科合作,将给中国考古学充实新内容。

原载《瞭望周刊》1989年40期。又见《新华月报》1989年10期。

20世纪末的中国考古发现

从1990年开始,中国文物报社受国家文物局委托,评定每年的中国考古十大新发现。这个活动对全国的文物保护工作和考古学研究都起到了很好的作用,每年一次,自1990～1999年已满十年,共评出百项考古新发现。中国文物报社为汇报十年来的评定成果,特结集出版,这是很有意义的事,因为20世纪末的中国考古学在中国考古学发展史上是一个十分关键和重要的时期。

中国考古学诞生于20世纪20年代。它的发展经历了两个阶段,两个阶段的区分以中华人民共和国成立为界。中华人民共和国成立后,又可分为两个时期,前一个时期是"文化大革命"前(1966年上半年),主要是配合基本建设开展田野考古,积累考古资料;在研究方面因受到50年代学习苏联和教条主义的影响,走了许多弯路。"文化大革命"期间,田野考古和研究停滞。1972年,《文物》、《考古》和《考古学报》三大杂志复刊,考古工作陆续恢复。十一届三中全会以后进入后一个时期,树立了实事求是的学风,改变了生搬硬套、"以论代史"的思维方式,一切皆从历史事实出发,认真整理、分析考古资料,摆脱了苏秉琦先生所说的"根深蒂固的中华大一统观念"和"把马克思提出的社会发展规律看成是历史本身"这两个怪圈的影响,顺从学科自身发展规律,独立思考,运用辩证法和新的科学技术,开展中国考古学研究,取得了空前的成果。这是20世纪末中国考古学发展的特征,也是1990～1999年十年间"百大考古新发现"评定的学术背景。我这篇对"百大考古新发现"的评论便是在上述学术背景下写成的。

一

旧石器时代考古在这十年中最重要的发现,有湖北郧县人头盖骨化石、江陵鸡公山旧石器遗址、南京汤山人头盖骨和河北泥河湾盆地旧石器遗址。

湖北郧县两具人头盖骨和伴出的动物化石及数百件以砾石工业为主的石器之发现，极大地丰富了我们对华南旧石器时代文化的认识，特别是根据测年数据和共存的古生物化石，都说明郧县人的年代非常古老，甚至可与蓝田人的年代相当，但郧县人化石体质上却显示出许多早期智人的特征，这便给研究中国直立人和早期智人的演进关系提供了新的资料。江陵鸡公山旧石器时代遗址最重要的发现是上下两层文化的不同，下层文化发现了近500平方米的生活面，出土了数以万计的砾石石器，上层文化则以小型石片石器为主。这一发现反映了中国旧石器时代文化中北方石片石器和南方砾石石器文化之间的交流。南京汤山人化石的特征，与北京人很相似，应均属时代较晚的直立人；动物化石的种类和年代也与北京人动物群化石相似，这个发现对研究古气候、环境、动物群的迁徙及其与人类共存的关系，都提出了新的问题。

旧石器时代考古在20世纪末所显露出来的问题，第一是考古发掘方法的改变。抛弃了30年代以来从欧洲传入的"水平方格法"，改为以清理古人类的行为活动所遗留的痕迹为目的发掘方法，即从地质学的方法变为考古学的方法，这在中国旧石器时代考古学上是一次革命。第二，中国古人类学研究是中国旧石器时代考古的重要内容。在20世纪陆续发现的北京人、蓝田人、云南腊玛古猿和郧县人的材料，说明亚洲的中国是世界人类发源地之一。中国发现的直立人、早期智人和晚期智人的化石，显示他们与黄种人和现代中国人之间存在着连续性，有着亲缘上的继承关系。但是，近年在国际上出现了否定现代中国人是土生土长的人的舆论。中国考古学界在21世纪要加强关于中国旧石器时代的考古学研究，以科学的田野考古工作和正确的科技测定，来研究中国古人类学的诸问题，这是一项十分重要的中国考古学的研究课题。

二

20世纪末的新石器时代考古，研究的重点有两个方面，一是新石器时代早期遗址的发现，包括中国古代聚落的形成和中国农业起源的问题；二是新石器时代晚期遗址的发现，包括从原始聚落向城市的转化，城市的出现，墓葬中所反映的贫富分化现象等。这些重大的中国古史上的问题都是中国考古学要探索的重点课题。20世纪末中国新石器时代考古重大发现的评议选定,大体上便是以上述的这些学术课题为标准的。

湖南道县玉蟾岩(蛤蟆洞)遗址是一处洞穴居住遗址,它是从旧石器时代向新石器时代过渡的文化,距今约1万年以上。遗物以打制石器和骨器为主,而最重要的有两项发现:一是出土了4枚稻谷,在文化堆积的土壤中也分析出有稻属硅酸体,这是目前所知年代最早的稻类遗存;二是发现了原始陶器,呈黑褐色,陶质疏松,夹粗砂,可复原的陶器有敞口尖圜底釜。它与江西万年县仙人洞和吊桶环遗址出土的原始陶片,同为中国发现的最早的陶器。在人类发展史上,新石器时代农业和制陶业的出现具有划时代的意义。

聚落考古在新石器时代考古研究中占有极重要的地位。兴隆洼聚落遗址在内蒙古敖汉旗,年代约在公元前6200～前5400年之间,聚落四周围有壕沟,在聚落中心部位有两间最大的房址,其他半地穴单间房址则成排地分布于中心房址的前后和两侧,在有些居室内还埋葬着身份特殊的人物的墓葬。这种聚落布局与西安半坡和姜寨的形式有所不同。

20世纪末在中原地区发现的新石器时代排房式聚落有河南邓州八里岗遗址和安徽蒙城尉迟寺遗址,其时代比兴隆洼遗址要晚,排房的形制也不同于兴隆洼遗址,兴隆洼遗址是单房,八里岗和尉迟寺遗址是套房,说明它们两者之间在住房功能上出现了变化。另一处距今约5000年的排房式聚落遗址,在安徽含山凌家滩发现,同时还发现了祭坛和墓地,在已发掘的44座墓中共出土陶、石、玉器1000多件,其中一座大墓中便出玉器96件,是一个有特殊身份的人物。凌家滩聚落不同于八里岗和尉迟寺聚落,与比它年代稍晚的良渚文化诸遗址也不一样,它们反映的社会诸问题,是很值得深入研究的。浙江余杭汇观山和莫角山良渚文化遗址的发现,再一次展现了良渚文化中有特殊身份的人的墓葬和大型祭坛的关系。山东邹平丁公龙山文化遗址则以另一种方式,显示它在社会关系变化中聚落和墓地的形态。地处我国西南成都平原上的诸城址,初露端倪,它们的庐山真面目尚待揭晓。

三

在"百大考古新发现"中商周考古的项目占21项,约合五分之一,从入选项目的学术价值来看,主要集中在两个方面:一是早商遗址的发现;二是商代方国和周代诸侯王国墓地的发现。

商代早期遗址有河南辉县孟庄龙山文化、二里头文化和商文化相叠压的城址;河南焦作府城遗址,城址平面方形,保存完好,西、北两城垣在地面上尚存2~3米之高,出土的陶器与二里头文化相近。郑州小双桥商代遗址,属商文化前期的白家庄期,与郑州二里岗商文化前后相接,其时代虽较前两项为晚,但它所发现的大型夯土基址、祭祀坑和铸铜遗存以及大型青铜建筑构件,都说明小双桥商代遗址很可能是商王的宫都。偃师商城在大城之内,又发现小城和宫城,它的形制比以前更加清楚了。

著名的殷墟仍有重要发现。160号墓是继妇好墓之后又一次发现的未被盗掘的商代贵族墓,保存完好,出土随葬物349件。安阳花园庄甲骨窖藏,埋甲骨856片,其中龟甲839片,刻辞甲骨170片,数量虽然没有小屯南地出土的多,但也属殷墟文化第一期,文字最多的一片甲骨上有200多字,是很有价值的商朝原始记录。

商周以来地方上的方国和诸侯王国的遗迹,主要是贵族的墓地,时有发现,特别是那些在文献上很少记载的小国,愈益引起学术界的注意,因为它们反映着中华民族在熔铸一个共同体的历史过程中,不同地域民族和文化融合的史实,这是商周考古学在今后要着力研究的一个新的学术课题。

河北定州商代方国墓地,墓葬形制和随葬的青铜器,极富地方特色,其年代大约在商代晚期至西周初期,铜器铭文上刻有族徽,是商末周初中国北方的一个方国贵族的墓地。

山东滕州前掌大商周贵族墓地,未被盗掘,出土随葬品近千件,其中有200余件青铜器。山东长清仙人台西周晚期至春秋晚期的邿国贵族墓地,出土青铜礼乐器108件,以6号墓规模最大,可能是邿国国君之墓。河南平顶山西周至春秋早期的应国墓地,也出有青铜礼器和玉器。它们都属于这个时期一些小的诸侯王国的墓地,以前对这些小国的历史在文献上所知甚少,但这些小国贵族墓出土的铜器铭文中,却都不同程度地记录了他们国族的历史,这对西周和春秋国别史的研究,无疑是十分重要的。

在20世纪末商周考古学上最重要的发现,应是河南三门峡市上村岭虢国墓地和山西曲沃晋侯墓地的发掘。上村岭虢国墓地最初发现在50年代,共发掘了

234座墓葬和1座车马坑,包括用七鼎的虢太子戈墓在内。1990年到1999年又发掘了18座墓、4座车马坑和2个马坑,包括虢季、虢仲2个国君墓、国君夫人和太子墓。国君虢季墓出土各类随葬品多达5 293件,其中铜器2 487件,用七鼎;玉器967件,用七璜联珠组玉佩;虢季所佩玉柄铁剑和铜内铁援戈,经科学鉴定皆为人工冶铁,此墓年代约为西周晚期的宣、幽时期,这是我国中原所见年代最早的铁制品。虢国墓地根据墓主人身份和墓葬形制,特别是墓穴的排列方式推测,应是当时邦国聚族而葬的公墓地,国君及其家族葬于北首,其他各族依次而葬。山西曲沃天马—曲村晋国故绛遗址和晋侯墓地的发掘,是西周所封诸国中最重要的考古遗迹,特别是晋侯墓地的发掘,上自晋国君侯,下至庶民的墓葬已近500座,其中晋侯及其夫人的墓葬和附葬的车马坑、祭祀坑等有17处。从墓主的身份、墓葬的形制及其在墓地中的排列顺序,可以清楚地判定八代晋侯的世系;曲沃晋侯墓地出土的有组合的铜器和玉佩,为研究西周贵族丧葬礼制和晋国的历史提供了第一手的原始资料。

浙江绍兴兰亭镇春秋时期越国王陵,陵上有巨大的封土堆,四周绕有隍濠;墓室为长方形竖穴木椁墓,长46、宽19米,用巨大枋木筑成尖顶斜坡式椁室,断面呈三角形,合缝髹漆;内分前、中、后三室,中室置长6、宽1.12、高0.4米的独木棺。这与中原传统的土坑竖穴棺椁墓形制迥异。

另外,江西瑞昌铜岭商周矿冶遗址的发现也很重要,它是继湖北大冶铜绿山铜矿遗址发掘后,又一次关于中国古代矿冶遗址的重要考古工作,发现102口古矿井、18条巷道、2座冶炼炉和7处采矿坑。它比铜绿山矿冶遗址的年代要早,始于商代中期,终于战国早期,既有露天开采的遗迹,也有地下挖掘的坑道。商周时期是我国青铜冶炼的全盛时期,瑞昌铜岭矿冶遗址是我国最早的铜矿遗存,它的发掘对研究我国古代科技史有重要的学术价值。

四

20世纪末秦汉考古的重要发现有三个方面:第一是秦汉宫苑遗址;第二是汉代诸王侯陵墓;第三是汉代河西驿站遗址和漕运遗迹。

在辽宁绥中石碑地发掘的秦汉行宫遗址,平面呈曲尺形,由若干区域院落组成,院落中用红板砂石和细海砂铺垫,其下铺设各种排水管道;在有些房间地面设有"地漏"排水,似是与洗涤沐浴有关的场所。这样具体而细微的秦代室内布局遗址,在西安咸阳尚未见到。广州发现的西汉南越王宫苑遗址,反映了公元前2世纪中国南方造园艺术的水平,这可能是南越王宫苑的一角,园苑中有蓄水池、蜿蜒的水渠、石板平桥和方形步石,蓄水池铺以冰裂纹石底,水渠底垫卵石,设石陂以激涌波浪。

汉代诸王侯陵墓的发掘,最重要的是河南永城西汉梁孝王陵园。梁孝王刘武葬于景帝中元六年(公元前144年)。这里埋着自刘武至刘音八代九王,至元始五年(公元5年)梁国绝而止。墓室皆依崖挖筑。梁孝王陵东向,全长90、宽30米,前有甬道墓道,两侧有车马室,主墓室平面呈梯形,前宽后窄,周有回廊,四角出角室,主室内两侧有6个边室(仿木椁墓的边箱)。梁孝王后李氏墓在王墓以北约200米处,葬于元朔六年(公元前123年),比王墓晚21年,应是梁平王刘襄所建,是凿于山中的崖墓,也是东向,全长210.5、最宽处72.6米,前后有2个墓道,平面呈"中"字形,墓室分前、后两室,后室有回廊和7个边室,后墓道两侧有6个侧室。墓道中装满刻有编号、尺寸、月份、干支和安放部位的塞石,这是目前所见规模最大最复杂的西汉王陵,在梁孝王陵墓道北侧发掘了寝园遗址。寝园平面长方形,有两重园墙,内园南部有回廊,中为方形寝殿,双阶面南,东、西、北面各有一阶。寝殿北为便殿,便殿后有六室。寝园中寝殿、便殿的形制,与始皇陵北侧的寝殿极为相似。结合梁孝王陵保存的西汉王陵形制、近年发现的徐州狮子山楚王陵和山东长清济北王陵等资料,对西汉诸王侯陵墓制度可作出相当好的研究成果。

敦煌悬泉置遗址是20世纪末发现的最重要的汉代驿站,这是一座地处河西走廊通道上50米见方的坞堡,四周用土坯砌墙,坞内建房舍20余间,坞外南侧为马厩,坞外西、北堆弃垃圾,最厚处可达1.2米,大部分简牍皆发现于此。共约3万件,绝大多数是公文简牍,也有私人帛书信札。纪年简中最早的为西汉元鼎六年(公元前111年),最晚的为东汉安帝永初元年(公元107年),除各类文书簿籍外,邮书占一定数量,这是悬泉置的特色。其中关于驿站接待官吏的规定,如接待龟兹王和夫人要住八尺卧床、挂青帷帐;驿站上派车也有规定,有普通车和轺车两种,使用轺车要经御史大夫批准;驿站室内的墙壁上写有"四时月令",规定住驿站的规则,整面墙壁塌下后,被考古学家细心地清理出来。此驿站始于汉武帝时期(公元前111~前87年),沿用至昭帝到东汉初(公元前86~29年),魏晋以后此驿站改为一般烽燧。与交通有关的还有东汉晋豫黄河古栈道漕运及建筑遗迹的调查,发现 58 处题记,年代最早的为东汉建武十一年(公元 35 年),在新安县还发掘了一处汉代仓库遗址。

五

20 世纪末"百大考古新发现"中属于魏晋南北朝隋唐时期的考古新发现共 21 项,与商周时期新发现的数量相同,都是最多的,可谓是琳琅满目。

城市考古方面有洛阳城应天门的发掘,陕西麟游隋唐仁寿宫、九成宫的发掘和扬州唐城的发掘。应天门是隋唐洛阳宫城的正门,地处洛阳市内,今天的马路正从应天门道通过,门阙东侧遗迹保存较好,阙台为"三出阙"。最重要的是隋唐扬州城的考古,基本上把扬州城自汉以来城市的发展,通过考古工作搞清楚了它的变迁。蜀岗是扬州的原生点,扬州城市的发展是随着长江的南移而扩建的,隋唐子城仍在蜀岗上,唐代中晚期自蜀岗南下向瓜洲发展,唐代扬州的罗城便出现在这个时期。把隋唐扬州的子城、罗城的四至搞清楚,是 20 世纪末中国考古学的成绩之一。

在长沙市走马楼古井中发现的三国吴的长沙郡简牍档案,无疑是 20 世纪末中国考古学最重要的发现,整理工作正在进行,最近出版的《长沙走马楼三国吴简·嘉禾吏民田家莂》是他们的初步成果。

在佛教考古方面,云冈第 3 窟的发掘在石窟考古上是很重要的,因为它的发掘揭示了开凿石窟工程的全过程。山东青州龙兴寺遗址出土的北朝佛教雕刻,揭示了公元 5～7 世纪中国佛教艺术的实况,受南亚犍陀罗佛教艺术"曹衣出水"形式的影响是十分明显的,但是,这种影响究竟是从西域传入,还是从海路和"河南道"传入的,尚待研究。

新疆是古代西域地区,尼雅民丰和尉犁遗址的发现也颇引人注目。在民丰发掘了居住遗址和佛寺,也发掘了汉晋时期的墓葬,发现了数具干尸,其中有"王侯合婚千秋万岁宜子孙"的锦袍,也有"五星出东方利中国"的锦护膊。尉犁营盘地处自楼兰北上的要道,发现了 110 余座墓葬,其中第 15 号墓墓主面覆麻质面具,身着红地对兽树纹双面罽袍,素绢贴金内袍、菱纹四瓣花绣长裤、绢面贴金靴,保存完好,双面罽袍采用"挖花"织法,尤为珍贵。

唐代的瓷窑址也作了发掘,有江西丰城的洪州窑和浙江慈溪上林湖寺龙口的越窑。

在青海的都兰发掘了唐代的吐蕃墓葬。其中出土的粟特锦尤其重要。山西太原发现的隋开皇十二年(公元592年)虞弘墓石椁上的彩色石雕画,在石椁座正面的显要位置上刻有火坛和人面鸟身的司祭人,表明"检校萨保府"的虞弘可能是火祆教徒,这个发现十分重要,揭示了公元6世纪寓居中原的中亚粟特人的生活和葬俗。

在安徽淮北柳孜镇发掘的唐宋运河遗迹,是第一次对唐宋大运河所作的考古工作。

六

20世纪末宋辽金元时期考古新发现有:杭州临安南宋太庙遗址、北京金中都南垣水关遗址、河北张北元中都遗址、四川华蓥南宋安丙墓和成都水井街明清酒坊遗址,而内蒙古阿鲁科尔沁旗宝山辽墓,辽耶律羽之墓和河北宣化辽墓群的发现尤为重要。宝山1号辽墓,根据墓壁题记为"大少君"次子勤德墓,卒年仅14岁,葬于辽太祖天赞二年(公元923年),是目前发现的有纪年契丹墓年代最早的。2号墓主人为女性,下葬时间略晚。这两座墓的石房(石椁)内都有堆粉沥金的彩色壁画,除一般宴饮、出行、仆侍等图像外,有3幅壁画值得注意,一是勤德墓石房东壁绘有榜题为"降真图"的壁画,右上绘四仙女乘云而降,为首的贵妇人雍容华贵,题曰"西王母",左下方的汉武帝长髯素袍,拱手坐于方形云榻上,这是西王母会见汉武帝的故事。2号女性墓石房南壁绘"苏娘织寄回文锦"图,中央之贵妇在侍女的侍奉下,面对一整装待发的男僮作最后的叮咛。苏娘向远征在外的夫君寄上回文织锦,以表相思之情,这是从晋唐以来流传的苏若兰织寄回文锦的故事演变出来的,壁画题诗云:"□□征辽岁月深,苏娘憔(悴)□难任;丁宁织寄回(文锦),表妾平生缱绻心。"题诗中的"征辽"是把晋以来的苏若兰夫君窦滔徙流沙之事,到唐代改换为苏娘夫君征辽东的故事,"征辽"与契丹无关。2号墓石房北壁绘"杨贵妃教鹦鹉诵经图",壁画中央绘一贵妇坐几案前,案上放展开的经卷,贵妇左手执拂尘,右手按经卷,案右角上有一白羽红喙的鹦鹉,贵妇前侧立男女仆侍四人,身后立两侍女,执扇捧盆,正在侍奉。此图题诗云:"雪衣丹嘴陇山禽，每受宫闱指教深，不向人前出凡语，声声皆（是）念经音。"这幅图画的主题也是唐五代以来中原流行的民间故事。它们集中在宝山辽墓中出现，而且绘画技法高超，色彩富丽，是辽墓壁画中之精品。在宝山辽墓不远的地方还发掘了辽耶律羽之墓，它是一座由砖石砌筑的平面方形的前后室墓葬，主室皆以琉璃釉砖砌筑，棺床上罩柏木小帐，小帐上绘男女伎乐，极其精细；墓内出土随葬品300余件，最精美的是花形金杯、鎏金錾花银把杯、金花银唾壶和碗以及来自中原的青白釉瓷器和大量的丝织品。耶律羽之是契丹迭剌部人，为东丹王耶律倍东丹国东台右平章事。前述宝山1、2号辽墓的"大少君"等也是东丹王家族中的人物，他们的汉文化水平很高，宝山墓的壁画和耶律羽之墓出土的来自中原的许多瓷器则是很自然的事情。

以上所说皆是辽契丹贵族的墓葬，而在辽代统治下的南部，仍然有很多汉人在居住，他们的墓葬可以宣化辽墓为代表。宣化辽墓在下八里村，是张氏和韩氏的墓地，村东北是张氏墓地，村北为韩氏墓地。宣化辽墓的壁画，内容丰富，著名的"煎茶图"和"散乐图"技艺高超，反映着辽代汉族地区墓葬形制和墓主人生前的生活场景。

20世纪末的十年，是中国考古学发展中十分关键的十年。这十年的全国十大考古新发现评选，如实地反映了中国考古学发展的历程。我衷心地祝愿今后每年中国十大考古发现的评选，更加有学术权威性，更加民主，更加广泛，成为中国考古学发展的忠实记录。

（本文所据之考古资料，皆见本书各该项的注释，为节省篇幅不再注出；宝山2号辽墓两幅壁画之考释皆据吴玉贵先生论文，特此注明。）

原载李文儒主编《中国十年百大考古新发现（1990～1999）》，文物出版社，2002年。又见《中国文物报》2002年9月13日。

21世纪初中国考古新发现

刚刚进入21世纪,《中国国宝展Ⅱ》在日本东京国立博物馆展出之后,回到国内与广大观众见面,这是继2000年第一届国宝展之后的又一次重要展出。四年前,我曾以《中国考古学的回顾与展望》为题,在《世纪国宝》一书中,把20世纪中国考古学的发展及其学术成果,作了概括的叙述。今,再为此展览介绍进入21世纪初(2000～2003年)的中国考古新发现。这四年之间,中国考古学蓬勃发展的势头不减,每年经国家文物局批准的考古发掘项目都在五百项左右,中国考古学的新发现层出不穷。我在这篇短文中,只能介绍这四年间最重要的中国考古新发现,或许有助于来参观这个展览的观众对中国考古学新成果的认识。

一

21世纪初的中国旧石器时代考古,有河北阳原的泥河湾遗址、浙江吉安上马坎遗址、北京周口店田园遗址和山西吉县柿子滩遗址群。最重要的是两项:

1. 北京周口店田园更新世晚期古人类遗址,在北京周口店北京猿人遗址西面6公里处。2001年6月发现,出土的人类化石属于智人,与山顶洞人比较接近。发现了26种哺乳动物化石,以斑鹿为主,与山顶洞人伴出的动物化石基本一致,也有是在北京地区首次发现的动物化石,如猪獾和苏门羚。未发现石器。根据鹿牙用铀系法所测年代约距今2.5万年。

2. 山西吉县柿子滩旧石器时代遗址,发现于1980年,2000～2003年在第9、12、14三个地点发掘了100多平方米,发现用火遗迹十余处,有的灰烬尚在。共出土石器、装饰品、动物化石1万多件,其中有石磨盘、石磨棒以及赭色颜料块和

"石砚"(研磨器)。柿子滩旧石器时代遗址的年代,约距今 2 万～1 万年以上,正处于中国华北旧石器时代晚期向新石器时代早期过渡的阶段,石磨盘和石磨棒的发现,对研究中国北方农业起源的课题有十分重要的学术价值。

二

新石器时代考古的新发现有:河南三门峡庙底沟遗址、陕西佳县龙山文化遗址、江苏连云港藤花落遗址、江阴祁头山遗址、浙江海盐仙坛庙遗址、余杭下家山遗址、桐乡新地里遗址、萧山跨湖桥遗址、青海民和喇家村遗址和辽宁牛河梁红山文化遗址。

21 世纪初中国新石器时代考古学研究的重点课题有三个方面:一是中国新石器时代早期文化的研究,主要是指从旧石器文化向新石器文化过渡的研究;二是新石器文化向夏、商、周三代文化过渡的研究,实际上是指中国从氏族社会向文明社会转变的历史过程的研究,也就是中国文明起源和形成的研究,是中国考古学研究的重大课题;三是中国新石器时代诸文化本身和诸文化之间相互关系的研究,这个课题是中国新石器时代考古学研究的基础课题。

21 世纪初中国新石器时代考古学在开展田野考古时,大体上是从这三个学术课题来考虑的。新石器时代文化早期遗存,已在上节所述的柿子滩旧石器文化遗址内发现,属于从旧石器时代文化向新石器时代文化过渡的阶段。本节要介绍的多是新石器时代文化晚期的遗址,它们都反映了中国从氏族社会向文明社会过渡的社会历史和文化现象,也反映着不同文化类型本身的演变和不同文化类型之间的关系纠葛,这两者往往交织在一起,是中国新石器时代史前文化演进中的两个最重要的方面,也是中国新石器时代考古学研究的一个主要内容。

最近,中国新石器时代考古的新发现多集中在中国南方的江浙地区,在上面所列举的十个新石器时代遗址中,就有六个在江浙地区。年代最早的是浙江萧山跨湖桥遗址,距今 8 000～7 000 年之间,文化的面貌显示出是不同于河姆渡文化和马家浜文化的一种新的文化类型。特别重要的是,出土的稻谷与稻米已显示出栽培稻的特征,与现代籼稻相似,但硅体形状却与粳稻接近;同时还存在粒形和野生稻相似的稻谷。这些现象说明跨湖桥遗址的稻谷,可能是培植野生稻时尚未完全成功的原始栽培稻。另外,在遗址的第 9 层下发现了一只独木舟,所属的年代约距今8 000~7 500年之间,这可能是中国发现的最早的独木舟。江阴祁头山是马家浜文化的大型聚落遗址,有密集的居住遗址和墓葬,出土的陶器颇具特色,尤以高筒形带錾陶釜最为典型。海盐仙坛庙遗址发现崧泽文化、良渚文化高台墓地和祭祀坑,出土遗物735件(组)。余杭卞家山在良渚遗址群南侧,发现了良渚文化墓葬和居住遗址,还有由竖立的木柱构成的湖滨遗址。桐乡新地里遗址是良渚文化晚期的高台墓地,墓葬规模和随葬品出现明显的贫富差别,显贵者的墓葬多在墓地北面,已有棺椁两重葬具,随葬多种精美玉器;平民墓葬多在墓地南面,一般没有葬具,只随葬石器而无玉器。这些江浙地区新石器时代考古遗址的发现,对研究中国新石器时代长江下游的古文化,包括萧山跨湖桥文化类型、河姆渡、马家浜、崧泽和良渚文化之间的传承演变,以及它们在中国文明起源和形成研究中的地位等,都提供了新的考古资料。

  两座龙山文化古城遗址,引人注目。第一座在中国西北部陕西佳县石摞摞山,是一处龙山文化山城。内城建于山顶最高处,外城环绕于山体中下部,依山势用石块累砌。发现房址18处,窖穴80多个。从出土陶器来看,应属龙山文化中晚期。第二座在中国东部沿海江苏连云港藤花落,有内外两重城,其间有城门和道路相通。内城有两处夯土台基,发现30多座圆形、长方形单间、双间房、排房和"回"字形房址。"回"字形房址在2号夯土台基上,外间面积100平方米,内间面积30平方米,与一般居室不同。还发现了稻田遗迹,从炭化的稻米观察,已与现代栽培稻接近。藤花落古城遗址在龙山文化晚期衰落,其后则被岳石文化所代替,岳石文化的居民继承了龙山文化藤花落古城的布局,这种现象在研究中国文明形成史上很有价值。

  另外,两个重要发现是青海民和喇家村齐家文化遗址和辽宁牛河梁红山文化遗址。前者主要是呈现出这个遗址遭受地震灾害时被掩埋的瞬间景象,特别是那一副母亲紧紧搂抱婴儿的尸骨遗迹,动人心弦,这是考古发掘中十分难得的镜头。牛河梁第16地点的发掘,发现红山文化墓葬13座,其中M4为保存最完整的大墓,出土精美玉器8件。牛河梁红山文化遗址后来被夏家店下层文化的居民所占据,夏家店下层文化的房址、窖穴和灰坑破坏并叠压着红山文化积石冢墓葬;夏家店下层文化是以陶器和石器为主的,与红山文化墓葬中的精美玉器形成了鲜明的对比,从考古地层上明确了红山文化和夏家店下层文化的关系,肯定了红山文化玉器的年代。

三

夏商周时代考古新发现有：山西襄汾陶寺遗址、安阳洹北商代遗址、郑州小双桥商代遗址、安阳殷墟花园庄 54 号墓、山东济南大辛庄遗址商代甲骨、陕西眉县杨家村西周单氏铜器窖藏、河南洛阳东周大墓和车马坑、河南新郑郑韩故城东周大墓和车马坑、河南信阳长台关 7 号楚墓、湖北荆州天星观 2 号楚墓、湖北枣阳九连墩楚墓、四川成都金沙遗址、成都古蜀国船棺墓葬群、贵州可乐战国西汉墓群和新疆尼勒县穷科克墓群。最重要的有三项：

1. 陕西眉县杨家村西周单氏铜器窖藏。2003 年 1 月发现，在一个竖井横穴内出土西周青铜器 27 件，其中鼎 12 件、鬲 9 件、方壶 2 件，盘、盉、匜、盂各 1 件，除铜盂外，器形皆是西周晚期的式样，花纹以环带、垂环、窃曲纹和各种龙纹装饰为主。更重要的是铜器铭文，27 件都有铭文，逑盘铭文最长，多达 372 字，记述了单氏家族从皇高祖单公到逑八代历史，四十二年和四十三年鼎的铭文中记述了单氏家族辅佐文王、武王兴周灭纣，北伐戎狄、猃狁，南征楚荆，管理虞林因功受封赐的事迹。在单氏铜器铭文的记述中，基本上可以把单氏八代和周室十一代十二王的世系对应起来，证实《史记》所载西周诸王的世系是正确的，也证实西周积年与古本《竹书纪年》所记最为接近。这是自 20 世纪以来最重要的西周考古发现，它对研究西周铜器和铭文，特别是研究西周纪年有重大的学术价值。

2. 四川成都金沙遗址。2001 年 2 月发现，在成都市西郊金沙村，范围陆续扩大，已发掘的有金沙村、黄忠村、万博、兰苑和梅苑等地点，总面积已超过 4 平方公里以上。遗址内涵十分丰富，有居住遗址、祭祀遗迹和墓葬。居住遗址面积很大，其中有不少是大型居址，长度在 25 米以上，竹木骨泥墙尚存，最大的居址长 54.8、宽 8 米。在梅苑发现有象牙堆积坑，伴出玉器和铜器；有半成品的石璧、石璋等堆积；还有象牙、鹿角、野猪牙、玉器、陶器和美石雕刻品的堆积。发掘者认为这些遗迹与祭祀有关。墓葬比较简单，有些是在金沙遗址废弃后埋入的。金沙遗址共出土金、玉、铜、石、陶和象牙骨器等数千件，金器多为装饰品和金箔，铜器多小型器物，铜人和牛首等也属小型饰件；金沙金铜器的造型纹饰都与广汉三星堆相似。玉器以琮、璧、璋、圭、钺等礼器为主，制作精细，形制皆源于中原，而也与长江中下游良渚文化玉器有密切关系，金沙玉琮的形制风格几乎与良渚一致。玉器中有些人物的造型在衣冠服饰上皆与三星堆相似。陶器中的小平底罐、高柄豆皆源于三星堆；尖底盏杯则与成都十二桥文化相同。金沙遗址是继成都十二桥文化和广汉三星堆文化之后，在四川成都平原上新发现的相当于中原商末西周前期（约在公元前11～前10世纪）古蜀国的历史文化遗存。

3. 四川成都商业街古蜀国船棺葬。2000年7月发现，是一座多棺合葬的土坑竖穴墓，墓坑长方形（30×21米），因汉代以前已遭破坏，墓坑现存船棺、独木棺17具，估计原来应有30具以上。棺具皆用整根楠木剖凿而成，最大的船棺长18.8、直径1.4米。在墓坑底部有排列整齐的垫木十五排，墓坑北部为大型棺具置放处。棺内残存随葬品有漆器、陶器和铜器等，尤以漆器最为精美，其中有漆几案和悬挂钟磬的漆架残件，把汉代以来广汉制漆的手工业的历史提前了三四百年。成都古蜀国船棺葬应是我国战国时期蜀国开明王家族的墓地。它的发现在研究中国西南民族的历史上具有重要的意义。

至于襄汾陶寺城垣、安阳洹北的商代宫殿遗址也很重要，田野工作尚未结束，有些遗址尚有待于继续认证。

四

近年，秦汉考古最重要的发现，首推湖南湘西里耶古城遗址出土的秦代简牍，2002年4月发掘。古城遗址东部已被酉水冲毁，南北长210米，东西残宽107米，城外有护城河，城内有房屋基址和作坊遗址等，此城初建于战国中晚期，现存城址的年代为西汉。特别重要的是在城内1号井中发现了36 000枚秦代简牍，是在秦亡时遗弃在井的秦洞庭郡迁陵县的文书档案，始自秦始皇二十五年，止于秦二世二年（公元前222～前208年），内容涉及政令、各级政府间的来往文书、吏员名籍、田亩租税、法律爰书、仓廪军备、邮驿里程，以及私人信件等，是前所未见的秦代基层政府的原始档案。秦汉之际，正是中国社会从商周以来的血缘政治结构，向秦汉以后以郡县制为主的地缘政治结构转化的过程，里耶秦代简牍的发现，将为研究中国古代史上的这个带有全局性的政治结构的变化提供第一手的原始资料。另外，秦始皇陵园K0007陪葬坑随葬的各种青铜禽类，丰富了秦始皇陵园陪葬坑的内容；山东日照汉墓出土的大批精美的汉代漆器，证实了文献上所记汉代齐鲁盛产漆器的史实；北京发现的老山汉墓，虽然早年已被盗掘，但其"黄肠题凑"的墓葬形制,以及残存的彩绘陶器和棺盖上覆盖的西汉织锦缎,都是首次发现的西汉珍贵遗物;继广州西汉南越王墓及其宫署遗址发现后,最近又在广州市区发现了西汉南越王时期的水闸遗址,从其工程做法上来看,已达到了当时很高的工程技术水平。

魏晋南北朝考古,在城市考古方面,最引人注目的是南宋六朝建康城的考古。在钟山南麓山坡上发现的南北在一条轴线上的两座石砌祭坛,南面的 1 号坛方 64 米,四层,坛顶上有四个方形土台;北面的 2 号坛方 22 米,也是四层,坛顶被后代挖坑而破坏。出土六朝砖瓦、莲花瓦当、莲花石座和青瓷残片等。根据有关文献记载,很可能是南朝刘宋所建之北郊祭坛。在南京市区左行宫发掘了六朝建康城内的东西、南北交叉的大路、排水沟、木制桥梁、房屋基址、砖砌水井,以及可能是古城城墙的残段。这是首次在南京市区发现的孙吴、晋和南朝叠压着的建康城遗迹,证实古建康城是被埋藏在元集庆路城范围内的地下,这对探索六朝建康城址有重要价值。北魏平城遗址也一直是个不解的谜,前几年在大同南郊发现了北魏平城南郊明堂遗址,最近又在大同旧城以北的操场城发现大面积的北魏宫殿遗址,出土多种莲花、人面和"大代万岁"、"永□寿长"、"传祚无穷"等文字瓦当,北魏宫殿基址下压着汉代遗址,这与《南齐书·魏房传》太祖拓跋珪"截平城西为宫城"的记载相符,说明北魏平城宫城应在今大同旧城之北。洛阳汉魏故城阊阖门遗址也作了发掘,证实是一处殿堂式建筑,初建于魏晋,北魏、北周时沿用。在邺南城朱明门外东侧还发掘了一处规模宏大的东魏北齐佛寺塔基。

吉林集安高句丽国内城和丸都山城也作了发掘,在勘测国内城城垣时,发掘了北城垣近西北角的一座城门,这是一座既不见于文献,也未被考古所发现的城门,门洞两侧尚保存着木制地栿和竖立的排叉柱痕迹,显然是过梁式的木构城门;在城内北部发掘了居住遗址,在丸都山城发掘了南门、西南门和瞭望台,城内发掘了宫殿遗址,呈长方形,坐东朝西,依山势筑为三层阶地,各有平面方形、八角形和长方形建筑,出土众多的建筑饰件和瓦当。对高句丽王陵陵园也作了勘查,发掘了陵侧的建筑遗迹。

在魏晋南北朝墓葬发掘中,以山西太原北齐武平二年(公元 571 年)徐显秀墓的壁画家居和出行图保存最好,并出有各类随葬品 500 余件;山东临沂两座西晋砖室墓随葬有青瓷器、铜器、正始二年(公元 241 年)铭铜弩机、太康十年(公元

289年）铭漆器和精美的金铛，与江南西晋墓所出完全一致。最令人有兴趣的是西安发现的北周大象元年（公元 579 年）安伽墓和史君墓，与以前在太原发现的虞弘墓都是在北朝入仕中国的中亚昭武九姓信奉火祆教的粟特人后裔，在他们墓中的石棺床围扉上或石廓上，都雕刻着已汉化了的但保存火祆教拜火仪式以及粟特人原有的生活习俗的图像，这对研究魏晋南北朝以来中外文化交流和中国各民族之间文化融合的历史提供了生动的形象资料。

隋唐五代的考古，以西安唐昭陵北司马门遗址的发掘最为重要，它把唐昭陵北司马门的形制，以及后代改建变化的情况，以考古发掘所得的材料给予正确的复原。对昭陵北司马门放置昭陵"六骏"和"十四国番君长"石雕像的位置也从考古发掘中作出了判断。五代十国的帝陵已发掘的有四川成都前蜀王建墓和后蜀孟知祥墓、南京南唐二陵、杭州吴越钱氏陵墓，但是，地处岭南的南汉帝陵都仍然是个谜。2003 年 5 月在广州番禺区新造镇小谷园岛大香山发现南汉高祖康陵，康陵地宫全长 11、宽 3.15、高 3.3 米，四层券顶；前室立有"高祖天皇大帝哀册文"刻石，明确地说明此墓为南汉高祖刘岩墓，他卒于南汉大有十五年（公元 942 年），当年（即光天元年）九月葬于康陵。康陵陵台方座圆丘，开中国古代帝陵陵台为圆丘之先声。在南汉康陵发现之前，一般认为中国古代帝陵变方形盝顶为圆顶始自明孝陵，南汉康陵的发现提出了新的例证，这是很值得注意的事情。五代考古轰动的发现是杭州雷峰塔地宫的发掘，雷峰塔是吴越国王钱俶在北宋太平兴国二年（公元 977 年）建造的，地宫出土的银质鎏金阿育王塔（金涂塔），镂刻精细，鎏金铜坐佛下有飞舞的龙柱承托，是唐宋佛教金铜造像中的佳作。

在隋唐五代考古中关于瓷窑遗址的考古也不可忽视，河南巩义市唐三彩窑址的发掘是比较重要的。在晚唐的地层中发现了钴蓝青花瓷；最重要的是发现了烧制唐三彩的窑炉和作坊，出土了大量精美的唐三彩器；著名的洛阳唐三彩的产地便应在巩义市。宋元时代考古发现包括辽、金、西夏和明清在内，主要是城市、陵墓和瓷窑遗址。扬州是中国唐宋时期的名城，以前曾发掘过扬州南门和西门遗址。2000 年又发掘了东门遗址，现存遗迹是南宋时期的，是一座有内外两层瓮城的特殊形制。杭州是南宋的都城，它在中国城市发展史上是属于古今重叠的典型城市。以前曾在杭州勘查了南宋临安城的皇城，发掘了太庙遗址、临安府衙署遗址；2001 年又发掘了南宋恭圣仁烈皇后的宅第。在黑龙江阿城市金上京遗址东 3.6 公里处刘秀屯发掘了金代宫殿遗址，它是一组平面"工"字形的大型建筑,前殿面阔九间、进深五间,两侧有东、西朵殿,前有月台,后有抱厦,后殿面阔五间、进深两间,前后殿之间有长47米的过廊,这是迄今为止正式发掘的金代规模最大的宫殿基址。文献上对这座宫殿基址没有任何记载,它应是金上京的一部分,在金海陵王平毁上京宫殿时一并被毁。

北京金陵在北京市西南大房山麓,是金海陵王自上京迁都燕京金中都后建立的金皇陵区。贞元三年(公元1155年)迁金太祖、太宗和金始祖以来诸帝灵柩入大房山兆域,并在此葬海陵王、世宗、章宗诸帝,明末因断后金(满人)"龙脉"而被彻底破坏。2001年全面调查金陵情况,发掘了神道上的石桥、踏道和陵前的大殿、配殿基址,在偶然的情况下发掘了金太祖阿骨打的迁葬墓,竖穴石坑(13×9.5米)内葬四具石棺椁,龙椁破坏严重,凤椁尚完整,由于是迁葬,随葬品很少,但石椁上的龙凤雕却极精美,可视为金代石雕的代表作。宁夏银川西夏第3号陵陵园在2000年作了全面发掘,证实西夏陵园的形制基本模仿巩义市北宋皇陵,但内陵垣前加月城,四角建塔式角楼,陵前献殿平面呈八角形,两侧建有巨大碑亭,则是西夏王陵特色。辽代契丹贵族墓以内蒙古通辽吐尔基山辽代早期墓的发掘最为重要,木棺和棺床须弥座上皆髹漆贴金彩绘侍卫和各种花纹图案,华丽之至;墓主套穿11层丝织衣物,出土的金银饰品、铜器、漆器、玻璃器,以及整套马具,都是罕见的珍品。

宋代以后瓷窑遗址的发掘及其取得的成果,是这个时期考古的重要内容。河南宝丰清凉寺汝窑发掘窑址15座,作坊、釉料坑和澄泥池各2处,窑址密集,窑炉更新频繁。根据地层堆积和出土北宋铜钱的年代判断,清凉寺汝窑属北宋哲宗、徽宗时期(公元1086~1117年)三十年间作坊,有些产品极为精美,是北宋汝窑的代表作。河南禹县神垕钧窑遗址发掘了不同时期的窑炉8座、澄泥池3座、作坊5处,出土了大量钧窑瓷器。发掘结果表明,钧窑产品可分三期,北宋晚期至金前期(约公元11世纪末~12世纪中叶)是钧窑的鼎盛时期,器形多样,陈设器占一定数量,天青色釉淡雅匀净,釉层较薄,有外施红釉的器物,钧窑器形、釉色的特征形成于此时;金代后期钧窑产品粗糙,器形变大,器壁变厚,挂釉不满,出现了月白色釉;元代钧窑大型器物增加,壁厚釉厚,釉色变化多样,有紫蓝、褐绿和带红斑的釉色。杭州老虎洞宋元窑址一直被认为可能是南宋修内司窑,从1999年开始发掘,到2001年作了全面的发掘,在南宋层中发掘龙窑1座、作坊房基3座、澄泥池4处、废瓷片堆积4处,出土瓷器以仿古陈设器炉、尊、觚为主,黑胎较薄,以厚重的粉青釉为主,间有米黄色釉,系多次上釉,有开片或冰裂纹,有支烧和垫烧两种制法,这无疑是所谓南宋"官窑"的产品,不论是烧制技术还是产品风格,老虎洞窑都继承了北宋汝窑的传统。在老虎洞元代晚期的产品中有类似传世"哥窑"的瓷器,经中国科学院硅酸盐研究所的化学成分和显微结构测定,它与传世"哥窑"的化学和物理结构相同,为传世"哥窑"瓷器的身世作了验证,这在中国陶瓷史上也可以说是一次突破。景德镇珠山明清官窑遗址的发掘在2002～2003年进行,发掘了明初官窑窑炉4座,埋葬永乐后期至宣统早期官窑落选贡品瓷片遗存2处,出土了大量珍贵的官宦瓷器标本。窑炉在宣德文化层下发现,平面作葫芦形,由窑门、火膛、前室和后室组成,这种形制的窑炉是首次发现的。落选贡品瓷片绝大部分都可复原出完整瓷器,重要的有永乐红釉梅瓶、釉里红龙纹梅瓶、青花釉里红龙纹梅瓶和有"永乐年制"款的红釉盏,宣德款的瓷器有白釉、红釉和仿哥窑碗、盘和盏,琳琅满目,有些是从未见过的孤品。

最后,我还要提到的是江西南昌李渡酿酒作坊遗址和北京圆明园含经堂与澹怀堂大型宫殿遗址的发掘,它们也都各有其特定的历史价值。

原载中国国家博物馆等编《世纪国宝Ⅱ》,生活·读书·新知三联书店,2005年。

现代科学技术在考古学中的重要作用

今天能够参加这样一个很重要的会,十分荣幸。本来我不想发言,因为这是一个现代科学技术的会,我们做考古工作的完全是外行,没有发言权。但是,主席的盛情难却。我就讲几点感想。

第一,我认为现代科学技术在考古学中的应用,是中国现代考古学的一个特点,特别是 20 世纪 80 年代以来,现代科学技术充分地应用到考古学的研究中之后。中国史前考古学,指在有文字记载以前的考古学,它们的遗迹遍布全国,从旧石器时代、新石器时代,乃至商周时期诸文化之年代,在考古学上是可以推测它们的相对年代的。然而,这些古代文化在不同地区、不同时代互相交叉影响,我们要比较科学地排列出中国古代文化的发展序列,有时是相当困难的。自从利用现代科学技术,诸如 ^{14}C、热释光、古地磁、骨化不含氟量、树木年轮和铀系法断代等诸方法以后,使我们能够比较准确地把中国古代的,特别是史前时期诸文化之序列搞清楚,这是中国现代考古学上的一次革命。由此可见,现代科学技术对中国现代考古学的研究之重要性。所以,我说我们这个会议是极其重要的。

第二,我想向在座的从事现代科学技术的诸学科的专家学者们,发出一个请求,即从你们研究学科史的角度,向考古学提出要求,并指导我们考古工作者在田野考古实践中搜集中国古代科学技术史的材料。考古学是研究人类历史的科学,包括人类为改造自然而进行的生产活动和科学实验的遗迹遗物,也包括人类的社会活动和文化艺术方面的遗迹遗物。这便涉及现代自然、技术和社会人文科学的各个方面。考古工作者的知识是有限的,但他面对的却是古代人类社会的全面活动,无论如何,我们是承担不了这个繁重的任务的,因此,我希望自然、技术科学的专家们多关心考古学。田野考古学对古代历史遗迹遗物中所包含的信息,有时是很难掌握的,很多是由于无知而漏掉了极其珍贵的材料,瞬间失去,失不再来,这会造成不可弥补的损失。我希望我们要加强合作,实际上,这种合作早已开始,十年前柯俊先生便在社科院考古所讲过一个现代科学技术与考古学的学术报告,考古学界一直与柯先生所主持的研究机构合作,研究中国古代冶金史。关于中国古代陶瓷工艺的研究,我们在50年代便与周仁先生合作,现在与高能物理所的合作则更前进了一步。我希望考古学与现代科学技术的合作领域还要扩大,这是现代科学技术和人文科学发展的必然趋势。

第三,中国是世界文明古国之一。在中国的大地上埋藏着丰富的古代遗留下来的历史遗迹遗物。但是这些遗迹遗物所包含的古代人类在生产、科学实验和社会活动中所呈现的史实和意义,我们还远远没有认识清楚。我有一个预感,只要我们考古学界和现代科学技术界通力合作,我们将会揭示出更多的古代人类历史上的秘密,这些秘密有些将会对我们人类现实的生活有十分重要的价值,很可能是惊人的发现,这将完全取决于现代科学技术的发展和进步,当然也取决于考古学田野工作的科学水平,两者缺一不可。这个会议仅仅是一个开端,预祝我们的合作研究成功!谢谢各位。

(根据录音整理修改)

原载沙因等主编《考古文物与现代科技:现代科技考古研讨会论文汇编》,人民出版社,2001年。

考古工作与文物保护

考古工作与文物保护是密切相关的两件事。考古学是研究古代人类遗留下来的遗迹和遗物的,发掘、整理和研究等考古工作,以及它所取得的研究成果,是为恢复古代社会历史的真实面貌提供科学资料的。文物保护是为了保存古代人类所遗留的遗迹遗物的科学。它们之间往往有因果关系,古代人类遗留的遗迹遗物,要通过考古学的手段和方法把它如实地揭露出来;文物保护则是要对这些遗迹遗物通过先进的科学手段和方法,尽可能地把它们保存下来。首先是揭露,其次是保护。手段和研究方法不同,但它们要达到的最终目的却是相同的,我们要把先民创造的历史遗存科学地再现,永久地保存。

回顾20世纪以来的中国考古学与文物保护之关系,大约是经历了两个阶段,即以1949年中华人民共和国成立为分界。中国现代考古学诞生于20世纪20年代,不论是以李济1926年发掘西阴村遗址,或者是以中研院史语所1928年发掘安阳殷墟遗址算起,都是在20世纪20年代。旧中国的政府在文物保护上的意识是很淡薄的,法制也不完备,从1928年开始成立中央古物保管委员会,1930年颁布《古物保存法》,宣布地下古物均属国有,重点是保护传世和发掘出土的遗物,并规定考古发掘的报批手续等,但对遗址的保护没有规定,譬如对殷墟和周口店遗址的保护,实际上是在发掘后进行掩埋而已。当时的中国考古学家侧重于科学研究,很少注意考古发掘后的遗址保护,一般是发掘后填坑掩埋,这当然也是一种保存方式,但并不是一种有意识的积极保护。至于有些外国人在中国作的所谓"考古",往往是与掠夺和破坏同时进行的,在这方面旧中国政府则显得软弱无力,美国的华尔纳第二次去敦煌盗窃壁画时,是甘肃当地的老百姓们以保护乡土文物为由,制止了华尔纳的盗窃行为。20世纪前半叶的中国文物保护的基本情况大致如此。

第二阶段从建国以后50年代开始。1949年11月成立中央文物事业管理局（1988年改为国家文物局），首先颁布《古遗址和古墓葬调查发掘暂行管理办法》，1961年国务院颁布《文物保护管理暂行条例》，1982年全国人大颁布《中华人民共和国文物保护法》，完成了我国政府对保护文物的立法工作，从根本上保证了中国考古学的顺利发展。中国考古学之所以能够发展和取得成果，之所以能够在世界学术之林享有盛誉，都是因有新中国政府创造的良好的中国文物保护的大环境为基础，这是第二阶段与前一阶段根本不同的地方，是有目共睹的事实。其中最突出的事例如河南偃师商城的保护，是国务院在铁路建设工程中毅然决定搬迁厂址而抢救出来的，现在证实偃师商城考古对中国古代文明起源和夏商考古学研究有着极其重要的意义。又如湖北大冶铜绿山古代铜矿遗址的保护，国务院根据《文物保护法》宁可暂缓开采有几十个亿价值的铜矿，决定原地保护古代铜矿遗址。

立法是根本，执法是关键。我们不得不指出在执行文物保护法的过程中，有许多有法不依、违规违法的事件。就考古方面来说，在考古工作中我们对文物保护究竟采取什么态度，虽然这是个认识问题，但我觉得也是很重要的。因为考古工作者是不是有文物保护意识，结果会出现很大的差别。

第一，要说明的是，考古发掘本身便是对古代遗存的一种破坏。考古发掘的目的是要获取古代人类社会历史的信息，它必然要解剖许多遗存，它必然要选择历史遗存中最重要的，要舍弃若干不重要的堆积，特别是为了了解下层遗迹的实况而舍弃上层的堆积，这种破坏是为了获取这个遗存中最重要的历史信息不得已而为之的，在考古发掘规程上是允许的。

第二，考古工作由于受传统认识的影响，认为考古发掘之后的文物保护是文物部门的事，因此，在考古发掘之初便没有考虑发掘之后保护遗址的事。这在文物保护上是一个漏洞。譬如，洛阳汉魏城灵台和永宁寺塔基发掘之后，如何保护是很困难的事情，至今也没有一个很好的方案；又如，新疆吉木萨尔回鹘时期的佛寺，发掘后的保护也很不理想。这都是与考古有关的文物保护的事情。这种情况说明，考古工作在发掘之前一定要把发掘之后如何保护的事考虑进去，特别是这个遗存要永久保存的话，必须在发掘前便要制定妥善的保护方案，否则，宁可推迟考古发掘。现在有人要求发掘帝王陵墓，因为帝王陵墓中随葬着许多精美的古代遗物。我们认为对帝王陵墓在发掘过程中和发掘以后的文物保护没有充分把握之时，便贸然发掘，只能造成对古代遗迹遗物的破坏，只顾眼前小利而不顾毁灭性的后果，犹如杀鸡取卵、竭泽而渔，这种做法是根本不可取的。我们要为子孙后代着想，给他们多留下一些到他们那个时代能够解决保护技术时再去做的事，这是可持续发展的观点，不要现在全都挖完毁光，否则，便是做了上对不起祖宗、下对不起子孙的事。

第三，在进行考古发掘时，考古工作者一定要处处想到尽量保存古代遗存的完整性。譬如在解剖遗址时，我们一定要择善而从，所谓"择善"是既要达到考古研究的目的，又要保护遗址关键部位的完整，这两者在多想些办法后是可以统一起来的；实在万不得已时，也要在解剖完毕后按原状予以恢复其本来面貌，这不是故意作假。

第四，考古工作除了发掘掩埋在地下的遗存之外，还会遇到保留在地面上的遗迹，对其也不能置之不理。譬如保留在地面上的夯土墙体，为了了解它的体积宽度和建筑方法，在我们清理它的底部之后，对矗立在地面上的墙体会造成倒塌的危险。在这种情况下，考古工作者有责任把它作修补加固的处理。

第五，考古工作者在作大遗址考古时，如古代城市遗址，还会遇到许多复杂的问题，尤其是古代城市被压在现代城市之下的这种古今重叠式的城市，对压在下面的古代城市遗址的考古造成很大的困难。譬如北京的元大都城遗址有三分之二都压在今天北京旧城的内城东西长安街以北。元大都的城市规划、街道布局和大建置的方位，考古工作者通过一系列的科学方法基本上恢复了元大都的城市面貌，证实元大都的街道"遗痕"还保留在今天北京旧城的内城之中，成为北京特色的等距离的胡同便是元大都街道的旧迹。对这些旧迹，我们称之为"遗痕"，这些"遗痕"已保留了七百三十多年，七百多年前的街道痕迹依然完好地保留在今天已现代化了的北京市之中，而且仍然在使用，这难道不是一个奇迹吗？这在世界古代城市中是独一无二的。这么重要的古代城市"遗痕"应如何保护？这是文物保护中的一个新概念、新事物，特别是在历史文化名城保护中应如何对待它？是只保护我们主观规定的历史文化街区呢，还是保护完整的古代城市规划街道的"遗痕"呢？不是很值得深思的吗！？历史文化街区的概念是自欧洲移植过来的，它根本不符合中国古代城市发展的历史实况；中国古代城市有两大特点，一是城市职能的政治性，二是城市建设中的规划性；中国古代城市自古以来便有自己的城市规划传统,我们保护中国历史文化名城便是要保护中国古代城市各种类型的规划实例,这是中国古代城市规划的特色和精华。中国考古学界有责任向已获得历史文化名城称号的市政当局,阐述这些科学史实,使他们在制定现代城市规划中充分保护古代城市的"遗痕",这是反映市政当局有没有文化的大事,切莫等闲视之。

以上是我对20世纪考古工作中文物保护方面的回顾,也是我个人对这些问题的一些粗浅认识。有些问题是在法规中没有明确规定的,但却是事关全局意义重大的事,特别提出来仅供各位专家学者和领导参考。不妥之处,敬请指正。

原载《中国文物报》2000年12月31日(世纪特刊)。又见《中国文物学会通讯》2001、2002年合订本,2001年。

考古发掘与文物保护

考古发掘与文物保护有着直接的密不可分的关系,在一般情况下,考古发掘是前因,文物保护是后果,前因后果是一个事物发展的两个阶段。为了考古学研究和文物保护的可持续发展,这两者必须密切结合,贯彻始终,做到既获取了人类社会遗留的历史信息,又极大限度地保护了文物,这是我们中国考古工作者责无旁贷的职责。

不可否认,考古发掘也是对古代遗迹埋藏在地下相对稳定的平衡保存状态的一种破坏。平衡状态一旦被破坏,瞬息之间便可发生变化,特别是有机物质的变化最快,考古工作者是无能为力的,因此,高科技文物保护必须从田野考古开始。

考古发掘的过程是揭露遗迹和提取遗物的一个逆反过程,是逐步剔除晚期文化堆积干扰之后,重现考古工作者所欲获取的最有历史价值的遗迹、遗物的过程,但是,要获取最有历史价值的遗迹遗物的首要条件,必须是考古工作者认真负责的科学态度和高超的田野考古发掘技术,按照《田野考古工作规程》进行考古发掘工作。

但是在近年的一些考古发掘工作中,出现了一些不好的现象,有的考古领队不到现场,考古队员不亲自动手发掘和作科学记录,这是很不负责任的行为。考古发掘是以破坏原来的历史文化堆积为代价的,稍有不慎,便可导致丢失最有价值的历史信息而不可复得。考古工作者要全神贯注地进行田野考古发掘,这关系到考古工作者的职业道德问题。简而言之,考古学研究的基础在田野考古。考古发掘的现场,犹如自然科学家的实验室。即使是世界著名的自然科学家也是亲自从实验室做实验而获得科学成果的。对于考古学家也不例外,他必然有主持过重要历史文化遗迹科学发掘的经历,才能对考古学的科学研究有一个深入的了解。中国的考古学家,特别是年轻的考古学家千万不可轻视田野考古工作,要精益求精地钻研并掌握针对中国古代文化遗迹特点的考古发掘技术,保持中国考古学田野考古技术在国际上的领先地位。

目前,中国学术界普遍存在着学风浮躁的问题,考古学界也不例外,突出表现在田野考古发掘中。在个别的考古领队的误导之下,急功好利,误释田野考古的现象,主观臆测,搞轰动效应;甚至在考古发掘中制造假象。虽然这只是极其个别的行为,但它的危害性却是十分严重的。

目前列入全国重点文物保护单位的古遗址和古墓葬总共有412处,其中规模较大的遗址和墓葬在半数以上。它们目前的保护状况并不理想。按照《文物保护法》的规定,必须划定保护范围、控制地带,建立记录档案和标志,这是最基本的保护措施。但是,根据近年来文物保护的实际经验,大遗址保护必须制定保护规划,经国家文物局同意,报请国务院批准后才具有更切实的文物保护效力。

大遗址文物保护规划的制定者,必须是具有相应资格的单位。由于大遗址文物保护规划是一个新生事物,建筑和城市规划部门对此十分陌生,往往不是从历史文化和文物保护的角度来作规划,而是从建筑和城市现代风貌的角度,表现建筑和城规设计师的自我设计意志,把大遗址历史文物价值弄得面目全非,这对文物保护是十分不利的。

另外,对全国重点文物保护单位中的大遗址的考古发掘也要作出科学规划,更要加强对遗址完整保护的意识,慎之又慎。

原载《中国文化遗产》(创刊号)2004年1期。

关于新《文物保护法》的几点想法

《中华人民共和国文物保护法》制定于1982年11月19日，二十年来它在中国文物保护事业上发挥了巨大作用。但是这二十年来中国的经济突飞猛进，发生了巨大变化，《文物保护法》已不能适应当前的情况。从1996年开始便进行《文物保护法》的修订和调研工作，经过六年的时间，终于在2002年10月28日经全国人大常委会通过，国家主席江泽民签署公布。这在中国文物保护事业上是一件划时代的大事。我身为中国文物考古事业上的一个老兵，倍感欣喜。

在新《文物保护法》制定过程中，充分发扬民主，广泛征求意见，逐渐取得共识，澄清了在文物保护上的若干混乱概念，申明了国家文物政策。它与旧《文物保护法》比较，增加很多内容，旧《文物保护法》为八章三十三条，新《文物保护法》为八章八十条，增加了四十七条，并有以下几点突出的变化：第一，首先明确了"文物是不可再生的文化资源"。第二，首次把国家文物政策"保护为主、抢救第一、合理利用、加强管理"的方针，以法律的形式颁布。第三，法律上明文规定文物保护事业纳入各级政府的国民经济和社会发展计划，所需经费列入财政预算，拨款随财政增长而增加。第四，严格划定不可移动文物、考古发掘文物和馆藏文物等所属的国家文物与集体、个人所藏文物的界限，杜绝国家文物流失；同时，又合理地规定民间收藏文物的流通。第五，加强文物行政部门的执法力度，专设《法律责任》一章十六条。新《文物保护法》总结了建国以来文物保护工作的经验，特别是近二十年来的经验，成为当前最完备的文物大法。

新《文物保护法》颁布之后，尚需要有一系列解释和补充《文物保护法》的细则公布，我希望这些细则能够尽快出台，这是贯彻执行新《文物保护法》所迫切需要的。在宣传新《文物保护法》时，除面向社会之外，我希望能专门向各级地方政府的负责同志有计划地作一些普及贯彻《文物保护法》的学习宣传,因为他们对各地文物保护工作起着决定性的作用。文物盗掘和走私的问题仍然十分严重,要根据新《文物保护法》的规定,严厉打击。在考古发掘方面要严格履行报批手续,加强考古发掘的科学性,对大遗址和古代陵墓的主动考古发掘,要严格控制。

原载《中国文物报》2002年11月22日。

北京历史文化名城和什刹海的整体保护

我今天发言的题目是"北京历史文化名城和什刹海的整体保护"。整体保护什刹海和整体保护北京旧城是一回事,因为什刹海是北京历史文化名城元、明、清三代城市规划和水系的核心。没有什刹海,北京城今天就不会是这个样子。所以我想将这两个问题合并起来讲。

关于北京历史文化名城,我们先要有个正确的概念。北京历史文化名城指的是什么?这是最起码的认识。如果我们连自己要保护什么都弄不清楚,那怎么保护呢?根本无从下手了。所以我们先要说清楚北京历史文化名城指的什么,指的就是原来的北京旧城,就是"凸"字形的内城、外城,当然它北边还有元大都的一部分。南边是明代嘉靖以后的外城,北边元大都土城已经是北京市的文物保护单位了。就北京的规划讲,我们指的北京历史文化名城,就是"凸"字形的内、外城,就是元、明、清三代的北京城。

这个城市,是我们中国古代城市,特别是中国古代都城,经过2000多年以来发展到最后的一个中国古代城市规划的结晶。精华都在这了,等于是给中国古代城市的历史作了总结。我们中国古代的城市有两大特点:

第一,中国古代的城市和欧洲城市不一样,欧洲的城市是以经济为第一位的,中国古代的城市自古以来就是以政治性功能为主的。中央有首都,地方上有地方城市,地方城市各个府、州、县按等级规定,城市的中心都是行政中心。首都是宫殿、中央政府,地方是府、州、县的地方政治中心,它和秦代以来的郡县制密切结合。这是它的第一大特点。

第二,中国古代城市从产生以来就有它的规划性,整个城市是整体规划,这个在欧洲没有。欧洲的城市以城堡为中心,然后自由发展,一块一块的,今天你占这，明天我占那，很难说一开始就有一个整体规划。所以现在保护欧洲历史文化名城时，划分出来很多历史街区。中国并不是这样，中国古代的城市是整体的，按照统治者的意志来规划城市，老百姓起不了什么作用。所以中国古代城市所体现的规划都是统治者的意志，很严格。他不仅规划他的宫城，而且规划整个城市的街道布局，整个城市里的居住区（里坊）和大建置，包括坛、庙、寺观，都有一定的规划，一定要严格按照规划办，这是中国的特色。这个传统一直保持到现在。

欧洲不是。欧洲中世纪的城市，市民是一个很特殊的阶层。市民有权选市长，市民和当时的教会、大的领主之间有矛盾，城市是自由民的。中国不是，中国的城市统统都是皇帝的，而且等级严格。根据这样的情形，中国古代城市在世界城市史上是自成体系的，是很有特色的，是世界城市史不可或缺的一部分。

解放后，政府公布了101个历史文化名城的保护。北京历史文化名城我们认为是只限于北京旧城原来的城圈之内，也就是护城河之内，即现在的二环路以内，这是历史文化名城的所在。城外的好多文物保护单位和街区与北京历史文化名城无关。保护历史文化名城不应该把那些不属于历史文化名城范围的拉进来。在讨论第一批中国历史文化名城的时候，对中国历史文化名城的概念就不清楚。很多城市都想报历史文化名城，城里要保护什么，自己也不知道这个城市是怎么发展起来的，就把城外的与历史文化名城无关的文物保护单位拉进来，算作是历史文化名城。

北京历史文化名城的范围是很清楚的。现在北京历史文化名城要保护的对象多半是国家和市、区的文物保护单位，但是对整个城市的规划到底应当保护哪些很不清楚。整体保护古都风貌，但是仔细问起来的话，说不明白是怎么回事，到底要保护哪？价值在什么地方？不清楚。我认为温家宝同志在2001年7月中国市长协会第三次代表大会上的讲话已讲清楚了这个问题，但是没有引起市长们的注意。

我们公布的101个历史文化名城在很大的程度上是带有盲目性的。申请历史文化名城的时候很积极，帽子戴上以后，觉得和孙悟空讨了一个紧箍咒一样，不能甩开膀子搞城市建设了，这就出现矛盾了。北京也做了很多历史文化名城保护的事情，搞了25片保护街区，这是根据欧洲保护历史城市的模式干的。我很体谅北京市规委的良苦用心，尽量保存一些北京的旧街区。但是他们万万没有想到，25

片保护区公布之日,便是 25 片保护区之外的历史街区统统"推平头"之时。

既然要讲北京历史文化名城的保护,我想先要讲北京城是怎么发展起来的,什刹海是怎么来的,什刹海又是如何变化到今天的。

北京城的历史可以上溯到金中都,就是在今天广安门内外那一片,实际上这一片应当是北京旧城从东周以来到秦汉,到南北朝、隋唐、辽、金发展的地方。在八宝山发现过一个西晋墓,这个墓的墓志上说是距离蓟城二十里。按照当时的里数,蓟城的西垣大概就在今天会城门附近。考古学勘测的金中都城垣的四至是:西南角在凤凰嘴村,西北角是军事博物馆南边的黄亭子,东北角是宣武门大街东边的翠花街,东南角是永定门火车站南边的四路通。辽南京就是在金中都的北部中央这块地方,辽南京的北墙和金中都的北墙是重合的,后来金中都扩展东西南三面。辽金的北城墙就是西单南边的头发胡同,北面有一个胡同叫臭水河,后改浸水河,即辽金北城墙的护城河,后来河废了,变成了胡同。西单的西边闹市口是辽南京北城墙的一个城门,叫拱宸门。辽南京的南城墙应当是在陶然亭和广安门的三路居、骆驼湾这条线上。东城墙在宣武门大街的西边,菜市口南面的烂漫胡同是辽南京的东护城河。在辽南京的宫城西南,金另建新宫城。它的中轴线就是南面的菜户营,滨河路正穿过金中都的故宫,稍偏东一点。在大安殿的基础上,滨河路的西边,原来是梅兰芳家的坟地,因为地势好。但是现在这个地方都拆平了,什么都没有了。20 世纪 50 年代初,我刚刚上燕京大学的时候,跟着侯仁之先生调查金中都宫殿,那时地面上随便都能拣到金代的琉璃瓦。

这片地区,大概从公元前 476 年东周开始,一直到公元 1213 年,也就是成吉思汗烧了金中都的宫殿以后,大概是 1 600 年,一直在这个地区。一个城市离不开水,金中都地区的水是莲花池的水系,水系等于是一个城市的生命线。成吉思汗烧完了金中都宫殿,50 年以后,忽必烈来了。金中都城市还在,宫殿成了废墟,根本不能住了。所以忽必烈到中都来的时候,就住在金中都东北郊的大宁离宫。忽必烈先建上都,然后决定重心要往南移。因为他感到面临的是统治整个全中国,所以就在北京这个地方建都。旧的都城(金中都)不成了,在当时的生产力条件下,在旧城之上拆改重建新城,那费力相当大,所以他就干脆舍开金中都。这个地方发展 1600 年,再发展下去很难。原来的街道虽然都在,但是当时饮用的地下水都成了苦水了。垃圾、排泄物,把浅层的水都污染了,所以就决定以琼华岛为中心,修建一个全新的大城市,就是元大都。城址转变,城市的水系就从莲花池转到太液池这个水系。

忽必烈找刘秉忠设计元大都城市规划，水系设计则找郭守敬。大都用水有两个系统：一个是宫廷用水，即太液池（今北海和中海），应该优先保证，当时没有南海，南海是明朝挖的。另外还有漕运用水，即积水潭（今什刹海，就是前海、后海和西海），把南方的物资通过南北大运河运到通州，然后再运到大都来。所以是两条水系，各不相混。

宫廷用水以玉泉山的水为主，这就是金水河系统的水。玉泉山的水从西直门南边入城，原来一直不知道，金水河的水从哪里入城。后来拆城墙的时候，在西直门的南边120米的地方发现了城垣下金水河入城的涵洞。水进城以后就往东流，经过柳巷胡同，然后再往东流，往南流，顺着沟沿过马市桥，到政协礼堂的东面，然后向东流，再往南、往东到红庙胡同，然后过甘石桥，就在今甘石桥邮政局下面进灵境胡同。分两支，一支往北边流，从东斜街往东北流到西皇城根，然后再经过毛家湾往东转，从北海公园九龙壁西南方面注入北海，这是宫廷用水最主要的渠道，即是从现在的地安门西大街的马路南边入北海。另外还有一支，到了灵境胡同以后，一直往东过府右街，注入中海，把太液池的水往东引出一支经过大明殿前面的内外金水桥，然后往东出皇城注入今天的南河沿。当时金水河的水是严格管制保护的，因为是要进皇宫。在金水河上严禁洗手、饮马，更别说倒乱七八糟的东西了，那是绝对禁止的，有士兵看着的。

另外是漕运水系，郭守敬为此费了很大的力量。玉泉山的水主要供给宫苑，而漕运的用水量也很大，北京这个地区缺水，没有那么多水，怎么办？郭守敬就想尽一切办法，在昌平、海淀这一带作详细的调查，把一点一滴的小泉水都汇集起来，汇集到瓮山泊，就是现在的颐和园昆明湖。我们解放初期到西山去，还看到有很长的墙，墙上是水道，就是把西山的水一点一滴地引过来。那时跟着侯先生看过，现在都没了。漕运水当时从西直门的北边入城，即今天西直门火车站北面。从瓮山泊出来，经过长河，一直过高梁桥下来，就叫海子或积水潭了。这个时候的海子是一体的，根本不分前海、后海、什刹海，是一个湖泊。60年代中期的时候，我们对海子入城以后的范围都作过考古钻探，比现在的湖面要大。从地安门桥东南流至北河沿，就是通惠河。

这条河修成之后，忽必烈去看，那时积水潭的船非常多。所以元大都就形成了以积水潭漕运为中心的商业繁华区，就是在今旧鼓楼大街的附近。一直往北走,到旧鼓楼大街豁口那个地方是元代的钟楼,元代的鼓楼就在现在旧鼓楼大街的南口。

今天我们看到的什刹海地区就是这么形成的。元朝亡了以后,什刹海水系发生了很大的变化。先是徐达把北城墙从土城往南缩,缩至现在的二环路。环路北城墙过了德胜门以后,出现了一个大抹角。这块原来是积水潭的一部分,徐达修北城墙时选择了在积水潭两岸之间最窄的地方抹过去,把一部分湖面隔在城外。60年代修地铁时,才把城外的湖面填平。

到了元朝末年,漕运水源缺乏,又从三家店引永定河的水,通过金中都北护城河,就是我们前面说过的浸水河胡同,也就是金水河水系,最后没有成功,很快就废弃了。明朝永乐拓南城重新修宫城的时候,首先废弃的是金水河系统,即玉泉山过来的水。金水河的水几乎快没了,只得赶快把玉泉山和瓮山泊的水合并,引到明代北京城里供宫苑用水。水源从德胜门水关入城,为了节省这宝贵的水源,开了一条长沟,从德胜门桥的东面直接把水沿着积水潭的南岸筑堤送入北海。而把后海、什刹海这些水面甩开了,西苑太液池的水用不了的时候,才返回到什刹海。明代,什刹海的水更少了,整个变成稻田,归内官监管理。但是,它毕竟还有些水面,所以明代很多私家园林在这个地方兴起。一进了德胜门,沿着德胜门大街的东边那一片有很多园子,一直到它的南岸都有。到清朝以后又重新整理水系,废稻田改湖,直到现在。乾隆《积水潭诗》云:"一座亭湖倚大堤,两边水自别高低。"正是写长沟和什刹海的供水情况的。

我很同意刚才赵会长讲的意见,扩大什刹海的管理区。什刹海地区西边扩到新街口北大街,南边一直到厂桥,东边到地安门外大街,整个管理起来比较方便。因为从功能上说,有很多是相关联的。

这里的街道在元大都是很特殊的一个地区,因为这里有湖、有河道,没有办法像东城、西城其他的地区一样。元大都的街道布局是极为规整的,东西城垣上的两个城门之间是22条胡同,等距离,一点不差。但在什刹海地区办不到,因为有水面。所以这个地方出了很多斜街,比如烟袋斜街。什刹海的北岸,鼓楼西大街的南边有一条胡同叫鸦儿胡同,那就是当时元大都积水潭的北岸,原来叫沿儿胡同。在什刹海的南岸就是前煤厂、后煤厂那一带,有很多厂,所以我想,把这一片整体保护起来是非常有特色的。东西长安街以北的元代的胡同,排列得有自己的规划模式,但是,什刹海这个地区不按照这个模式办,而因地制宜采取了灵活变通的设计，这正是中国古代城市规划设计走向成熟的表现。

要真正保护北京历史文化名城，就不要再分什么多少片保护区了，整个北京旧城（二环以内）实行整体保护。现在的胡同已经所剩无几了，但就现在剩下的这些，我们仔细地分辨的话，还能够看出元大都的城市规划和它的街道布局来。已经推平建成大楼的，像南北小街以东的楼都起来了，当然也不能拆楼。剩下的胡同应当统统保留，至于里面的四合院、危房是另外的事情。千万不要把保护历史文化名城、保护文物和危改对立起来。危改是危改，保护历史文化名城是保护历史文化名城，这是两回事。不危改的时候，也得保护历史文化名城，危改更得保护历史文化名城。解决的办法不是把文物牺牲了，危改就能够办好了。已经到了这个地步，是亡羊补牢的时候。我们要充分认识到北京旧城在中国古代城市规划史上的地位，特别要认识到它在世界城市文化史上的地位。2008年国际上的眼光都盯着北京，人文奥运，要拿出中国文化传统精粹的东西。拿什么？既然是在北京，我们就要向世界展示我们北京的历史文化精粹，除了北京历史文化名城之外，什刹海地区也是北京历史文化名城的精粹所在。什刹海千万不要再改造、再动了。什刹海这个地方，元代是商业区，但是到明清以后，这个地方基本上是北京城里游览休闲的地区，一片风景区。这很不容易。在北方的城市里，城市中心有这么一片水，与其南面的三海连起来，没有第二座城市。所以一定要保持这一片净土，千万不要为了赚一点小钱而弄得乱七八糟。还一片净土，给老百姓一个高尚的休闲地方。

我很支持什刹海研究会这些年来做的工作，我今天把我对这些问题的一个初步的认识讲一讲。我们非常希望能够把我们的意见向市政府方面提出来。听说现在正在制订北京历史文化名城保护条例，正在重新修改北京市的总体规划，我觉得北京历史文化名城的问题应当慎重考虑。我们要对历史负责，要对子孙负责，要对中国和世界历史文化遗产的保护负责。我今天就讲这些，不对的地方请各位多多批评。谢谢。

原载北京市西城区什刹海研究会编《什刹海研究（三）——什刹海历史文化保护区保护与可持续发展研讨会汇编》，2004年。

师友杂识

成府街上倒还安静。土打的院墙,槎桠的枣树,有些居民家里还养着狗喂着鸡,烧着柴锅,到做饭时则升起袅袅的炊烟,散发出一种特有的柴香……我们进屋后,邓先生从木转椅上站起来表示欢迎。他身穿青布棉袍,扎着腿带,脚上是一双"老头乐"式的厚底棉窝。苍白的短发,上唇留着一髭花白短须,从黑框眼镜的后面投出了令人感到有点严厉的目光。但是,那一口浓重的四川口音,听起来却又使人觉得很亲切。

——摘自《忆邓文如先生》

　　先生讲话非常客气,非常亲切,使我这个刚出校门的年轻人毫无拘束之感。学校里还没有开学,校园里很宁静,一抹斜阳洒落在东村的屋顶上,毅生先生的房间里也被染成了金黄的颜色,更增加了谧静和谐的气氛。这种气氛只有在毅生先生的那个小房间里才能感受得到,这是我至今不能忘怀的。

——摘自《记郑毅生先生论史料学》

　　夏鼐先生在给张忠培先生的信中说:"不必再称师了,我是但开风气不为师。""不为师"是夏先生的自谦之辞,"开风气"则是夏先生有意识地要引导中国考古学的研究方向,并以身作则地作出示范。我想,他是完成了他的历史使命的,他不愧是中国现代考古学的奠基者之一。

——摘自《我所知道的夏鼐先生》

　　光直毕生为介绍和发扬中国考古学的成就竭尽努力,成绩显著,中国考古学的成就为世界学术界所接受和认可,光直起了不可替代的作用。中国考古学界永远纪念张光直为中国考古学所作出的贡献。

　　光直离我们而去,光直离去后给世界和中国考古学界遗留下来的空白,将由谁来替代? 我只能说,我不知道。

——摘自《悼念张光直》

忆邓文如先生

我第一次见到邓之诚文如先生是在1951年初。我1950年暑假后进燕京大学新闻系，读了一学期，寒假以后便转到历史系。那时，历史系的学生也不过三四十人，大家很快便都认识了。有一天，邓先生的研究生王剑英同志对我说应该去见见邓先生。邓先生住在成府村蒋家胡同二号。

50年代初的成府村还颇有些农村的风味。除去靠近学校东门的"常三"饭铺附近显得有些热闹以外，成府街上倒还安静。土打的院墙，槎桠的枣树，有些居民家里还养着狗喂着鸡，烧着柴锅，到做饭时则升起袅袅的炊烟，散发出一种特有的柴香。

成府村蒋家胡同二号在由校东门通往燕东园去的大路北侧，是一座很讲究的院落。进大门后有一个屏门，门内是宽敞的庭院，方砖铺地，两旁有抄手游廊。院子的东南隅种着一棵枝柯横展、形如虬龙的卧松。按照一般习惯，院内是不种松柏的，所以，那棵矫健的松树在料峭的春寒中给了我一个很特别的印象。

北房三间是邓先生的书房。房间高大，在向阳的大玻璃窗下摆着一张书桌，其他靠墙壁的三面，立满了书箱，屋子的中央放着一张大案桌，学生们来上课时可以使用它，同时，又可作饭桌，也可以供摊书之用。几张旧沙发是待客的。邓先生自己经常是坐在书桌前的一把旧木转椅上。

我们进屋后，邓先生从木转椅上站起来表示欢迎。他身穿青布棉袍，扎着腿带，脚上是一双"老头乐"式的厚底棉窝。苍白的短发，上唇留着一髭花白短须，从黑框眼镜的后面投出了令人感到有点严厉的目光。但是，那一口浓重的四川口音，听起来却又使人觉得很亲切。

当时，邓先生已经不开课了，偶然在王锺翰先生开的明清史专题课上讲一两次。1951年暑假后,又给一年级的新生讲了一学期的史文选读。不久,便开始"三五反"和"思想改造"运动了,学校停课。等三校合并后,邓先生就退休了。所以,我始终没有选过邓先生的课。

我记得那时邓先生正在重编《中华二千年史》的第五卷明清史部分,清史一直要编到辛亥革命,工作量很大,有两名助手帮着抄书。我经常到邓先生那里去,有时帮着他查查书或去学校的大图书馆借书。就在这个时期,邓先生结合编书陆续给我讲了"戊戌变法与立宪"、"清末的立宪运动"、"义和团"、"辛亥革命"和"李鸿章"等专题,而且特别给我讲了"如何鉴别史料"这个专题,以丰富的例证,阐述了他积累多年的鉴别史料的方法和经验。使我受到了很大的教益。

邓先生治学谨严,特别在史料的运用上是很慎重的。他主张历代的正史是治史的基本史料,历史系的大学生应从读正史入门,只有打好了这个基础,才能研究历史。所以,《中华二千年史》中所用的史料,都是正史、实录、政书之类。但这并不是说邓先生不注重野史,他认为"正史为体例所限,往往不详,且成于后人,自不能尽得当时真相,野史佳者,多足以补史阙"。他称赞裴松之《三国志注》和司马光《资治通鉴考异》都是以野史补正史的佳著。唐宋以后野史日多,"野史多尊所闻,沈括身在朝列,所纪宋事不实,遂为洪迈纠摘。明季野史,果一按其时地与人,则互相违连,莫可究诘"。如果再加上野史中所挟的私人恩怨,"则无所不至矣。故取材野史,务须审慎,否则必至以伪为真,甚者以真为伪"(以上所引均见《中华二千年史》叙录)。邓先生认为如果根据不正确的史料,必然会导致作出错误的结论,"史贵求真",因而在使用史料时必须先加辨别。邓先生常举李心传的《旧闻证误》、钱谦益的《太祖实录辩证》和潘柽章的《国史考异》三书作为考证野史的范例。在辨别史料真伪时,除了看作者的"史才"之外,主要从其所记的史料中之时、地、人三项来辨别真伪。邓先生认为,在近代史料著作中,有好的,也有坏的。譬如丁乃扬的《梅楞章京笔记》就是比较好的,记赛金花的事很正确。恽毓鼎的《崇陵传信录》中大部分都是可信的,只有个别的小错误。另外,像《梁燕荪先生年谱》之类也还有价值,编得很详细,梁在清末民初是与时局很有关系的人物,缺点是涉及与梁自己有关的事情,语多隐晦。至于像《戊戌政变记》,则不能作为史料来用,它是宣传品,还有什么《南海先生十不死记》等,都是宣传品,那里面所说的可信的甚少。章太炎在《民报》就曾驳斥过《南海先生十不死记》。也还有些是伪造的,如《景善日记》。像高树的《金銮琐记》是很不负责任的,他曾任军机章京,应该是明事理的人,但书中所注率多荒唐,什么光绪在瀛台被囚于水牢,什么赛金花与瓦德西住仪鸾殿,最荒唐的是说光绪二十一年皇上曾逃至西苑,他曾亲眼看见皇上出乾清门。诸如此类的杂记野史,在清末相当多,如不仔细辨别,真伪不分,对史学的研究是非常有害的。

从1954年以后,邓先生的著作陆续重印出版,先后有《中华二千年史》一至四卷(1954年)、《骨董琐记全编》(1955年)、《桑园读书记》(1955年)、《中华二千年史》第五卷(1956年)。至于1959年出版的《东京梦华录注》的编著缘起和体例,邓先生在自序中作了很明确的说明。我记得邓先生不止一次地和我谈到,给《东京梦华录》作注是费力不讨好的事情。这本书所涉及的范围极广,有些用语、名称和事物都很难懂,所以,邓先生在自序中说"能释者未及十之三四","虽力求不误,而误者必多"。这虽是邓先生的自谦之辞,但也说明作这种注确实不是一件容易的事情。书出版以后,听说日本的入矢义高写了书评,邓先生托杉村勇造先生找来了入矢书评的原文。这是1959年冬天的事情了,那时邓先生已病重,书评翻译出来以后,邓先生已经没有精力来仔细看了。错误是很难避免的,但是对《东京梦华录》作全面的整理和解释,还是自邓先生开始,筚路蓝缕,功不可没。直到如今,还没有第二本书能够代替它。

邓先生喜欢收集各种旧照片,他所藏的照片达八千多张。这些照片大体上可以分成两类,一类是清末民初的人物和风俗照片,有些著名的人物当然容易认识,有些不太出名的,或是一些著名人物的家属,就很难辨认了,如崇彝、陈庆龢等老先生都经常帮助邓先生辨认,凡能认出的,邓先生都将其姓名一一记在照片的背后。有时还将照片中某些人物的事迹也记下来,邓先生曾给我看过一张杨翠喜的照片,照片背后有邓先生写的关于杨翠喜一案的题跋。这都是很难得到的有关近代史的形象资料。邓先生对清末民初各阶层人物的服饰也很注意,在有的照片背后还记述了某些服饰变化的时代背景。在民俗学研究几乎停顿了的今天,邓先生辛勤搜集起来的这些资料就愈觉得是非常珍贵的。

另一类是中外名胜古迹和风景照片,有些也是十分珍贵的。邓先生曾给我看过一张北京正阳门(前门)全景照片,这是未拆除正阳门瓮城以前拍摄的,正阳门瓮城拆除于1914年(民国三年)。邓先生说这是他看到的正阳门瓮城最全最好的一张,也可以说是唯一的一张。邓先生还专门收集古树照片。我曾给他拍摄过山西永济永乐宫旧址的古柏和北海画舫斋的古槐。他曾在北海画舫斋古槐的照片上题五言诗一首,诗云:"高秋纷落叶,北海乍经过。画凤扬轻舫,攀龙问古柯。方池犹贮月,浅渚易生波。感此千年树,应知换世多。"他特别喜欢松柏,成府村蒋家胡同二号庭院东南隅的那棵松树,就是邓先生亲手种植的,他在那棵松树下拍过一张照片,并题诗四句:"记得当年手种松,枝柯多半已成龙。风云百变都看遍,笑我龙钟一老农。"

邓先生最著名的收藏是七百多种清初顺康人集部。他收顺康人集部是从1937年抗日战争后开始的。1941年底太平洋战争爆发后,邓先生被日本宪兵队逮捕入狱(事见先生所著《南冠纪事》),半年后获释,"罢讲闲居,愈益搜求顺康人集部"。当时,燕京大学已关闭,邓先生的生活来源已成问题,但对顺康人集部仍"省衣节食以求之,不则以佳籍易之"。琉璃厂的很多书肆都曾为邓先生收过不少顺康人集部。经二十余年的搜求,"大约绝无仅有者五六十种,可遇而不可求者五倍之。坊肆之书,日益寥落,欲再求此七百种,恐亦非易事"(《清诗纪事初编》序)。

收书不是为了藏书。这二十余年中,邓先生一直在利用收到的顺康人集部来做明末清初历史的研究。这个阶段的历史是阶级矛盾和民族矛盾错综复杂交织在一起的,本来已是千头万绪,又经过康乾文字之狱,很多有关的书籍记载都被禁毁,致使某些历史事件的真相难以探求。在这种情况下,从诗文集中搜寻一些没有被窜改的史料,就成为研究这段历史的一个重要方面,这就是黄宗羲所谓的"以诗证史"。邓先生的《清诗纪事初编》正是在这方面的一部杰作。可惜的是,他自己没有能够看到这部书的出版。

利用诗文集的材料来研究历史,是要通过一个个的人,从一个个人的诗文作品中,来分析某个人与某个人之间,某个集团和某个集团之间的关系,进而从这些活动着的和变化着的社会关系中来探求某些历史事件的真相,这是非常复杂的。进行这项研究时,不仅要对这段历史事实充分掌握,而且对当时的社会生活、风俗习尚,甚至社会的心理状态等都要熟悉,另外,对一些文学作品中的用字遣词的含意也要能正确理解。邓先生经过长期和细致的研究,对这个时期的数以百计的历史人物,可以说是了如指掌,并能够洞察他们之间的许多微妙的关系,这些成果已反映在《清诗纪事初编》所收的六百余人的小传中。但是,由于受到编书的体例所限,《清诗纪事初编》并未能全面反映邓先生的研究成果。他在此书的"自序"中说:"此八十年间,南明弘光、隆武、永历相继揹柱者十八年,台湾郑氏至康熙二十二年始绝,其间若李赤心若交山若其他连仆继起者,更仆难数。康熙中叶以后,复用兵西北,盖兵革之事,未尝一日或息。党争则满汉有争,南北有争,废太子之争,几亘三十年。当玄黄未判之际,为商遗殷顽者,不能无恢复之望,因此事以文字获罪死徙者多矣。"以上所举诸事,可以说都是邓先生的研究专题,他有很多精辟的见解,有的已写在"小传"中,也有的仍散见于他的日记中,始终没有写成专文。这在明清史的研究上,不能不说是一个不可弥补的损失。

邓先生的晚年是很寂寞的。他很少出门,偶尔进城去看看朋友。所以,我每次出城去看他的时候,他总是和你谈得很高兴。他生活很有规律,绝大部分的时间是在书房中看书写东西。他的字写得极好,在书皮上和照片后的题跋都是蝇头小字,他很少写大字,而且愈老字写得愈小。有时和邓珂同志下下围棋,这是他唯一的消遣。晚上临睡以前,经常是看两部书,一是《翁同龢日记》,一是《夷坚志》。他每天都要记日记,几十年来如一日,从不间断,一直记到他逝世前十来天。他不喝酒,纸烟却抽得很凶,几乎是一支接一支。包装纸烟的白纸他都收起来做便条,有些札记都是写在纸烟包装纸上的。

1959年的秋天,他的身体愈来愈坏,好像他自己已经有所预感似的,开始安排身后之事。他决定把七百种顺康人集部让给中国科学院图书馆,这个图书馆答应把它辟为特藏,将来还要编印专目。当时,他的心情是很矛盾的,一方面是舍不得这批书离开他,另一方面又怕将来散掉。就在那年的十一月间的一天,邓先生找我去商量事情,记得那天刮大风,天气骤然冷了起来。当我走进书房时,图书馆的同志正在清点顺康人集部,桌上地上堆的都是书。邓先生带我到他的卧室里去谈话。那天他虽然表面仍能淡然处之,但可以看出来他心里是很不愉快的,似乎有些伤感。后来听说,当顺康人集部运走以后,他就很少去书房了,身体愈益衰弱,以至卧床不起。他当时的心情是可以理解的。积二十余年的心血收集起来的这批书,是邓先生最心爱之物,在他晚年的寂寞生活中,他的精神已全部寄托在这批书中,清初的许多历史人物犹如多年的老友一样,围绕在他的周围,邓先生对他们的熟悉程度已经进入了可以与他们"神会"的境界。突然,这些老朋友都离他而去,再也看不到他们的文章,再也听不到他们的吟咏,一切的幻觉都息灭了,邓先生的精神世界崩溃了。

1960年元旦,我去看邓先生,那天他还从床上起来陪着我坐了一会儿。1月8日我接到邓珂同志发来的讣告,就在我最后一次去看他的第六天,邓先生便与世长辞了。

邓之诚,字文如,自号文如居士,斋曰五石。江苏江宁人。清光绪十三年(公元1887年)十月十五日生于四川。弱冠入滇。民国初年至北京。1917年(民国六年)受蔡元培先生之聘入国史编纂处任民国史纂辑。1927年任北京大学历史系教授。1933年任燕京大学历史系教授。1953年任北京大学教授,同年退休。1960年1月6日病逝,终年七十三岁。

原载《学林漫录》二集,中华书局,1981年。

宿白

宿白,中国现代考古学家。辽宁省沈阳市人。1922年8月3日生,1944年北京大学史学系毕业。1948年北京大学文科研究所研究生肄业,并任职于该所考古学研究室。1952年任教于北京大学历史系考古教研室,兼教研室副主任。1978年任北京大学历史系教授。1979年兼任中国社会科学院考古研究所学术委员。同年被选为中国考古学会常务理事。1983年任北京大学考古系主任,兼该校学术委员。同年任文化部国家文物委员会委员。

1951年宿白主持河南禹县白沙水库墓群的发掘。1958年主持河北邯郸涧沟齐村龙山—商周遗址的发掘。又曾多次主持北京大学石窟寺遗迹的考古实习,对响堂山石窟、敦煌石窟、龙门石窟和新疆拜城克孜尔石窟都作过测绘或部分测绘、记录和研究。1959年参加对西藏文物的调查。其主要学术成果是,运用类型学方法,对魏晋南北朝隋唐墓葬作过全面的分区分期研究,从而为研究这一时期墓葬制度的演变、等级制度和社会生活的变化奠定了基础;他结合文献记载,对这个时期城市遗址作了系统的研究。对当时都城格局的发展、演变,提出了创见。对宋元考古作过若干专题研究,其中《白沙宋墓》(1957年)一书,体现了在研究方法上将文献考据与考古实物相结合,是宋元考古学的重要著作。在佛教考古方面,用考古学的方法来研究中国石窟寺遗迹。近年来曾先后访问过日本、法国和伊朗等国,进行考古方面的学术交流。1983年任美国洛杉矶加州大学客座教授,讲授中国佛教考古学。

宿白的主要学术论著还有:《北魏洛阳城与北邙陵墓》、《西安地区唐墓壁画的布局和内容》、《隋唐城址类型初探》、《两汉魏晋南北朝时期的敦煌》、《南宋的雕版印刷》、《居庸关过街塔考稿》、《云冈石窟分期试论》、《敦煌早期洞窟杂考》、《大金武州山石窟寺碑的发现与研究》、《新疆克孜尔部分洞窟的分期》和《赵城金藏与弘法藏》等。

原载《中国大百科全书·考古学》，中国大百科全书出版社，1986年。

王仲殊

　　王仲殊，中国现代考古学家。浙江省宁波市人。生于1925年10月15日。1950年北京大学历史系毕业，同年入中国科学院考古研究所工作，后任研究员。1978年任中国社会科学院考古研究所副所长，1982年任所长，并兼任所学术委员会主任委员及中国社会科学院院务学术委员。1979年被选为中国考古学会常务理事兼秘书长。1983年任文化部国家文物委员会委员。

　　20世纪50年代初，王仲殊参加河南辉县、湖南长沙和河南洛阳烧沟的战国汉代墓葬的发掘。从1956年开始长期主持西安汉长安城遗址的调查和发掘工作。1963～1964年主持渤海上京龙泉府遗址的调查和发掘。1968年主持满城1号汉墓的发掘，1970年主持成都凤凰山明墓的发掘。主要研究汉代考古学，对中国古代城市考古和中国古代墓葬、古代铜镜都作过专题研究。在研究方法上，重视考古材料与文献记载相结合，提出了许多有价值的见解。近年又从事日本考古学的研究，特别着重于中日古代文化关系的研究，对日本出土的三角缘神兽镜曾作过缜密的分析，发表了《关于日本三角缘神兽镜的问题》等多篇论文，提出三角缘神兽镜是中国吴地工匠在日本所作的论点，引起了日本历史、考古学界的重视。又曾对日本古代都城制度与中国古代都城制度的关系，以及日本高松冢古坟的年代和葬者作过研究，发表了《关于日本古代都城制度的源流》、《关于日本高松冢古坟的年代和被葬者》等论文。曾先后赴越南、苏联、阿尔巴尼亚、秘鲁、墨西哥、伊朗、美国、日本等国参加学术会议、讲学和访问。1973年访问秘鲁时，被授予秘鲁国立库斯科大学名誉教授。1979年在美国哈佛大学、华盛顿州立大学和伯克利加州大学讲授汉代考古学，英文讲稿以 *Han Civilization*（《汉代文明》)为题,由耶鲁大学出版(1982年)。

　　王仲殊主要的学术专著有《汉代考古学概说》(1984年),并参加过编写《辉县发掘报告》、《长沙发掘报告》及《洛阳烧沟战国墓》等报告的有关部分,还发表过学术论文多篇。

原载《中国大百科全书·考古学》,中国大百科全书出版社,1986年。

记郑毅生先生论史料学

1981年12月下旬的一天清晨,我偶然收听天津电台的广播,突然听到关于毅生先生病逝的消息,我简直不敢相信这是真的。先生逝世后,我总想写点东西来纪念先生,并同克晟兄联系。当提起笔来的时候,我的脑海中又重现了我在南开大学做毅生先生的助手时的情景。

那是1955年的初秋,我刚从北京大学历史系毕业,被分配到天津南开大学历史系做助教。我和马子庄同志都是学考古的,但南开历史系只需要一个人去教考古学通论,系里决定让我改搞明清史,给毅生先生做助手,我愉快地接受了这个任务。当时正是"肃反运动"的高潮,天天开会,我们这些新分配来的也跟着开会,根本没有机会和先生们谈话。我记得在运动快结束要开学的时候,有一天下午毅生先生约我去他家谈语。所谓"家",只是东村43号的一间向阳的房间,毅生先生是独自一个人住在天津的。

那个房间不大,既是书房,又是卧室,还是会客室。门开在东壁的北部,门的南边是一张床,南窗下是一张小书桌,西窗下是一套旧式沙发,北壁全是书柜,一部百衲本,还有四部丛刊,书柜里放不下,有些书是用牛皮纸整齐地包裹后放在柜顶上的。一切都显得那么井井有条,干净极了。那天下午毅生先生询问了我的学习和家庭情况,并说明让我改搞明清史的缘故。先生讲话非常客气,非常亲切,使我这个刚出校门的年轻人毫无拘束之感。学校里还没有开学,校园里很宁静,一抹斜阳洒落在东村的屋顶上,毅生先生的房间里也被染成了金黄的颜色,更增加了谧静和谐的气氛。这种气氛只有在毅生先生的那个小房间里才能感受得到,这是我至今不能忘怀的。

在南开大学的一年间,我做了两件事,第一是根据毅生先生讲授明清史的教学大纲，摘编了一本明清史的参考资料；第二是辅导毅生先生所开的明清史和史料学两门课。我在这里着重谈毅生先生讲授史料学的事。

毅生先生在南开教史料学始自 1954 年，是配合明清史的，实际上是讲明清史料学。1956 年上半年再开史料学时，先生改变了内容，不再配合某一断代史，而把史料学作为一门独立的学科来系统讲授了。关于史料学的辞源、定义和一些教学计划等，毅生先生已在《史料学教学内容的初步体会》（已收入《探微集》页 277～283）一文中讲得很清楚了。我下面所记的是毅生先生论述史料的来源、史料的搜集和史料的鉴别等问题，这是我根据课堂笔记和平时与先生的谈话的回忆整理而成的。

史 料 的 来 源

毅生先生认为，要从史料的来源上取得对史料的正确认识。史料的范围是非常广泛的，有物质的、文字的、语言流传的，还有历史遗迹等，都是史料。有的人将史料按其形式分为记载、传说、绘画、古物等，但这种分类是不科学的，有些史料很难按形式分类，因为它们之间往往互相牵连，不能截然划分。毅生先生主张将史料按其所属的学科来分类。他说史料有五个来源，即考古学的、人文学的、语言学的、文艺学的和历史学的。史料学的研究对象主要是历史学的资料。

考古学的史料是指用考古学的方法获得的，或是经考古学的研究而确定的实体资料，包括的内容相当广泛，凡是历史上遗留下来的各种遗迹和遗物，都应当属于考古学范围的史料。任何一种古迹和古物都是历史的一个片断，由此可以看到一部分历史的实况。特别是在没有文字记载以前的时期，考古学的史料尤其重要，可以说主要是根据考古学的史料来进行研究的。在文字记载丰富的历史时期，相对地来说，考古学的史料价值就是有限度的了。毅生先生指出，古物除了有历史价值外，有的还有艺术价值，历史价值和艺术价值应当分别看待，不可偏废。

人文学的史料指从人类学、民族学、民俗学和人种学上来的史料。在研究古代社会时，有很多事物是很难理解的，但是，这些难以理解的事物的遗痕，有的却往往残存在某些不发达的民族的风俗意识之中，通过人类学、民族学、民俗学和人种学的研究，可以把这些遗痕当作解决古代社会之谜的钥匙。摩尔根的《古代社会》和恩格斯的《家庭、私有制和国家的起源》就是利用人文学上的史料来研究古代社会的典范。

语言学的史料指来自语言史的资料，包括语音、辞汇和文法等方面，辞汇方面的史料较多，如成语、方言、同行语、译语等，都能反映当时社会的实况。毅生先生举例说，"莫我敢侮"是先秦时代的文法，即"莫敢侮我"的意思，秦以后则很少用这种语法了。如《晋书·王衍传》记山涛见王衍后说："何物老妪，生宁馨儿！""宁馨"是当时的习惯语，没有什么特殊的意义，即"这样的"意思。又如《世说新语·规箴》记王夷甫自命清高，口未尝言"钱"字，而称"钱"为"阿堵物"，"阿堵"就是"这个"的意思。后人沿用此典，把钱称为"阿堵物"。第一人称自称为"我"是很早的事，《资治通鉴》卷六十五记张飞自称我为"身"，胡三省注曰："自此（按：指建安十三年）迄于梁、陈，士大夫率自谓曰身。"但当时仍有自称为"我"的，如《三国志·吴书·鲁肃传》记鲁肃见到诸葛亮时说："我子瑜友也！"这些语言学上的史料是有很明显的时代特色的。

文艺学的史料指来自各种文学作品和艺术品中的史料。文学作品数量大，涉及历史上的事物的范围也极广泛，往往有其他史料中所得不到的内容。但是，文学作品毕竟不是历史文件和历史著作，文学作品带有高度的概括性和典型性，而且允许夸张和虚构，所以，从文学作品中搜集史料时一定要充分注意到这个特点，正确地加以利用。艺术作品是形象的，是文字记载不能表达的，譬如著名的《清明上河图》中所画的北宋汴京景物，可以说是再现了当时的风貌，而《东京梦华录》则起不到这种形象的效果，所以说像《清明上河图》这样的艺术作品的史料价值也是很高的。

历史学的史料指书面文件和历史著作中的史料，这是史料学的主要对象。书面文件种类很多，如公务文件、经济文件、军事文件、外交文件、技术文件等。近代科学发达以后，还有录声和图像（如照片、电影等）资料。书面文件史料中应当包括在纸发明以前写在缣帛、简牍上的文件，也包括一部分碑刻、铜器铭文和甲骨刻辞等，也就是说，历史学的史料中是包括铭刻学研究的内容的。历史著作更是浩如瀚海，它不像书面文件那样原始，是经历史学家重新编纂过的，比较全面和完整，但是，它却渗入了作者的立场和观点。从历史著作中攫取史料时，必须注意这方面的情况。

毅生先生说：以上所举的史料的五个来源，当然有主有次，史料学研究的主要是历史学的史料,其他来源的史料应当由各个学科的专家分别研究。但是,史料学的研究绝不是孤立的,应充分利用其他来源的史料的研究成果,互相补充纠正,以避免片面性。

史料的搜集

毅生先生在谈到史料的搜集时,首先指出,历史科学的特点之一是具体性,没有具体的史料也就没有史实,没有史实的历史是不可想像的。所以,研究历史应该从搜集史料开始。在搜集史料的过程中,自始至终都应当保持严肃、忠实、全面、谨慎、客观、仔细的态度。

毅生先生反对对史料不加分析,随便引用,以示"渊博"的作风,他认为这是一种不严肃的态度。要老老实实,知之为知之,不知为不知,对每条引用的史料都要负责。要忠实于史料的原文,不能随意增删,歪曲其原意,特别是在不直接引原文而加以转述的时候,尤其要注意这一点。另外,在引用史料时要全面,不能断章取义,只取合乎自己论点的史料,与自己论点不合的史料则任意割舍,这是一种非常有害的错误态度。

毅生先生在谈到对史料作出判断时说,要谨慎,要客观。所谓谨慎是不要过早地下结论,要反复驳验,不用孤证。在下结论时要客观,尽量避免主观臆测,这就要求我们的头脑要冷静,不要把复杂的事物简单化。

仔细核对史料也很重要,尤其是史料中的统计数目字,最易发生错误,一定要仔细核对。在数目字上,切莫以今推古,时代不同,一推便错。

毅生先生还论述了史料搜集与史料研究的关系。他认为史料的搜集与研究是相辅相成的,在中国历史上有两次大规模的史料发现,一次是西汉时期孔子旧宅中古文经书的发现,另一次是晋太康二年(公元281年)汲冢竹书的发现,前者推动了中国经学的研究,后者在古代史的研究上起了很大的作用。

在近代,大规模的史料发现最重要的有三次,一是殷墟甲骨文的发现,二是敦煌卷子的发现,三是内阁大库明清档案的发现,被称作是"晚清三大发现"。它们的学术价值是世所公认的,前两项后来发展成了甲骨学和敦煌学。另外,还有敦煌和居延的汉代简牍的发现,对汉代史的研究极为重要;安徽寿县楚墓铜器的发现,对战国时代楚文化的研究很有贡献。至于解放后全国基本建设工程中出土的文物和发掘的遗迹,对古代史的研究也起了很大的推动作用。

但是,毅生先生在充分估计史料价值的同时,又着重指出,史料学不等于历史学,史料的搜集不能代替历史研究。史料只是某一历史时期,某一历史事件,或者某一历史人物的片断资料,必须对全部资料作科学地提炼、分析、组织,并经过进一步地综合研究之后,才能成为历史。

史料的鉴别

毅生先生认为史料的鉴别在史料学中占有很重要的地位。在史料鉴别中首先要辨别史料的真伪,这是最关键的问题。辨别史料的真伪多用比较的方法,有比较,才有鉴别,而比较必须具体,不能空洞,并且要注意其普遍性,不用孤证。

在辨别史料时要善于发现史料内容的可疑处。毅生先生列举了应当注意的若干疑点:第一,甲种史料为乙种史料的改头换面,那么甲种史料肯定是不可信的。我们要用第一手的资料,尽量避免用第二手的资料,检验一篇论文的质量的标准之一,就是要看是否都是用的第一手资料。第二,牵涉到不应当牵涉的事情,说明这种史料极有可能为后世所伪造,它与史料中有错简或偶然窜入其他异文的情况不同,这两者是容易区别的。第三,与当时的习俗不合,包括官名、称谓、习惯用语等,还有一些当时制度上的规定,如礼仪、避讳等,从这些不太被人注意的地方,可以发现问题,以便进一步考辨。第四,在时代和地域上有可疑的史料,这种史料大体上有两种情况,一是时代参差,纪年含混,地理概念模糊,凡有此种情况的史料,伪造的可能性很大。另一种是个别的纪年和地名有误,这可能是笔误或偶然失误所致,不可因此而否定整个史料。第五,要特别警惕久寻而突遇的史料,要缜密地考察其来源,在没有得到充分的旁证的情况下,不可轻率地引用。毅生先生说,鉴定史料的真伪,不是很容易的事,有时由于自己的学术水平不够,粗枝大叶,也能够导致以真为假、以假为真的误认,但也不可因此而过于疑惑,对那些众所周知的事,已被有关文件肯定无误的事,在不同的记载中已证明了的事,以及不可能再有其他合理的证据推翻的结论,都没有必要再去复核了,至于众所公认是无法解决的疑问,也不必重加推核,徒劳无功,耽误时间。

鉴别史料时对史料的作者进行考察,也是必要的,可以帮助我们分析史料的价值。首先要看作者是否有伪托。考察作者的生平时,要研究他的政治倾向和思想状况，特别要着重考察他与所记史料内容有关的各种活动，进而判断作者是否有资格，是否能够如实地记述历史的真相，根据作者的经历来判断他记的史实是亲历还是得之传闻。间接的记述不如亲闻可信，追记不如当时记述可信。在谈到作者是历史事件的直接参与者或有某种关系时，毅生先生强调指出，不能因此而完全相信他的记述，要考虑到当事者往往持有偏见，也可能对某些于自己不利的史实加以隐晦，从这个意义上来说，反而不如局外人客观。

毅生先生认为伪造史料的动机有八：一曰谋利，二曰得名，三曰出于偏狭的爱国心，四曰为自己辩护，五曰怀有党见，六曰一时快意，七曰侵占别人的利益，八曰志在损害敌人。由此而产生的一些伪误史料，掺杂在某些历史著作中，我们必须把它们剔除干净，在未经鉴别以前，要谨慎引用。在这方面，前人做了不少工作，我们应当充分地吸取前人的成果，以利于我们的史学研究。

鉴别史料除了对史料的内容和作者进行分析外，还要对史料的形式作出鉴定。所谓史料的形式，毅生先生是指的历史著作和文件的版本，包括稿本、原件、副本、抄本、印本和校本等。版本的鉴定要从装帧、字体、文件的格式、书籍刊刻的版式、纸张、印章、印色等各方面作出综合的分析。

各种版本在内容上的不同，特别是文字上的歧异，是要经过仔细的校勘才能得出来的。毅生先生说，从史料的形式上来鉴别史料，不等于校勘学，因为其目的不在于校勘，而是通过校勘的手段来鉴定史料的真伪。

毅生先生对史料学的论述是以其渊博的学识和丰富的研究工作的实践经验为基础的，既有理论上的概括，又有具体说明的事例。在课程快结束了的时候，毅生先生对我说："我讲的史料学不过是一个概要而已，主要是想教给同学们整理史料的方法，但是只记住这些原则条条是不行的，重要的是要实践，通过研究工作的实践，才能真正掌握史料整理的方法，否则只能是纸上谈兵。"先生的这番话给了我很深的印象。二十多年来，我一直是按照先生的教诲去做的，使我在研究工作中受到了莫大的益处。在纪念毅生先生之际，我把先生当年论述史料学的部分要点整理出来，我想这是很有现实意义的。

1956年暑假后，我离开了南开大学到北京工作。随后克晟和同钦从北京调到南开，这样就可以照顾毅生先生了，毅生先生在天津也有了个家。此后，我去天津时总要去看望先生，但见面机会毕竟是很少了。

"文革"期间听说毅生先生受到迫害,生活上也十分困难,克晟、同钦也下放到农村,根本无法照顾先生。但毅生先生却能泰然处之,随遇而安,不为所动。1975年去天津开会,我陪夏鼐先生去南开看望毅生先生,看到先生身体很健康,仍在做清史方面的研究,那次先生还让我了解一下日本整理满文老档的情况。那几年春节,毅生先生多半去北京过年,我每年正月初三都去给先生拜年。当我看到年近八旬的毅生先生红光满面,精神矍铄时,心中是十分欣慰的。毅生先生每次见到我,总要询问我的研究工作情况,说一些鼓励我的话,从他那殷切喜悦的目光中,流露出了对我的深切关怀,毅生先生这种奖掖后学的风度,真是感人极了。每当我回忆起这些情景时,除了无限的哀思之外,还有说不出愧疚,我实在是有负于毅生先生的厚望的。

写到这里时,已近黄昏时分,一抹斜阳映照在我院中的大枣树上,那金黄色的光辉又把我的思绪带回到二十九年前毅生先生的小屋子里,谧静和谐的气氛强烈地感染着我,我的眼睛慢慢地矇眬起来了……

原载冯尔康、郑克晟编《郑天挺学记》,生活·读书·新知三联书店,1991年。

悼念玉书先生

我第一次见玉书先生,是在1949年秋天。那时我刚满19岁,是新考入北京师范大学历史系一年级的学生。玉书先生在北师大历史系教书。当时的系主任是侯外庐先生,教中国史的是陆懋德先生、白寿彝先生和玉书先生。陆先生当时年事已高,戴着很深的近视眼镜,照老讲义宣讲,侯外庐先生是进步史学家,气派很大,有时在陆先生的课堂上还评论几句。玉书先生虽有浓重的河北口音,课却讲得极为清晰,学生记笔记很省力,给一个刚入大学的学生的印象是很不错的。

北师大文学院在宣武门里石驸马大街,这是一座旧式灰楼,前面是课堂和办公室,后面便是宿舍。学生不多,生活很方便。我在这里读了一年书,与玉书先生除在课堂上聆听讲课之外,私下很少接触,后来我提起在北师大的事,玉书先生对我这个学生自然是没留下什么印象。

第二年我离开北师大,考入燕京大学。再次与玉书先生见面是他到民族研究所以后的事了,我到了考古所,都属中国科学院哲学社会科学部,开会报告都在一块。"文化大革命"以后,参加北京史学会和辽金史学会的活动,见面的机会就更多了。关于辽金史上的许多问题,此时才有缘请教。

有一次在北京史学会上,有人根据《大金国志》的材料批驳《金史·地理志》所记金中都有十三个城门为谬论。玉书先生作为长者,以很委婉的口气说明《大金国志》为伪书,既坚持了学术的严肃性,又照顾了年青人的面子。我当时心想,玉书先生太不明快,后来细想,玉书先生是出于爱护青年才这样做的。

玉书先生对史料的搜集是不遗余力的。20世纪30年代编辑的《辽文汇》,到80年代增补为《全辽文》出版,虽然因辗转抄录,或有遗误,但在《辽史》简略、缺乏史料的情况下,《全辽文》的出版无疑是十分重要的事情。

  1991年与玉书先生同去山西大同开辽金史国际学术讨论会,返回北京时我与玉书先生同车,这是我与玉书先生最后一次见面。1992年1月初噩耗传来,令人痛心。我从玉书先生学,已42年,在1992年安葬玉书先生于大觉寺的仪式上,我说,我大概是在座的玉书先生最老的学生了。老虽老,在学术上一无所得,实在愧对玉书先生的厚望。大觉寺在北京西郊,寺中有辽碑,题曰《阳台山清水院创造藏经记》,为咸雍四年(公元1068年)沙门志廷撰,建有碑亭。此寺风景优美,玉书先生生前多次来寺中,颇有终老之意。后经北京市文物局筹划,于辽碑东侧葬玉书先生骨灰,并在寺中辟纪念室,庋藏玉书先生藏书。寺之内辽碑之旁,安葬我国辽金史学大师玉书先生,可谓北京名胜古迹之佳话。

  玉书先生逝世已3年。追思先生生前诸事,不胜悼念。

一九九五年二月九日于北京

原载景爱编《陈述先生纪念集》,内蒙古教育出版社,1995年。

怀念挚友赵守俨

我与守俨初识是在20世纪50年代中叶。那时,他还在商务印书馆任职,来考古所找陈梦家先生商谈出版陈先生《尚书通论》和《汲冢竹书考》的事。我是在陈先生的办公室第一次与守俨见面。后来又因出版邓之诚先生《东京梦华录注》的事,与守俨同去邓先生家。相识之后,便往来不断。守俨当时住东四头条,我住东四九条,相距不远,晚饭后我常去守俨家串门。后来他搬到翠微路,见面的机会少了。翠微路在金中都故城西北角外,那时我正在作金中都遗址的考古勘查,有时便顺便去看他,这已临"文化大革命"的前夕了。"文革"后,他又搬到和平里、团结湖,住得近了,我们聊天的机会又多了。

守俨长我数岁。他自幼受过良好的教育,辅仁大学毕业,不但旧学基础好,英语也极好,他和他的夫人都是能直接看英文小说的。守俨思维清晰,他虽然不是专攻文史的,但在商务印书馆和中华书局任职期间,却能在文史方面的编辑出版作出了出色的成绩,我想这主要是得益于他的工作方法和文史方面的修养。

做好图书或杂志的编辑是很不容易的。首先要了解他的专业的目前学术水平,这样,他才能掌握他要组织的稿件是否符合当前的学术水平。守俨在这方面既了解了学术的发展,又认定了各学科段的学术带头人。这一点,在他组织编辑出版标点本"二十四史"和《清史稿》时,清楚地表现了出来。

守俨为人宽厚,温良恭俭让,处处能替别人设想。可是,编辑工作是既费力又不讨好的,有时还得罪人,守俨总能委曲求全,妥善处理,这是非常不容易的事情,也是令人怀念的事情。

守俨是做唐史研究的,整理过《登科记考》和《朝野佥载》等古籍,也写过关于唐史方面的文章,我们还合作整理过《唐两京城坊考》。以他的学术功底和见识,还应有更多的研究成果问世,但是,他总以编辑工作为本职,宁愿替别人做嫁衣,这是编辑为学术事业作的无私奉献。中华书局已出版的学术著作和古籍,很多都倾注有守俨的心血,他是一位令人敬佩的无名英雄。

据我所知,守俨在编辑出版标点本"二十四史"和《清史稿》时,曾积累过很多点校方面的资料,有些并未写入校记中,是属于稍纵即逝或两可之间的,也有些是属于能发人深思的一闪念的想法。我劝守俨要整理出来,但他做事谨慎,终未有成。

我与守俨相交四十余年,我们之间是无话不谈的。他的道德文章,为人处世都给我以教益。他是为弘扬中国传统文化而奋斗终生的人。一个人为了一个伟大的目标而奋斗终生是很了不起的,是令人肃然起敬的。我想,守俨应该是这样的一个人。我为与守俨为挚友而感到自豪。

原载《书品》1998年2期。

悼念苏秉琦先生

我第一次见苏先生是在1952年院系调整以后,苏先生出任北大历史系考古专业主任,我从燕京大学并入北京大学,并选修了考古专业。当时苏先生42岁,魁梧的身材,稍带点严肃的表情,令人生畏。苏先生教秦汉考古学,说老实话,他并不擅长课堂讲授,讲着讲着便离了题。

毕业后,我先到南开大学,1956年回考古所,在资料室工作,与苏先生接触的时间很少,"文化大革命"后才与苏先生接触多起来。苏先生从干校回来以后,有一天亲自到我家来,我不在家,我正读小学的儿子接待了他。据我儿子告诉我,苏爷爷威严可怕。1973年苏先生去承德,我随行陪同。在承德期间,苏先生与我详谈了他对中国考古学的意见和设想,他主要讲史前考古,我并不太懂,但他对中国考古学的思考,特别是在方法论上的诸种基本法则,给了我很大的启示。既有高屋建瓴的宏观,也有细致具体的微观,宏观思考是建立在微观分析上的,这是苏先生做学问的一贯规则。这次承德之旅,在我的学术生涯中是很重要的。

"四人帮"垮台前夕,我们一批学生给苏先生在西直门里的狭小居室前建了一个小小的园子,摆上假山石,种上竹子,夏日可在此憩坐纳凉,还盖了间小厨房。虽已是初秋,中午的天气仍很热,大家光着膀子干活,我司厨掌勺,每天要做两顿饭。就在这里,我们听到了粉碎"四人帮"的消息,真是振奋人心。这次活动更加密切了我们与苏先生之间的师生关系。

其后,我有时间便上近代史所七楼与苏先生聊天。除了谈学术以外,天南海北,无所不谈。

1988年我主持考古所工作后,考虑到考古所的科研规划,应以综合性的学科上的重大课题为主,与苏先生有关系的我提了两个课题,一是中国文明起源的课题,这是苏先生当时一直在思考的课题,开了两次座谈会,苏先生在第二次座谈会上讲了话,作了极概括极重要的指示,可惜后来没有做下去。第二个课题是研究中国史前史,这也是苏先生一直倡导的研究课题。当时,我认为考古学研究最终是要升华到历史学研究的,史前考古学研究发展到一定阶段,必然导致史前史的研究,这是学科发展的规律,只有遵循这条规律,从史前史研究的角度提出问题,来指导史前考古的研究,才能使之有明确的学术方向。同时,要认真准备编写中国史前史,这是历史赋予中国考古学家的重任,社科院考古所应肩负起这个责任。但是,有些人不了解这个学科发展的趋势,认为研究史前史是历史学家的事,与考古学无关。为了解答这些认识上的问题,实际上也是学术研究的方向问题,我不得不请出苏先生这位中国考古学界的尊神,让他来解答这些问题。为了谈得更加集中,我向苏先生就编写中国史前史提了十个问题,由邵望平和高炜两位同志作记录。苏先生讲了好几次,后来也未完全按所提的问题来讲,最后形成了在《考古》1991年12期上发表的《关于重建中国史前史的思考》一文。文章虽然发表了,但是由于种种原因,这个重要的课题并未被采纳和列入科研规划。

苏秉琦先生作为中国考古学的一代宗师,指导了现代中国考古学上一系列的研究。我认为在他的晚年最重要的有三篇文章:《重建中国古史的远古时代》(《史学史研究》1991年3期)、《关于重建中国史前史的思考》(《考古》1991年12期)和《迎接中国考古学的新世纪》(《东南文化》1993年1期)。今年在香港商务印书馆出版的《中国文明起源新探》,则是他在中国考古学研究上的最后著作。

现代中国考古学界的一颗巨星殒落了,我追随了四十余年的导师走了,但是,他遗留下的中国考古学上的学术遗产,却是永存的。让我们把苏秉琦先生生前建立的中国考古学学术事业继承下去,并将他未竟的遗志逐步在今后的工作中实现。这应当是对苏秉琦先生最深切的悼念!

原载《文物春秋》1998年3期。又见宿白主编《苏秉琦先生纪念集》,科学出版社,2000年。

我所知道的夏鼐先生

一

我第一次见到夏鼐先生是在1952年三校合并以后。原来我是燕京大学历史系二年级的学生,三校合并后,我进入北大历史系考古专业。新成立的北大历史系考古专业,集新中国考古学教授之萃,由夏鼐先生讲"考古学通论",裴文中先生讲"旧石器时代考古学",安志敏先生讲"新石器时代考古学",郭宝钧先生讲"商周考古学",苏秉琦先生讲"秦汉考古学",宿白先生讲"魏晋南北朝至宋元考古学";郑振铎先生主讲"中国美术史",徐邦达先生讲"中国绘画史",阎文儒先生讲"中国雕塑史",宿白先生讲"中国建筑史",唐兰先生讲"古文字学",王振铎先生讲"博物馆学"和"古代家具"。夏鼐先生的"考古学通论"课,不但是考古专业的必修课,也是历史系的必修课,学生众多,在文史楼阶梯教室上课,教室大,没有扩音设备,夏先生讲课声音小,又有浓重的温州口音,我虽然是坐在前排,也只能听懂三分之一的话,幸亏夏先生有讲稿,当时便有铅印本,后来为纪念夏先生八十诞辰,北大考古系于1992年将夏鼐先生1954～1955年讲授"考古学通论"的记录稿全文印发于《考古学研究(一)》①。

1955年夏天我在北京大学毕业后,分配到天津南开大学历史系,跟郑天挺先生做助教,辅导明清史和史料学的课程。第二年,我从天津调回北京,进入中国科学院考古研究所,一直工作至今四十余年。这个调动是决定我一生命运的事,也成为我能跟随夏鼐先生学习工作数十年的一个转机。

---

① 北京大学考古系编《考古学研究(一)》页21～64,文物出版社,1992年。

"文化大革命"前,夏先生患胃溃疡,身体不好,这是从事田野考古工作的职业病。60年代初,夏先生溃疡病突发为胃穿孔,十分危险,幸亏邻居颜闿先生及时抢救,护送至医院施行手术,才转危为安。夏先生胃切除以后,效果极好,身体康复,为他在"文化大革命"中承受批斗和强迫劳动的耐力增加了强度,平安地度过了那个"史无前例"的时期。

"文化大革命"期间,夏先生被作为"反动学术权威"而劳改。据我所知,他没有承认不符合事实的任何审查;也没有屈服外调人员对他人怀疑的事实之歪曲。这在当时绝不是一件小事,是要有很高的品德才能做到的事。

1968年配合北京地铁建设,我正在主持发掘北京西直门元大都和义门遗迹。有一天,夏先生来西直门劳动,他边清土边观察和义门遗迹,乘没有人注意之时,向我小声嘱咐在发掘时应注意哪些事情。这一举动在当时是很危险的,如果被军工宣队知道,肯定是要批判他的。夏先生真是一位心怀坦荡、大公无私的人,他不顾个人安危,只为了考古学的事业和学术研究,这种精神令我十分敬重。和义门遗迹发掘完毕后,究竟保护不保护,要报"中央文革小组",陈伯达批示叫郭沫若同志决定。那天,是我陪郭老去看和义门遗迹的,郭老看完后未置一辞。过了几天,"中央文革小组"决定拆除,不予保护。后来在"四人帮"垮台后的一次宴请外宾的宴会上,郭老惋惜地对夏先生说,真不应该把元大都和义门遗迹拆毁,当时他不敢说这种意见,现在后悔不及。这是夏先生亲口对我说的。

"文化大革命"后,我与夏先生接触的机会多了,从70年代中期到80年代中期这十年之间,我协助他编写《新中国的考古发现和研究》和《中国大百科全书·考古学》卷。我深深感到夏鼐先生的道德文章,也就是他为人处世和治学各方面的成就,确定了他是新中国考古学的奠基人之一的地位。

二

在回忆夏鼐先生时首先要说的是他的为人处世的原则。夏先生是一位学者,他为人处世的最高原则是维护学术研究的独立性。给我印象最深刻的是,夏先生对中国社会科学院建院方针的意见。"文化大革命"后,中国科学院哲学社会科学部从中国科学院分离出来,成立中国社会科学院。夏先生认为中国社会科学院虽然受中宣部的领导,但它不是中宣部,中国社会科学院各研究所不是在舆论上作宣传的，人文科学有它自身的研究目的和方法，有它自身的发展规律，要充分尊重人文科学自身的特点和发展规律。这在当时是一个十分敏感的问题，涉及是否为政治服务的事。夏先生明确地表示了他的意见，这是要有相当的勇气和魄力的。

另外一件事便是中国社会科学院成立研究生院的事。夏先生反对中国社会科学院成立研究生院，他认为社科院是以研究为主的，而研究生院却是以教学为主的，两者目的不同，社科院不能办学。这是夏先生自己的看法，是非暂且不论，但他表里如一，有话便说。我听说当时胡乔木院长是要请夏先生出任研究生院院长的，曾去说服夏先生，没有说通。不久，夏先生便猝然病逝。

我举这两个例子，是要说明夏先生是光明磊落、表里如一的人，他决不会阿谀奉承，趋炎附势。"文化大革命"后期"评法批儒"时，夏先生已从干校返回北京，《考古学报》、《考古》和《文物》三大杂志（因当时许多杂志皆已停刊，只有这三种杂志首先复刊，故称为"三大杂志"）复刊，为了维护《考古学报》和《考古》的生存权，夏先生写了《沈括和考古学》这篇文章。从这篇文章中，我们丝毫看不出它政治上的任何倾向性，它却是一篇有关中国科学技术史上的有分量的学术著作。夏先生之用心良苦可以想见。

夏先生在私生活上也是令人尊敬的。夏师母是没有进过学堂的旧式妇女，夏先生与夏师母相濡以沫，情感笃厚。抗战时期，夏先生在后方，夏师母在沦陷区，她承担了亡国之民的一切困苦。新中国成立后，夏先生来北京工作，接夏师母到北京。夏师母不会说普通话，一口温州话，没有办法请帮工的保姆，买粮买菜全是夏先生的事，从居住在大佛寺开始，一直到住干面胡同，即从50年代到70年代皆是如此。后来，夏师母精神欠佳，夏先生亲自服侍，令人十分感动。80年代初，夏先生访问美国时，夏师母随访，我记得在英文版《中国妇女》上有一篇写夏师母与夏先生伉俪情深的报道，其中有一张照片便是在美国拍的。

三

夏先生的学术贡献，已有很多文章作了阐述，如王仲殊《夏鼐先生传略》[①]、石

---

① 《中国考古学研究》页3，文物出版社，1986年。

兴邦《尽瘁于新中国考古事业的忠诚战士——夏鼐同志的学问、道德和事功》[①]、张忠培《中国考古学路上不会消失的足迹——悼念夏鼐先生》[②]。从中国考古学学科发展的高度上来评论夏先生对中国考古学的贡献，我认为下列几点是最重要的：

第一，1945年甘肃宁定阳洼湾齐家文化墓葬的发掘，从地层上确认仰韶文化的年代比齐家文化为早，夏先生发表了《齐家期墓葬的新发现及其年代的改订》一文（1948年），纠正了安特生关于甘肃新石器时代文化的分期，为建立黄河流域新石器时代文化年代序列奠定了科学基础。这在中国新石器时代考古学上有划时代的意义。

第二，在中国史前考古学方面，夏先生另一个重要贡献是通过大量碳-14测定的数据，对全国各地区的史前文化年代做了全面系统的研究。他在《碳-14测定年代和中国史前考古学》一文（1977年）中指出，中国各地史前文化的起源不是一元的，不是起源于黄河中游中原地区，然后再向四周传播的，而是各有不同的来源和发展过程的。这个科学的论断，对中国史前考古学的研究有深远的影响。

第三，1958年"大跃进"时期，左倾浮夸之风泛滥，也影响到学术界，在考古学界则出现了违反科学操作规程，盲目无知地批判考古学研究的情况。以尹达为首的老一辈考古学家抵制了这一思潮。就是在这种时代背景之下，夏先生发表了《关于考古学上文化的定名问题》一文（1959年），回答了什么是考古学文化，划分考古学文化的标准，考古学文化定名的条件和时机，以及如何定名等问题，这都是考古学的基本问题。夏先生在这样的关键时刻，纠正了考古学上的左倾思潮，保证了中国考古学的健康发展。

第四，关于中国文明起源的问题，考古学的研究是起决定性作用的。夏先生在《中国文明的起源》一书（1985年）中首先指出：中国文明的产生，主要是出于本身的发展，虽然并不排斥在发展过程中有时可能加入一些外来的因素和影响，但是考古学的发现证明，中国文明是土生土长的文明。夏先生认为，安阳小屯殷墟文化是一个高度发达的文明，如果认为这是中国文明的诞

[①]《中国考古学研究论集》页1，三秦出版社，1987年。
[②]《中国考古学——走近历史真实之道》页18，科学出版社，1999年。

生,那么未免有点像传说中的老子,生下来便有了白胡子。他认为中国文明起源的探索的主要对象是,新石器时代末期或铜石并用时代的各种文明要素的起源的发展,例如青铜冶铸技术,文字的发展和改进,城市和国家的起源等,都是今后中国考古学上的重要研究课题。他的这些论述是1983年在日本讲演时说的,1984年4月日本的小南一郎译为日文,樋口隆康和冈崎敬解说,由日本放送出版协会出版。中文本由陈公柔先生整理,夏先生亲自校订,可惜文物出版社出版时,夏先生已逝世,没有看到中文本的书。这是夏先生亲自整理的最后一本著作。中国文明起源的研究是中国古史和中国考古学上的重点课题,夏先生对中国文明起源的考古学研究的意见十分重要,至今仍有很大影响。

第五,夏鼐先生对中国历史考古学的研究也作出了杰出的贡献。他对东周车制的研究、对汉代以前玉器的研究、对中国古代科学技术史的研究,对中国古代中西交通和文化交流史的研究,都写出了开创性的论著。

夏鼐先生在给张忠培先生的信中说:"不必再称师了,我是但开风气不为师。""不为师"是夏先生的自谦之辞,"开风气"则是夏先生有意识地要引导中国考古学的研究方向,并以身作则地作出示范。我想,他是完成了他的历史使命的,他不愧是中国现代考古学的奠基者之一。

四

夏鼐先生是中国20世纪二三十年代培养出来的学者。这个时代正是中国社会相对平稳繁荣的时期,不论在人文社会科学还是自然科学方面,都出现了一些被公认的国际学者,夏鼐先生便是其中的一位。

夏鼐先生是我国著名的考古学家,同时,也是著名的历史学家和古籍整理专家。这三个不同的学科为什么会都落在了夏先生的肩上?这是我国学术发展中不同学科有机联系的必然结果。我国现代考古学的前身是金石学,金石学是历史学的一个组成部分,金石学的研究是以金石证史为目的。20年代中国现代考古学诞生以后,考古学才从历史学中分离出来,成为独立的学科,所以,我国老一辈的考古学家多是学历史的。夏鼐先生自然也不例外。他生于1910年,1934年清华大学历史系毕业,他学的是近代史,导师是蒋廷黻,毕业论文的题目是《太平天国前后长江各省之田赋问题》，发表于 1935 年《清华学报》10 卷 2 期。毕业后正好有公费留学的名额，但只有考古学的名额，于是他便先在国内考古实习一年，参加了中研院史语所梁思永先生主持的安阳殷墟西北岗墓地的发掘。1935年夏鼐先生到英国伦敦大学攻读考古学，从著名考古学家惠勒 (M. Wheeler) 学习，在埃及和巴勒斯坦从事田野考古，并在耶路撒冷会见著名考古学家彼特利 (W. F. Petrie)。1941 年初返回昆明。后获伦敦大学埃及考古学博士学位。回国前，夏先生曾在埃及开罗博物馆做过一年的研究工作，因此，夏先生不但是考古学家，还是我国少有的埃及学专家。

夏鼐先生先入燕京大学历史学系，后又转入清华大学历史学系，受过良好的历史学教育。他能从中国近代史的研究转而从事考古学的研究，说明他有广博的扎实的史学基础训练，能够完全适应不同研究方向的转变。同样，他也能够从考古学的研究兼做古籍整理工作，这是我们前辈学者在学术研究上的优势，他的《真腊风土记校注》(1981 年) 便是古籍整理方面的杰作。

夏鼐先生在学术上的优势，除了历史学本身古今贯通之外，还有人文科学与自然科学和中外学术之沟通的优势。夏先生上大学的时候，学校规定学人文科学的学生必须修一门理科的基础课，其用意是要让学生通过理科学习，从思维逻辑和方法论上接受科学的训练，这是十分重要的措施。同样，理工科的学生也必须修一门文科课程。当时大学生的文史程度由于在中学时已有良好的基础(我在 40 年代上初中时的国文课本仍以文言文为主，中外历史初、高中各学一遍)，所以，前辈学者中虽然有学理工科的，但其文史的基础是极好的，能写很优美的文章，诗词歌赋皆通。人文科学的学者对自然的基本知识也都通晓，他们的思维逻辑严密。夏先生具有丰富的自然科学知识。现代考古学是研究古代人类遗留下来的遗迹和遗物的，这里面既包括属于人文的和社会的遗迹遗物，也包括生产方面的，特别是人类为改造自然而进行的科学实验的遗迹遗物。夏先生的自然科学的基础知识，为他从事考古学的研究奠定了坚实的基础，他能够进行古代天文文物、纺织技术、冶金、琢玉、制瓷，乃至对沈括所进行的各种科学技术实验记录的研究。

夏先生的另一个优势是他积累的西方历史和考古学的学识，他通过各种渠道了解国际上关于汉学研究的最新成果，他为社科院考古研究所收集了许多重要的世界考古学书刊,形成了国内极富特点的学科图书资料中心。他关于中外交通和文化交流的一系列考古学论著,构成了夏鼐考古学研究的一个显著特色。

五

夏鼐先生既是一位很严谨的学者,也是一位极有文采的文学家。中国考古学界有三位文学家,一是郑振铎先生;二是裴文中先生,他写的散文曾被收入鲁迅等人编辑的《中国新文学大系》;三是陈梦家先生,他是新月派的健将。我认为夏先生的散文也是极优美的,他写的《浙江新石器时代文物图录》①序言和《九山乡梦绕师门》②两篇文章便可作证。前者是他抒发乡情之作,从他渲染的那种清醇的乡思之中,我们几乎可以闻到了夏先生家乡的泥土的芳香。后者是他回忆少年时代师生感情的挚热之作,师生如父子,这种珍贵的情感在夏先生的笔下是令人极为动情的。文学是人类心灵的窗口。夏先生的这两篇文章,不但是他文学技巧上的上乘之作,同时,也是他情感的真实流露。

六

夏先生和国际上的学者一样,在学术活动中特别重视书评。我所说的书评不是如今只褒不贬的捧场之作,而是从学术和学科发展的高度作出的评论。当时,夏先生主持了两个学术刊物,一是《考古学报》,二是《考古》杂志,他对这两个刊物上发表的论文或考古报告,有时便要加"编者按",把论文或报告中不确实的论述和观点,加以澄清。夏先生主张在《考古》杂志上多刊登书评,因为好的书评是可以起到学科研究方向和学风的导向作用的。夏先生一直用他的字"作铭"为笔名写"编者按"和书评,对中国考古学的发展起到了十分重要的作用。譬如,关于江苏宜兴晋周处墓出土的"铝带"问题,1957 年他在《报告》之后写了跋语,提出不同意见;1992 年他又在《考古》上写了《晋周处墓出土的金属带饰的重新鉴定》

---

① 浙江博物馆《浙江新石器时代文物图录》,浙江人民出版社,1958 年。
② 《九山乡梦绕师门》,温州《浙南日报》1985 年 1 月 12 日。

一文,说明在东晋时期(公元4世纪)中国不可能有铝金属的出现,因为,这是违反世界冶金史的一般规律的。中国历史考古学必须充分尊重中国历史发展之规律和文献记载,不能仅凭考古学的"发现",片面地作出不符合历史实际的判断。我记得有位先生曾根据泉州圣墓两廊石刻梭柱,提出圣墓建于初唐,夏先生坚决反对,他认为不能用一个时代不可靠的孤证,来否定文献上记载的史实。这件事看起来像是一般的学术争论,实际上是夏先生坚持历史考古学基本原则的大事,他近乎严厉的态度使那位先生下不了台。这充分表现了夏先生为纠正不正学风一丝不苟的态度,是很值得我们学习的。

七

夏先生逝世于1985年6月19日。6月初日本考古代表团正在中国访问,我全程陪同以坪井清足为团长的日本考古代表团。夏先生不辞劳累,去洛阳陪日本考古代表团参观偃师商城五号宫殿遗址;日本考古代表团返回北京以后,在考古所作学术报告,夏先生亲自出席,这是上午的事情,晚上日本考古代表团要举行告别宴会,不幸夏先生在下午突然患病住进医院,不能出席宴会。当晚便病情恶化,昏迷不醒。夏鼐先生是倒在工作岗位上的,可谓是"鞠躬尽瘁,死而后已"的。事出意外,夏先生没有遗言。但是,他在3月1日中国考古学会第五次年会开幕式上的讲话中谈的几件事,现在看来似乎是可以把它作为最后遗言的。我如实摘录如下[①]:

1. 考古学研究要坚持"实事求是"的学风。
2. 考古工作者不许搞古物买卖。
3. 我们要学习居里夫妇,一心一意为提高本学科的学术水平,不计较个人的经济利益。
4. 考古工作者在做田野考古时要不怕吃苦。

1985年是刚刚改革开放的年代,夏先生已经预感到商品经济巨浪的冲击,将会对中国的文物考古事业造成不可估计的破坏,所以,他才在中国考古学会第五次年会上作了有针对性的讲话。他的这个讲话已经过去十五年了,我认为它并

---

① 讲话全文见1985年3月10日《光明日报》第1版和《考古》1985年6期。

未失效,对今天的中国文物考古学界仍有现实意义。

夏鼐先生不愧为中国现代考古学的一代宗师。当我们回顾他的学术生涯时,我们能从中汲取些什么有意义的经验教训呢?这确实是值得我们深思的。

一九九九年初稿
一九九九年九月改订于北京

原载张世林编《学林往事》下册,朝华出版社,2000年。又见中国社会科学院考古研究所编《夏鼐先生纪念文集:纪念夏鼐先生诞辰一百周年》,科学出版社,2009年。

周一良的学术传承

50年代初期,第一次见到周一良先生是在邓之诚(文如)先生的家。那时,周先生是北京大学历史系副主任,约40多岁,是一个温文尔雅的学者形象,他对邓先生恭恭敬敬持弟子礼的态度,使我印象尤深。

在北大历史系学考古,我无缘听到周先生开的亚洲史课。毕业后,也没有机会请教。1990年8月,我承办联合国教科文组织"丝绸之路"沙漠路线考察乌鲁木齐国际讨论会,那时周先生刚从美国回来,我请他主持了一次学术讨论全体会议。

经历了"文革"的创伤,周先生的精神面貌还是很好。已经77岁的他思路清晰、表达准确,可以同时用英语和日语交谈。那天他圆满地主持了有中外学者参加的讨论会。

1994年《燕京学报》复刊,侯仁之和周一良先生出任主编,我和丁磐石先生协助编务。这时周先生已患帕金森氏症,但因为这种病对大脑的思维能力并无影响(主要对小脑指挥行动方面有损害),所以他对学报编务的指导十分认真,通过他的学术威望约来了很多优秀的稿件。

去年10月初,我在香港拜会饶宗颐先生。饶先生嘱我回北京转达对周一良先生的问候。21日,饶宗颐先生到北京亲自拜访了季羡林和周一良先生,我想三位大师在21世纪初的这场欢叙无疑应当记入学林佳话。

周一良先生出身名门,学贯中西,是中国史学界的一代宗师。在他逝世后,我反复翻阅他的学术著作和回忆录,发现他在1990年以后多次讲到自己的学术传承。有关的书籍和文章如《毕竟是书生》、《周一良学术论著自选集》、《郊叟曝言》、《我和魏晋南北朝史》、《史语所一年》等。

在《毕竟是书生》中，周先生说他在私塾读书十年中受益最深的是张曾易之子张潞雪先生，日文教师则是毕业于京都帝大的牧野田彦松先生。进入燕大，邓之诚先生和洪煨莲先生是他的受业老师。

邓先生在20世纪的二三十年代授课于北京大学和燕京大学，他的《中华二千年史》被当时政府教育部定为大学教材。周先生说，邓先生学识渊博，口才极佳，他讲授魏晋南北朝断代史，娓娓而谈，引人入胜。自己对这段历史的兴趣就是由邓先生的课培养而起的。当时燕大规定，学期末要写一篇学年论文，周先生便写了篇《魏收之史学》登在《燕京学报》上，那时他21岁。洪煨莲先生讲史学方法，贯穿于两门方法课中的科学精神和严格训练一丝不苟的要求，对周先生的影响也很深，他一生做论文和工作的严谨作风，就是在洪先生的课中训练出来的。1939年，洪煨莲先生通过燕京哈佛学社送周先生去哈佛大学读博士，可见对这位弟子之器重。

周先生的学术传承中还有陈寅恪。1935年周先生在燕大做研究生。陈寅恪先生在清华教书，周先生就去清华旁听陈先生的魏晋南北朝史研究。周先生后来回忆说，促使他毕生从事魏晋南北朝史研究的是陈寅恪先生。他说："听了陈先生讲魏晋南北朝史课，眼前放一异彩，使我佩服得五体投地，决心走他的道路。"后来在陈先生的推荐下，1936~1937年周先生去了中研院史语所工作。这一年他写下三篇论文：《南朝境内的各种人及政府对待之政策》、《领民酋长与六州都督》、《论宇文周之种族》。

1939年秋，周先生去哈佛，从叶理绥（Senge Elisseeff）教授学日本古典文学和历史，从柯拉克（Walten Clark）教授学梵文。又学拉丁文和希腊文。在毕业前通过了法语和德语的考试。他的博士论文题目是《唐代印度来华密宗三僧考》。

周一良先生晚年不止一次地回忆他的学术传承。我感觉他是要在回顾学术生涯的时候，把自己的学术传承作一个明确的"交代"，在他认为这是件十分重要的事情。传承，对于一个学人来说极其重要，那么对于一个国家和民族何尝不重要呢？

文化传承的史实构成了国家和民族文化发展史的主要内容，具体到每个学科史更是如此。对于每一个人文科学研究者来说，他的研究必须建立在前人研究的基础之上，所以传承是学术成败的关键。自然科学也同理，比如著名物理学家吴大猷先生在去年《燕京学报》发表了题为《论中国的科学和教育》的文章，对中国物理学的学术传承就作了十分详尽的阐述。

在学术研究中(特别是人文研究),不清楚自己的传承,就表示学术研究来历不明。我这样说只是为了廓清传承的概念,使学术界的发展更符合学术本身的发展规律。

在怀念周一良先生的同时我也呼吁中国学术界重视中国学术的"传承"。

原载《人民政协报》2002年1月1日第7版。又见王晓宁主编《学海星光集》,南开大学出版社,2006年。

悼念张光直

光直离开我们已经一年了。他逝世后我一直想写篇文章来悼念他,但提起笔来,思绪万千,不知从何下笔。三联书店近年陆续出版光直的书,当此之时,他们要编辑出版纪念光直的集子,令人欣慰。特约编辑李力女士再三催稿,这篇文章我肯定是要写的。我和光直相识二十余年,这二十余年正是中国发生天翻地覆大变化的时期。我和光直的交往是在这个历史背景之下开始的。

我与光直第一次见面是在1975年美国古人类学家代表团访问北京时。第二次是在1978年美国汉代史研究代表团访华时,团长是余英时先生,许多美国研究汉学的教授都参加了这个代表团。第二年便是1979年,邓小平同志访美,中美关系打破了坚冰,恢复了正常关系。1979年10月,我随王仲殊先生赴美访问,第一站便是波士顿哈佛大学,由光直接待,我与光直真正的交往也自此开始,我对光直的认识也自此逐渐深刻,我们的友情也从此而建立。

那次访问从1979年10月开始,在波士顿哈佛大学一个月;然后去西雅图华盛顿大学一个月,在华盛顿大学接待我们的是杜敬柯教授;最后是去加州伯克利大学一个月,接待我们的是吉德炜教授。当时,正是中美建交后的最好时期,在这三个月的访问中,我结交了四位学者,第一位是张光直,第二位是余英时,第三位是刘子健,第四位是方闻。另外,在哈佛由光直陪同拜谒了洪业(煨莲)先生,并曾到费正清家做客。当时臧振华先生偕夫人邓淑苹女士也在哈佛,臧先生正在读光直的博士,在家中设便饭招待,我们也成了极好的朋友。

我们刚到哈佛,光直以最亲密的方式请我们到他家做客,大家一同包饺子。我会擀皮,但因时差的关系,我在擀皮时昏昏欲睡,眼皮几乎抬不起来,总算挨过时差,饭后才稍为清醒。光直的夫人李卉也是第一次见面,她那一口纯粹的京腔,给我留下了很深的印象。后来光直陪我们去耶鲁大学见傅汉思教授及其夫人张充和(沈从文先生夫人的妹妹)时,才知道李卉能唱很地道的昆曲,她们经常有聚会,有时是在哈佛赵元任先生女公子赵如兰教授家。1986年冬我曾参加过一次。李卉幼年时曾在天津居住,她们家是铁路上的员工,她在天津女一中上学,1946年随家去台湾。京津是一个文化区,这为她以后在美国最高学府教授中国语言奠定了别人无可比攀的基础。90年代她带着女儿回北京,在香山参加一个中国语文教学的国际会议,她和女儿曾到东四九条我的家中做客。她是一位极其坚强的人,长年为类风湿病所困扰,动过两次手术,一直坚持上课。光直病重后她一直陪伴着光直。光直逝世后,她与我通过一次电话,呜咽几不成声,令人心碎。

光直出身在一个知识分子的家庭。他的父亲张我军是台湾现代文学的主将,早年曾在北京教日文,所以光直的童年是在北京度过的,他对北京有许多美好的回忆。他家住西单,在师大附小上学,有一年回北京时还去看过他的老校长陶老师。光直的大哥张光正(何标)解放前夕在北京参加了革命,后来在军队中任要职。光直七八十年代回大陆时一直想和他大哥取得联系,当时的中国科学院外事局帮他做了很多工作,一直到张光正退休后兄弟才见面。光直便是在这样一个社会背景和家庭环境中成长的人物。我记得光直亲自开车送我们从哈佛去耶鲁的途中,一路上为排解旅途的寂闷,他哼出了40年代中期即解放前夕,那些流行的革命歌曲,既有解放区的歌曲,也有国民党统治区的歌曲,像《黄河大合唱》、《团结就是力量》、《古怪歌》等。一个学人的成长有很多因素,家庭和社会影响是一个方面,而更重要的是他在进大学以后的师承关系,也就是他所从事的学术研究的传统继承关系,这对一个学人的成长是至关重要的事情。

光直读台湾大学人类学系的时候,曾师从李济、凌纯声、芮逸夫和董同龢。特别是李济和凌纯声对他的影响最大。到哈佛以后,他有两位老师,一位是旧石器时代考古学家 Hallam L. Movius,光直随他去法国 Dordogne 河谷参加 Abri Pataud 遗址的发掘,虽然光直后来放弃了旧石器考古的研究而专攻中国考古学,但是对他来说传统的欧洲考古学的田野考古方法,却是在此时奠立的。第二位是 Gordon R. Willey,他是通过对秘鲁 Viru 河谷的研究,在考古学上确立了聚落形态的研究方法的考古学家,光直在他的指导下完成了博士论文《中国史前聚落:考古学理论与方法研究》;其后光直并把这些方法应用到中国史前考古学,特别是史前聚落考古学中。

学术上的传承和现代考古学的发展决定了光直所从事的中国考古学研究的特色。他一方面继承了中国考古学学术的传统,也就是20世纪20年代以中研院史语所为中心建立的中国考古学,即以研究中国古代历史为目的,以欧洲考古学层位学和类型学为研究方法,并汲取了人类学、社会学和民族学研究的成果,充分利用自然科学的先进手段,进行多学科合作研究。这是他毕生遵循和实践了的学术研究准则。

70年代以后,光直的学术研究日臻成熟。他的代表作《古代中国考古学》第四版也在1986年修订出版。他的研究范围很广,涉及的问题很多,不是这篇短文中所能概括得了的。我只想就我和他合作过的两件事作些回忆和说明。第一件事是关于1994年初在台北召开的"中国考古学与历史学之整合研究"学术讨论会;第二件事是我与光直共同主编《中国文明的形成》一书的经过。这两件事表面上看起来似乎很平常,实际上,第一件事涉及中国考古学的学术传统和中国上古史重建的问题;第二件事涉及中国文明的形成特点及其在世界文明史上的地位问题。光直都发表了他极其重要的意见,在中国现代学术史上,将会产生深远的影响。

先说第一件事。光直在他的恩师李济先生影响下,一直做通过考古学的成果来重建中国上古史的研究。1963年李济先生开始筹划编辑《中国上古史》的计划,约请了众多的考古学家和历史学家分别撰写有关论文。陆续出版了四巨册《中国上古史(待定稿)》,第一本是"史前部分",有十三篇,光直写了九篇:《中国境内黄土期以前的人类文化》、《黄土期中国高级旧石器文化与现代人类的出现》、《中国冰后期的中石器时代渔猎文化》、《华北农业村落生活的确立与中原文化的黎明》、《新石器时代中原文化的扩张》、《考古学上所见汉代以前的西北》、《考古学上所见汉代以前的北疆草原地带》、《东北的史前文化》和《中国南部的史前文化》。它出版于1972年12月。光直的这些文章都没有收入到他已出版的论文集中,我承认考古学的论文,特别是中国史前考古学的论文,因新考古材料发现太快,有些研究结论往往很快便要补充,这是考古学研究中的常规现象。我看光直的这些论文就材料来说,未免陈旧,但是,从一个专家学者对他所从事的课题研究中所思考的某些问题上来说,并非没有参考价值,吉光片羽,有时能给你意想不到的启示。我觉得在出版光直全集时,这些论文不要随意舍弃,因为它毕竟反映了一个学者学术研究的阶段。

1986至1987年我应美国普林斯顿大学东亚系和美术系之邀，受美国鲁斯基金会的资助，到普林斯顿大学访问一年，刘子健和方闻先生是我的接待人。子健先生是宋史研究专家，我是学考古学的，很自然地便谈到了中国考古学如何与中国历史学相结合的问题，于是便有了以海峡两岸为主，同时邀请国际有关学者共同讨论这个问题的想法。当时，子健先生便说应该找张光直来商量这事。1988年我在北京与光直见面，谈到了这件事。光直返美后先找刘子健先生，子健先生因身体不佳，不能胜任，而找许倬云先生。承蒙许先生的策划，把这个会议的举办权交给了台湾中研院史语所的所长管东贵先生和考古组组长臧振华先生。先在匹兹堡许倬云先生处开了一个筹备会，光直从波士顿来，臧振华和杜正胜从台北来，我从北京去，当时童恩正也正在匹兹堡。几经周折，在管东贵先生的运作之下，并得到了当时中研院院长吴大猷的支持，才得以召开了这次会议。从参加会议的学者来说，无疑是一次学术上最高层次的会议。

光直因病没有参加这次会议。他提交了论文，两次在开幕式上书面致辞。他说："在中国古史的研究上，没有考古学，也没有历史学；历史和考古在中国上古史的研究上不但要整合，根本要合并……对考古学上造成的中国上古史学的革命，则不是一个个人的意见，它是20世纪末叶史学上最令人兴奋的新发现之一。""在下一个世纪里，还会产生现在根本无法预料的新发现，将中国的上古史再加富、扩充、改变。"他在会上发表了《对中国先秦史新结构的一个建议》的论文，从理论上、研究方法上、内容和结构上，全面论述了中国考古学和中国上古史（先秦史）的研究，把中国考古学的研究视为根本改造和重建中国上古史的革命的主力军。也为在21世纪中国史前考古学和商周考古学的发展指出了方向。这是他晚年对中国考古学研究方面最重要的意见。这是20世纪末国际学术界一次重要的会议，会上发表的论文也都是高质量的，1997年7月，由中研院史语所分两巨册编辑出版。

第二件事情起始于90年代初。最早是北京三联书店董秀玉、沈昌文和戴文葆三位先生，约张光直、李学勤和我在灯市西口天伦王朝酒店磋商出版一套关于中国文明的丛书，图文并茂，雅俗共赏，拟目和体例都已谈妥，各书的作者也已商定。可惜后来因资金匮乏而流产。很快，美国耶鲁大学出版社与中国外文局下属的外文出版社和新世界出版社协商共同出版中英文版《中国文化与文明》丛书。1997年出版了《中国绘画三千年》。其中关于中国考古学的这本,他们约张光直与我共同主编。既然是文化与文明丛书,我与光直商定书名为《中国文明的形成》。按中美双方协定,每本书的作者一定要由中美双方学者共同参与,《中国绘画三千年》的作者便是这种模式。我问光直《中国文明的形成》一书美方作者是谁,他未加思索很干脆地说,此书作者应完全由中国考古学家担当,美国没有人能够承担;他全权委托我来聘请此书的作者。《中国文明的形成》起自旧石器时代,止于秦汉统一。分别由王幼平(旧石器时代)、严文明、张忠培、邵望平(新石器时代)、张光直(新石器时代向商周过渡)、卢连成(商周时代)和徐苹芳(秦汉时代)撰写。光直写第五章《中国古代王的兴起与城邦的形成》。我写第八章《考古学上所见秦帝国的形成与统一》,已发表于《台大历史学报》第23期(1999年6月)。我想说的是该书的第九章,也就是全书的结论,由我与光直共同撰写,题为《中国文明的形成及其在世界文明史上的地位》,我写第一节《中国文明的形成》,光直写第二节《中国文明在世界文明史上的地位》。这是一个十分重要的关于中国古代文明研究的课题。我根据中国考古学和中国历史学研究的新成果,也就是本书各章节中的研究成果,来概括地叙述中国文明形成的历史和特点。我知道光直对中国文明的形成及其在世界文明史上的地位问题已经思考多年,并且有了初步的看法。在20世纪末,既懂中国历史学和考古学,又了解世界文明史和考古学的学者,仅有他一人,他的看法可以说在目前世界上是绝无仅有的、最权威的意见。因此,我恳求他一定要把这篇文章做好。然而,上天并不帮我们这个忙,光直的身体一天比一天坏。1995年9月,台湾中国饮食文化基金会在台北举行第四届中国饮食文化学术研讨会,光直正在中研院副院长任上,他做会议主题报告"中国饮食史上的几次突破",我做"中国饮食文化的地域性及其融合"的演讲。他是坐在主席台上的,讲完后特别走下台来坐在我身边陪我,说话已不甚清楚,坐下去便站不起来,有时走路会摔跤,我要随时搀扶他。字已写不成,送我在联经出版社新出版的《中国考古学论文集》时的签名,连画在一起已不成字体了。我看到他的这种情形十分痛心。《中国文明的形成》第九章第二节的稿子如何完成呢?出版社仍在催稿,我写完了第一节,写信和光直商量,我自告奋勇要根据他已发表的文章来替他写初稿,然后再由他修改。我想这是比较可行的能完成任务的最便捷之法。他同意了我的提议。

我根据他已发表的三篇文章来替他写初稿。第一篇是在北大的讲演"中国古代史在世界史上的重要性"(1984年),载《考古学专题六讲》(1986年5月,文物出版社);二是《从中国古史谈社会科学现代化》,原刊台湾《中国时报》1986年4月1日"人间"副刊,后收入《考古人类学随笔》(1995年9月,台湾联经出版社);三是《连续与破裂——一个文明起源新说的草稿》,原刊《九州学刊》总一期(1986年9月),后收入《美术、神话与祭祀》(1988年7月,辽宁教育出版社)。我用了一个星期的时间,把这三篇文章的原文进行分解归纳,分成四个段落,以中国文明在世界文明史上的地位为主题,写成九千多字的初稿,全文中没有我的一句话,我只在必要的地方用了简单的连接词,以保证全文的连贯性。写成后和我的第一节一块儿寄给光直。1998年10月18日光直回信说:"你的稿子已由Peck寄下,使弟惭愧无已。你的第一节收到以后,再想不出在中国文明起源上尚有何话可说,就跟他(指Peck)说结论就用你写的就够了。不料,这害得我兄费了那么大的心血代我写了第二节。你的代书,可以乱真,就用它好了。不过说是我写的岂不是冒名顶替吗?我将下句话写在原文中页1下,'第二节作者张光直'这一句话改为'第二节张光直原文,徐苹芳编著(或编写)'。你能否接受?"他很用心地改了一遍,包括标点符号和英文单词的字母。我立即回信说,文章全是你的原话,根本没我的话,你既然说"可以乱真",那就是真的了,自然应当署你的名。他欣然同意。这便是我们两人合写《中国文明的形成及其在世界文明史上的地位》一文的过程,实在是没有办法的唯一办法。1999年6月19日,我代表光直以我们两人的名义,在中研院史语所学术讲演会上宣读这篇文章,并刊登于《燕京学报》新六期(1999年5月)。

这篇文章最精彩的是光直的第二节《中国文明在世界文明史上的地位》,他在世界文明发展史上提出了一个震惊国际学坛的论点。他认为世界文明形成的方式主要有两种形态,一是世界式的(非西方式的),也就是中国式的,包括美洲的玛雅文明在内,社会财富的积蓄主要是靠政治程序完成,贸易主要限于宝货;社会组织结构中的血缘关系从氏族到国家一直延续着起主要作用;文明社会的城市与以前的氏族聚落也有连续性;文字的出现与政治、亲族的辨认和宗教仪式密切相关;因此,它的特点是连续性。二是西方式的,从两河流域的苏美尔人(Sumerian)的乌鲁克(Uruk)文化到地中海的爱琴文明,它们的文明社会出现,在社会演进过程中是一个突破性的变化,生产的手段,也就是人类对自然的征服是积蓄社会财富的主要方式,技术或商业程序是决定性的因素;在社会组织结构中地缘关系代替了血缘关系;文字产生的主要动机是技术和商业的需要;城市成为交换和手工业的中心,城乡分离;因此,它的特点是突破性的,也就是断裂性的。光直在分析论证了世界文明发展史之后,明确指出:

> 所谓世界式的或非西方式的,主要的代表是中国。中国的形态很可能是全世界向文明转进的主要形态,而西方的形态实在是个例外,因此社会科学里面自西方经验而来的一般法则不能有普遍的应用性。

对中国文明形成的特点的新认识,是中国现代考古学近几十年来的主要成果之一。

> 中国文明起源程序与世界上大多数非西方的古代文明的起源相似,但是与我们一向奉为圭臬的西方社会科学所定的规律不相符合——清楚地指出中国古史对社会科学一般原理的制订上面可以做重大贡献的方向。换句话说,它使我们觉察到了一件重要的事实,即一般社会科学上所谓原理原则,都是从西方文明史的发展规律里面归纳出来的。我们今后对社会科学要有个新的要求,就是说,任何有一般适用性的社会科学的原理,是一定要在广大的非西方世界的历史中考验过的,或是在这个历史的基础上制定出来的。退一步说,任何一个原理原则,一定要通过中国史实的考验,才能说它可能有世界的通用性……如果世界上的社会科学者认准了他们的理论必须通过中国史的考验,那么拥有极其丰富史料的中国史,对社会科学的潜力是难以估计的。二十一世纪的社会科学可以说是中国的世纪。

光直关于中国文明起源在世界文明史上的地位的论点,一方面是对中国考古学和古史研究提出了厚望,另一方面也是对近代以来以欧美为中心的西方学者提出了挑战,这简直是"离经叛道"的"逆反"之言。在《燕京学报》新六期上发表了我与光直写的《中国文明的形成及其在世界文明史上的地位》一文之后,我的燕京大学的老学长李慎之先生告诉我:这是一篇极为重要的论文,张光直提出来的中国文明在世界文明史上的问题,不但是中国古史和考古学上的事,而且也是有实际意义的问题。北京大学考古系李水城同志告诉我,2001年9月美国罗莎·兰伯格-卡洛夫斯基(Marfha Lamberg-Karlovsky)主编了《破裂——文明的起源》(*The Breakout: The Origins of Civilization*)一书,有多位学者撰文讨论光直提出的世界文明形成的两个方式,足见光直的学说在国际学坛引起广泛的关注,并产生了深远的带有经典意义的影响。

光直毕生为介绍和发扬中国考古学的成就竭尽努力,成绩显著,中国考古学的成就为世界学术界所接受和认可,光直起了不可替代的作用。中国考古学界永远纪念张光直为中国考古学所作出的贡献。

光直离我们而去,光直离去后给世界和中国考古学界遗留下来的空白,将由谁来替代?我只能说,我不知道。

二〇〇二年元月六日,光直逝世后一周年又三日,写于北京

原载《读书》2002 年 2 期。又见三联书店编《四海为家:追念考古学家张光直》,生活·读书·新知三联书店,2002 年。

我与中华书局的友谊和学谊

我与中华书局的友谊和学谊,是从与赵守俨先生的关系开始的。1956年秋,我从南开大学调回北京,在中科院考古所工作。当时守俨在商务印书馆工作,他经手出版两种书,一是邓之诚(文如)先生的《东京梦华录注》,二是陈梦家先生的《尚书通论》。有时我在海淀成府邓先生家和考古所陈先生办公室遇到守俨。1957年"反右"运动开始,风声鹤唳,草木皆兵。有一次守俨去陈先生办公室,我也在场,谈完正事后,守俨已离开办公室,忽然又很紧张地回来,小声问陈先生还有什么事?陈先生愕然说没有事。这个情景给我留下了极其深刻的印象。梦家先生是位玩世不恭的学者,大祸临头尚茫然不知;守俨一贯奉公守法,谨小慎微,所以,才形成了陈先生愕然、守俨紧张的情景。

陈梦家先生被划为"右派",是我无论如何不能接受的事,我知道这位玩世不恭的学者,同时也是一位有民族气节、拥护共产党和社会主义的学者。我与守俨并未在对陈先生看法上交换过任何意见,但都在"反右"时期尽量地给陈先生安慰。这使我与守俨的友谊有了进一步的加深。

后来因出版事业的规划制定和分工,关于中国古代文史哲和古籍整理出版皆由中华书局承担,商务印书馆则侧重辞书、翻译和语言学诸方面,守俨也从商务调至中华,这才建立了我与中华书局的友谊和学谊。

守俨到中华书局后,主要抓"廿四史"标点的工作。"文化大革命"后"廿四史"标点本出版。出版界的分工稍有松动。中华书局被允许出版与文物考古有关的部分图书。80年代我先后经手出版了考古类专刊《居延汉简甲乙编》、《汉简缀述》、《善本碑帖录》和《语石异同评》等。

应守俨之邀,协助中华书局编辑了一套《中国古代都城资料选刊》,已出《东京梦华录注》、《历代宅京记》、《唐两京城坊考》、《河南志》、《类编长安志》和《汴京遗迹志》六种,尚有《长安志》和《雍录》未出版。

古籍整理小组学术委员会成立后,在傅璇琮先生主持下,办公室就设在中华书局,我从考古所到中华书局近在咫尺,经常往来。在这个阶段中华书局的许多先生确实为古籍小组做了大量的工作,编辑了三辑《中国传统文化研究丛书》三十种,在中国学术界产生了很大的影响。策划编辑中国古籍书目和提要,这项工作后来因计划改变而停顿,但它在全国古籍整理界却起到了导向性的作用,虽然这个作用目前是潜在的,却并不妨碍它在将来会成为古籍整理界的共识方向。毫无疑问,中华书局的诸位先生是为这个不为人知的冷僻事业作出了贡献的。

我作为考古所的原所长,在我主持所务的期间完成了夏鼐先生所策划的《殷周金文集成》的编辑工作,交由中华书局出版。赵诚先生是这部书的责任编辑,他尽了他的最大努力,使这部书从20世纪80年代至90年代陆续分十八分册出版。这部书的出版在中国考古学、中国古代历史学、中国古文字学和古代铭刻学上是十分重要的。夏鼐先生在这部书的"前言"中阐述了它的学术意义,它可以称得上是中国考古学的大型基础学术资料集,连续数年,荣获国家多种优秀科研奖。中华书局为此作出的杰出贡献是有目共睹的。可惜的是,作为《殷周金文集成》释文的普及版未被中华书局所接受,失之交臂,而被香港中文大学中国文化研究所出版,诚为憾事!

我与中华书局的诸位先生的友谊,除前面所举的赵守俨、傅璇琮、赵诚之外,还有程毅中、许逸民、张忱石、沈锡麟、谢方和张世林诸先生,特别是程毅中先生,我们是燕京大学的校友,他在中文系,我在历史系,我们曾经住过同一个宿舍楼,现在我们正共同编辑新复刊的《燕京学报》。

中华书局九十华诞,我衷心地祝愿它在中国古籍整理和古代文史哲书籍出版上,保持固有的地位,作出更大的贡献。但是,现实的情况是十分严酷的,在市场经济浪潮之下,中华书局的命运是十分困难的。我建议中华书局一方面要全力争取国家对传统文化研究和出版的资助,另一方面也要自谋出路。当年,张元济先生经营商务印书馆时,他能够既出版各类有经济效益的书籍,也能出版没有经济效益而有学术价值的书籍。我们应当学习老一辈出版家的经验,为弘扬中华民族传统文化而努力!

原载中华书局编辑部编《我与中华书局:中华书局成立九十周年纪念文集》,中华书局,2002年。又见中华书局编辑部编《岁月书香》四集,中华书局,2012年。

裴文中先生与中国现代考古学

裴文中先生是中国现代考古学的奠基人之一,是中国旧石器考古学的奠基人。我有幸在北京大学上学时听过他的课,他讲课语言生动,内容丰富,深入浅出,至今仍留有深刻印象。

裴先生是河北丰南(原隶属丰润县)人,1927年毕业于北京大学地质系。1928年参加周口店遗址的发掘。1929年12月2日裴文中先生在周口店第1地点亲手发掘出来北京猿人的第一个头盖骨,这是震惊世界考古的大发现。中国现代考古学诞生于20世纪20年代。1928年发掘河南安阳殷墟遗址,这个发现改写了中国古代史;第二年接着又发现了北京猿人的头盖骨。可以说中国现代考古学一诞生便以这两项大发现奠定了它屹立于世界考古学之林的地位,揭开了世界考古学的新篇章。从此,裴文中的名字与北京猿人连在了一起,成为世界和中国考古学史上不可缺少的名词载入史册。所以,我们称裴先生是中国现代考古学的奠基人之一,是当之无愧的和符合历史实际的。他和李济、梁思永、夏鼐、苏秉琦诸先生,共同缔造了中国现代考古学。当今中国史前考古学的许多著名学者,几乎都出于裴先生的门下。新中国建立以后,裴先生不但继续主持周口店北京猿人遗址的发掘,而且参与领导全国文物考古事业和史前时期考古学的研究工作。他主持过两次大型文物考察团,一次是1950年雁北文物考察团和东北考古发掘团,另一次是1953年洛阳地区考古发掘队。前者出版了《雁北文物勘察团报告》,后者出版了《洛阳烧沟汉墓》。这两本报告在中国现代考古学史上都具有重要的历史地位,雁北报告为综合性的文物考古调查和保护树立了典范;烧沟汉墓报告则为汉代墓葬考古学建立了类型学和年代学的标准。

裴先生在培养新中国文物考古人才方面也有卓著的贡献。解放前他便在燕京大学建立史前陈列馆,讲授史前考古。1952年院系调整,北京大学历史系成立考古专业,裴先生亲临讲授旧石器时代考古。同年,中央文化部社会文化事业管理局、中国科学院考古研究所和北京大学历史系联合举办"考古工作人员训练班",由裴先生任训练班主任,自1952年至1955年共举办4期,培训考古工作人员346人。这4期集中培训为日后开展大规模的以配合基本建设为重点内容的新中国田野考古工作培养了大批业务骨干,曾有人戏称这4期考古训练班是中国文物考古事业的"黄埔军校"。它确实为中国文物考古事业的发展提供了专业人才方面的保障,这些业务骨干一直坚持在中国田野考古的第一线,为中国现代考古学的发展作出了重要贡献。饮水思源,我们不能忘怀裴文中先生为培养我国考古人才所作出的杰出贡献。

裴文中先生是1979年成立的中国考古学会的副理事长。中国考古学会成立的时候,夏鼐先生推举裴先生为理事长,但裴先生虚怀若谷,坚决推举夏先生为理事长,一时传为佳话。

裴先生是地质学方面的自然科学家,也是考古学方面的人文科学家,还是文学家。裴先生写的文学作品曾被鲁迅先生提及,称为"乡土文学"的一种。以后如果编裴先生的全集时,不要忘记编入裴先生的文学作品。

裴文中先生20世纪50年代便注意到淮河流域下草湾地区出土的动物化石。他在1958年发表的《中国第四纪动物群的地理分布》论文中提出"淮河过渡区"的概念,认为淮河流域及长江下游是中国南北动物群区划及地层的划分。1960年他在《中国原始人类的生活环境》一文中清楚地表述:"根据我们现在的第四纪地质和哺乳动物的研究结果来看,当第四纪之时,除西部地区之外,我国可以大致以秦岭为界,分成南北两个主要的大地区,有不同的堆积生成,有不同的动物群。淮河流域和长江下游,可能是地理上南北两大区的中间地带,生活着南北两区的混合动物。"这个以秦岭和淮河流域为分界,把中国地理环境区分为南北两大区的学说,不仅对中国第四纪的研究,也对中国历史文化发展特点的研究至关重要。近年来,中国考古学的发展和研究证实,40多年前裴先生的这个学说是可以成立的。1991年苏秉琦先生在《关于重建中国史前史的思考》一文中,重申"以秦岭、淮河一线为界,分成南方和北方"的观点。裴先生的这个学说奠定了中国以秦岭至淮河流域和长江下游为南北方分界线的历史地位,一直到现代中国,这条地理上的分界线仍然是将中国文化区分为南北两大区的界线。

一般人可能会认为,旧石器时代距今已数万年乃至数百万年,是很遥远的事,那么,中国旧石器时代考古学的研究还有什么现实意义呢?其实不然,当前便有两件事情都与中国旧石器时代考古学研究有关。第一件事是关于北京人用火的问题,这是经过几十年来周口店遗址发掘证实了的事实。近来有一个美国学者宾福德(美国新考古学派的倡导人)提出北京人不曾用火,他不相信历年来周口店遗址发掘揭露的地层堆积和用火证据。他在1985年首次到周口店参观,其时几十年来发掘揭露的北京人用火的遗迹和相关地层大都没有被保留下来,他什么也没有看到,于是便全盘否定周口店地层的沉积机制和用火证据。乍听起来,似乎很认真,未亲眼目睹的事都是不可信的。实际上这是一种违反人类认识论的极端行为,按此逻辑推演下去,人类的文化史和科学史都是不可靠的。以假为真和以真为假的后果同样是不科学的。这个事例已超出正常的科学研讨的范畴,我们一定要严肃对待。第二件事是关于用现代人的线粒体DNA来分析人类的起源,得出的结论是全世界的现代人都起源于20万年前的非洲,也就是说,中国人的祖先与生长在中国大地上的旧石器时代的北京人等没有关系,都是后来非洲的移民。这个未经充分论证的结论是十分轻率的,它全面否定了中国旧石器时代考古学的发现和研究成果。这两件事都与北京猿人和裴文中先生开创的中国旧石器考古学研究有直接关系,也是关系到中国第四纪研究和旧石器时代考古学存亡的大事。中国考古学界特别是中国旧石器时代考古学界有责任严肃地对待这两件事,要用严谨认真的科学态度,实事求是地做出研究。

上述事实说明旧石器时代考古学乃至更广层面的考古学具有重要的科学和现实意义,也说明这些学科仍然任重道远,还有许多工作要做。

今年是裴文中先生百年诞辰,也恰逢北京猿人第一个头盖骨发现75周年。这两件事都是值得庆贺、值得纪念的。这样的时辰也提醒我们当加倍努力,勤奋工作,将裴文中先生开创的事业弘扬、光大。

原载高星、裴申主编《不朽的人格与业绩:纪念裴文中先生诞辰100周年》,科学出版社,2004年。

悼念关野雄先生

关野雄先生逝世已近一年了。他以米寿高龄仙逝,按照中国传统的习惯可称之谓"喜丧"。当然这是对高寿长者逝去后的一种安慰之称。但是,从中日两国考古学界的交往中,我作为现任中国考古学会理事长,对前任日本考古学会会长和名誉会长,特别是日本研究中国考古学的专家关野先生的仙逝,仍然要表示深切悼念之情。

关野先生幼承家学,其父关野贞先生是研究中国古代建筑的创业人,直接影响着关野先生的学术业绩。他在1939年东京大学文学部毕业后,便到中国北京留学两年,在此期间,他先后调查了河北邯郸赵王城、山东临淄齐城和曲阜鲁城。以此为契机,开始了他的中国考古学研究,在东京大学文学部执教期间,培养了许多研究中国考古学的日本学者,对中日两国之间文化交流,特别是中日两国之间考古学的交流方面,作出了很大的贡献。他的逝世,在中日考古学学术交流上是一个很大的损失。

我第一次见到关野雄先生是在1956年日本考古代表团访问中国时,团长是原田淑人先生,代表团中最年轻的学者有两位,一位是冈崎敬先生,一位是樋口隆康先生。关野先生和杉原庄介先生不是最年轻的学者。那年我刚进中国科学院考古研究所工作,以青年学者的身份参加一次与代表团的座谈会。当时曾由郭沫若先生在北京饭店举行过一个宴会,那天晚上关野先生喝醉了,大概是人逢喜事精神爽,才开怀畅饮的。这可能说明关野先生在十几年后又回到他留学过的中国北京时的心情,一方面是与许多旧日师友重逢,一方面也表现出了他对中国考古学的眷恋之情。

20世纪80年代初,我第一次到日本作学术访问时,关野先生已从东京大学退休了，我们到东京大学时蒙关野先生接待，亲自给我们讲解东京大学所藏的中国文物。

关野雄先生是中日文化交流，特别是中日考古学学术交流史上值得纪念的日本学者，他对中国考古学上的一些论述，是中国考古学史上很有学术价值的历史记录。

原以日译本刊日本考古学会编《考古学雑誌》第 88 卷第 2 号，2004 年 2 月。现据徐苹芳先生中文原稿收录。

读《幻园琐忆》

守俨逝世已十周年。1998年4月我在《书品》上写过一篇怀念守俨的短文。8月间《赵守俨文存》出版，最后一篇题曰《幻园琐忆》，是他在1989年夏天写成的。据赵珩君说："父亲最后的几年，常常沉浸在少年时代的记忆之中。这次翻检他的旧作，偶然发现一篇题为《幻园琐忆》的文章，这篇小文很美，但很伤感。我从来没看到过他写散文，但读完之后，我深信这是他用心和泪写成的，这才是真实的他。他的'幻园'也是我出生之地，虽然我离开那里时只有两岁，毫无记忆，但读完之后，却仿佛真的看到了那个园子，那里的一草一木。我想，此时他一定回到了那里，那里永远留住了春天，永远留住了爱。"我收到《文存》后首先捧读的便是这篇感人肺腑的性灵之作。我读了这篇散文之后，觉得此时才真正理解了我的挚友。

这篇2 700字的散文，以中国历史上私家园林往往两三代便易主换姓或沦为废墟破题，接着便回忆童年和青年时代在北京居住过的宅园，也就是他称之为"幻园"的地方。这是一座西式的小楼住宅。他用晚明小品的笔法，画龙点睛式地描写了幻园的景色，从"蔷薇障"开始，依次为"小香雪"，太湖石堆成的玲珑小洞，假山后的僻静小径，还有绿茵半亩的老榆树。借景生情，以景喻人。文情并茂，平实感人。边叙边议，结构谨严。文章的主题是通过描写幻园来回忆父母对他的爱，是我近年读到的散文中的上乘之作。

守俨的童年和少年便是在那种恬静的与世无争的安谧的生活环境中度过的。但是，中国近现代的社会历史是一个动荡的剧烈变化的时代，安谧的生活环境只能是短暂的片刻。守俨那时已经感到任何事物都是靠不住的，产生了一种"怕"的思想，一种怕失去自己生活环境的忧伤。所以，在他写的这篇散文中整篇都流露着一片伤感的情调。这是人之常情。然而，伤而不怨。守俨并未在中国近现代社会历史动荡变化的大潮中颓废下去，他在这篇散文的结尾说："在三十九年前北风呼啸的严冬里，我终于离开了我的小园，我当时清楚地知道这是永别……从此我'脱胎换骨，铸成新人'。而'幻园'也同时诞生了，那里永远是鸟语花香，永远有一个年轻的我。"一方面是"脱胎换骨，铸成新人"，这是当时出身于剥削阶级家庭的青年表示进步的决心；另一方面自幼所受中国传统文化伦理道德教育的影响，使他永远不能忘怀幻园中父母的爱、欢笑和鸟语花香。我想这也是人之常情。通过这篇散文，我感到守俨一生中所受到的理智上和情感上的矛盾压力是多么沉重。

守俨逝世十周年之际，可以告慰的是，他梦萦魂系着的幻园，半个多世纪之后，在北京旧城大面积改造的过程中，竟安然无恙，仍留存在东总布胡同东口内，假山和老榆树依旧如故，只是小楼的木窗已改为塑钢窗而已。守俨有知，亦可稍释悬念矣。

二〇〇四年元月十四日于东四九条

原载《书品》2004 年 2 期。

《邓之诚日记（外五种）》出版感言

今年年初，邓瑞学兄自南京来函云：北京图书馆出版社正在影印出版文如先生的《五石斋日记》，并嘱我作序。我是文如先生晚年的学生，不敢为老师的书作序，何况对《五石斋日记》我并未仔细拜读，更不敢妄加评论。惶恐之余，念及明年是文如先生诞辰一百二十周年，值此有纪念意义的良机，我则愿藉《五石斋日记》出版之时，谈一点我对文如先生治学做人足为后世楷模的体会。

文如先生治学，可以"博大精深"四字概之。治史要求真、求通，他编纂《中华二千年史》正体现了这种精神，从秦汉至明清两千余年，贯通古今，从宏观上控制了历史发展之大势，选材皆以正史为准，求真、求信，训练学生掌握原始史料之能力。1934年被列入《大学丛书》，直至今日，仍有其学术生命力。治史还要精深，文如先生晚年完成的《清诗纪事初编》，成了以诗证史的典范。文如先生既深于诗，又深于史，只有兼擅文史的学者才能胜任，他从1937年抗日战争开始，便致力于清初历史的研究，陆续收集顺康诗文集七百余种，选六百二十二人诗作，各为小传，阐幽发微，精心考订，从被忽视的诗作中发掘出湮没的史事，重释历史的真相。1965年出版以来，被誉为是学术特色最鲜明、学术境界最高的传世之作①。

文如先生早年在滇支持辛亥革命。袁氏当国后，自滇入川鄂，参与护国军反袁运动。1917年春过沪抵北平，受蔡元培之聘入国史编纂处。1921年任北京大学史学系教授。1930年以后就聘于燕京大学，专任历史系教授，迁居西郊，潜心治学，以教学著述为终身职志②。1941年12月8日太平洋战争爆发，日军占领燕

---

① 详见卞孝萱《邓之诚"诗证史"的理论与实践——〈清诗纪事初编〉书后》，《燕京学报》新十三期，2002年11月。

② 《邓之诚先生传略》，《中国当代社会科学家》第四辑，书目文献出版社，1983年。

京大学,逮捕在天津的司徒雷登和在北平的陆志韦、赵紫宸、张东荪、侯仁之、刘子健等先生;日军复与燕京大学秘书长萧正谊和洪业(煨莲)、文如诸先生谈判,企图成立一个由日本人控制下的燕京研究院,如不同意,即以封闭学校相威胁,洪业、文如诸先生力拒不从,日本人恼羞成怒,先逮捕萧正谊,十天后再逮捕洪业、文如先生入狱。他们在狱中表现出崇高坚强的民族气节,对日本人的种种威胁利诱,毫无所动,坚决不就任日伪政府的任何大小职务,以名节相砥砺,以文天祥为楷模,暗中吟哦唱和,抒发其胸中浩然之气。后来文如先生在《闭关吟》一书中默记所成诗百余首,皆凛然可诵的传世佳作①。1942年5月,文如先生等被假释出狱,但不得离开北平。失业后全家人口众多,只靠变卖家私书籍、鬻字刻印、典当借贷为生。1943年春夏之交,周作人托人约请文如先生任日伪华北综合调查研究所研究员,可在家自由研究,先生以年老另有著述坚辞。后又以委托研究员名义商请,先生亦笑辞。8月间日人松崎鹤雄推荐文如先生任日伪山西《新民报》主笔,年薪可达万余元,这在当时是一笔很大的款额,先生峻辞。后来松崎亦为文如先生在民族大义上的高风亮节所感动,在来信中称:"知先生不欲任此报馆伪职,深悔知先生之浅,益慕先生之高节。"②文如先生在抗日时期沦陷区中与日伪抗争的事情,外界很少知道,但这些事情恰恰是我们评价文如先生做人处世的最主要的内容。

文如先生教书育人,通过言传身教,先后在北京大学和燕京大学培养了许多知名的历史学家,特别是在燕京大学,文如先生与洪业先生密切配合,成绩尤为卓著。周一良先生称文如先生是引他入历史门的恩师,他的第一篇史学论文《魏收之史学》就是文如先生指导的,他说:"邓先生性情狷介,对同辈人多所臧否。……但他对青年人则是古道热肠,多方扶持鼓励。"③王锺翰先生也说:"我之所以能走上清史研究这条路,除了自己的志向所在外,邓先生的启蒙培植、耐心引导,无疑是最主要的原因。"④周、王两先生都是中国当代的史学大师,他们各有自己的学术经历,但都承认其史学启蒙于文如先生,这便是学术传承。我从1951年才跟文如先生学,不足十年,我的学业基础也远不如当年的周、王两先生。承文如先生不弃,亲自在家里为我一个人开课,讲晚清史,讲如何鉴别史料,耳提面

---

① 王锺翰《清心集》页67,新世界出版社,2002年。
② 邓瑞《邓之诚与松崎等的友谊》,《南京大学报》2005年1月10日。
③ 周一良《毕竟是书生》页19,北京十月文艺出版社,1998年。
④ 王锺翰《清心集》页27,新世界出版社,2002年。

命地指导我写《翁同龢与戊戌变法》论文,这是我的第一篇史学论文,发表在1954年5月13日《光明日报》史学版上。虽然我后来改学考古,但鉴别史料的课,却让我受益无穷。1956年我到天津南开大学,郑天挺先生接受我作他的助教,并能在他所开的"明清史"和"史料学"课上作辅导,都得益于文如先生。

我从文如先生那里继承的是中国传统的学术研究。20世纪30年代,北伐成功至抗日战争爆发以前,中国学术界出现了一个短暂的繁荣时期,也就是在这期间,有一批学术精英脱颖而出。文如先生则是培养这批精英的教师之一,他在中国现代史学史上起了重要作用。同时,文如先生所处的年代也正是国难频仍的多事之秋,他不畏强暴,大义凛然,称得上是一位有民族气节的中国知识分子,我为有这样的老师而感到光荣。

感谢北京图书馆出版社影印出版《五石斋日记》,使我们可以从中体会到中国学者是如何在那段艰难的岁月中,默默耕耘,如何为中国学术的发展作出贡献。

二〇〇六年五月十八日北京东四九条

原载邓之诚著、邓瑞整理《邓之诚日记(外五种)》,北京图书馆出版社,2007年。

我愿意执锹铲以从之

郑振铎是文学家、文学史家、古籍版本专家，又是中国文物学家。他为中国古文物的保护作出了巨大的贡献。一般认为，他与考古学的关系不如文物保护事业那么密切。但是，从中国现代考古学史上来观察，郑先生却是中国现代考古学的先驱。中国现代考古学，诞生于1928年。中研院史语所在安阳殷墟的发掘，标志着中国现代考古学的诞生。它的理论方法特别是田野考古发掘工作是从欧美引进的，和中国传统的金石学是两个学科。就在这一年，郑先生编写了《近百年古城古墓发掘史》一书，详细介绍欧洲的考古学。他在这本书的自序里提倡"要有系统的、有意义的、有方法的发掘工作"，这在当时是极先进的科学研究方法。他并且说："谁要是有益于这种工作，我愿意执锹铲以从之。"他与史语所的田野考古发掘相呼应，对中国现代考古学起了催生的作用。

1950年中科院成立考古所的时候，任命他为第一任考古所所长。从1947年开始，他便着手主编《中国历史参考图谱》，从上海三次去南京鸡鸣寺中研院史语所参观考古组的标本室，搜集《图谱》的材料。

我知道郑先生是在我做学生的时候，他的《近百年古城古墓发掘史》是我学考古专业以后读的，他的《中国俗文学史》、《中国文学论集》和《劫中得书记》都是我案头经常翻读的书，他是我最崇敬的学者。但是我万万没有想到，我之所以到中科院考古所工作，竟是郑先生一手促成的。我到考古所以后，郑先生亲自与我谈话，看过我的工作，勉励我做历史考古学研究，要注意历史文献学和考古相结合的研究方法。郑振铎先生与我的这段关系，决定了我一生学业的走向，这是我终生难忘的事。今天我们怀念郑先生，对我来说，更有一份特殊的情感在内。

原载《中国文化报》2008年12月31日第4版。

我和中国历史考古学

历史考古学是指有文字记载以后的考古学。中国历史考古学应是从有甲骨文记事的商代开始的。中国以保存有丰富的历史文献著称于世,特别在秦汉以后,史学著作、档案实录和各种文献记载,汗牛充栋,在世界各国历史上是罕见的。因此,我们在研究中国历史考古学时,首先遇到的一个问题便是:既然已经有了这么丰富的历史文献,历史考古学的研究还有什么意义?这确实是一个很实际的问题,也是长期以来在中国历史考古学中反复实践探索的问题。

中国考古学的前身是宋代以来的金石学,它和现代考古学的最根本的区别是在研究对象和研究方法上的不同。金石学侧重于文字铭刻的研究,应属于铭刻学。"金石证史"是宋、清金石学研究的主题,严格地说,它仍然属于历史文献学的范畴,与考古学是两个不同的学科。但是,在中国历史学界中金石学的研究有将近一千年的传统,影响很大。在20世纪20年代中国现代考古学诞生以后,金石学的研究仍在很大程度上被误认为是考古学的研究,"金石证史"似乎成了中国历史考古学的主流,这一方面说明中国考古学不论在理论上还是研究方法上,都尚未臻成熟;同时也反映了中国历史考古学亟应总结几十年的实践经验,提出比较明确的理论方法,把中国历史考古学引导到正确方向的迫切性。

我从1955年参加工作以后,便从事中国历史考古学研究,对上述中国历史考古学存在的问题,一直在工作中做一些边思考边探索性的研究。下面举出几个例子,以说明我在研究中国历史考古学上所做的一些尝试。

50年代中期,我到考古所工作以后,便从事1930年西北科学考察团所获居延汉简的编辑工作。近代在敦煌和居延发现的汉晋简牍是很重要的事情。敦煌汉简与殷墟甲骨文、敦煌卷子和明清内阁大库档案,曾被称为是近代史学四大发现。居延汉简是继敦煌汉简后的又一次重要发现,在数量上超过了敦煌汉简,在内容上也更为丰富[①]。我和陈公柔先生在编辑《居延汉简甲乙编》的过程中,认真地思考了关于汉简研究的问题,在王国维、劳榦、夏鼐、陈梦家和日本、英国学者研究成果的基础上,着重于汉简研究方法的问题。我们认为汉简研究必须按照考古学的方法来进行,首先要弄清楚简牍的出土地点、层位和出土时的原始状态,特别要注意简牍原来的编册连缀情况,要把一根根单独的简恢复成编联成册的文书。要研究不同时代册书的形制,要研究不同性质的文书的不同格式,即进行汉代文书制度的研究,要努力做到识别零散简牍所属的不同簿册。研究方法的变化,把汉晋简牍的研究从金石学的范畴改变为考古学的领域。我和陈公柔先生合写的《瓦因托尼出土廪食简的整理与研究》[②],便是在这种认识之下所做的居延汉简考古学研究的一个例子。

瓦因托尼在居延泽之西,贝格曼编号A10,是汉代甲渠候官通泽第二亭。从已获得的267根汉简中,检出了95根通泽第二亭廪食出入簿的简,它们记录了自征和三年至始元七年(公元前90~前80年)间通泽第二亭粮食供应的情况。而这十年间正是居延推行代田法的时候,通泽第二亭廪食出入簿上明确地记录了其粮食的来源,由大司农司改为由当地的代田仓供应,说明西汉代田法在边郡推行后所取得的效果。元凤三年(公元前78年)通泽第二亭改名为殄北第二隧。这些西汉中期鲜为人知的边塞史实,只能是用考古学方法整理出土简牍后才能取得的成果。

我用同样的方法,还整理研究了70年代居延甲渠候官遗址出土的"塞上蓬火品约"簿册[③],它是东汉建武初年的文书。前此,已经发现过与此簿册相同格式和内容的零简,说明它们都是"蓬火品约"簿册的散简。"蓬火品约"由都尉府发布,规定了在匈奴人入侵时,根据不同情况举出不同信号的规约。汉代塞上亭隧的主要职责,既要警戒瞭望,侦察敌情,又要传递发布信号,担负着侦察与通讯的双重任务,有一套完整严密的蓬火制度,塞上亭隧对每天发布传递的警戒信号,都必须有记录。各亭隧上的通讯设备(如蓬、表、苣、积薪等)有严格的检查制度,对于那些不合格的通讯设备要定期检查上报。这些都有专门的簿册档案。如果

[①] 参见拙著《汉简的研究与发现》,《汉简研究的现状与展望》页38~50,日本关西大学出版部,1993年;又见《传统文化与现代化》1993年6期。
[②] 《瓦因托尼出土廪食简的整理与研究》,《文史》第13辑,中华书局,1988年。
[③] 参见拙著《居延、敦煌发现的〈塞上蓬火品约〉——兼释汉代的蓬火制度》,《考古》1979年5期。

不是用考古学的方法加以整理和研究，恐怕是很难得出这些史实的。

金石学和考古学最明显的区别，还可以从东汉刑徒墓砖和刑徒墓地的研究上看到。1907年东汉刑徒墓砖出土，1909年《神州国光集》第七集上首先发表刑徒砖的拓本，说是洛阳出土的。当时，端方收集了200余块，将其中的133块编入《陶斋藏砖记》中。1915年罗振玉用双钩摹印刑徒砖31块，编入《恒农冢墓遗文》中。1917年罗氏《恒农砖录》中汇录刑徒砖铭文231块。罗氏误信古董商的谎言，认为刑徒砖出于河南灵宝，灵宝汉代为弘农郡，罗氏避清讳，改弘为恒。在连出土地点都没有弄清楚的情况下，除了做一些名词上的考据之外，很难再做出进一步的研究。

1964年中国科学院考古研究所在东汉洛阳城南郊发现了刑徒墓地，发掘了522座刑徒墓。这一发现首先确定前此发现的刑徒墓砖，皆是洛阳出土的。考古学的发现，把零散的刑徒墓砖研究改变为对刑徒墓地的研究，它如实地反映了东汉修建洛阳城时奴役劳力的情况。考古学要研究的不仅是刑徒墓砖本身的事，是通过研究东汉洛阳刑徒墓地，进而研究东汉社会历史上的若干问题，譬如东汉刑法的问题，东汉官工业中的劳动力问题，东汉刑徒的待遇问题，以及东汉刑徒死后在埋葬上的种种情况。有些问题在历史文献中是没有记载的，如果不是考古学的发现，这些史实是不会被揭示出来的。当然，考古发现的遗迹遗物，必须用考古学的方法来整理和研究，才能客观地反映出历史的真实。东汉洛阳刑徒墓地的发掘和研究所取得的成果[①]，是金石学不可能做到的，只能应用现代考古学的方法才能获得。

我还要举的一个例子，是关于中国古代城市考古学的研究。史书中关于古代城市的记载，是零散的和简略的。有些专书如《三辅黄图》、《两京新记》、《长安志》等皆以记遗闻遗事为主，按不同的建置类别或坊巷，详记有关诸事。宋代以后，地方志兴起。地方志是综合性的，记历史沿革、地理四至、政绩、钱粮、土产、人物、古迹、艺文（包括金石遗文）等，虽然也有"城池坊巷"一类，但很简略。地方志中皆有附图，有地图和城市图，都是写意的，只能看出建置的相对位置，没有比例，如《咸淳临安志》中的临安城图，我认为是比较好的。当然最好的是乾隆（十五年）《京城全图》，它几乎是按比例（1/650）测绘的，相当精确。还有些书专记城

---

① 参见《东汉洛阳城南郊的刑徒墓地》，《考古》1972年4期。

市风貌、市井百态和节令民俗的,如《东京梦华录》《武林旧事》《梦粱录》等。顾炎武还专门辑录了历代都城资料,编为《历代宅京记》。毫无疑问,这些文献记载和专著,都对研究中国古代城市有着很重要的作用。

但是,从我们今天研究中国古代城市史的角度上来考察这些历史文献时,有两点值得注意:一是古人缺乏对城市规划的完整概念,二是当时人记当时事,对司空见惯的事多不记录。因此,根据目前所掌握的历史文献来全面研究古代城市的形制,包括它的街道规划、河湖水系、各类建置等级及其面积比例,在历史上没有留下记录,尤其是看不出整个城市规划的概貌。也正是由于这种缘故,在研究古代城市时,考古学的发现和研究便成为研究古代城市规划和形制的唯一手段和基础。我这么说,绝不是夸大其词。仅以我亲身经历的关于北京元大都城市考古为例,来说明中国历史考古学在研究中国历史上所取得的成果。

元大都是属于古今重叠式的古代城市遗迹。对这类城市遗迹,我们有一套科学的考古工作方法。在没有对元大都遗址进行考古勘查以前,完全不清楚元大都的城市规划模式。20 世纪 50 年代中期,清华大学建筑系赵正之教授研究元大都城市规划时,提出元大都的街道规划基本上是明清以来一直保存到现在的北京内城的街道系统[①]。今天北京内城朝阳门(元齐化门)至东直门(元崇仁门)之间,从南向北排列着二十二条胡同。这二十二条胡同的布局,究竟是元大都的还是明清北京城的规划?从来没有人论证过。赵先生的这个论点能不能成立?这在元大都城市规划的研究上和中国古代城市史的研究上,都是一个极重要的关键问题。

60 年代前期,为了解决这个问题,便在明清北京北城垣外、元大都土城内,即元大都的东北部,在安贞门(今北土城小关)南北大街以东、光熙门(今和平里东)东西大街以北的范围内,钻探元大都的街道遗迹。当时,此地大部分尚是平坦的菜地,很容易进行工作。在距地表 0.6~1 米之间,发现了路土,把若干探点实测连接后,发现自光熙门大街向北至北城墙下顺城街之间,正是横排着二十二条胡同[②]。其排列的方式和间距,都与朝阳门至东直门之间的二十二条横排胡同相同。以此规律来检视北京内城东西长安街以北的街道布局,其规划之原则皆都符合。一个城市中的街道规划布局,犹如一个人的骨骼,决定了城市规划的平面

---

① 赵正之《元大都平面规划复原的研究》,《科技史文集》第 2 辑,上海科学技术出版社,1979 年。
② 参见《元大都的勘查和发掘》,《考古》1972 年 1 期。

结构；街道布局与主要建置结合，便构成了这个城市规划的基本内容。我们通过考古学的研究，科学地认识了元大都的城市规划，进一步论证了元大都在中国古代城市发展史上的地位，它是在唐代封闭式的里坊制破坏以后发展起来的开放式街巷制的典型城市[①]。两种不同布局形式的城市规划，代表着中国社会历史的两个阶段，如果没有考古学的研究，这两个历史阶段在城市规划上的变化，便不可能十分清楚。所以说中国历史考古学是和历史学分别依不同的对象，用不同的方法，从不同的角度来研究中国历史的，它们是相辅相成的。

我作为一个中国历史考古学的研究人员，还深深体会到：考古学是门与现代科学技术有密切关系的学科，知识面要广博，一切从实证出发，要有严密的思维逻辑。当研究课题确定后，方法论便成为科研能否取得成功的关键。因此，我们要重视方法论的实践，这是我几十年来从事中国历史考古学的一点体会。

原载《学林春秋（二编）》，朝华出版社，1999年。又见张世林编《家学与师承：著名学者谈治学门径》第三卷，广西师范大学出版社，2007年。

[①] 参见拙著《元大都在中国古代都城史上的地位》，《北京社会科学》1988年1期。

徐苹芳先生学术事迹编年稿
（1949～2011 年）

1949 年

秋,考入北京师范大学历史系读一年级。

1950 年

秋,考入燕京大学新闻系读一年级。

1951 年

春,转入燕京大学历史系读一年级。其间,在邓之诚先生指导下学习晚清史及史料鉴别,撰写论文《翁同龢与戊戌变法》。

1952 年

秋,燕京大学历史系合并入北京大学,转入新成立的考古专业读三年级。

1953 年

4 月,参加考古教学实习,调查大同云冈石窟。

因病休学半年,由 50 级改入 51 级学习。

1954 年

7 月,在北京举办第三届考古工作人员训练班,有油印教材,负责编绘"中国木建筑细部发展简表"。

秋冬,参加考古生产实习,发掘洛阳中州路东周墓地。

发表论著:

《翁同龢与戊戌变法》,《光明日报》1954 年 5 月 13 日。

1955 年

春夏,参加考古生产实习,整理洛阳中州路东周墓地发掘资料,负责金属器部分。发掘洛阳东周王城及汉河南县城遗址并整理资料,负责墓葬部分。

秋,自北京大学历史系考古专业毕业,分配至南开大学历史系任教,为郑天挺先生做助教,辅导明清史和史料学课程。

冬,写成《宋元时代的火葬》初稿。

1956 年

7 月,《宋元时代的火葬》改毕于北京。

9 月,承郑振铎先生襄助,调至中国科学院考古研究所工作。

12 月,中国科学院考古研究所见习员训练班在北京举办,参与拟定训练班的教学计划和课程内容,并讲授"考古学简史"。

发表论著:

《"骨董琐记质疑"质》,《厦门大学学报(社会科学版)》1956 年 3 期。

《宋元时代的火葬》,《文物参考资料》1956 年 9 期。

1957 年

5 月,随赵正之先生调查元大都与金中都。

6~7 月,参加清华大学赵正之、莫宗江所率考察团,赴西安、洛阳、大同等地调查汉唐城址。

11 月,完成《居延汉简甲编》。

12 月至次年 2 月,河北井陉下放锻炼。

1958 年

6 月,准备《居延汉简乙编》工作。

发表论著:

《考古学简史》,载中国科学院考古研究所编《考古学基础》,科学出版社,1958 年。

1959 年

3~4 月,与周永珍赴成都、重庆、长沙组稿及征求意见,并考察馆藏文物。

5 月,赴洛阳考察隋唐洛阳城。

7 月,参加刘敦桢先生主持的中国建筑史编纂座谈会。

发表论著:

中国社会科学院考古研究所编《居延汉简甲编》(与陈公柔合著),科学出版社,1959 年。

《唐戏弄俑》(署名田进),《文物》1959 年 8 期。

《"宛署杂记"中的北京史料》,《文物》1959 年 9 期。

1960 年

3 月,参与讨论《辞海》考古学条目。

发表论著:

《关于居延汉简的发现和研究》(与陈公柔合著),《考古》1960 年 1 期。

《宋代的杂剧雕砖》,《文物》1960 年 5 期。

《关于宋德方和潘德冲墓的几个问题》,《考古》1960 年 8 期。

《白沙宋墓中的杂剧雕砖》,《考古》1960 年 9 期。

1961 年

8 月,借阅北京市文物部门据北大本传抄之《永乐大典·顺天府》,摘录其中与辽金燕京城及元大都有关内容。

9~12 月,由赵正之先生于病榻口授,记录其元大都研究主要论点。

11 月,借阅北京市文物部门据北图本传抄之抄本《析津志》,摘录其中与辽金燕京城及元大都有关内容。

发表论著:

中国科学院考古研究所编著《新中国的考古收获》,隋唐、五代两宋、辽金元明部分,文物出版社,1961 年。

1962 年

完成《居延汉简乙编》初稿。

在侯仁之先生指导下,开始编绘明北京城复原图。

6 月,补录抄本《析津志》。

11月,参与修改《中国建筑史》。

发表论著:

《近年有关唐代社会经济和文化艺术的考古发现》,《历史教学》1962年5期。

1963年

9月,与陈公柔合作完成《瓦因托尼出土廪食简的整理与研究》。

侯仁之先生约作元大都及明北京城复原图。

发表论著:

《唐宋墓葬中的"明器神煞"与"墓仪"制度——读〈大汉原陵秘葬经〉札记》,《考古》1963年2期。

《大湾出土的西汉田卒簿籍》(与陈公柔合著),《考古》1963年3期。

1964年

3月,完成《北宋开封大相国寺平面复原图说》初稿。参加"杨图"工作会议,汇报都城图编纂情况。

5月,完成《明北京城复原图》初稿。

5~11月,中国科学院考古研究所与北京市文物工作队合作组建元大都考古队,主持元大都考古工作,勘探实测外城城墙,发掘东北角楼和光熙门南水涵洞。

1965年

年内,勘查发掘元大都遗址,钻探皇城城墙、城内街道胡同、海子、金水河,发掘肃清门北水涵洞、后英房居址。

5~11月,承夏鼐所长支持,整理赵正之先生元大都研究遗著,准备在《考古学报》发表。

7月,参加中国历史地图集编纂会议。着手拟定辽金燕京城考古工作计划。

9月,开始勘查发掘辽金燕京城遗址。

校订《明北京城复原图》。完成《居延汉简乙编》定稿。

1966年

2~8月,勘查辽金燕京城遗址,探明外郭城、皇城和宫城的范围,城门的位置,以及主要宫殿、街道等遗迹。

2月,将赵正之《元大都平面规划复原的研究》整理稿交《考古学报》第 2 期印出,因"文革"爆发未及发行。

春,《明北京城复原图》定稿,亦因"文革"爆发而搁置出版。

1968 年

7~8月,与周庆南赴湖北黄石西塞山,调查当地在水利工程中发现的南宋钱币窖藏的情况。

1969 年

6~7月,发掘元大都和义门瓮城遗址。

9~12月,发掘雍和宫东、雍和宫后、西绦胡同 3 号、桦皮厂等地元代居址。

1970 年

10 月,发掘旧鼓楼大街豁口东元代居址及瓷器窖藏。

居家养病(至次年),从邓珂处借阅邓之诚先生五石斋藏书。

1971 年

7月,重抄《永乐大典·顺天府》及抄本《析津志》并校勘毕。

9月,作《辑本析津志》并校勘毕。

1972 年

3~5月,发掘后英房、后桃园元代居址。

4月,覆校《永乐大典·顺天府》及抄本《析津志》毕。

6~7月,发掘西绦胡同 1 号元代居址。

发表论著:

中国科学院考古研究所、北京市文物管理处元大都考古队《元大都的勘查和发掘》(执笔),《考古》1972 年 1 期。

中国科学院考古研究所洛阳工作队《东汉洛阳城南郊的刑徒墓地》(执笔),《考古》1972 年 4 期。

中国科学院考古研究所、北京市文物管理处元大都考古队《记元大都发现的八思巴字文物》(执笔),《考古》1972 年 4 期。

中国科学院考古研究所、北京市文物管理处元大都考古队《北京后英房元代居住遗址》(执笔),《考古》1972年6期。

1973年

3～11月,发掘西绦胡同2号元代居址、健德门西水涵洞。

12月,发掘德胜门东元代居址(至次年初)。修订《辞海》考古学条目。过录赵万里、宿白《永乐大典·顺天府》校文,又校以傅氏双鉴楼抄本。

1974年

2～8月,发掘安定门西顺城街元代居址。

9月,商谈元大都考古资料整理及报告编写计划。

11～12月,参加天文学史工作会议。

1975年

年内,负责编撰《中国古代天文文物图录》及《天文学史论文集》。

3～5月,赴江浙南京、扬州、镇江、常州、无锡、苏州、常熟、上海、杭州等地收集天文文物资料,并参观遗址观摩文物,了解宁、扬、苏、杭四处城市遗址。

5月,美国人类学家代表团张光直、吉德炜等来访,参与接待。

6月,赴内蒙古呼和浩特收集天文文物资料,并参观遗址观摩文物。

10～11月,受国家文物局委托,与单士元、杨伯达、王剑英赴安徽凤阳调查明中都遗址。

1976年

年初,制定元大都考古报告编写大纲。

3月,欲与淄博陶瓷厂合作研究元大都出土的汝、钧二窑瓷器。

6～7月,与杨泓等赴东北长春、集安、沈阳、大连等地考察。

12月,参加北京市地震考古小组。

1977年

4月,与杜玉生、杨焕新等同北京市地质局水文一大队人员合作组成地震考古组,进行北京地区历史地震的调查工作(至次年 10 月)。

1978 年

5 月,参与讨论《新中国的考古发现和研究》汉唐部分编写工作。

夏,承夏鼐先生襄助,重新整理《明清北京城图》。

8 月,任中国社会科学院考古研究所第三研究室副主任。

10 月,以余英时为团长的美国汉代研究代表团来访,参与接待。

发表论著:

《居延考古发掘的新收获》,《文物》1978 年 1 期。

1979 年

1 月,因病住院,做胃切除手术。

5 月,参与筹备《中国大百科全书》考古学卷编纂事宜。

8 月,以三上次男为团长的日中关系史研究者访华团来访,参与接待。

9 月,晋升副研究员。

10~12 月,与王仲殊同行赴美讲学,访问哈佛大学、耶鲁大学、哥伦比亚大学、普林斯顿大学、华盛顿大学、加州大学伯克利分校、加州大学洛杉矶分校、斯坦福大学、福格美术馆、大都会艺术博物馆、弗利尔美术馆、波士顿美术馆、西雅图美术馆等学术机构。与张光直、费正清、吴同、余英时、傅汉思、夏南悉、洪业、姜斐德、何慕文、罗森、方闻、刘子健、罗覃、傅申、狄安杰、杜敬柯、王安国、杜维明、吉德炜等交流。

年内,将赵正之《元大都平面规划复原的研究》记录稿交由《科技史文集》第 2 辑刊布。

发表论著:

《居延、敦煌发现的〈塞上蓬火品约〉——兼释汉代的蓬火制度》,《考古》1979 年 5 期。

1980 年

7 月,美国哈佛大学张光直来访,参与接待。

10 月,赴西安、洛阳考察两汉帝陵等遗迹。

发表论著:

中国社会科学院考古研究所编《中国古代天文文物图集》(与邵望平合编),文物出版社,

1980 年。

中国社会科学院考古研究所编《居延汉简甲乙编》（与陈公柔合著），中华书局，1980 年。

1981 年

2 月，与王仲殊、王世民、黄展岳赴日本东京参加日本第五次古代史讨论会，并参观东京博物馆、出光美术馆等。

3 月，《中国大百科全书》考古学卷编委会成立，任"三国两晋南北朝至明考古"分支学科副主编（至 1986 年该卷出版）。

5 月，美国哈佛大学张光直及加州大学伯克利分校吉德炜来访，参与接待。

8 月，日本都市制度研究代表团岸俊男等来访，参与座谈。

10 月，参与商谈北宋开封城发掘事，后由河南省文物研究所和开封市博物馆联合组成开封宋城考古队。日本考古工作者代表团冈崎敬等来访，参与接待。参与中华书局与中国社会科学院考古研究所商谈联合组织历代墓志汇编事。

11 月，中国古陶瓷研究会、中国古外销瓷研究会成立，当选为理事。

12 月，出席在杭州召开的中国考古学会第三次年会。与夏鼐所长商谈第三研究室次年工作计划（曹魏邺城、隋唐洛阳城及南宋临安城）。

发表论著：

《忆邓文如先生》，《学林漫录》二集，中华书局，1981 年。

《中国秦汉魏晋南北朝时代的陵园和茔域》，《考古》1981 年 6 期。另刊《日中古代文化の接點を探る》，东京山川出版社，1982 年。

《〈真腊风土记校注〉简介》，《学林漫录》四集，中华书局，1981 年。

1982 年

2 月，商谈洛阳玻璃厂内唐代宫殿遗址问题，决定由中国社会科学院考古研究所主持发掘。

3 月，张光直邀请安志敏、徐苹芳到哈佛大学访问一段时期，因当时高级研究人员不能长期离所出国，故未成行。与夏鼐先生赴京西宾馆参加古籍整理小组会议。

4 月，赴文物局参与商谈洛阳电厂建设破坏文物古迹问题。

5 月，与王仲殊、马得志赴日本东京参加日本第六次古代史讨论会，主题为古代都城,作题为《唐代两京的政治、经济和文化生活》的学术报告。

6月,美国堪萨斯大学李铸晋率学生来访,参与接待。

8月,患肋膜炎,住同仁医院治疗。

11月,任中国社会科学院考古研究所第三研究室主任。

12月,与夏鼐先生参观西郊私人名园——达园与乐氏花园两处。

发表论著:

《瓦因托尼出土廪食简的整理与研究》(与陈公柔合著),《文史》第13辑,中华书局,1982年。

《云梦出土竹书秦律的研究》(译文,大庭修著),《考古学参考资料》第5辑,文物出版社,1982年。

《唐代两京的政治、经济和文化生活》,《考古》1982年6期。另刊西嶋定生编《日中合同ジンポジゥム・古代宫都の世界——奈良・平安の都と長安》,东京小学馆,1983年。

1983年

4月,日本奈良国立文化财研究所町田章来访,参与接待。出席《中国大百科全书》考古学卷编委会扩大会议。

5月,增补为中国社会科学院考古研究所第二届学术委员会委员,并受聘为硕士生导师。日本古陶瓷研究者访中代表团三上次男等来访,参与接待。

8月,日本京都大学樋口隆康来访,参与接待。出席在北京由中国考古学会、中国社会科学院考古研究所和联合国教科文组织共同组织的亚洲地区(中国)考古讨论会。

9月,美国哈佛大学张光直来访,参与接待。瑞典远东博物馆馆长俞博来访,参与接待。

11月,日本田边昭三来访,参与接待。

发表论著:

《白瓷・青瓷・黑瓷・青白瓷——宋代瓷器略说》,《文史知识》1983年9期。

《娄睿墓及娄睿世系》,《文物》1983年10期。

1984年

1月,日本西嶋定生来访,参与接待。

3月,与王仲殊、杨泓赴日本东京参加日本第七次古代史讨论会,主题为日本三角缘神兽镜及公元3至5世纪日本与中国江南地区的文化交流。作题为"三国两晋南北朝的铜镜"的学术报告。

4月,参加考古研究所小组会,对国家文物局所拟《古遗址、古墓葬调查发掘管理条例(草案)》提意见。

6月,日本田边昭三来访,参与接待。

8月,美国哈佛大学张光直来访,参与接待。

9月,赴扬州考察新发现的唐城南城门遗址。

11月,南京博物院纪仲庆与扬州市文物队同志携新发掘的扬州唐城南城门图纸来访,参与商谈下一步工作计划,初拟次年合作。

12月,《中国大百科全书》之《宋元明考古》长条写就,送夏鼐先生审阅。美国普林斯顿大学刘子健邀请前往讲学。

发表论著:

《五代十国的墓葬》、《宋代墓葬和窖藏的发掘》、《辽金城址的调查与发掘》、《辽墓的发掘和契丹文墓志的新发现》、《金元墓葬的发掘》、《元代的城址和窖藏》、《南诏大理的考古发现》、《西夏陵墓的发掘》、《明代陵墓的发掘》,载中国社会科学院考古研究所编《新中国的考古发现和研究》,文物出版社,1984年。

《三国两晋南北朝的铜镜》,《考古》1984年6期。另刊《三角缘神獣鏡の謎》,东京角川书店,1985年。

《北京地区历史地震资料年表长编》,载北京市文物工作队编《北京地震考古》,文物出版社,1984年。

《古代北京的城市规划》,载侯仁之主编《环境变迁研究》第一辑,海洋出版社,1984年。

1985年

1月,日本京都埋藏文化财研究所田边昭三等来访,参与接待。

2月,《元大都也里可温十字寺地望考》写就,送夏鼐先生审阅。

3月,出席在北京召开的中国考古学会第五次年会。

6月,奈良国立文化财研究所所长坪井清足率日本考古代表团来访,参与接待,并陪同赴洛阳参观。

7月,任中国社会科学院考古研究所副所长,兼任第三研究室主任。

8月,日本泛亚细亚文化交流中心会长江上波夫等、九州大学文学部西谷正率第二次西日本吉林省友好访中团、岸俊男率日本第三次中国都城制研究学术友好访中团先后来访,参与接待。

9月,日本奈良国立文化财研究所所长坪井清足等、法国国家科学研究中心主任研究员雅姆先后来访,参与接待。

10月,民主德国科学院古代史和考古研究所所长赫尔曼来访,参与接待。

11月,日本大学护雅夫来访,参与接待。

1986年

2~6月,每周二为北京大学考古系讲授宋元考古本科课程。

3月,晋升研究员。英国剑桥大学鲁惟一来访,参与接待。

4月,日本出光美术馆代表团三上次男等来访,参与接待。

6月,受聘为博士生导师。

9月至次年8月,应刘子健、方闻邀请,赴美国普林斯顿大学作为期一年的讲学和访问。

9月至纽约,访问普林斯顿大学东亚系及葛思德图书馆。与刘子健、牟复礼、高友工、陈大端、王秋桂、朱鸿林及台湾的访问学者李东华、张彬村、刘淑芬、朱惠良等交流。

10月初,访问普林斯顿大学美术系艺术博物馆,与方闻、陈葆真等交流。自10月起,每星期五上午是刘子健先生课,在课上由访问学者讲谈交流。24日上午讲"三十年来中国史学简介"。

11月21日与余英时会面交谈,28日去费城,由宾夕法尼亚大学夏南悉陪同参观大学博物馆、费城美术馆。

12月7~16日赴波士顿,参观访问哈佛大学人类学系博物馆、哈佛燕京图书馆、波士顿美术馆等,与张光直、吴文津、罗泰、吴同、杨联陞、马先醒、陆惠风、邢义田等交流。15日下午,在新美术馆讲"元大都"。

发表论著:

《明清北京城图》,地图出版社,1986年。

《宿白》、《王仲殊》、《格古要论》、《河朔访古记》、《简牍》、《居延烽燧遗址》、《居延汉简》、《武威汉简》、《敦煌汉简》、《宋元明考古》、《金上京遗址》、《金中都遗址》、《元大都遗址》、《明北京城》、《明中都城遗址》、《汉代帝陵》、《茂陵》、《墓志》、《白沙宋墓》、《辽代墓葬》、《侯马金墓》、《西夏王陵》、《元范文虎墓》、《明皇陵和祖陵》、《明鲁王墓》、《成都凤凰山明墓》、《大秦景教流行中国碑》、《唐蕃会盟碑》、《中国舍利塔基》,载《中国大百科全书·考古学》,中国大百科全书出版社,1986年。

《元大都也里可温十字寺考》,载《中国考古学研究——夏鼐先生考古五十年纪念论文集》,文物出版社,1986年。

《北宋开封大相国寺平面复原图说》,载《文物与考古论集》,文物出版社,1986年。

1987 年

1月16日讲"中国古代城市的考古学研究(殷周—汉魏城)"。23日讲"唐城"。30日讲"宋辽金城"。

2月6日讲"元大都"。13日讲"明代都城"。

3月27日讲"陶瓷与纺织品的考古发现"。月中宋光宇陪同去费城参观议会厅(公元1790~1800年为首都)、自由钟广场、大学博物馆等。在东亚系与刘子健、王秋桂等谈整理《碛砂藏》事。

4月3日讲"宗教考古学"。17日讲"三十年来中国考古学概论"。21日开始看《碛砂藏》。月初夏南悉约请与牟复礼夫妇同去费城美术馆参观。与张彬村夫妇同去华盛顿,参观华盛顿纪念塔、林肯纪念堂、白宫、国会大厅、太空博物馆、国家美术馆等。

5月22日与李东华、刘淑芬、陈葆真同游加拿大。至蒙特利尔参观奥运会场,又至圣劳伦斯大教堂(天主),次日至渥太华,参观国会大厦、安大略湖。乘船游览湖东部千岛,晚住多伦多市。24日登CN高塔,参观博物馆,下午至尼加拉瀑布,登美能达高塔。所指导中国社会科学院研究生院硕士研究生俞永炳毕业,论文题为《南宋官窑初探》。

6月与方闻、陈葆真同去纽约参观大都会博物馆及新建之库房。会见王季迁老先生。

8月5日《碛砂藏》阅完。自4月21日至8月5日共看五五八函。19日晚离开美国。21~28日至香港中文大学新亚书院访问,讲"北京元大都考古"。见郑德坤先生,与饶宗颐、陈方正、林寿晋等交流。30日到京。

9月,日本橿原考古学研究所次长胜部明生、联邦德国海德堡大学南亚研究所德麦玲女士、哥伦比亚考古学家雷海尔夫人先后来访,参与接待。

11~12月,中国社会科学院考古研究所建立江苏队,与南京博物院、扬州市文化局合作组建扬州城考古队,任队长,主持扬州城的勘查与发掘工作。

1988 年

5月,任中国社会科学院考古研究所所长。

7月，先后与来访的美国伊利诺斯大学伊佩霞、澳大利亚国立大学巴纳座谈。

9月，与来访的英国剑桥大学鲁惟一座谈。

10月，先后与来访的美国加州大学伯克利分校吉德炜、哈佛大学张光直会晤，就中美考古学者之间的学术交流问题交换意见。主持考古研究所召开的纪念殷墟发掘六十周年学术座谈会。随后陪同张光直前往洛阳参观考察。

11月，任中国社会科学院考古研究所第三届学术委员会主任。

发表论著：

《元大都在中国古代都城史上的地位——纪念元大都建城720年》，《北京社会科学》1988年1期。

《〈中国陶瓷文献指南〉序》，载徐荣编著《中国陶瓷文献指南》，轻工业出版社，1988年。

1989 年

1月，任《考古》与《考古学报》主编。

3月，赴法国巴黎出席联合国教科文组织召开的"丝绸之路综合研究"展览、出版分委员会会议。

4月，与来访的巴基斯坦真纳大学丹尼会晤，就合作编写《从长安到鹿野苑》一书进行讨论并达成共识。

5月，出席在长沙召开的中国考古学会第七次年会，当选为第三届理事会副理事长。

8月，受聘为国家文物局考古专家组成员。

9月，主持《考古》编辑部召开的中国文明起源问题学术座谈会。

发表论著：

《石窟考古的新成果——评〈中国石窟〉新疆和龙门卷》，《考古》1989年1期。

《元大都枢密院址考》，《庆祝苏秉琦考古五十五年论文集》，文物出版社，1989年。

《新中国考古学的回顾》，《瞭望周刊》1989年40期。

《金中都"四子城"说辨误》，《中国历史博物馆馆刊》第13、14期，1989年9月。

《南宋人所传金中都图——兼辨〈永乐大典〉本唐大安宫图之误》，《文物》1989年9期。

《〈金中都〉序》，载于杰等著《金中都》，北京出版社，1989年。

《中国古代天文文物论集》（主编），文物出版社，1989年。

1990 年

2月，中日联合中国南海沉船调查学术委员会成立，任中方学术委员。

3月，应日本文部省文化厅邀请赴日访问一周，与奈良国立文化财研究所商谈双方建立友好关系、开展学术交流事宜，并参观佐贺县吉野里考古发掘现场。与来访的巴基斯坦中亚研究中心丹尼会晤，就开展丝绸之路沙漠路线考察及举行国际学术讨论会的有关问题进行讨论。任联合国教科文组织"丝绸之路综合研究"咨询委员会委员，并赴伊拉克巴格达出席该委员会和海路分委员会会议，任丝绸之路沙漠路线第一阶段（中国）考察队协同科学领队。与来访的美国哈佛大学张光直会晤，就双方学术交流合作问题进一步交换意见并签订原则协议。

7月，台湾大学及台湾中研院史语所代表团来访，参与接待及座谈。

8月，参加在故宫开幕的庆祝建所四十周年展览会。赴新疆乌鲁木齐参加中国社会科学院组织召开联合国教科文组织丝绸之路乌鲁木齐国际学术讨论会，与巴基斯坦丹尼轮流担任大会主席，并作题为"考古学上所见中国境内的丝绸之路"的学术报告。考察吐鲁番、库尔勒、库车、阿克苏、喀什等地文物古迹。与来访的日本奈良县立橿原考古学研究所所长樋口隆康等会晤。

9月，先后与来访的美国加州大学河边分校罗泰、日本大手前女子大学文学部秋山进午所率日本中国东北考古学研究者访中团座谈。

10月，先后与来访的日本就实女子大学西嶋定生、法国吉美博物馆特邀研究员里布夫人、苏联列宁格勒艾尔米塔什博物馆研究员雷斯尼钦科会晤，并讨论合作编写《丝绸之路的丝绸》计划，该书作为联合国教科文组织"丝绸之路综合研究"项目，由里布夫人主编。

11月，与来访的美国明尼苏达大学科学与工程学院古物测度实验室主任小乔治拉普座谈。赴广西梧州参加天文公园奠基会。又赴桂林参加中国博物馆学会保管专业委员会学术讨论会闭幕式，讲考古学与博物馆学的关系，并考察桂林文物古迹。

1991年

1月，赴福建福州参加考古工作会议，作考古所八五规划发言，并考察莆田古建筑。

3月，赴日本奈良出席海上丝绸之路终点国际学术讨论会，并作题为"考古学上所见中国通往日本的丝绸之路"的学术报告。又应日本奈良县立橿原考古学研究所和福冈县教育委员会邀请，出席福冈第五次国际学术讨论会，主题为卑弥呼百枚铜镜之谜,作题为"中国魏晋时期的铜镜"的学术报告。又于九州大学作题为"中国考古学的回顾与展望"的学术报告,考察福冈文物古迹。与来访的美国美中学术交流委员会代表团吉德炜等座谈。

5月,赴江苏苏州参加江苏古籍出版社会议。至扬州,与扬州城考古队谈工作。至上海,访上海博物馆。至杭州,与省市考古所谈南宋临安城工作、上林湖越窑发掘、中国文明起源研讨会、南宋官窑报告诸事。

6月,赴湖北大冶参加铜绿山古矿遗址论证会,访黄石市博物馆、湖北省博物馆、湖北省文物考古研究所。以美国航海考古研究所所长文森特为团长的美国考古代表团来访,与之座谈。

7月,赴美国匹兹堡大学、普林斯顿大学访问,与童恩正、张光直、许倬云、杜正胜、臧振华、孙志新、刘子健、盖杰民、余英时等交流。

8月,赴山西大同参加辽金史学会年会,发言题为《辽金考古四十年》。考察平城城垣、应县木塔、广武汉墓等古迹。

9月,赴内蒙古呼和浩特参加中国考古学会第八次年会,并考察周边文物古迹。与来访的大英博物馆东方部主任罗森女士座谈。

10月,赴山东济南参加纪念城子崖遗址发掘60周年国际学术讨论会,考察章丘城子崖、临淄齐故城遗址。与来访的日本东京大学松丸道雄座谈。

11月,主持中国社会科学院考古研究所召开的中国文明起源问题研讨会。

12月,参加纪念李济先生九十五诞辰学术座谈会。

发表论著:

《两点希望》,《书品》1991年1期。

《读五石斋所藏稀见书》,载邓珂编《邓之诚学术纪念文集》,北京大学出版社,1991年。

《记郑毅生先生论史料学》,载冯尔康、郑克晟编《郑天挺学记》,生活·读书·新知三联书店,1991年。

《〈江西出土墓志选编〉序》,载陈柏泉编著《江西出土墓志选编》,江西教育出版社,1991年。

《宋元墓中的杂剧雕刻》,《民俗曲艺》第74期,1991年11月。

《〈先秦考古学〉序》,载林寿晋著《先秦考古学》,香港中文大学出版社,1991年。

1992年

2月,与来访的瑞典国家民族博物馆亚洲地区馆长沃尔特斯座谈。

3月,主持来访的日本茨城大学文学部茂木雅博学术报告会。先后接待来访的法国集美博物馆特约研究员里布夫人、馆长热内日等，就共同编写《丝绸之路的丝绸》一书进行讨论。

4月，赴印度新德里出席联合国教科文组织召开的"丝绸之路综合研究"项目国际咨询委员会议，并考察新德里、阿格拉文物古迹。

6月，赴河南洛阳，考察洛阳老集及隋唐洛阳城遗址，参观洛阳古墓博物馆。

7月，与来访的德国维尔茨堡大学库恩座谈。主持来访的日本奈良县立橿原考古学研究所所长樋口隆康学术报告会。参加全国政协赴山西大同视察活动，考察云冈石窟、上下华严寺、九龙壁、浑源悬空寺、台怀诸寺。赴河北承德参加历史名城会，确定第三批历史文化名城名单。

8月，先后与来访的日本奈良国立文化财研究所所长铃木嘉吉、平城宫迹发掘调查部长町田章等，九州大学文学部西谷正所率日本东亚考古人类学代表团，匈牙利米斯克尔克哲学大学埃尔德里，德国慕尼黑大学民俗学和非洲学研究所赫尔曼座谈。赴河北石家庄参加环渤海考古国际学术讨论会，考察河北省博物馆及定县、正定、藁城、平山、武安、邯郸文物古迹。卸任中国社会科学院考古研究所所长。

9月，赴甘肃兰州参加丝绸之路会议，发言题目"丝绸之路研究的几个问题"，又考察武威、张掖、酒泉、嘉峪关、敦煌等地文物古迹。出席中国历史博物馆举行的绥中元代沉船勘查成果新闻发布会。

10月，赴山西永济参加普津渡会议，考察解县、永济文物古迹。

10~11月，应英中文化协会和大英博物馆邀请赴英国伦敦进行学术访问，出席大英博物馆东方馆开馆仪式，及伦敦大学亚非学院主办的中国考古学国际学术讨论会，并作题为"近年中国考古学的发现和研究"的学术报告，同行者有俞伟超、卢连成。先后访问伦敦大学学院、杜伦大学、剑桥大学、伦敦大学亚非学院、玛丽露丝水下考古研究所，参观伦敦博物馆、维多利亚与阿尔伯特博物馆、大英博物馆、苏格兰国家博物馆、古罗马浴场博物馆、英国皇家艺术学院博物馆、伦敦大学大维德基金会博物馆，考察伦敦、柯克沃尔、纽卡斯尔、约克、索尔兹伯里等地文物古迹，与罗森、艾兰、韦陀、汪涛、鲁惟一、李约瑟、杜正胜等交流。

12月，应日本关西大学东西学术研究所所长大庭修邀请，赴日本大阪出席汉简研究92国际学术讨论会，并访问奈良国立文化财研究所、天理大学、奈良县立橿原考古研究所，参观泉屋博古馆、京都大学人文科学研究所考古陈列室。

发表论著：

《中国考古学展望》，《史学理论研究》1992年1期。

《〈中国古代都城资料选刊〉评议》，《书品》1992年1期。

《中国边疆史地研究与考古学》，《中国边疆史地研究》1992年2期。

1993年

2月，与来访的大英博物馆东方部主任罗森等座谈。赴法国巴黎出席联合国教科文组织丝绸之路项目临时会议，议题为"空间考古学方法在丝绸之路上的应用"，讲中国航空考古学的发展和对空间考古学建立资料中心的建议，并与张广达会面。

3月，赴广东广州参加广州市文化局召开的秦汉船台座谈会，并看南越王墓博物馆及佛山文物古迹。在珠海参加全国考古工作汇报会，作"关于中国城市考古学的问题"报告。

4月，作为团长率中国考古学术代表团赴日本大阪出席大阪市立美术馆"中国王朝的诞生展"开幕式，并在奈良县立橿原考古学研究所与樋口隆康共同主持以夏商周探索为题的双边学术讨论会，参观访问东京古代东方博物馆、东京国立博物馆、奈良国立博物馆、奈良国立文化财研究所、京都国立博物馆、泉屋博古馆等。

5月，参加北京大学赛克勒考古与艺术博物馆开幕式及"迎接二十一世纪的中国考古学"国际学术讨论会，发言题为"迎接二十一世纪的中国汉唐考古学"。

6月，赴辽宁沈阳、阜新、朝阳、义县、绥中考察文物古迹及考古工地。

7月，赴内蒙古呼和浩特考察和林格尔、托克托文物古迹。

8月，赴山西朔州参加山西考古工作座谈会，考察朔州、代县、五台山、大同文物古迹。

9~10月，应台北中研院史语所邀请赴台访问，在史语所、"故宫博物院"、政治大学、"中华文物学会"、台湾大学、辅仁大学、文化大学、中正大学作"丝绸之路沙漠草原路线"、"中国戏曲文物的发现与研究"等题演讲。

11月，赴广东广州参加虎门炮台保护论证会。赴山东济南参加中国考古学会第九次年会。

发表论著：

《北京房山十字寺也里可温石刻》，《中国文化》第7期(1992年秋季号)，1993年1月。

《一处被人遗忘了的故都——评介王剑英〈明中都〉》,《书品》1993 年 2 期。

《元大都御史台址考》,载中国社会科学院考古研究所编著《中国考古学论丛》,科学出版社,1993 年。

《考古学上所见的中国通往日本的丝绸之路》,《文物天地》1993 年 6 期。

《马王堆三号汉墓出土的帛画"城邑图"及其相关问题》,《简帛研究》第 1 辑,法律出版社,1993 年。

《中国古代の墳丘墓》,《古墳時代の研究》第 13 卷《東アジアの中の古墳文化》,东京雄山阁,1993 年。

《汉简的发现与研究》,《传统文化与现代化》1993 年 6 期。另刊《漢簡研究の現狀と展望——漢簡研究國際シンポジゥム92'報告書》,大阪关西大学出版部,1993 年。

1994 年

1 月,出席在台北由中研院史语所主办的中国考古学与历史学整合研究国际研讨会,提交题为《中国古代城市考古与古史研究》的论文。访问台北"中央图书馆"、"故宫博物院"、香港中文大学。

2 月,赴广东深圳开会,参观深圳博物馆。

2～3 月,赴陕西西安秦俑博物馆出席 2 号坑开挖仪式,与石兴邦剪彩。去耀县,参观耀州窑博物馆。

3 月,赴日本访问,在九州大学文学部考古学研究室作题为"中国境内丝绸之路上发现的外国遗物"的学术报告。参观名护屋城博物馆、福冈市博物馆、熊本县立装饰古坟博物馆、八代市博物馆、宇土市资料馆、阿苏火山博物馆、福冈埋藏文化财中心及各地城址、古坟。

5 月,所指导中国社会科学院研究生院博士研究生陈良伟毕业,论文题为《丝绸之路河南道考古调查与研究》。

5～6 月,每周一、四为北京大学考古学系讲授宋元考古课程。

6 月,赴希腊雅典参加联合国教科文组织丝绸之路考察咨询会议,参观希腊国家美术馆、雅典卫城研究中心、伯罗奔尼撒古代遗址。

7 月,任中国社会科学院考古研究所第四届学术委员会委员。

8 月,赴甘肃、陕西陪同台湾观想文物考察团参观敦煌莫高窟、永靖炳灵寺石窟、天水麦积山石窟等。

8～9 月,赴山西太原参加丁村文化与晋文化考古学术研讨会,参观山西省考古研究所、山西省博物馆、太原晋祠、天龙山石窟、平遥古城、祁县乔家大院、五台山诸寺。

10月,赴江苏苏州、浙江杭州、福建泉州、福州参加政协视察历史文化名城活动。

11月,赴河南郑州参加历史文化名城评审会。

11~12月,赴陕西西安参加秦俑博物馆2号坑工作会议。

12月,赴广东广州审查虎门炮台保护规划,参观广州城市考古遗址。

发表论著:

《中国舍利塔基考述》,《传统文化与现代化》1994年4期。

1995年

1月,赴海南海口参加中国国际汉学研讨会,作题为"中国文明起源考古学研究的回顾与展望"的报告。

4月,赴山西大同评审历史文化名城保护规划,参观大同文物古迹。任中国社会科学院考古系学位评定委员会委员。

5月,赴河北石家庄参加全国考古工作汇报会及中国考古学会常务理事会,考察封龙山、苍岩山文物古迹。

5~6月,赴法国巴黎参加法国远东学院与中研院史语所合办的"遗迹崇拜与圣者崇拜:中国圣者传记与地域史的材料"国际会议,作题为"僧伽造像的发现和僧伽崇拜"的报告,与施舟人、张广达、迪安、宋光宇、景安宁等交流。

6月,参加政协视察北京文物古迹活动。

7月,赴辽宁绥中参加陕西、河南大遗址保护论证会,参观姜女石工作站秦汉碣石宫遗址。

8月,赴甘肃、新疆陪同台湾丝绸之路考察团参观甘肃省博物馆、甘肃省文物考古研究所、新疆维吾尔自治区博物馆,以及武威、酒泉、敦煌、哈密、吐鲁番、库尔勒、库车、阿克苏、喀什各地文物古迹。新《燕京学报》发刊,任编委。

9月,赴陕西西安参加文物工作会议,参观阿房宫、未央宫、咸阳秦宫、昭陵、乾陵诸遗址。赴台北参加第四届中国饮食文化学术研讨会,作题为"中国饮食文化的地域性及其融合"的报告。

10月,应韩国文化财研究所所长邀请赴韩国访问,参观汉城、庆州、釜山等地文物古迹。赴浙江杭州座谈南宋太庙遗址工作。

11月，赴新疆吐鲁番参加交河故城保护会议。

12月，赴江苏扬州座谈唐宋扬州城西门遗址工作，参观扬州、南京文物古迹。

发表论著：

《中国历史考古学论丛》，台北允晨文化出版公司，1995年。

《评〈居延新简——甲渠候官〉》，《书品》1995年1期。

《悼念玉书先生》，载景爱编《陈述先生纪念集》，内蒙古教育出版社，1995年。

《考古学上所见中国境内的丝绸之路》，《燕京学报》新一期，北京大学出版社，1995年8月。另刊联合国教科文组织等编《十世纪前的丝绸之路和东西文化交流（沙漠路线考察乌鲁木齐国际讨论会1990年8月19～21日）》，新世界出版社，1996年。

《中国文明起源考古学研究的回顾与展望》，《炎黄文化研究》1995年2期。另刊中国社会科学院历史研究所编《华夏文明与传世藏书——中国国际汉学研讨会论文集》，中国社会科学出版社，1996年。

1996年

1～2月，赴福建福州、泉州、厦门、广东广州参观考察丝绸之路相关文物古迹。

3～4月，随文化部代表团赴瑞士苏黎世艺术之家参加中国古代文物展开幕式，参观瑞特伯格博物馆、苏黎士历史博物馆、卢塞恩交通博物馆、日内瓦艺术与历史博物馆、原始艺术与人种学博物馆、圣皮埃尔教堂地下遗址博物馆等。

5月，赴美国纽约出席大都会博物馆召开的中国宋元美术国际讨论会。

夏，所指导中国社会科学院研究生院博士研究生许宏毕业，论文题为《先秦城市考古学研究》。

6月，赴广东广州参加虎门炮台保护论证会。

7～8月，赴欧洲荷兰莱顿大学汉学研究院访问，至阿姆斯特丹参观荷兰国家博物馆、梵高博物馆等，与施舟人等交流。于法国巴黎参观荣军院、埃菲尔铁塔、先贤祠、巴黎圣母院、卢浮宫、圣心教堂、巴黎歌剧院、凡尔赛宫、奥赛博物馆、法兰西学院汉学研究所、赛努奇博物馆、波旁宫、国家自然历史博物馆、卢森堡宫、克吕尼博物馆等，与迪安、张广达、方玲、高万桑等交流。于德国至慕尼黑大学访问，参观巴伐利亚州史前博物馆总馆、慕尼黑教堂、市政厅等，与赫尔曼等交流。于柏林参观东亚艺术博物馆。

8月，赴黑龙江哈尔滨参加渤海文化学术研讨会，参观黑龙江省博物馆、黑龙江省文物考古研究所、阿城金上京遗址、金上京博物馆、宁安渤海东京城遗址、渤海上京遗址博物馆。

10月，赴河北宣化考察，参观下八里辽墓、宣化古建筑、下花园石窟、鸡鸣驿。赴天津参加环渤海考古学术研讨会，参观天津历史博物馆。随政协赴山西视察文物工作，参观考察太原、五台山、赵城、临汾、永济、芮城、解州、平遥等地文物古迹。

11月，赴山西大同考察北魏平城及明堂遗址并座谈考古文保工作。

发表论著：

《十世纪前的丝绸之路和东西文化交流》（主编），新世界出版社，1996年。

《中国饮食文化的地域性及其融合》，《传统文化与现代化》1996年1期。

《僧伽造像的发现和僧伽崇拜》，《文物》1996年5期。

《看"河北古代墓葬壁画精粹展"札记》，《文物》1996年9期。

1997年

4月，赴伊朗德黑兰参加联合国教科文组织咨询委员会及学术讨论会，作"中国新发现的外国遗物"报告，参观赞詹苏丹尼叶城、加兹温大清真寺、伊朗传统工艺研究所、伊朗国家考古博物馆、玻璃博物馆等。

5月，随政协赴贵州、云南视察希望工程。

6月，赴浙江宁波参加全国古籍书目提要会议，参观宁波、奉化、舟山文物古迹。

夏，所指导中国社会科学院研究生院博士研究生苌岚毕业，论文题目为《7～14世纪中日文化交流的考古学研究》。

7月，赴河北张北元中都、内蒙古正蓝旗元上都考察。

7～8月，赴吉林考察，参观长春吉林省博物馆、伪满皇宫、通化王八脖子遗址、集安县博物馆、高句丽遗迹、和龙西古城遗址、贞孝公主墓、敦化六顶山墓群、延吉博物馆等。

8月，《燕京学报》新三期出版，自此期起受美国哈佛燕京学社和鲁斯基金会资助，与丁磐石任学报副主编。

8～9月，赴宁夏考察，参观银川宁夏博物馆、西夏王陵、拜寺口双塔、贺兰山岩画、同心大清真寺、固原博物馆、须弥山石窟、灵武磁窑堡窑址、水洞沟遗址等。

9月，赴日本参加日本佛教大学召开的日中尼雅遗址共同研究学术讨论会，并作题为"尼雅考古概说"的报告，参观东京国立博物馆、京都龙谷大学新疆文物陈列室、奈良东大寺和药师寺。

10月，赴广东广州参加虎门炮台验收会。

11月，赴贵州贵阳参加全国考古工作汇报会，参观贵州省博物馆、遵义杨粲墓。应邀赴四川华蓥参观南宋安丙家族墓地。

发表论著：

《中国文明起源的考古学研究》，《人民政协报》1997年4月7日。另刊王晓宁主编《学海星光集》，南开大学出版社，2006年。

《我所知道的山东面食》，《中国饮食文化基金会会讯》第三卷第二期，1997年5月。

《中国古代城市考古与古史研究》，载《中国考古学与历史学之整合研究（下）》，中研院史语所出版品编辑委员会，1997年。

《关于〈东京梦华录〉的注释》，《人民政协报》1997年8月25日。

《元大都路总管府址考》，载曾宪通主编《饶宗颐学术研讨会论文集》，香港翰墨轩出版有限公司，1997年。

《元大都中书省址考》，《中国文化研究所学报》新6期，1997年。

1998年

1月，赴江苏南京参加明故宫遗址座谈会。赴广东广州参加南越王宫苑遗址论证会。

5月，参加北京大学中国传统文化研究中心主办的汉学研究国际会议，提交题为《关于中国古代城市考古的几个问题》的论文。赴四川成都参加西南四省考古协作会，参观郫县鱼凫古城和郫县古城、广汉三星堆古城、大足石刻、成都王建墓、四川省博物馆、成都市文物考古所。

8月，赴内蒙古赤峰参加中国北方古代文化第二届国际学术研讨会，作"关于契丹、辽考古学研究的几个问题"报告，参观赤峰博物馆、松山区文管所、缸瓦窑遗址、巴林右旗博物馆。赴辽宁沈阳参加高句丽、渤海考古座谈会，参观辽宁省文物考古研究所、辽宁省博物馆、石城子山城。

9月，赴陕西西安参加丝绸之路学术研讨会，作题为"关于中国境内丝绸之路的新发现和研究"的报告，参观西北大学博物馆。全国史学界第六次代表大会在扬州召开，当选为新一届中国史学会理事。

12月，赴陕西西安参加秦俑坑、汉阳陵考古工作会，参观陕西省考古研究所"四十年出土文物展"和壁画库房。

发表论著：

《中国石窟寺考古学的创建历程——读宿白先生〈中国石窟寺研究〉》，《文物》1998年2期。

《中华书局点校本〈二十四史〉和〈清史稿〉应出版校订缩印本》，《中华读书报》1998年2月6日。

《〈内蒙古中南部汉代墓葬〉序》，载魏坚编著《内蒙古中南部汉代墓葬》，中国大百科全书出版社，1998年。

《迎接二十一世纪的中国汉唐考古学》，载北京大学考古学系编《"迎接二十一世纪的中国考古学"国际学术讨论会论文集》，科学出版社，1998年。

《怀念挚友赵守俨》，《书品》1998年2期。

《〈彬县大佛寺造像艺术〉序》，载常青著《彬县大佛寺造像艺术》，现代出版社，1998年。

《悼念苏秉琦先生》，《文物春秋》1998年3期。另刊宿白主编《苏秉琦先生纪念集》，科学出版社，2000年。

《现代城市中的古代城市遗痕》，载《远望集——陕西省考古研究所华诞四十周年纪念文集（下）》，陕西人民美术出版社，1998年。

1999年

3～8月，应邀赴台湾大学历史学系讲授为期一学期的"中国历史考古学专题"、"考古学与中外文化交流"课程。参观台北"故宫博物院"，在辅仁大学历史系作"中国古代城市起源与史前城市遗迹"讲座，在中研院民族所作"中国历史考古学与民族史研究"讲座，在"清华大学"人类学系作"中国历史考古学的新发现"讲座，在台湾师大历史系作"关于中国古代城市考古研究的问题"讲座，在政治大学作"秦汉陵墓考古"、"宋金雕砖壁画墓"讲座，在成功大学历史系作"中国古代城市之起源与史前初期城市"讲座，在台湾大学人类学系作"中国考古学的回顾与展望"讲座，在台湾大学艺术史研究所作"考古学与艺术史研究"、"考古发现的艺术史资料"讲座，在台湾省立博物馆作"中国近年考古的新发现和研究"讲座，在中研院史语所学术讲演会上宣读与张光直合写的《中国文明的形成及其在世界文明史上的地位》的论文，参加辅仁大学历史系举办的"七十年来中西交通史研究的回顾与展望"学术研讨会，作题为"丝绸之路考古的新发现与研究"的报告，参加台湾师大举办的上古秦汉史学会年会，作题为"中国上古秦汉史研究中的考古学思考"的报告。

10月，赴山西考察太原、朔州、应县、大同等地文物古迹。

11月，赴四川成都参加中国考古学会第十次年会，当选为第四届理事会理事长。参观彭县龙兴寺唐代石刻造像、水井街古酒坊遗址、成都市文物考古所库房、四川省博物馆五十年考古展。

12月，赴重庆参加全国考古工作汇报会。

是年，为中国社会科学院研究生院考古系讲授唐宋考古课程。

发表论著：

《中国文明的形成及其在世界文明史上的地位》（与张光直合著），《燕京学报》新六期，北京大学出版社，1999年。

《考古学上所见秦汉帝国的形成与统一》，《台大历史学报》第23期，1999年6月。

《燕京旧闻录五则》，载柏桦主编《庆祝王锺翰教授八十五暨韦庆远教授七十华诞学术论文合集》，黄山书社，1999年。

《关于中国境内"丝绸之路"考古的新发现和研究》，载周伟洲、王欣主编《西北大学史学丛刊第2辑——中国西北大学·奥地利萨尔茨堡大学丝绸之路国际学术研讨会文集》，三秦出版社，1999年。

《宋辽金元明时代考古》，载宿白主编《中华人民共和国重大考古发现1949~1999》，文物出版社，1999年。

《〈图说北京史〉序》，载齐心主编《图说北京史》，北京燕山出版社，1999年。

《我和中国历史考古学》，《学林春秋（二编）》，朝华出版社，1999年。另刊张世林编《家学与师承：著名学者谈治学门径》第三卷，广西师范大学出版社，2007年。

2000年

4月，赴江苏江阴参加高城墩、佘城遗址全国考古研讨会，再赴扬州考察唐宋扬州城遗址，赴安徽淮北参加柳孜镇唐宋运河遗址新闻发布会。赴山西永济参加蒲津渡铁牛保护座谈会。

6月，赴四川成都参加城市发展中的城市考古和历史文化名城学术研讨会，讲现代城市建设中的古代城市考古以及历史文化名城保护的问题。参观成都、广汉、青城山、峨眉山、乐山文物古迹。

7月，赴河南洛阳考察汉魏故城遗址、龙门奉先寺遗址，再赴三门峡考察虢国墓地博物馆及陕州旧城古迹。赴宁夏银川参加西夏3号陵保护论证会，考察西夏陵及拜寺口双塔。

8月，赴广东广州参加西湖路南越国木构水闸遗址论证会。

9月,赴天津参加大直沽天妃宫遗址论证会。赴新疆乌鲁木齐参加西部文物工作会议,讲西部开发中的中国古代对外关系史的考古学研究。

10月,赴河南宝丰参加清凉寺汝窑遗址论证会及新闻发布会,赴鹿邑考察太清宫遗址,再赴浙江杭州参加中国古代丝织品鉴定保护中心成立揭牌仪式,座谈会谈考古现场纺织品起取保护重要性和纺织品的类型学问题。

11月,赴日本东京大学参加东亚传统城市学术研讨会,发言题为"东亚传统城市中的古代城市遗痕"。赴江苏南京参加中国古城墙保护会议,发言题为"中国历史文化名城保护"。

12月,赴辽宁沈阳参加东北三省考古研讨会。

发表论著:

《〈北京考古集成〉序》,载苏天钧主编《北京考古集成》第1卷《综述》,北京出版社,2000年。

《我所知道的夏鼐先生》,载张世林编《学林往事》下册,朝华出版社,2000年。

《中国历史考古学分区问题的思考》,《考古》2000年7期。

《关于中国古代城市考古的几个问题》,载北京大学中国传统文化研究中心编《文化的馈赠——汉学研究国际会议论文集·考古学卷》,北京大学出版社,2000年。

《〈先秦城市考古学研究〉序》,载许宏著《先秦城市考古学研究》,北京燕山出版社,2000年。另删节改题《先秦城市考古学第一本完备著作》,刊《中国文物报》2001年7月4日;删节改题《寻找中国早期城市轨迹》,刊《中国新闻出版报》2001年8月21日。

《考古工作与文物保护》,《中国文物报》2000年12月31日。

《近年关于"丝绸之路"考古的新发现和研究》,载辅仁大学历史系编《七十年来中西交通史研究的回顾与展望》,台北,2000年。

2001年

2月,参加北京大学古陶瓷学术研究基金会成立会,并答记者问。赴浙江杭州参加良渚保护和申报世界文化遗产会议,参观雷峰塔地宫发掘工地及绍兴印山大墓博物馆。再赴四川成都,参观商业街船棺葬、金沙村工地、广汉月亮湾工地,座谈船棺葬、三星堆遗址保护工作。

3月,赴浙江杭州参加雷峰塔地宫发掘直播活动。

3~6月,与宿白先生共同为北京大学考古文博学院研究生开设汉唐宋元考古课程,由宿白先生主讲"张彦远与历代名画记"。

4~5月,赴台湾大学参加人类学系评鉴会,并作讲座,题为"最近中国大陆考古新发现"。

5月,与张忠培共同指导的吉林大学博士研究生滕铭予博士论文答辩,论文题为《秦文化研究》。赴河南开封考察北宋开封城遗迹遗痕,参观河南博物馆、河南省文物考古研究所、开封博物馆。赴辽宁沈阳参加中国古代玉器与传统文化研讨会。

6月,赴浙江杭州参加老虎洞窑址论证会。赴上海参加志丹苑水闸遗址论证会,参观上海博物馆、上海城市规划馆。

7月,赴内蒙古巴林左旗参加座谈会,参观巴林左旗博物馆、辽上京、祖州城、祖陵遗址。

8月,赴黑龙江考察,在黑龙江省文物考古研究所座谈七星河、东京城、俄罗斯哈巴罗夫斯克边区考古工作,考察渤海上京宫殿遗址发掘和修复工程,座谈会讲渤海上京的保护和考古问题,参观海参崴博物馆。赴山东济南参加2000年十大考古新发现颁奖会,参观章丘、长清、历城文物古迹。

9月,赴河北张北考察元中都遗址、沽源考察梳妆楼元墓。

9月至次年1月,继续与宿白先生共同为北京大学考古文博学院研究生开设汉唐宋元考古课程,由宿白先生主讲"张彦远与历代名画记"。

10月,赴香港讲座,题为"中国境内丝绸之路上出土的外国遗物",参观香港古迹古物办事处、香港历史博物馆。赴上海参加学林出版社和上海科技教育出版社中华五千年文化系列丛书主编会议,任《宋元文化》主编。

11月,参观圆明园含经堂遗址发掘。参加圆明园遗址保护会。

11~12月,赴陕西考察周至大秦寺遗址、唐长安城义宁坊大秦寺旧址,参观西安碑林、陕西历史博物馆。

12月,原定赴吉林长春参加与魏存成共同指导的吉林大学博士研究生彭善国博士论文答辩,论文题为《辽境出土陶瓷研究》,因雪误机,取消此行。应法国远东学院北京中心邀请在清华大学建筑学院举行的"历史、考古与社会"中法学术系列讲座上作题为《论北京旧城的街道规划及其保护》的报告。赴江苏南京参加全国考古工作汇报会,参观南京市博物馆、南京博物院。再赴浙江宁波参加子城遗址论证会,参观天童山诸寺。

发表论著:

《论历史文化名城北京的古代城市规划及其保护》,《文物》2001年1期。

《中国上古秦汉史研究中的考古学思考》,《中国上古史研究专刊》创刊号,台北兰台出版社,2001年。

《现代科学技术在考古学中的重要作用》,载沙因等主编《考古文物与现代科技：现代科技考古研讨会论文汇编》,人民出版社,2001年。

《〈王㐨与纺织考古〉序》,载赵丰编《王㐨与纺织考古——纪念王㐨先生逝世三周年》,香港艺纱堂/服饰工作队,2001年。

《中国历史文化名城的保护》,《中国文物报》2001年4月11日。

《抢救北京旧城　保护历史文化名城》,《北京规划建设》2001年2期。

《在西部开发中关于中外关系史的考古学研究(上、下)》,《中国文物报》2001年8月12日、8月19日。

《宣化辽墓考古剩语》,载河北省文物研究所编著《宣化辽墓壁画》,文物出版社,2001年。

《〈7～14世纪中日文化交流的考古学研究〉序》,载甡岚著《7～14世纪中日文化交流的考古学研究》,中国社会科学出版社,2001年。

《东亚传统城市中的古代城市遗痕》,《南开学报》2001年增刊。

"The Archaeology of the Great Wall of the Qin and Han Dynasties", *Journal of East Asian Archaeology*, Vol.3, No.1-2, 2001.

2002年

2～3月,赴台北中研院参加"文化差异与社会科学通则：纪念张光直先生学术研讨会",提交论文题为《从居延到黑城(亦集乃)——中国西部开发中的历史经验一瞥》,在辅仁大学讲座,题为"什么是考古学"。

3～6月,与宿白先生共同为北京大学考古文博学院研究生开设汉唐宋元考古课程,主讲"元大都城市考古序论"。

4月,赴甘肃兰州,查阅甘肃省文物考古研究所藏汉简,在甘肃省文物保护维修研究所作"甘肃文物保护工作"的讲话,甘肃省博物馆和甘肃省文物考古研究所联合举行报告会,讲"西部开发中的甘肃考古文物工作"。

5月,参加庆祝北京大学考古学专业成立五十年国际学术研讨会暨宿白先生八十华诞纪念会。赴江苏南京参加双沟醉猿国际科学考察年会暨裴文中科学奖励基金会成立大会。

6月,赴浙江杭州参加2001年十大考古新发现新闻发布会。参加中国历史博物馆航空、水下考古汇报会。与宿白共同指导的北京大学博士研究生韦正、金英美毕业,论文题为《长江中下游、闽广地区六朝墓葬的分区和分期》、《越窑研究》。所指导南开大学博士研究生袁胜文毕业,论文题为《魏晋至宋金瓷器纹饰研究》。

7月,参加中国历史博物馆90周年馆庆活动。

8月,赴浙江宁波参加永丰库遗址论证会。所指导中国社会科学院研究生院考古系博士研究生李妊恩毕业,论文题为《北朝装饰纹样研究:5、6世纪中原北方地区石窟装饰纹样的考古学研究》。

10月,赴浙江杭州参加浙江文博理论研讨会。

11月,参观房山金陵太祖睿陵地宫发掘现场。

12月,在国家图书馆文津讲坛作题为"中国文明的形成"的学术报告。参加在北京召开的全国文物工作会议。与宿白共同指导的北京大学博士研究生李梅田毕业,论文题为《中原北方魏晋北朝墓葬分区与分期研究》。

发表论著:

《周一良的学术传承》,《人民政协报》2002年1月1日。另刊王晓宁主编《学海星光集》,南开大学出版社,2006年。

《〈丝绸之路河南道〉序》,载陈良伟著《丝绸之路河南道》,中国社会科学出版社,2002年。

《悼念张光直》,《读书》2002年2期。另刊三联书店编《四海为家:追念考古学家张光直》,生活·读书·新知三联书店,2002年。

《燕京旧闻录六则》,载宋文熏、李亦园、张光直主编《石璋如院士百岁祝寿论文集——考古·历史·文化》,台北南天书局,2002年。

《20世纪末的中国考古发现》,载李文儒主编《中国十年百大考古新发现1990～1999》(上册),文物出版社,2002年。另刊《中国文物报》2002年9月13日。

《我与中华书局的友谊和学谊》,载中华书局编辑部编《我与中华书局:中华书局成立九十周年纪念文集》,中华书局,2002年。

《论北京旧城街道的规划及其保护》(历史、考古与社会——中法学术系列讲座第1号),法国远东学院北京中心编印,2002年。另刊朱耀廷主编《北京文化史研究》,光明日报出版社,2008年。

《重读〈白沙宋墓〉》,《文物》2002年8期。

《评〈苏秉琦先生纪念集〉——苏秉琦先生逝世五周年的追思》,《中国文物报》2002年8月30日。

《元大都太史院址考》,载《宿白先生八秩华诞纪念文集》,文物出版社,2002年。

《关于〈新文物保护法〉的几点想法》,《中国文物报》2002年11月22日。

《〈北京龙泉务窑发掘报告〉序》,载北京市文物研究所编《北京龙泉务窑发掘报告》,文物出版社,2002年。

《〈秦文化:从封国到帝国的考古学观察〉序》,载滕铭予著《秦文化:从封国到帝国的考古学观察》,学苑出版社,2002年。

2003年

春,与宿白先生共同为北京大学考古文博学院研究生开设汉唐宋元考古课程,讲授"汉唐宋元城市考古",拟定"中国城市考古研究史"、"汉唐城市考古研讨"、"宋元城市考古研讨"、"中国古代城市的特质、类型及其发展阶段"、"中国古代城市考古研究的若干问题"、"中国历史文化名城的保护和研究"等题目,后因"非典"疫情爆发,尚未授完即告中止。

3月,赴广东广州参加南越国遗迹申遗报告会及保护规划论证会。

7月,赴吉林集安、辽宁桓仁考察并论证高句丽遗迹。

10月,赴江西考察景德镇明清御窑厂遗址、赣州城及七里镇窑址、泰和白口城、吉安永和镇及吉州窑址。在南昌参加2002年度全国十大考古新发现颁奖暨学术研讨会,参观江西省博物馆、江西省文物考古研究所、李渡烧酒作坊遗址。再赴浙江杭州参加第二届中国古代玉器与传统文化学术讨论会,考察湖州、桐乡文物古迹。赴台北参加"新世纪的考古学:文化、区位、生态的多元互动"研讨会,报告题为"十三世纪后中国北方'离宫'式的城市",再赴台南参加"海峡两岸艺术史与考古方法整合"研讨会。赴广东广州参加南汉康陵与南越王宫署遗址论证会。

11月,赴香港,在香港城市大学作讲座题为"中国文明的起源"、"中外文化交流:'丝路'实例",在香港中文大学作讲座题为"中国古代城市考古学之进展"。在北京大学举办的全国文物局处长培训班讲"中国历史考古学"。

12月,赴广东广州参加全国文物工作会议。

发表论著:

《关于考古发现的简帛文书的整理出版问题》,《古籍整理出版情况简报》2003年2期。

《〈四川彭州宋代金银器窖藏〉序》,载成都市文物考古研究所、彭州市博物馆编著《四川彭州宋代金银器窖藏》,科学出版社,2003年。

《〈亚洲考古学〉序》,(日本)亚洲考古学研究会编《亚洲考古学》第1号,(彦根)亚洲考古学研究会,2003年。

《要废除"旧城改造"的思路》,《中国经济时报》2003年7月23日。

《〈辽代陶瓷的考古学研究〉序》,载彭善国著《辽代陶瓷的考古学研究》,吉林大学出版社,2003年。

《燕京旧闻录三则》,载朱诚如主编《清史论集——庆贺王锺翰教授九十华诞》,紫禁城出版社,2003年。

《燕京旧闻录两则》,载汤一介等著《文史新澜——浙江古籍出版社建社二十周年纪念论文集》,浙江古籍出版社,2003年。

《徐苹芳谈基本建设与考古发掘和文物保护》,《中国文物报》2003年11月21日。

2004年

1月,参加中国历史博物馆召开的俞伟超追思会。赴浙江杭州参加良渚遗址保护论证会。

2月,参加北京市文物局召开的北京历史文化名城保护讨论会。

2~6月,与宿白先生共同为北京大学考古文博学院研究生开设汉唐宋元考古课程,以博士生发言讨论为主。

3月,赴新加坡管理大学作讲座,题为"元大都的城市规划及其在中国和世界城市史上的地位"、"考古发现的中国古代戏剧史资料"。赴河南安阳参加孝民屯遗址讨论会。

4月,参加在北京召开的2003年十大考古新发现评选会。赴台北中研院史语所作讲座,题为"关于中国古代文明的形成的考古学研究的几个问题",参加石璋如先生追思会。

6月,赴吉林长春参加林沄指导的吉林大学博士研究生魏坚论文答辩并作讲座。

10月至次年1月,与宿白先生共同为北京大学考古文博学院研究生开设汉唐宋元考古课程。

10月,在北京大学考古所长培训班讲宋元考古课题。

11月,在北京大学考古所长培训班讲城市考古课题。

发表论著:

《考古发掘与文物保护》,《中国文化遗产》(创刊号)2014年1期。

《悼念关野雄先生》,日本考古学会编《考古学雑誌》第88卷第2号,2004年2月。

《读〈幻园琐忆〉》,《书品》2004年2期。

《北京历史文化名城和什刹海的整体保护》,载北京市西城区什刹海研究会编《什刹海研究

(三)——什刹海历史文化保护区保护与可持续发展研讨会汇编》,2004年。

《中国文明的形成》(与张光直等合著),新世界出版社,2004年。英文本：Chang Kwang-chih & Xu Pingfang ed. *The Formation of Chinese Civilization: An Archaeological Perspective*, New Haven：Yale University Press,2005.

《〈手铲下的文明：江西重大考古发现〉序》,载孙家骅、詹开逊主编《手铲下的文明：江西重大考古发现》,江西人民出版社,2004年。改题《赣鄱流域古代文明的展示》,刊《中国文物报》2004年11月10日。

《〈城记〉座谈会讨论纪要》(部分为徐苹芳先生发言),《读书》2004年9期。

《〈胡汉之间："丝绸之路"与西北历史考古〉序》,载罗丰著《胡汉之间："丝绸之路"与西北历史考古》,文物出版社,2004年。

《裴文中先生与中国现代考古学》,载高星、裴申主编《不朽的人格与业绩：纪念裴文中先生诞辰100周年》,科学出版社,2004年。

《文明两议》,《文明》2004年12期。

2005年

2月,在北京市政府座谈北京城市总体规划。

3月,赴浙江杭州参加历史文化名城保护会。赴广东广州为中山大学举办的广州文博专业人才高级研修班作学术报告。

5月,参加在清华大学召开的"中国考古与艺术史研究所的学术定位和学科发展问题"研讨会。

6月,与宿白共同指导的北京大学博士研究生杨哲峰毕业,论文题为《汉墓结构和随葬釉陶器的类型及其变迁》。

9月,赴黑龙江哈尔滨参加渤海上京城保护论证会。

10月,赴韩国汉城参加韩国国立中央博物馆中国新馆开幕式。

11月,参加在北京大学召开的"全球化进程中的东方文明"国际学术研讨会。

发表论著：

《中国文明形成的考古学研究》,《吉林大学社会科学学报》第45卷第1期,2005年1月。另刊《中国文物报》2005年2月25日、3月4日。

《21世纪初中国考古新发现》,载中国国家博物馆、中国文物交流中心、中华世纪坛艺术馆编《世纪国宝Ⅱ》,生活·读书·新知三联书店,2005年。

《〈先秦两汉考古学论丛〉序》,载陈公柔著《先秦两汉考古学论丛》,文物出版社,2005年。

《读〈六朝风采〉有感》,《中国文物报》2005年7月27日。

《再谈出土简帛文书的整理和出版》,载全国古籍整理出版规划领导小组办公室编《古籍整理出版丛谈》,广陵书社,2005年。

《汉代诸侯王国的兴衰》,《文明》2005年9期。

《〈中国丝绸通史〉序》,载赵丰主编《中国丝绸通史》,苏州大学出版社,2005年。另题《填补丝绸历史研究空白之作》,刊《中国新闻出版报》2006年1月4日。

《〈再现昔日的文明——东方大港宁波考古研究〉序》,载林士民著《再现昔日的文明——东方大港宁波考古研究》,上海三联书店,2005年。

《〈中国年度十大考古新发现〉总序》,载中国文物报社、中国考古学会编《中国年度十大考古新发现(2000年卷)》,生活·读书·新知三联书店,2005年。

2006年

2月,参加在北京召开的新版《中国陶瓷史》编写会议。

4月,参加在北京召开的历史文化名城会议。

5月,参加在北京召开的2005年全国十大考古新发现评选会。与林延清共同指导的南开大学历史学院博士研究生刘淼毕业,论文题为《金代定窑瓷器的研究》。赴台北参加古籍图书交流会并在中研院史语所作讲座。

7月,参加中国社会科学院考古研究所召开的陈梦家先生诞辰95周年座谈会。赴吉林长春参加吉林大学主办的"东北亚地区辽金蒙元时期的城市"国际学术研讨会。

8月,赴新疆吐鲁番参加丝绸之路申报世界遗产国际协商会议。赴上海参加上海人民出版社《李济文集》首发式。中国社会科学院成立文史哲等五个学部,当选为荣誉学部委员。

10月,参加中国社会科学院历史研究所召开的纪念尹达先生诞辰100周年暨中国历史学论坛。赴陕西西安参加国际古迹遗址理事会(ICOMOS)会议。

11月,赴河北山海关参加长城保护条例座谈会。赴上海参加志丹苑元代水闸论证会。

12月,赴浙江萧山参加跨湖桥遗址保护论证会。

发表论著:

《他山之石,可以为错——读〈技术史〉第1～3卷》,《中国文物报》2006年1月18日。

《〈河洛文化论丛(第三辑)〉序》,载洛阳历史文物考古研究所编《河洛文化论丛(第三辑)》,中州古籍出版社,2006年。

《十三世纪后中国北方离宫式的城市》,载许倬云、张忠培主编《新世纪的考古学——文化、区位、生态的多元互动》,紫禁城出版社,2006年。

《〈北齐东安王娄睿墓〉序》,载山西省考古研究所、太原市文物考古研究所编《北齐东安王娄睿墓》,文物出版社,2006年。

《四川宋代窖藏及其历史背景》,载中国国家博物馆编《宋韵——四川窖藏文物辑粹》,中国社会科学出版社,2006年。

《〈中国长城史〉序》,载景爱著《中国长城史》,上海人民出版社,2006年。另刊《中国文物报》2007年1月17日。

《〈北京金代皇陵〉序》,载北京市文物研究所编《北京金代皇陵》,文物出版社,2006年。另刊《北京文博》2006年3期。

《〈李济文集〉出版的学术意义》,《中国文物报》2006年11月29日。

2007年

1月,赴河北沧州参加京杭大运河河北段文物资源调查汇报研讨会。赴浙江龙泉参加枫洞岩窑址论证会。

4月,参加在北京召开的2006年全国十大考古新发现评选会。参加国务院法制办召开的《历史文化名城名镇名村保护条例(征求意见稿)》专家论证会。

5月,参加在北京大学召开的纪念齐思和先生百年诞辰学术研讨会。

6月,所指导北京大学博士研究生吕世浩通过答辩毕业,论文题为《敦煌地区发现的汉代邮传遗迹和简牍的考古学研究:以悬泉置遗址为主》。参加在北京召开的城市文化国际研讨会暨第二届城市规划国际论坛。赴新疆乌鲁木齐参加丝绸之路跨国申报世界文化遗产国内协调会议。

7月,赴江苏常州开会,又赴南京,讨论南京历史文化名城保护规划。赴江西靖安考察东周大墓。

8月,参加庆祝宿白先生八十五岁寿宴。参加在北京召开的中国科学院自然科学史研究所建所50周年庆祝会。

10~11月,赴香港城市大学讲学,题目为:"中国现代考古学的诞生"、"中国现代考古学发展的历程"、"考古学与中国文明形成的研究"、"中国古代城市考古学研究"、"北京城市考古研究举例"、"中国历史文化名城、名镇保护"、"中国石窟寺考古学的建立"、"中国历史考古学的新成果"、"考古学的局限性和原真性"、"二十一世纪初的中国考古新发现"。

12月,参加在北京召开的全国文物工作会议。参加在故宫博物院召开的纪念单士元先生诞辰一百周年座谈会。

发表论著：

《中国境内的丝绸之路》,《文明》2007年1期。

《读〈病榻杂记〉有感》,《光明日报》2007年2月3日。另刊季羡林国际文化研究院编著《凡人伟业：中外学人眼中的季羡林》,中国文联出版社,2008年。

《中国现代考古学的引进及其传统》,《中国文物报》2007年2月9日。另刊关世杰主编《世界文化的东亚视角——全球化进程中的东方文明》,北京大学出版社,2007年。

《〈洛阳考古集成·秦汉魏晋南北朝卷〉序》,载洛阳师范学院河洛文化国际研究中心编《洛阳考古集成·秦汉魏晋南北朝卷》,北京图书馆出版社,2007年。

《〈昭化寺〉序》,载河北省古代建筑保护研究所编《昭化寺》,文物出版社,2007年。

《〈邓之诚日记（外五种）〉出版感言》,载邓之诚著、邓瑞整理《邓之诚日记（外五种）》,北京图书馆出版社,2007年。

《考古学上所见的秦汉长城遗迹》,载《探古求原——考古杂志社成立十周年纪念学术文集》,科学出版社,2007年。另刊《学问人生》（续）,中国社会科学出版社,2010年。

2008年

1月,赴江苏南通视察申报国家历史文化名城工作。赴陕西西安参加大明宫招标会。赴浙江嘉兴视察申报国家历史文化名城工作。

3月,赴韩国开会。赴四川成都。赴江西高安参加华林造纸遗址论证会。赴浙江杭州参加良渚规划讨论会。

4月,参加在北京召开的2007年全国十大考古新发现评选会。赴江苏无锡开会。

5月,参加在北京召开的西安唐大明宫遗址保护展示示范园区暨大明宫国家遗址公园总体规划大纲研讨会。

6月,赴陕西西安参加丝绸之路会议。赴江苏南京参加建康城考古会议。与宿白共同指导的北京大学博士研究生菊地雅彦毕业,论文题为《三至六世纪（中国魏晋南北朝时期）中国、朝鲜和日本的墓葬制度研究》。

7月,赴香港参加香港城市大学中国文化中心十周年会。赴江苏南京。

8月,赴陕西西安参加大明宫论证会。

9月,赴陕西西安参加大明宫会。

9～12月，为北京大学考古文博学院研究生开设中国历史考古学课程，讲授"中国现代考古学的诞生"、"中国现代考古学的发展历程"、"考古学的局限性和真实性"、"大遗址保护的考古学思考"、"中国古代城市考古学研究"。

10月，参加在北京召开的中国考古学会第十一次年会。赴陕西西安参加陕西省考古研究院成立50周年纪念会。

11月，赴浙江龙游开会。赴陕西西安讲课。

12月，在北京国家图书馆文津讲坛作题为"从居延到黑城（亦集乃）——中国西部开发中的历史经验一瞥"的学术报告。

发表论著：

《我愿意执锹铲以从之》，《中国文化报》2008年12月31日。

2009年

2～6月，为北京大学考古文博学院研究生讲授中国历史考古学课程，讲授"元大都城市考古序论"、"中国历史文化名城的保护"。

3月，参加在北京召开的2008年全国十大考古新发现评选会。

4月，赴陕西西安开秦俑坑会议。

5月，赴江苏江阴视察申报国家历史文化名城工作。

6月，赴天津参加五大道历史文化街区保护会。所指导北京大学考古文博学院博士研究生庞玥毕业，论文题为《中国历史文化名城保护：以中原北方地区历史文化名城为例》。

8月，赴宁夏银川参加丝绸之路国际学术研讨会。赴福建武夷山参加世界文化遗产监测专家座谈会，参观南靖、华安文物古迹。赴山西大同、应县考察。

9月，赴天津参加在南开大学召开的纪念郑天挺先生110周年诞辰暨中国古代社会高层论坛。赴内蒙古正蓝旗元上都遗址考察。赴浙江建德开会。

10月，赴天津考察座谈。赴山东济南参加山东大学主办的聚落与环境考古国际学术研讨会。赴江苏无锡参加中国大运河文化遗产保护峰会。在北京参加北京师范大学和法国远东学院合办的"明清至民国时期中国城市的寺庙与市民"国际学术研讨会。赴天津参加历史文化名城保护讨论会。

11月，赴浙江杭州参加浙江省文物考古研究所建所三十周年纪念会。

12月，在首都师范大学作讲座，题为"北京史研究的思考"。

发表论著：

《〈日照香炉——中华古瓷香炉文化记忆〉序》，载钱汉东著《日照香炉——中华古瓷香炉文化记忆》，上海文化出版社，2009年。

《〈湖南宋元窖藏金银器的发现与研究〉序》，载湖南省博物馆编《湖南宋元窖藏金银器的发现与研究》，文物出版社，2009年。

《从居延到黑城（亦集乃）——中国西部开发中的历史经验一瞥》，《燕京学报》新二十六期，北京大学出版社，2009年。

《南京历史文化名城保护的艰难历程》，载全国政协提案委员会编《情系国计民生——政协提案的故事丛书》第三辑，新世界出版社，2009年。另题《一份放不下的提案》刊《中国政协》2009年12期。

《〈首都博物馆馆藏纺织品保护研究报告〉序》，载首都博物馆编《首都博物馆馆藏纺织品保护研究报告》，文物出版社，2009年。

《〈北宋临城王氏家族墓志〉序》，载谢飞等著《北宋临城王氏家族墓志》，文物出版社，2009年。

《〈鲁中南汉墓〉序》，载山东省文物考古研究所编著《鲁中南汉墓》，文物出版社，2009年。

2010 年

2月，参加在中国社会科学院考古研究所召开的夏鼐先生百年诞辰纪念座谈会。

3月，赴香港城市大学开会。作为国家历史文化名城专家委员会委员，视察江苏南通申报国家历史文化名城工作。

6月，参加在北京召开的2009年全国十大考古新发现评选会。

7月，参加中国社会科学院考古研究所成立60周年庆祝大会。

10月，北京历史文化名城保护委员会成立，受聘为顾问。

12月，东城区历史文化名城保护委员会成立，受聘为顾问。参加在北京大学召开的侯仁之先生百岁诞辰纪念会。

发表论著：

《夏鼐与中国现代考古学》，《考古》2010年2期。

《〈扬州城——1987~1998年考古发掘报告〉序》，载中国社会科学院考古研究所、南京博物院、扬州市文物考古研究所编著《扬州城——1987~1998年考古发掘报告》，文物出版社，2010年。

《〈从宗法封建制到皇帝郡县制的演变——以血缘解纽为脉络〉序》，载管东贵著《从宗法封建制到皇帝郡县制的演变——以血缘解纽为脉络》，中华书局，2010年。另刊《书品》2010年5期。

2011年(及以后)

1月,参加中华书局举办的扬之水新书座谈会。

4月,西城区历史文化名城保护委员会成立,受聘为顾问。

5月,参加故宫修缮工程专家咨询委员会第七次全体会议。

5月22日5时40分,病逝于北京,享年81岁。

5月30日,遗体告别仪式于北京八宝山革命公墓举行。

6月,与宿白共同指导的北京大学博士研究生刘未毕业,论文题为《南宋临安城复原研究》,另有所指导博士研究生张薇薇、冀洛源在读。

6月22日,追思会在中国社会科学院考古研究所举行。

10月3日,骨灰安葬于北京万安公墓。

发表论著:

《〈奢华之色〉新书恳谈会会议记录(摘录)》,《书品》2011年2期。

《末代燕京,风流云散》(口述),载陈远撰《消逝的燕京》,重庆出版社,2011年。

《〈老北京民居宅院〉序》,载郑希成著《老北京民居宅院》,学苑出版社,2012年。

《中国历史考古学论集》,上海古籍出版社,2012年。

《明清北京城图》,上海古籍出版社,2012年。

《〈永丰库元代仓储遗址发掘报告〉序》,载宁波市文物考古研究所编《永丰库元代仓储遗址发掘报告》,科学出版社,2013年。

《中国城市考古学论集》,上海古籍出版社,2015年。

《丝绸之路考古论集》,上海古籍出版社,2017年。

《考古剩语》,上海古籍出版社,2019年。

后记

本书是上海古籍出版社出版的《徐苹芳文集》系列的第五本,也是《徐苹芳文集》系列的最后一本。此前已于2012年5月出版了《中国历史考古学论集》和《明清北京城图》,2015年12月出版了《中国城市考古学论集》,2017年12月出版了《丝绸之路考古论集》。

《徐苹芳文集·考古剩语》是在徐苹芳先生去世后开始讨论并拟定编纂计划的,主要包括四个部分的内容。

第一部分是徐先生为各类学术书籍、论著所写的序文。徐先生不仅是中国历史考古学研究的权威学者,还曾主持过中国社会科学院考古研究所和中国考古学会的工作,全面又深入地了解中国考古学的发展和全貌。他在生前曾受邀为不少书籍、论著作序。徐先生写序长短虽不一,但并无单纯应景之作,而往往介绍和论述了该书在学术研究中的地位与价值,有些序文还包括了徐先生对某些专题的研究,故颇具研究价值。第二部分是徐先生所写的各类书评或读后。徐先生自己曾说:"写书评序跋在学术研究中是一项不可忽视的工作,一篇好的书评可以起到指导学术方向和端正研究方法的重要作用。"(见本书《〈先秦两汉考古学论丛〉序》)。第三部分是以往几部文集中未收录的徐苹芳先生有关中国考古学的论文,或为《新中国的考古发现和研究》等书所写的篇章等。第四部分是徐苹芳先生对学术界、知识界各位师友的介绍性或回忆性文章。为了使读者可以更为全面地了解徐苹芳先生的学术研究与工作情况,在本书最后还收录了一篇徐苹芳先生自述性的文章《我和中国历史考古学》,以及由刘未同志编辑的《徐苹芳先生学术事迹编年稿(1949~2011年)》。

《徐苹芳文集》在编纂之初,即考虑主要收录徐苹芳先生生前已经发表过的学术论文。五卷本的《徐苹芳文集》已较为全面地收录了徐先生的已刊论著。但在文集编辑工作中,仍有部分论文由于篇幅或者其他原因,没有全部选入。我们在《徐苹芳先生学术事迹编年稿(1949~2011年)》中编入了徐苹芳先生的发表论著,请各位读者参考。

本书的篇目编选工作是在杭侃同志主持下由王子奇同志主要承担的,许宏同志和吕世浩同志帮助查阅了部分篇目,张辉兰、莫嘉靖、王彦玉、张力璠、王思渝、张保卿等同志也帮助完成了不少文稿的核查和初步校对工作;上海古籍出版社的宋佳女士承担了本书的编辑工作,一如既往地保持了严谨细致的工作态度与作风;上海古籍出版社为《徐苹芳文集》的顺利出版提供了有力的保障,在此一并致谢!

编　者
2018年3月